普通高等教育经管类专业“十三五”规划教材

管理学

(第二版)

李 杰 张秋来 盛 丽 主编

清华大学出版社

北 京

内容简介

本书共分为 13 章，分别介绍了管理与管理学、管理思想的演进、管理道德与社会责任、计划工作、战略性计划、决策、组织结构设计、人员配备、组织文化、领导、激励、管理沟通和控制，具有结构新颖、内容适用、突出重点、篇幅适中等特点。

本书可作为高等院校经济与管理类本科生、硕士研究生及培训人员管理学课程的基础性教学用书，也可作为企业管理人员、教学与科研人员的参考用书。

图书在版编目(CIP)数据

管理学 / 李杰，张秋来，盛丽　主编. —2 版. —北京：清华大学出版社，2019
(普通高等教育经管类专业"十三五"规划教材)
ISBN 978-7-302-50473-3

Ⅰ. ①管…　Ⅱ. ①李…　②张…　③盛…　Ⅲ. ①管理学－高等学校－教材　Ⅳ. ①C93

中国版本图书馆 CIP 数据核字(2018)第 127542 号

责任编辑：刘金喜
封面设计：周晓亮
版式设计：思创景点
责任校对：牛艳敏
责任印制：宋　林

出版发行：清华大学出版社
网　　址：http://www.tup.com.cn，http://www.wqbook.com
地　　址：北京清华大学学研大厦 A 座　　邮　　编：100084
社 总 机：010-62770175　　邮　　购：010-62786544
投稿与读者服务：010-62776969，c-service@tup.tsinghua.edu.cn
质 量 反 馈：010-62772015，zhiliang@tup.tsinghua.edu.cn
印 装 者：三河市君旺印务有限公司
经　　销：全国新华书店
开　　本：185mm×260mm　　印　　张：19.75　　字　　数：468 千字
版　　次：2011 年 5 月第 1 版　　2019 年 3 月第 2 版　　印　　次：2019 年 3 月第 1 次印刷
定　　价：55.00 元

产品编号：078247-01

前　言

“管理学”是各类高等院校管理大类各专业大专生、本科生、硕士研究生必修的专业基础课，在管理类专业教学中居于基础性地位，是众多院校精品课程建设的重要对象。自2010年《管理学原理》第一版出版至今，随着经济全球化以及我国社会主义市场经济建设的深入发展，管理理念、管理理论和管理方法不断更新，国内外新的研究成果大量出现，要求课程教学对此及时加以反映、体现和应用。当前，可供选择的中外“管理学”教材具有多种版本，但随着培养方案的调整和教学改革的发展，计划教学时数和教学手段出现了较大变化，在实际教学工作中迫切需要一本能够根据教学对象和教学目的的不同，在保持课程知识框架稳定性、完整性的前提下，既能突出教学重点，又能灵活调整、补充或更新教学内容的通用性教材。

本书各位编者都是长期从事“管理学”课程教学的一线教学人员，在多年的教学工作中我们深深感到，适用性是基础性教学用书最重要的特征之一，也是教材不同于学术性专著的重要区别。编写一本适应教学工作实际需要的管理学教材，是提高教学质量的关键之一。本书的价值和作用在于，为教师课堂教学和学生课下自学提供一本适用的通用性专业教材，兼顾知识体系的普及性和学术研究的前沿性，反映了近年来我们在教学改革和课程建设方面的一些成果。

本书主要有以下 3 个方面的特色：

(1) 对管理学课程教学结构进行了一定的调整与整合，突出其主体框架和课程重点；

(2) 对国内外管理学研究的最新成果给予较大程度的反映，充实了有关内容；

(3) 加大了在教学改革和培养方案调整条件下管理学课程教学的针对性和适用性。

本书适合作为教学研究型和应用型高等院校经济与管理类专业的“管理学”课程教学用书，在知识内容体系上保持了管理学课程的主体框架，具有结构新颖、内容适用、突出重点、篇幅适中的特点，既便于课堂教学又适合课下阅读，能够满足多种层次读者对“管理学”课程进行学习、应试等的不同需要，与本书配套使用的其他教学辅助资料更增强了其工具性和实用性。在当前“管理学”课程教学存在中外多种版本教材的情况下，本书为广大学习者和培训者全面系统和方便快捷地掌握“管理学”知识体系，增加了一种新的选择。

本书由李杰、张秋来、盛丽担任主编，李红玲、苏亚民担任副主编。在2010年出版的《管理学原理》基础上，对原教材第一版的结构和内容做了较大调整，由原来的16章缩减为13章，对原教材的案例材料和课后练习题做了较大幅度的更新。第二版撰写的具体分工是：李杰编写第一章并设计全书架构；张秋来编写第二章、第五章、第六章；李红玲编写第四章、第七章和第八章；盛丽编写第十章、第十一章；苏亚民编写第十二章；刘连银编写第三章、第九章；段小法编写第十三章。全书初稿完成后，由李杰负责统稿，并对有关章节进行了技术性修改和调整。

本书在编写过程中，得到了经济管理学界和相关院校多位领导、专家、教授的精心指导、支持和帮助，得到了广大同仁的积极响应和倾力支持，在此表示衷心的感谢。本书在编写过程中，参阅了国内外众多专家的相关著作(见本书参考文献)，在此一并向有关作者致以诚挚的谢意。

限于编者水平，有关问题的研究还有待进一步深化、细化，书中不足之处在所难免，欢迎广大读者批评指正。

本书附配的辅助教学资料可通过 http//:www.tupwk.com.cn/downpage 下载。

服务邮箱：wkservice@vip.163.com。

编者

2018.3

目　录

第一章 管理与管理学

案例导入

管理人员以及管理职能的重要性

美国福特汽车公司的兴起、衰落和复兴，是一个典型的反映管理重要性的案例。

福特公司的创始人亨利·福特有着精明的头脑和丰富的技术经验。1889 年《科学美国》做了有关德国奔驰汽车的结构和制造过程的报道，许多美国人开始从事汽车制造，福特于 1896 年制造出了自己的第一辆汽车。1903 年福特汽车公司成立，开始生产 A 型到 R 型及 S 型汽车，与几十家汽车公司展开竞争。初期并没有什么优势，但 1908 年开始生产的福特 T 型车标志着福特开始垄断汽车行业。T 型车的特点是结构紧凑、设计简单、坚固、容易驾驶、价格较低。

1913 年福特采用了汽车装配流水线并实行汽车零件的标准化，形成了大规模生产体制，当年产量增加到 13 万辆，1914 年增加到 26 万辆，1923 年增加到 204 万辆，在美国汽车行业形成垄断局面。福特从而建立起一家世界上规模最大和盈利最多的制造企业，逐渐积累了十亿美元的现金储备。可是，此后的福特变得固执自恋，他坚信企业所需要的只是所有者兼企业家和他们的一些"助手"，只需"助手"的汇报，由他发号施令即可运行。他认为公司组织只是一种"形式"，企业无须管理人员和管理。

随着环境的变化、汽车档次的多样化以及其他竞争者的兴起，科研、产供销、财务、人事等管理日趋复杂，个人管理难以适应这种要求。到 1927 年福特已经丧失了市场领先地位，以后的 20 年，连年亏本，直到第二次世界大战期间仍然无法进行有力的竞争。而福特的强劲对手通用汽车公司，则从 20 年代开始走上一条与福特经验相反的路子。

"通用"原是一些竞争力不敌福特的小公司拼凑起来的，在建立之初，这些小公司作为通用的一部分各自为政，通用公司组织机构不健全，公司的许多工作集中在少数几个人身上，不仅使这些领导人忙于事务，无暇考虑公司的方针政策，而且限制了各级人员的积极性。

而 1920 年以后，新任的通用汽车公司总裁艾尔弗雷德·斯隆在大整顿、大改组过程中建立起一套组织结构和处理问题的方法，根据市场不同层次顾客的需要确定产品方向，加强专业化协作，谋求大规模生产，按照分散经营和协调控制的原则建立管理体制，组织坚强的领导班子，加强研发工作使技术产品保持先进，优化产供销管理，做好工资福利和人事管理，并建立起账务管理制度。这样，大大提高了组织管理水平，从而于1926年至1927年使“通用公司”的市场占有率从10%跃升至43%，此后多年均占50%以上。

而福特公司则每况愈下，到1944年，福特的孙子——福特二世接管该公司时，福特公司已濒临破产。当时26岁的福特二世向他的竞争对手“通用公司”学习，着手进行斯隆在“通用公司”所做的事情，创建了一套管理机构和领导班子，五年后在国内外重新获得了发展和获利的力量，成为“通用公司”的主要竞争对手。

(资料来源：根据https://wenku.baidu.com/view/6983a97d31b765ce05081493.html所载网文改编)

试问：

1. 福特汽车公司在20世纪20年代前后为何能获得成功而后却濒临破产？
2. 从福特汽车公司的复兴和通用汽车公司的兴起来看，管理人员的管理如何发挥作用？

学习目标

通过本章的学习，需要重点掌握管理概念的内涵以及管理的主要职能；了解管理工作的性质，明确组织中管理人员的角色以及他们所应该具备的基本技能；熟悉管理学的研究对象和研究方法。

关键概念

管理(Management) 管理者(Managers) 目标(Objectives) 组织(Organization) 环境(Environment) 管理者角色(Managerial Roles) 管理技能(Managerial Skills) 职能(Function) 协调(Coordinate) 控制(Control) 决策(Decision) 创新(Transformation) 二重性(Dual Character)

第一节 人类的管理活动

管理作为人类的社会实践活动，具有悠久的历史，而管理学作为一门系统的学科，只有一百多年的历史。从某种意义上讲，当人类开始了有意识、有目的的生活和生产，管理就随之产生了。随着人类文明的不断发展和进步，管理活动变得高度复杂和系统化，其自身也成为现代文明的一个组成部分。需要指出的是，在现代社会，管理活动以各种社会组织为载体，是人们参与各种社会竞争，并高效率、富有成果地实现预定目标的重要手段和途径。管理是人类社会最普遍、最重要的活动之一，也是一项颇具挑战性的工作。可以说，在现代社会，任何人、任何组织和机构都离不开管理。

一、人类活动的特点

1. 目的性

人类与低级生物的根本区别在于人类拥有发达的大脑、具有主观意识，人们所从事的一切活动一般都需要经过大脑的思考，在确立了预期目的之后才着手实施。每一个正常的

人都具有自己的需求、追求乃至理想。人们为实现自己的预期目的和理想，往往会进行事先的预测、谋划、安排或设计，并按照心目中的“蓝图”去实施。需要特别指出的是，如果需要与其他人共同努力，人们就会通过协调来达成目标。马克思在论及人类活动的这一特点时曾有一个经典的点评，他说：用人工方法构造的蜂房，其图案的精巧与准确性远不及一个最普通不过的工蜂，但即使是最蹩脚的人类设计师也比蜜蜂高明一万倍，因为人类在蜂房造出之前就已经在自己的“观念”里将蜂房建造了出来，而蜜蜂所谓精美的蜂房只是其无意识本能的产物而已。

2. 依存性

人类活动的另一个显著特点是相互依存。无论是生活、生存还是生产或者发展，人们必须通过适应和改造外部环境以取得必需的资源，必须通过集体劳动的方式或组织起来为自己或他人提供需要的产品和劳务。在人类漫长的历史中，由于人与自然的斗争以及各种社会竞争的需要，人们发展起了多种多样的社会组织形式，形成了庞大而复杂的社会分工协作体系，以凝聚力量、协调利益、共同行动。大到国家、民族，小至企业、家庭，无一不是人们相互依存从事社会活动的载体和具体形式。在生产力高度发达的现代社会，人们之间的社会分工越来越精细，现代化的交通、通信技术和手段，以及先进的公共设施，使人们相互之间的依存度更高，形成密不可分的整体。纵观人类历史我们可以看到，尽管各个集团、阶层、民族、国家之间经常充斥着矛盾、冲突和斗争，但始终没有改变人类必须相互依存这一特点。

3. 知识性

人类活动还具有知识性的特点，它表明人类活动是在充分认知外界事物、形成对客观事物内在规律的正确认识的基础上，在各种科学理论的指导下，运用多种方法、技艺和手段来进行的。人类能够从自己过去的实践中学习，从前人的经验中学习，形成各种知识，并能把学到的知识加以记忆、积累、分析和推理，从而形成人类独有的知识体系。随着科学技术的发展，人们掌握的知识越来越专门化，这就进一步强化了人与人之间相互依存的必要性。虽然每个人所掌握的知识千差万别，但他们都根据自己的知识来认识世界和决定自己的行为。因此，这就有可能使人们能够逐步认识自然和社会的各种客观规律，包括处理人与自然以及人与人之间各种关系的规律。随着人类知识的逐步积累，对客观规律认识的逐步深化，人类社会的各种管理组织、制度和方法也日趋完善，人们终于有能力为达到各种目的而建立起各种强大的社会组织。

二、管理的必要性

现代社会是一个“机构化的社会”，绝大多数人都在特定的组织中工作与生活，一切重大的社会运作都是通过各种组织机构(如政府机构、工商企业、医院、学校、银行、研究所等)来操作的。众所周知，所有的组织都需要管理，并且都需要管理人员负责执行管理任务。作为一个组织的成员，在人生的不同阶段，不是管理别人就是被别人管理。因此，我们可以说，管理无所不在。管理在人们的社会生活中起着十分重要的作用，关系到我们每个人的切身利益。

(1) 实现社会发展的预期目标需要管理。实现任何组织的发展目标，都离不开全体成员长期的共同努力。怎样把各个成员的目标引向组织的发展目标，把无数分力组成方向一致的合力，这就得靠管理了。如果管理不善，组织就会如同一盘散沙，非但不能实现预期的发展目标，恐怕连立足生存都成问题。

(2) 随着社会的发展，专业化水平越来越高，社会分工越来越细，管理活动越来越复杂，管理已经成为专业性的劳动。现代国家和现代企业是建立在高度专业化的社会分工基础上的，为实现共同的目标，如何把不同行业、不同专业、不同分工的人员合理地组织起来，协调其相互之间的关系，协调人们与各种资源的关系、与环境的关系，并保持人们共同行动的持久动力，这些都需要高超而有效的管理。

历史证明，管理有方的组织，能够获得长期的成功，保持旺盛的活力，生命之树长青。就工商企业而言，像美国的摩托罗拉(Motorola)、德国的西门子(Siemens)、日本松下电器(Panasonic)等，无一不是长期拥有顾客的忠诚与信赖，企业也因此持续成长与繁荣。而那些管理不善的组织，我们会发现，他们的顾客在减少、收入在下降，其生存和发展受到严重威胁。需要特别指出的是，即使是曾经赫赫有名的大公司、大企业，如果故步自封、不思进取，同样会陷入岌岌可危的境地。可见，管理是一个组织生命的“灵魂”。

中国作为一个发展中国家，资源短缺将是一种长期的经济现象，特别是资金、能源、原材料往往成为企业和社会发展的桎梏，另外，科学技术落后也是阻碍我国生产力发展的重要因素。从近年来的情况看，有些方面的制约条件较过去有所好转，但另外一些方面，如环境、生态、能源资源等，情况则变得更加严峻了。这些都说明，在我国，管理的必要性和迫切性不是降低了，而是大大提高了。平心而论，我们对现代管理的系统性认识，只是近二三十年来的事情，与发达国家相比，管理总体上还比较落后，仍然是今后相当长时期里制约我国经济社会发展的一个瓶颈。所幸的是，现在越来越多的人和企业经营者已经认识到管理是一门科学。目前，重视管理、学习管理的热潮方兴未艾。

三、管理的基本概念

1. 关于管理概念的不同认识与表述

世界上对管理概念加以定义的著名管理学家不乏其人，但其表述存在很大差异。例如，被管理学界公认为“科学管理之父”的德里克·温斯洛·泰罗(Frederick Winslow Taylor)对管理的解释是：管理就是“确切地知道你要别人去干什么，并使他用最好的方法去干”。

被现代著名管理学家哈罗德·孔茨(Harold Koontz)教授称为“现代经营管理理论之父”的亨利·法约尔(Henri Fayol)则认为，管理是所有人类组织(不论是家庭、企业或政府)都有的一种活动，这种活动由五项要素组成：计划、组织、指挥、协调和控制。亨利·法约尔的这一看法使人们认识到，当从事计划、组织、指挥、协调和控制工作时，便是在进行管理。

1978 年，诺贝尔经济学奖获得者赫伯特·西蒙(Herbert A. Simon)对管理概念曾有一句名言：管理就是决策。在西蒙教授看来，管理者所做的一切工作归根结底是在面对现实与未来、面对环境与员工时不断做出各种决策，使组织的一切都可以不断运行下去，直到获

得满意的结果，实现令人满意的目标。

现代著名管理学家哈罗德·孔茨教授则认为，管理是设计和维持一种环境，使集体工作的人们能够有效地完成预定目标的过程。自从人们开始组合起来去完成个体无法实现的目标以来，管理就成为保证个体努力相互协调的必要措施。

美国著名管理学家斯蒂芬·罗宾斯(Stephen P. Robbins)博士将管理定义为一个协调工作活动的过程，以便能够有效地同别人一起或通过别人实现组织的目标。这里，过程的含义表示管理者发挥的职能或从事的主要活动，这些职能可以概括地称为计划、组织、领导和控制。

南京大学周三多教授经过研究，归纳出九种具有代表性的观点，以供读者进一步理解管理的基本要领。这些观点如下。

(1) 管理是指以计划、组织、指挥、协调和控制等职能为要素的组织活动过程。这是法约尔在 1916 年提出的观点，他的论点经过八十多年的研究和实践证明，除在职能的提法上有所增减外，总体来说基本上是正确的，并成为管理定义的基础和经典表述。

(2) 管理通过计划工作、组织工作、领导工作和控制工作等诸多过程来协调所有资源，以便达到规定的目标。这种表述目前在中外管理教科书中比较流行，简单地说，管理就是实施计划、组织、领导和控制四项职能。

(3) 管理是在某一组织中，为完成某种目标而从事的对人与物资资源的协调活动。

(4) 管理就是一个或更多的人来协调他人的活动，以便收到个人单独活动所不能收到的效果。简而言之，是通过其他人的工作达到组织的目标。

(5) 管理就是协调人际关系，激发人的积极性，以达到共同目标的一种活动。

(6) 管理也是社会主义教育。这是毛泽东同志于 1964 年提出的观点。

(7) 管理是一种以绩效责任为基础的专业职能。这是美国哈佛大学教授彼得·德鲁克(Peter Drucker)提出的观点。他明显地淡化了管理的社会属性，而过分强调了管理的自然属性。

(8) 管理就是决策。显然，这是西蒙教授的观点。

(9) 管理就是根据一个系统所固有的客观规律，施加影响于这个系统，从而使这个系统呈现一种新状态的过程。这是许多系统论者的共同观点。

以上这些关于管理概念的观点，从不同角度描绘了管理的面貌。周三多教授综合前人的研究，将管理的概念表述为：“管理是社会组织中，为了实现预期的目标，以人为中心进行的协调活动。”

2. 本书关于管理的概念

基于以上讨论，我们可以给管理下一个符合其实质的定义：管理是通过行使计划、组织、领导、控制等一系列职能，对组织所拥有的资源进行合理而有效的利用，从而实现组织既定目标的动态创造性活动。

为深刻理解这一定义，应该注意以下几点。

(1) 计划、组织、领导、控制等是管理的几项具体工作，一般称为管理的职能，是目前管理界公认的最基本和最主要的管理职能。

(2) 管理的对象是组织所拥有的资源，通常包括人、财、物、信息、时间五个方面。管理最主要的对象是对人的管理。时间由于具有不可逆性，成为管理中最稀有、最特殊的资源。

(3) 管理所要解决的基本矛盾是资源的有限性和互相竞争的多种目标之间的矛盾。

(4) 管理是为了实现组织目标服务，这表明管理是一个有意识、有目的的行为过程。

在上述关于管理的定义中，“有效”的含义是指不仅注重效率，还要注重效果。效率是指投入与产出的比例，是管理活动极其重要的组成部分。对于给定的投入，如果能获得更多的产出，表明效率提高；同样，对较少的投入，如果能获得同样的产出，也表明效率的提高。由于管理中所投入的各项经营资源(物料、资金、人员等)都具有稀缺性，所以管理人员必须关心这些资源的有效利用。因此，管理涉及如何实现资源成本最小化。

然而，仅仅有效率还不够，管理还必须使活动实现预定目标，即追求活动的效果。当管理人员实现了组织的目标，我们就认为他们是有效果的。效率涉及手段，而效果涉及活动的结果。

四、管理人员

管理人员，是对从事管理活动的人的称谓。具体地说，就是对从事并负责对组织内的资源进行计划、组织、控制和领导的有关人员的总称。

管理人员的素质高低将决定组织绩效的优劣。更有甚者，一个组织的目标能否实现，也往往与管理人员的工作密切相关。因此，就管理而言，管理人员是第一要素。

(一) 作业人员与管理人员

管理人员在组织内工作，但并不是在组织内工作的每一个人都是管理人员。简单来说，组织中的成员一般可分为两类：一类是作业人员；一类是管理人员。管理人员的工作业务性质与作业人员的工作业务性质是不同的。作业人员直接在某一岗位上或某一任务中制造产品或提供服务，他们不负有监管他人工作的责任。例如，机械制造厂中的车工，大百货商场的售货员，麦当劳店中烹制汉堡包的厨师，这些人都是作业人员。与此不同，管理人员是指挥别人活动的人。如图 1.1 所示，在传统的金字塔形组织中，管理人员处于作业人员之上的组织层次中。虽然有管理人员与作业人员之分，但管理人员也可以担任某作业职责。例如，医院院长可以做手术，学校校长可以讲课，保险索赔监督员除负责监督保险索

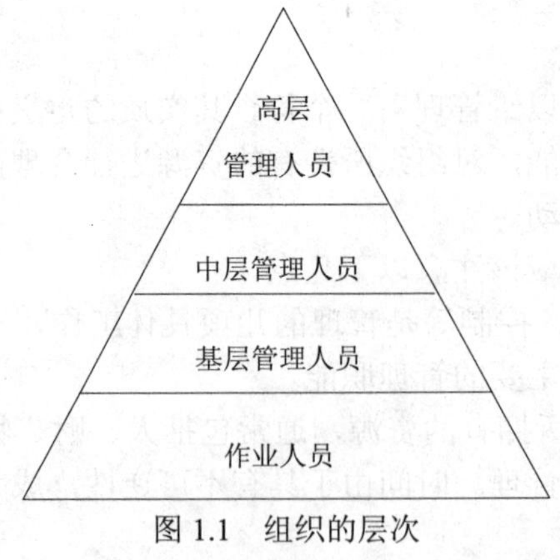

图 1.1　组织的层次

赔部门办事人员的工作外，还可能承担一部分办理保险索赔的业务职责。许多情况下，管理人员参与作业工作并非坏事，这有利于组织内各部分人员之间的沟通和理解，促进团结和协作。但管理人员一定要把主要的时间和精力投入在管理工作上，所谓“有所不为才能有所为”，从事作业工作必须服从管理工作的需要，否则就是舍本逐末，其结果必将因小失大，得不偿失。正如图 1.1 所示，我们将管理人员划分为基层管理人员、中层管理人员和高层管理人员。无论是高层、中层还是基层的管理人员，通常他们都有下属。所以，对管理人员传统的定义是:管理人员是指组织中指挥他人活动的或对他人的工作负有责任的人。

准确地辨认出一个组织中谁是管理人员并不难，不过应当了解管理人员那一套各式各样的头衔。基层管理人员，在国外通常称为监工或领班，在国内的一些制造工厂中通常称为班长、组长或工段长。中层管理人员可能有部门或办事处主任、单位主管、地区经理、系主任或部门经理的头衔。处在或接近组织最高领导位置的管理人员的头衔，通常有诸如总裁、副总裁、校长、总监、总经理、首席执行官或董事会主席(董事长)等。

(二) 管理人员的新定义

对管理人员传统的定义在早期的管理实践中是符合当时需要的，因为它区分了“管理者”和“所有者”的职能。显然，管理是一项可以进行系统分析、研究及改进的特定工作。管理人员的传统定义是针对当时尚属新出现的、大型的、具有永久性的经济组织而提出的。不少现代管理学教科书都把管理人员定义为“在组织的任何层次中，领导其他人努力工作的人”，都是从管理人员的传统定义中派生而来的。

通过分析我们发现，管理人员的传统定义并不全面。就现实情况来看，有不少从事管理工作的人，并不一定对其他人的工作负责。例如，一些大公司中的财务主管，负责筹集及运用公司的资金。他们可能有下属，从此意义上讲，按传统的管理人员的定义来衡量，他们确实也算是管理人员，但是财务主管主要从事的是财务工作，他要同提供资金的人、机构以及金融部门打交道，其主要职责并非领导多少下属，而是以个人方式为企业做出贡献。不可否认，他们确实是公司高层管理人员中的一员。所以，管理人员不仅包括管理别人的人，也包括独立工作的专业人员。

从新的意义上讲，管理人员是泛指所有执行管理任务的人，不管他们是否具有监督管理的权力。因此，我们可以这样来定义管理人员，即把管理过程(计划、组织、领导、控制等)的一部分作为其主要活动的人。特别是作为一个管理人员，其要对人、财、物、信息、时间等资源进行计划、组织、控制，以此实现组织的目标。一个管理集团，既包括执行传统意义上的管理职能、对他人工作负有责任的人，也包括承担一些特殊任务而不对他人工作负有责任的人，或者介于这两者之间的人。在现代组织中的知识工作者，只要具有责任心，能利用职位和知识，对该组织做出实质性贡献，并使该组织的工作有成效，其就是一位管理人员。

(三) 管理人员的分类

在一个组织中，通常有许多管理人员，不同的管理人员处于不同的岗位。管理人员的类型可以按不同的标准进行划分。最基本的两种方法是按照管理人员在组织中所处的层次和所从事管理工作的领域来划分，即从组织的纵、横两个方向来进行划分。

1. 管理人员的层次分类

虽然管理人员都行使同样的管理职能，但不同的岗位有不同的侧重点。在大多数组织中，管理群体由不同层次的管理人员所组成，具体的职务名称可因组织而异，大致可把管理人员分为三类，即高层管理人员、中层管理人员和基层管理人员。

高层管理人员是指站在组织整体的立场上，对组织负有全面责任，对整个组织进行综合指挥和统一管理的人员。高层管理人员所考虑的管理问题和所从事的管理活动，都是与组织的总体和长远发展密切相关的。其主要职责是：制定组织的总目标、总战略，掌握组织的大政方针，评价整个组织的绩效，等等。在组织的重大对外交往活动中，往往由他们作为组织的代表。他们是组织中的高级领导人，在一些大公司中通常包括董事长、总裁、首席行政官、首席执行官和副总裁等。在我国，工厂的厂长、企业的总经理、大学的校长等领导人员通常也被理解为高层管理人员。

中层管理人员是指处于高层管理人员和基层管理人员之间的管理人员，他们可以是地区经理、部门经理、车间主任、科室主管等。中层管理人员的职责主要是贯彻执行高层管理部门制定的目标和政策，使高层管理人员做出的决策、确定的战略和目标付诸实现。具体地说，中层管理人员要为他们所负责的单位或部门制定旨在实现组织目标的次一级管理目标、策划和选择实现目标的实施方案；分配资源；协调各子单位或部门的活动；制定对偏离目标的行动的纠正方案；等等。他们向最高管理层直接报告工作，同时负责监督和协调基层管理人员的工作。

基层管理人员也称一线管理人员，是指组织中处于最低层次的管理者，他们管辖的仅仅是作业人员而不涉及其他管理者。其职责是，按中层管理者的安排去组织、指挥和从事具体的管理活动，如给作业人员分派具体工作，直接指挥和监督现场作业活动，等等。

基层管理人员不仅是一个监管员，而且更应是下属的导师、教练和助手。他们应经常保持与下属人员的直接交流和沟通，并把职工的需要传递给上级管理部门。基层管理人员计划和安排工作的能力与作业人员完成工作的能力有直接的联系。他们在训练和调配作业人员方面做得怎么样，决定了作业人员的效率和质量。

上述三类管理人员的工作特性和内容如表 1.1 所示。

表 1.1　三类管理人员的工作特性和内容

工作性质 \ 管理层	高层管理人员	中层管理人员	基层管理人员
经营方针	重要	适当考虑	不重要
管理目标	适当考虑	重要	重要
考虑管理问题的时间范围	1 至 5 年或以上	1 年	每日
工作活动范围	极为广泛	多项工作职能	单项工作职能
复杂程度	非常复杂	不太复杂	简单易行
工作计量	困难	不困难	较易

(续表)

管理层 工作性质	高层管理人员	中层管理人员	基层管理人员
工作内容	计划、政策、战略	按计划实施	最终活动
采用信息来源	组织外部为主	组织内部为主	组织内部
智力特征	创造性	有效性	业务性
人数	少数	适当人群	多数

2. 管理人员的领域分类

管理人员按其所从事管理工作的领域宽度及专业性质的不同，可分为综合管理人员和专业管理人员两大类。

综合管理人员是指负责管理组织中若干类乃至全部活动的管理者。例如，工厂的厂长、副厂长，公司的经理、副经理，跨国公司的事业部经理、地区经理，等等。他们不只是负责一项活动(或职能)，而是统管包括生产、营销、人事、财务、计划等在内的全部活动或至少是其中的几类活动。

专业管理人员是指组织中仅负责某一类活动(或职能)的管理者。根据他们所管理的具体专业领域的不同，又可细分为生产管理人员、财务管理人员、人事管理人员、市场营销管理人员、研发管理人员、行政管理人员、后勤供应管理人员，以及其他类型的管理人员等。随着现代组织规模的不断扩大和环境的日益多变，对专业人员的需求越来越大，专业管理人员的选拔与培养也将变得越来越重要。这些专业管理人员就其人数、性质及重要性来看，因不同的组织而异。可以肯定的一点是，组织规模越大，环境越复杂，这类管理人员的重要程度就越高，所需人数也就越多。

(四) 管理人员的基本技能

有效的管理人员要具备不同的管理技能，这些技能的重要性因组织层次的不同而不同。美国管理学者罗伯特·卡茨(Robert L. Katz)把管理人员需要掌握的基本技能分成三类，即技术技能、人事技能和概念技能。

1. 技术技能

技术技能是指在业务方法、过程和程序等方面的知识及掌握的熟练程度。这种技能包括业务活动中运用具体的知识、工具或技巧的能力。我们认为，技术技能最重要的是利用技术完成组织任务的能力。管理人员无须使自己成为精通某一领域技术的专家，因为可以依靠有关专业技术人员来解决专门的技术问题，但他们需要了解或初步掌握与其管理的专业领域相关的基本技术知识，否则将很难与其所主管组织内的专业技术人员进行有效沟通，也无法对其所管辖的业务范围内的各项管理工作进行具体指导。

2. 人事技能

人事技能也称人文技能或人际关系技能，是指管理人员能够以群体成员身份有效地工作的行政能力，并能在他们领导的群体中发扬共同努力的协作精神。简而言之，即理解、激励和与他人融洽相处的能力。这项技能不仅要求管理人员善解人意，而且要能创造出一种让下属感到安全并能自由发表意见的氛围。

3. 概念技能

概念技能又称思想技能或构想技能，是一种能够迅速形成正确认识、把握事物本质的能力。就管理而言，概念技能是指把组织看成一个整体、全面观察事物的能力。它包括识别在一个组织中彼此互相依赖的各种职能部门的改变会如何影响其他各部门，并进而设想个别企业与整个产业的关系、社团间的关系，以及宏观环境中的政治、社会和经济力量间的总体关系。管理人员应能胸怀全局，以及具有认清影响形势的重要因素、评价各种机会并决定如何采取行动的能力。

虽然上述三种技能在各个管理层中都是重要的，但其相对的重要性则取决于管理人员在组织中所处管理层次的高低。技术技能对于基层管理人员来说是至关重要的，随着管理人员职位的提升，技术技能的需要逐渐下降，高层管理人员对技术技能的需要最少。尽管许多高层管理人员都有一定的技术背景，但和基层管理人员相比，他们很少需要在日常工作中运用具体的技术技能。例如，不少企业的最高领导人虽然是训练有素的工程师出身，但他们不必再自行设计机器。

对于基层管理人员而言，技术技能肯定是最为重要的，但在与下层、同事和上司的日常交流中，他们的人事技能也非常重要，而概念技能对基层管理人员来说就不太重要了。中层管理人员对技术技能的需要减少了，但人事技能仍然是主要的，而概念技能和解决问题的技能则占有重要地位。对于高层管理人员来说，概念技能、计划和解决问题的技能及人事技能特别重要，技术技能的需要则比较少。可以设想，在公司，特别是在大公司内，主要高级管理人员可以利用他们下属的技术技能，但在较小的企业中高级管理人员的技术经验可能仍然是非常重要的。各种管理技能的重要性在不同管理层次中的差异如图 1.2 所示。

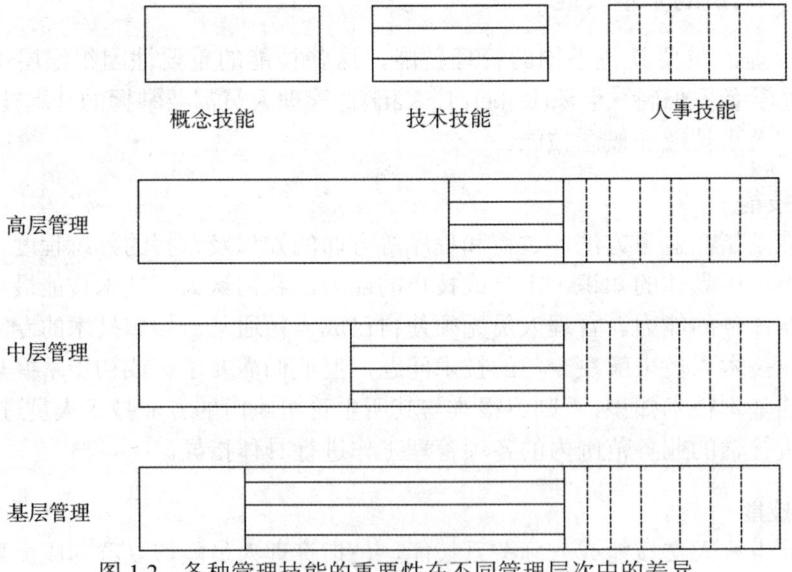

图 1.2　各种管理技能的重要性在不同管理层次中的差异

不同的管理学者，对管理技能的提法是有差异的。例如，有的教科书提出管理人员应该具备的技能包括技术技能、人事技能(人际技能)和决策技能三种。

第二节 管理的职能与性质

一、管理的职能

管理的职能是指管理活动的作用或功能。管理的职能还有一种含义，即指管理过程中的基本要素或步骤。管理职能的划分，可以使管理的各种概念、理论、原则、方法等归结到管理的理论体系中，有利于人们对管理的学习和把握。

人类的管理活动具有哪些最基本的职能？这一问题虽然经过了近一百年的研究，但至今还是众说纷纭。20 世纪初，法国工业家亨利·法约尔提出，所有的管理者都履行着五种管理职能，即计划、组织、指挥、协调和控制。到了 20 世纪 50 年代中期，哈德罗·孔茨和西里尔·奥唐奈两位教授采用计划、组织、人事、领导和控制五种职能作为教科书的框架，他们合著的《管理学》(第 1～5 版为《管理学原理》，第 6 版及其以后各版为《管理学》)一书成为销量最大的管理教科书。时至今日，最普及的管理教科书仍按管理职能来组织内容。不过，管理学者们对管理职能持有不同的观点，有的提出六职能、七职能，也有的提出四职能、三职能，甚至两职能、一职能的。概括起来，管理的职能有计划、组织、决策、指导、指挥、领导、激励、人事、沟通、代表、监督、检查、控制、协调、创新等。最常见的提法是计划、组织、控制。综合大多数著名管理学者的观点，我们认为计划、组织、领导和控制四种职能是一切管理活动最基本的职能。

1. 计划

计划是指管理者在实际行动前预先对应当追求的目标和应采取的行动方案做出选择和具体安排。计划职能包括确定组织的目标、制定全局战略以实现这些目标，以及将计划逐层展开，以便综合和协调各种活动等内容。因此，计划既涉及确定目标(做什么)，也涉及实现目标的方法(怎么做)。虽然计划工作不可能完全准确地预测未来，并对各种可能的变化做好准备，但是，如果没有计划，组织活动就会陷入盲目状态，组织目标的实现就没有保障。好的计划可以促进和保证管理人员在今后的工作中开展有效的管理，从而有助于将预期的目标变成现实。

计划职能是管理的首要职能。

2. 组织

管理者制订出切实可行的计划后，就要组织必要的人力和其他资源去执行既定的计划，同时还必须有相应的组织机构作保证，否则计划制订得再好，往往也会因为管理人员没有适当的组织机构予以支持而落空。“组织”一词具有双重含义：一是名词意义上的组织，主要指组织形态，如企业、学校、军队、政府等；二是动词意义上的组织，即组织工作。这两层含义在组织职能中都会涉及，但主要是第二层含义，即动词意义上的组织。组织职能的主要内容包括组织的设计、人员配备、组织的规划与变动、授权等。

所谓组织结构，就是指描述组织的框架体系，而组织设计是指建立或变革一个组织的结构。组织职能的目的是设计和维持一种职务结构，以使人们能为实现组织的目标而有效地工作。组织工作包括：①决定完成任务要求的活动；②将这些活动分派到部门或科室；③把这些活动分派给有关的管理人员去管理；④进行授权以使任务得到执行；⑤在组织结构的横向和纵向上使活动、权力以及信息得到协调。

组织结构的目的是帮助建立一个人们在其中完成任务的环境，因此，它是管理的一种手段而不是目的。虽然其结构应能保证任务的完成，但是各个职位的设计也应能使人们充分发挥其才能和积极性。

设计一个有效率的组织是一件很难的管理活动。有效率的组织结构应能适应复杂多变的形势，及时处理一些突发性问题，包括确定要做什么工作，找谁去做。

3. 领导

领导就是管理人员要带领和指挥组织的全体成员同心协力地执行组织的计划、实现组织的目标。计划与组织工作做好了，也不一定能够保证组织目标的实现，因为组织目标的实现要依靠组织全体成员的努力。组织机构各种岗位上的人员，由于其个人目标、要求、偏好、性格、素质、价值观及工作职责和掌握信息等方面存在很大差异，所以，在相互合作中，必然会产生各种矛盾和冲突。因此，在组织中就需要有权威的领导者对组织人员进行协调和指导，沟通组织人员之间的信息，增强相互理解，统一组织人员的思想和行动，激励每个成员自觉地为实现组织目标而共同努力。

领导是指导和监督下属去完成任务的一项管理职能。由于领导总是伴随着服从，而下属通常愿意服从于他们认为可以使自己的需要、愿望和要求得到满足的领导者，因此，领导包含激励、领导方式、领导方法和沟通。

4. 控制

控制就是将计划的执行情况和计划的要求、目标相对照，然后采取措施纠正计划执行中的偏差，以保证计划目标的实现。简而言之，控制即是监视各项活动，以保证它们按计划进行并纠正各种重要偏差的过程。计划职能与控制职能密不可分。计划是控制的前提，它为控制提供目标和标准，没有计划，就不存在控制；控制是实现计划的手段，没有控制，计划就不能顺利实现。要有效地控制，既要提高预见性，在偏差发生之前及时采取预防措施，把问题消灭在萌芽之中，又要迅速及时地建立完善的信息管理系统，加强信息的收集、分析和反馈。

虽然计划可以制订出来，组织结构可以调整得非常有效，员工的积极性也可以调动起来，但这仍然不能保证所有的行动都能按计划执行，不能保证管理者追求的目标一定能达到。也就是说，一件事情，无论计划做得多么完善，如果没有满意的控制系统，在实施过程中仍然会出问题。

5. 对管理职能的补充说明

上述四项职能是最基本的管理职能，也可以认为是管理过程中的四个主要步骤。一般来说，制订好计划后，就要进行组织设计和安排，实施领导，然后对计划的执行情况和组

织的运行情况进行控制，从而实现组织的预定目标，如图 1.3 所示。但是，计划、组织、领导、控制四项职能并没有一个严格的次序，其中某几种职能往往同时进行，而且常交叉在一起，它们是相互联系、相互影响、互为条件、共同发生作用的。

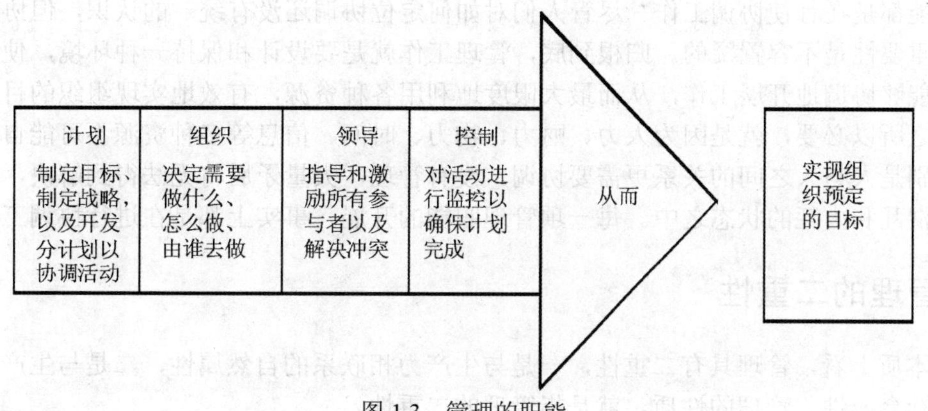

图 1.3　管理的职能

对于管理的职能，还有以下几点需要补充说明。

(1) 不同业务领域在管理职能的具体内容上有差别。虽然管理工作与业务工作的性质不同，但管理通常需要紧密联系业务工作来开展。由于不同组织、不同部门的具体领域是不同的，这就决定了其管理工作也必然具有各不相同的特点，具体表现就是管理职能具体内容的不同。

(2) 不同管理层次在管理职能和具体内容上有差别。由于管理者所处的层次不同，他们所关注的管理职能的具体内容也必然不相同，这是由他们的分工和职责所决定的。以计划职能为例，高层管理人员关注的是组织整体的长期战略计划，中层管理人员偏重的是组织内部中期管理计划，基层管理人员则更侧重于短期作业计划。

(3) 对于管理职能，人们的认识是不断深化的。这表现在两个方面：一方面，人们对上述各项职能的具体内容有了越来越深的理解，并且增加了一些新的内容；另一方面，人们在原有几项基本管理职能的基础上又提出了一些新的管理职能，或者说是对原有基本管理职能在某些方面进行强调，从中分离出新的职能。这里比较重要的是决策和创新。

人们一般把决策作为计划职能或领导职能的一部分。但随着客观环境的发展变化，决策在管理中的作用日益突出，内容愈加丰富。决策理论学派的代表人物赫伯特·西蒙提出了管理就是决策的观点。他认为，无论是计划、组织、领导，还是控制，其工作过程说到底都是由决策的制定和执行两大部分活动所组成。计划只是决策过程的一部分，是为实现决策制订的，任何计划都是实施决策的工具。有的学者则认为，对于各级领导者，特别是上层领导者，他们是决策的主要承担者，因此决策应是领导职能的一部分。上述各种观点都有其合理的成分，但未得到多数学者的认同。这里，我们还是赞成大多数人的观点，将决策作为计划职能的一部分来叙述。

迄今为止，很多学者没有把创新列为一种管理职能。但对现代企业来说，创新变得越来越重要已是大多数人的共识。20 世纪 60 年代以后，因环境的发展变化和竞争的加剧，提出了创新职能并引起了管理学界的重视，其具体内容包括技术创新、组织创新、管理创新等。

(4) 协调在管理中居重要地位。古典管理理论的创始人之一法约尔认为，协调也是管理的一项职能。有的学者(如哈罗德·孔茨)把协调视为管理的本质、核心，并认为每一项管理职能都是在行使协调工作。尽管人们对如何定位协调还没有统一的认识，但协调在管理中的重要性是不容置疑的。归根到底，管理工作就是要设计和保持一种环境，使身处其中的人能够协调地开展工作，从而最大限度地利用各种资源，有效地实现组织的目标。管理工作之所以必要，就是因为人力、财力、物力、时间、信息等多种资源不可能自然地协调，特别是人与人之间的关系更需要协调。没有管理，大量矛盾将无法得到解决，组织就会陷入混乱和内耗的状态之中。每一项管理职能的开展，事实上都是在进行协调工作。

二、管理的二重性

从本质上看，管理具有二重性，一是与生产力相联系的自然属性，二是与生产关系相联系的社会属性。管理的性质，就是指管理的二重性。

1. 管理的自然属性

管理具有自然属性，因为管理的过程就是对人力、财力、物力、信息、时间等资源进行组合、协调和利用的过程，其中包含许多客观的、不因社会制度和社会文化的不同而变化的规律。管理揭示了这些规律，并创造了与之相适应的管理手段、管理方法。管理活动只有遵循这些规律，利用相应的方法和手段，才能保证生产等各种组织活动顺利进行。现代生产是社会化大生产，生产规模大，动用的资源多，这不仅使管理变得更加重要，也对管理提出了更高的要求。

管理的上述性质，并不以人的意志为转移，也不因社会制度、意识形态的不同而有所改变，而只与生产力发展水平相关。这完全是一种客观存在，所以我们称为管理的自然属性。

2. 管理的社会属性

管理具有社会属性，因为管理是人类活动，而人都生存在一定的生产关系和社会文化中，必然要受到生产关系的制约和社会文化的影响。不同的生产关系和社会文化都会使管理思想、管理目的及管理方式方法呈现出一定的差别，从而使管理具有特殊性和“个性”，这就是管理的社会属性。它既是生产关系和社会文化的体现和反映，又反作用于生产关系和社会文化。

管理是为了达到预期目的而进行的具有特殊职能的活动。谁的预期目的？什么样的预期目的？实质上就是“为谁管理”的问题。在人类漫长的历史中，管理从来就是为统治阶级、为生产资料的占有者服务的。管理是一定社会生产关系的反映，国家的管理、企业的管理甚至各种社会组织的管理概莫能外。

三、管理学既是科学又是艺术

管理学是一门科学还是一种艺术？这是人们经常提到的一个问题。我们认为，管理学既是科学又是艺术。

我们说管理学是一门科学，这是因为它确实具有科学的特点。这些特点如下。

(1) 客观性。管理学研究的是各种组织的管理活动，它从客观实践出发，揭示管理活动的各种规律。这些规律是客观存在的，只有遵循这些规律，管理活动才能收到预期的效果；反之，如果违反了这些规律，则必然受到惩罚。

(2) 实践性。管理学是从实践中产生并发展起来的一门学科。管理学来自实践，其内容都是人类多年来实践经验的总结；管理学又服务于实践。其直接目的就是有效地指导实践。

(3) 理论系统性。现在的管理学已形成一整套理论，这是通过对大量的实践经验进行概括和总结而完成的。管理学的各个章节所包括的内容互相间有着紧密的联系，从而形成一个合乎逻辑的系统。

(4) 真理性。管理学的真理性是不言而喻的，它的许多原则都是经过实践的反复检验才抽象出来的。因此，它是一种科学知识，是对客观事物及其规律的真实反映。

(5) 发展性。管理学的实践性特点决定了这门学科是处于不断发展、完善的过程之中的。因为受到各方面条件的限制，它不可能达到尽善尽美的程度，需要在发展中不断充实、完善，有些内容还要进行修正，这样才能更有效地指导实践。

综上所述，管理学完全具备科学的特点，是一种反映了客观规律的综合知识体系。此外，管理学也要利用严格的方法来收集数据，并对数据进行分类和测量，建立一些假设，然后验证这些假设来探索求知，所以说管理学是一门科学。

管理学又是一种艺术，这是因为艺术的含义是指能够熟练地运用知识，并且通过巧妙的技能来达到某种效果，而有效的管理活动正需要如此。真正掌握了管理学知识的人，应该能够熟练灵活地把这些知识应用于实践，并能根据自己的体会不断创新。这一点与其他学科不同。例如，学会了制图学并熟记有关制图规则，就能绘制出机器、零件的图纸。而管理学却不然，尽管学会了所有管理原则，也不一定能够有效地进行管理，重要的是培养灵活应用管理知识的技能。这种技能在课堂上是很难培养的，需要在实际管理工作中去掌握，科学和艺术并不相互排斥，而是相互补充的。管理者如果没有管理理论就进行管理，那么他们只好相信运气、直觉或过去的经验；有了管理的理论知识，他们就能更好地设计出一个解决管理问题的可行且可靠的办法。但是，仅仅只有原理或理论知识并不能保证得到成功的实践，因为还必须懂得如何去应用它们。管理既有科学的规律可循，又有艺术运用之妙。具体管理活动中，除了需要运用管理科学外，更重要的是要求管理者发挥随机应变、周密算计、经验判断、当机立断等能力来解决有个性的具体问题。

第三节 管理学研究的对象与方法

大多数介绍管理理论与方法的教科书都以企业为背景。但是，管理学研究的对象是一般社会、经济组织，而并非仅限于企业。由于管理原理的普遍性，决定了它们有很广泛的运用性。

一、管理学研究的对象

管理学是研究管理活动一般规律的学科。在人类社会经济生活中，凡存在组织，就应当进行管理。无论是工厂、商店、银行、学校、医院，还是政府、军队、社会团体，虽然各单位工作性质迥然不同，但是都必须进行管理，都必须有人完成管理工作。尽管不同组织中管理者的职务千差万别，所管辖人员和资源的差异较大，但他们所从事管理工作的共同基础仍然是差不多的。他们都是为了实现本单位的既定目标，通过计划、组织、领导、控制等职能完成任务。资源、职责、权力和利益的分配协调着人们之间的相互关系。

管理学研究的对象是什么？时至今日，世界上著名管理学大师们的意见并不统一。但是，通过研究管理学大师们的著作、教材，我们可以发现，管理学研究的范围概括起来有两大方面：一是组织本身，包括组织的动力学机制、组织的构造及运行等；二是组织内依靠行政手段的各种管理方式和方法，包括资源配置的整体性系统方法和针对局部问题的种种职能性方法。所以，我们可以认为，管理学是研究和探讨组织及组织内资源配置的构造、过程、方式、方法的学科，是一门应用性理论学科，是管理学科中最基础的学科。

各行各业的管理工作有其特殊性。例如，工厂的管理不同于学校，政府的管理不同于企业，有多少不同的社会组织就会有多少种特殊的问题，也就会有多少种解决这些特殊问题的管理原理和方法，由此也就形成各种不同门类的管理学。但这些管理学又具有共性，都包含着共同的、普遍的管理原理和管理方法。管理学就是要研究这些具有共性的问题，因此，我们认为，管理学是以各种管理工作中普遍运用的原理和方法作为研究对象的。

二、管理学研究的方法

(一) 归纳法

归纳法是指通过对客观存在的一系列典型事物(或经验)进行观察，掌握典型事物的典型特点、典型关系、典型规律，进而分析研究事物之间的因果关系，从中找出事物变化发展的一般规律性。这种从典型到一般的研究方法也称为实证研究。管理活动是一个十分复杂的过程，影响管理活动的相关因素又极多，并且互相交叉，人们所能观察到的往往只是综合结果，很难把各个因素的影响程度分解出来，因此大量管理问题都只能用归纳法进行实证研究。

归纳法是在管理学研究中使用得最广泛的方法。但其局限性也是非常明显的：其一，一项典型调查(或经验)只是近似于无穷大总体中的一个样本，因此实证研究必须对足够多的对象进行研究才有价值。若选择的研究对象没有代表性，归纳出的结论也就难以反映出事物的本质。其二，研究事物的状态不能人为地重复，管理状态也不可能完全一样，所以得出的结论也只能是近似的。其三，研究结论不能通过实验加以证明，只能用过去发生的事实来证明，但将来未必就是过去的再现。

用归纳法对有关管理问题进行实证研究时，要特别注意以下几点。

(1) 要弄清与研究事物相关的因素，包括各种外部环境和内部条件，以及系统的或偶然的干扰因素，尽可能剔除各种不相关的因素。

(2) 选择好典型，并分成若干类，其分类标志应能反映事物的本质特征。

(3) 调查对象应有足够数量，按抽样调查原理，使样本容量能保证调查结果的必要精度。

(4) 调查提纲或问卷设计要力求包括较多的信息量，并且便于得出简单明确的答案。

(5) 对调查资料的分析、整理，应当采用历史唯物主义和辩证唯物主义的方法，去寻找事物之间的因果关系，切忌采取先有观点再搜集材料加以论证的形而上学的方法。

(二) 试验法

试验法是指人为地为某一试验创造一定条件，观察其实践试验结果，再将其与没有这些条件的试验结果进行分析比较，寻找外加条件与试验结果之间因果关系的方法。如果经过多次试验，总是得到重复的结果，那就可以得出结论，这里存在某种普遍适用的规律性。管理中的许多问题，特别是在微观组织内部，关于生产管理、设备布置、工作程序、操作方法、现场管理、质量管理、营销方法、工资、奖惩制度、劳动组织、劳动心理、组织行为、商务谈判等问题都可以采用试验法进行研究。著名的霍桑研究就是采用试验法研究管理中人际关系的成功例子。

运用试验法研究管理学问题，可以得到接近真理的结论，但试验法也有局限性。例如，在管理活动中有许多问题，特别是高层的、宏观的管理问题，由于问题的性质复杂，影响因素多，很多因素又是协同作用的，所以很难逐个独立地进行研究。同时这些管理问题的外部环境和内部条件特别复杂，要想进行人为重复也是不可能的。像投资决策、生产计划、财务计划、人事管理、资源分配等问题几乎是不可能进行重复试验的。

(三) 演绎法

演绎是指人们的认识从一般到个别、从普遍到特殊的过程及其基本模式。对于复杂的管理问题，管理学家可以从某种概念出发，或从某种统计规律出发，也可以在实证研究的基础上，用归纳法找到一般的规律，并加以适当简化，形成某种出发点，建立起能反映某种逻辑关系的经济模型(或模式)。这种模型与被观察的事物并不完全一致，它所反映的是简化了的事实，但它完全合乎逻辑推理。上述模型是在简化了事实的前提下推广而来的，这种方法称为演绎法。

从理论概念出发建立的模型称为解释性模型。投入产出模型、企业系统力学模型等都建立在一定理论概念的基础之上。从统计规律出发建立的模型称为经济计量模型。柯布·道格拉斯(Cobb Douglas)生产函数模型、建立在回归分析和时间序列基础上的各种预测模型和决策模型等都是经济计量模型。建立在经济归纳法基础上的模型称为描述性模型。现金流量模型、库存储量模型、生产过程中在制品变动量模型等都属于描述性模型。

许多科学技术的发展，迅速地推动着管理学研究方法的现代化。特别是计算机科学技术的迅速发展，使管理中的许多复杂模型可以在计算机上进行快速或动态模拟。计算机的应用促进了管理学向更精确的方向发展。

本 章 小 结

管理就是在一定的外部环境条件下由管理者根据管理的原理对管理对象行使计划、组织、领导、控制等一系列职能与方法，从而高效地达到某一确定目标的活动过程。管理的任务是高效地实现组织所确定的目标。管理的目的是达到效率与效益的统一。

管理具有二重性，即管理作为合理组织生产力的自然属性和在一定生产关系下所体现的社会属性。管理既要适应生产力运动的规律，也要适应生产关系运动的规律。管理兼具科学性与艺术性，其科学性是指管理工作有其内在的客观规律。管理是一门科学，它以反映管理过程中的客观规律和方法为指导，分析、解决管理中的问题。管理的艺术性是强调管理的实践性，是指在掌握一定理论和方法的基础上，灵活地运用管理知识和技能。

管理职能是指管理的职责和权限，一般职能源于二重性，即合理组织生产力和维护生产关系，具体职能表现为决策、计划、组织、人事、领导、激励、控制、协调和沟通等。

管理者是组织管理活动的主体，是在组织中从事并负责对组织资源(人、财、物)行使管理职能、进行管理活动的人员。管理者按不同的管理层次进行划分，可以分为高层管理者、中层管理者和基层管理者；按所从事管理工作的性质和业务内容分类，有业务管理人员、财务管理人员、人事管理人员、行政管理人员和其他管理人员。一般来说，管理者必须具备三类技能：技术技能、人事(人际)技能、概念技能。

管理学是指在总结管理发展历史经验的基础上，综合运用现代社会科学、自然科学和工程技术科学的理论与方法去研究社会各个领域管理活动最一般规律和方法的一门应用性基础学科。

练习与思考

一、单项选择题

1. 下列能区别管理职能与非管理职能的是(　　)。

A. 工资金额的多少　　B. 是否协调他人的工作

C. 是否组织新的项目　　D. 是否拥有技术技能

2. 对于高层管理人员而言，制定管理目标是(　　)。

A. 应当适当考虑的　　B. 重要的

C. 不重要的　　D. 以上说法都不对

3. 对基层业务管理人员而言，其管理技能侧重于(　　)。

A. 技术技能　　B. 财务技能　　C. 谈判技能　　D. 营销技能

4. 关于管理的应用范围，人们的认识不同，你认为下列哪个说法最好？(　　)

A. 只适合于营利性工业企业　　B. 普遍适合于各类组织

C. 只适合于非营利性组织　　D. 只适合于营利性组织

5. 王强向营销副总裁上报工作内容，同时他又是监督者，一些合同制员工直接向他汇报，那么王强是(　　)。

A. 基层管理者　　B. 中层管理者　　C. 高层管理者　　D. 执行者

二、多项选择题

1. 按管理者所从事管理工作的领域宽度及专业性质的不同，可以把管理者划分为(　　)。

A. 基层管理者　　B. 中层管理者　　C. 高层管理者

D. 综合管理者　　E. 职能管理者

2. 作为一名中层管理者，要肩负许多方面的管理职责。下列几项职责中，通常属于中层管理人员的工作范围的是(　　)。

A. 制订部门工作计划，并进行贯彻执行和检查

B. 与下级谈心，了解下级的工作困难和感受

C. 亲自制定有关考勤方面的规章制度，每月给员工打考勤，并张贴考勤结果

D. 经常与上级部门沟通，掌握上级部门对自己工作的要求

E. 对下级的工作表现给予评价并及时反馈给本人

3. 田力是某大型企业集团的总裁助理，年富力强，在助理岗位上工作得十分出色。他最近被任命为集团销售总公司的总经理，从而由一个参谋人员变成独立部门的负责人。下面是田力最近参与的几项活动，你认为与他的领导职能有关的是(　　)。

A. 向下属讲解他对销售工作目标的认识

B. 与用户谈判签订销售协议

C. 召集公司有关部门的职能人员开讨论会，鼓励他们攻克难关

D. 召集各地分公司经理讨论和协调销售计划的落实情况

E. 向下属布置和安排销售计划

4. 关于管理的应用范围，下列说法不正确的是(　　)。

A. 只适用于企业性组织　　B. 普遍适用于各类组织

C. 只适用于非营利性组织　　D. 只适用于营利性组织

E. 只适用于工商企业

5. 之所以说管理学是一门科学，是因为它具有科学的特点，即(　　)。

A. 客观性　　B. 实践性　　C. 理论系统性

D. 真理性　　E. 发展性

三、判断题

1. 管理自从有了人类集体活动以来就开始了。(　　)

2. 在马克思所述的管理二重性论述中，指挥劳动体现了管理的社会属性，监督劳动体现了管理的自然属性。(　　)

3. 管理就是对一个组织所拥有的物质资源、人力资源进行计划、组织、领导和控制，去实现组织目标。(　　)

4. 高层管理人员花在计划决策上的时间相对更多一些。(　　)

5. 中层管理人员往往处理现场管理、指导操作等技术性工作较多。(　　)

四、问答题

1. 谈谈你对管理概念的理解。

2. 如何对管理人员进行分类？不同层次的管理人员有何差异？

3. 企业中的管理人员与作业人员有何不同？

4. 管理具有哪些主要职能？当前对管理职能最主要的表述是什么？

5. 如何理解管理的二重性？有何重要意义？

案 例 点 击

管理该如何去学

从2002年起，上海对外贸易学院四年级工商管理专业的学生就迎来了一门由工商管理专业教师和公司管理者共同合作完成的新课程："管理理论与实践"。

绝大多数的传统课程一般都是由一位教师独立完成的。而"管理理论与实践"这门新课的创新之处在于，对工商管理专业的教师来说，其工作量只占全部课程时间的1/3，其工作主要包括：课程的设计和组织，联系落实商界人士作为外聘教师进行授课，对所学的管理理论进行复习，带领学生去企业参观，等等；而另外2/3的课程，则由外聘教师来完成。

黄伟是上海利盟进出口有限公司的常务副总经理。作为上海对外贸易学院毕业的经济学硕士，黄伟非常愿意利用业余时间在大学的课堂上与未来的管理者共同探讨一些管理与进出口业务方面的问题，共同思考一些源于自己企业的新鲜且真实的案例，而"管理理论与实践"这门新课的推出，也为黄伟提供了与学生进行沟通交流的机会。

黄伟上课的方式是非常强调互动的，他在课上或者课后经常要求学生进行信息反馈。他不仅要求与学生在教学内容上进行双向沟通，而且也经常要求学生对其教学方法和教学手段进行实时评估。

这是黄伟第二次给学生们上课了。这一天，黄伟与学生讨论的是一个几天前刚发生在自己公司的进出口贸易方面的案例，但学生对这个案例的讨论好像并不积极，即使有发言的学生，似乎也都没有能讨论到这个案例的关键点上。

在课间休息时，学生张月对黄伟说："我们是工商管理专业的学生，外贸实务方面的知识学是学过了，但学得并不扎实，因此讨论起来难度太大。再说，我们大多数人今后也不会去从事国际贸易工作。因此，希望以后还是能讨论些其他方面的案例吧。"

学生王以东说："黄总，在今后的课程中，你能否多给我们讲些管理实务方面的知识，对我们大四的学生来说，学了大量的经济和管理理论之后，目前最迫切想知道的是到底如何去运用，如何去操作。"

学生姚青也有同感："我们的国际贸易有实务操作方面的课程，但管理方面就没有类似的课程，因此，我们希望这堂课能为我们提供更多管理业务操作方面的知识。"

"好的，我会在今后的课程中加强这方面内容的。"黄总说道，"但是，我对大家刚才上课时的表现并不太满意，很多知识点，大家似乎都比较陌生。这些知识点大家在以前上课时都应该学到过的，而且也是能够掌握的，但今天的实际情况却似乎并非如此，这让我很感意外。"

姚青说："实际情况是，刚才这个案例讨论所需的知识，我们以前学的教科书上是有专门一章的，但老师在上课时并没有系统地讲解，考试时也不要求考查这部分内容，因此，才会有刚才讨论时的冷场。"

黄总说："我认为，对商学院的学生来说，在大学阶段，所有知识点都是很重要的。将来工作时，领导安排工作，你做不好的话，是不能以老师没教过作为理由的。所有知识都应该自己去学、自己去领悟。再说，管理知识并非仅仅就是工商管理专业所涉及的知识。

我这个常务副总经理每天最主要的工作就是审核业务经理所签的各种合同。如果我无法胜任工作的话，是不可能以我不是法律专业毕业为理由的。”

“那为什么你们公司不能设几个法务部呢，这不是更专业化吗？”张月表示不解。

“众所周知的理由——成本因素。”黄总回答道。

学生王以东问道：“黄总，你上课时曾提到过一个观点，说一个好的管理者一定要有悟性，但到底什么是悟性呢？”

“现在企业对大学生的要求是，你来了就能够派上用场。公司在一开始的几个月可能会让你熟悉一下不同的岗位。但是，不要指望别人会教你该如何做，这全靠你自己去领悟。再者，在完成具体的业务工作时，很多学生都是知道实务操作 ABC 的，即简单的重复性操作步骤。但实践中的很多问题，并不都能简单地归纳为 ABC，因此，几个月之后，当你需要 DEF，即需要你自己去构筑一个商务平台时，你可能就无法胜任新的挑战了。而完成这部分的工作，常常需要你能够将所学的各种理论应用到实践中来。这时每个人的应用能力往往是不一样的，因为在应用理论时，有各种各样的理论可供选择和运用，这还需要你能将实际面对的各种繁杂问题归纳为一些理论所能解决的范式，并且往往还需要你能够综合地考虑自己公司所能承受的诸如成本、实力等内部条件。因此，我认为，这种综合处理问题能力的核心就是悟性。所以，很多学生在毕业工作一两年之后，就可以看出谁较有悟性，具有很大的发展潜力，而谁可能永远只能做简单的重复性工作了。”

姚青说：“既然黄总认为管理更需要的是悟性，那么是否可以认为，管理本质上就是一门艺术呢？如果说管理是一门艺术的话，那对我们没有实践工作经验的本科学生来说，我们应具备怎样的管理知识和能力，才能适应未来的工作和实践呢？”

(资料来源：徐波. 管理学案例集[M]. 上海：上海人民出版社，2004.)

问题：

(1) 如何理解“管理既是科学，又是艺术”？

(2) 管理理论有何作用？如何理解管理实务与管理理论应用的联系与区别？

点石成金

(1) 关于管理是科学还是艺术，哈罗德·孔茨和海因茨·韦里克在其编著的《管理学》(第 10 版)中指出，管理工作，如同医学、作曲、工程设计、会计工作甚至棒球运动等实践活动，是一门艺术。管理是“技巧”，即依据实际情况行事。运用条理有序的管理学知识，管理人员会把管理工作完成得更好，也正是这种知识构成了科学。因此，管理实践是一门艺术，而指导这种实践活动的有条理的知识，可以称之为一门科学。

(2) 管理理论的作用：在管理领域，理论的作用在于提供一种手段，把重要的和有关的管理知识进行分类。管理方面的原则是基本真理(或者说，在一定时间内被认为是真理)，用于解释两组或多组变量之间的关系，通常说明一个自变量和一个因变量之间的关系。原则可能是叙述性的，或者是预测性的，但绝不是指示性的。也就是说，原则用于说明变量间的联系，说明变量相互作用时会发生什么情况。原则并不规定人们应该做什么。

第二章

管理思想的演进

案例导入

自我改善的柔性管理

大连三洋制冷有限公司(简称“大连三洋”)成立于1992年9月，于1993年正式投产，现有职工400余人，是由日本三洋电机株式会社、中国大连冷冻机股份有限公司和日本日商岩井株式会社三家合资兴办的企业。

大连三洋是在激烈的市场竞争中成立的。当时，对外，其面对来自国内外同行业企业形成的市场压力；对内，面临如何把引进的高新技术转化成高质量的产品，如何使各方面有着文化程度、价值观念、思维方式、行为方式巨大差异的员工，形成统一的经营理念和行为准则，适应公司发展的需要的问题。因此，大连三洋成立伊始，即把严格管理作为企业管理的主导思想，强化遵纪守规意识。

可是，随着公司的发展和员工素质的不断提高，原有的制度、管理思想和方法，有的已不能适应企业的管理需求，有的满足不了员工实现其精神价值的需要。更重要的是，随着国内外市场竞争日趋激烈，大连三洋如何增强自身应变能力，为用户提供不同需求的制冷机产品，就成为公司发展过程中必须要解决的问题。因此，公司针对逐渐培养起来的员工自我管理的意识，使其逐步升华成为立足岗位的自我改善行为，即自我改善的柔性管理，从而增强了公司在激烈市场竞争中的应变能力。

大连三洋的经营领导者在实践柔性管理中深深地领悟到，公司不能把员工当成“经济人”，他们是“社会人”和“自我实现的人”。基于此，大连三洋形成了自己特有的经营理念和企业价值观，并逐步形成了职工自我改善的柔性管理机制。

通过这种管理和其他改革办法，大连三洋不但当年投产当年盈利，而且5年利税超亿元，合资各方连续3年分红，很快收回投资，并净赚了两个大连三洋。

以下是大连三洋自我改善的柔性管理运作的部分内容。

员工是改善活动的主体，公司从员工入厂开始，即坚持进行以“爱我公司”为核心的教育，以“创造无止境改善”为基础的自我完善教育，以“现场就是市场”为意识的危机教育。

他们在吸纳和研究员工危机意识与改善欲求的基础上，总结出了以下自我改善的10条观念。

1. 抛弃僵化固定的观念。

2. 过多地强调理由，是不求进取的表现。

3. 立即改正错误，是提高自身素质的必由之路。

4. 真正的原因，在“为什么”的反复追问中产生。

5. 从不可能中寻找解决问题的方法。

6. 只要你开动脑筋，就能打开创意的大门。

7. 改善的成功，来源于集体的智慧和努力。

8. 更要重视不花大钱的改善。

9. 完美的追求，从点滴改善开始。

10. 改善是无止境的。

这10条基本观念，如今在大连三洋已成为职工立足岗位自我改善的指导思想和自觉的行为。

大连三洋的职工自我改善是在严格管理的基础上日渐形成的。从公司创建起，他们就制定了严格规范的管理制度，要求员工要适应制度，遵守制度，而当员工把严格遵守制度当成他们自我安全和成长需要的自觉行动时，就进一步使制度能有利于发挥员工的潜能、促进员工的发展，具有较大的灵活性。例如，在公司“员工五准则”的第一条“严守时间”规定中附有这样的解释：“当您由于身体不适、交通堵塞、家庭有困难，不能按时到公司时，请拨打7317375通知公司。”这里没有单纯“不准迟到”“不准早退”的硬性规定，充分体现了公司规章制度“人性化”的一面。公司创立日举行社庆时，将所有员工的家属都请来予以慰问。逢年过节，公司常驻外地的营销人员，总会收到总经理亲自操笔的慰问信。在该公司，“努力工作型”员工受到尊重。职工合理化提案被采纳的有奖，未被采纳的也会受到鼓励。企业与员工共存，为员工提供舒适的工作环境，不断提升员工的生活质量，员工以极大的热情关心公司的发展，通过立足岗位的自我改善成为公司发展的强大动力。

(资料来源：https://max.book118.com/html/2014/0817/9452311.shtm所载网文改编)

试问：

1. 在大连三洋的柔性管理中体现了怎样的管理思想转变？

2. 试分析大连三洋柔性管理模式的内涵。

学习目标

通过本章的学习，要求重点掌握西方古典管理理论的形成和西方近现代管理思想的发展；明确“科学管理”、泰罗制、行为科学、管理科学学派等重要概念的具体内容；熟悉和了解中国古代管理思想、中国近代管理思想的基本内容，以及中华人民共和国成立以来我国管理理论的发展。

关键概念

科学管理原理(The Principles of Scientific Management)　泰罗制(Taylor System)　霍桑实验(Hawthorne Experiment)　霍桑效应(Hawthorne Effect)　统一指挥(Unit of Command)

行为科学(Behavioral Science)　系统理论学派(The System Theory School)　决策理论学派(The Decision Theory School)　人际行为学派(The Interpersonal Behavior School)　数量学派(The Mathematical School)　管理科学学派(The Management School)

第一节　西方管理思想的形成与发展

一、早期思想

(一) 西方文明和科学思想的启迪

西方文明是人类文明的重要组成部分。作为西方文明摇篮的古希腊、古罗马、古埃及、古巴比伦等文明古国，在公元前6世纪左右就建立了高度发达的奴隶制国家。埃及的金字塔、尼罗河的水利工程、古罗马城市的建筑等大型古代公共工程都是堪与中国古代长城比肩的物质文明遗产和世界奇观，是人类在国家管理、工程管理，乃至法律、军事等重要管理领域的辉煌实践。很难设想有成千上万人参与、耗时数十年、资源分配和人员安排如此复杂的大型人类活动没有专人或机构去从事计划、组织和监督而可以顺利地完成和实现。希腊哲学孕育了西方人擅长形式逻辑、注重实证研究的现代科学精神，这是现代管理学作为独立学科和系统化理论之所以首先产生于西方文化环境的重要思想渊源。近代以来，随着工场手工业的发展，资本主义生产方式率先在西方成为人类组织和发展社会生产力的基本经济制度，并对人类文明的发展做出了巨大的、历史性的贡献。关于这一点，马克思和恩格斯曾经有过高度的评价，他们指出："资产阶级在它不到一百年的阶级统治中所创造的生产力，比过去一切世代创造的全部生产力还要多、还要大。"①这与当时生产力和生产关系的状况密切相关，作为现代企业组织雏形的手工业工场，其生产组织和资源配置的复杂程度远远超出传统农业社会和农业生产活动，萌发了主要以研究工商企业经营管理为专门对象的现代管理学(Management)的早期思想。综合当前国内外研究成果，我们可以举出一些比较有代表性的人物。

(二) 早期重要代表人物及其思想

英国古典经济学家亚当·斯密(Adam Smith，1723—1790)不仅是现代经济学的奠基者，而且是西方管理学早期思想的重要代表人物。他对管理学的重要贡献主要体现为其于1776年发表的《国民财富的性质和原因的研究》一书中关于劳动分工的系统论述。亚当·斯密认为，劳动分工之所以能够提高生产率，是因为它提高了每个工人的技巧及其熟练程度，节约了由于工作变换而浪费的时间；同时，精细化的分工是机器的发明和集中利用的必要条件，这是经济组织效率得以提高的重要原因；另外，与亚当·斯密经济思想一脉相承的是其对人性假设的"经济人"观点，即认为人们在经济活动中都是追求个人私利的主体，这种思想显然对现代管理学中的激励理论有着重要影响。

① 马克思，恩格斯. 马克思恩格斯选集[M]. 北京：人民出版社，1972.

查尔斯·巴贝奇(Charles Babbage，1792—1871)既是数学家，也是西方管理思想演进中的一位重要人物。他十分推崇工场中分工的作用，赞同并发展了亚当·斯密关于劳动分工能够提高劳动效率的观点，提出了许多关于生产组织机构和经济学方面带有启发性的问题；巴贝奇是继亚当·斯密之后对劳动分工进行深入研究的学者，使劳动分工的思想和方法在生产过程中得到了迅速发展[①]。巴贝奇管理思想还体现在其他方面：他认识到，企业规模的扩大有利于经济资源的利用；他大力宣传与倡导工厂主和工人利益的协调，认为采用新的刺激方法有利于提高工人和工厂主双方的利益，也有利于提升工厂效率。另外，巴贝奇还利用其数学专长，对作业操作、技术选择、工序成本进行了运筹学的分析与研究。他还发明了世界上第一部实用的机械计算器——差分机。

欧洲伟大的空想社会主义者罗伯特·欧文(Robert Owen，1771—1858)，其思想、著述和社会实践活动也是西方早期管理思想的一个组成部分。欧文在历史上被人们称为“一位自相矛盾的人物”。在经营方面他是一位颇具成就的企业家，熟知认真与细致工作的极端重要性，并且在认真工作中学会了管理。但他对资本主义企业中雇用的工人怀有强烈的人道主义同情心，并试图阻止资本主义罪恶的扩散。他在自己的工厂中进行了一系列空想社会主义的试验，首先提出在生产中必须重视人的因素的重要思想，并致力于缩短工人的工作时间、提高工资和改善工人住宅。这些改革试验证实，由于工人的作用和地位受到尊重和重视，工厂的利润也有显著的提高。因此，在管理思想史上欧文被誉为人事管理的创始人，是现代人力资源管理思想的先驱。

二、近代管理理论

(一) 古典管理理论阶段

对管理学的形成和发展而言，19 世纪末至 20 世纪初是一个重要时期。在这一时期，无论是物质技术、社会组织还是思想理论等各方面，人们现在所说的现代意义上的“管理学”作为独立、系统的学科在产生和发展上都具备了充分的条件。

当时的欧美各国在生产力和生产关系两个方面都发生了历史性的嬗变。以电力应用和石油化工技术为标志的第二次技术革命使生产力发展达到了一个新的水平，资本主义由自由竞争阶段进入帝国主义阶段，大型和超大型垄断企业成为重要的企业组织形式，物质技术和人员的积聚都达到了历史上前所未有的水平。

由于所有权和经营权的分离，出现了如美国著名学者阿尔弗雷德·钱德勒(Alfred D.Chandler)所说的“经理式资本主义”工商企业；企业组织结构上的变化带来了所有者、经营者、劳动者等不同利益主体之间高度复杂的利益关系。所有这一切使人们在管理上遇到了多种前所未有的问题，仅凭经验去管理、在理论上缺乏系统性、缺乏现代科学技术基础的状况已经完全不能适应新的形势。

从 19 世纪后半叶开始，随着生产力的高度发展、科学技术的飞速进步和管理实践的需要，最早在欧美一些国家出现了泰罗、法约尔、韦伯等代表性人物。经过人们多年不

① 及至 20 世纪，流水线和大规模生产的出现，使劳动分工的主张得到了充分的体现，这是西方人在管理思想、理论和实践方面所做出的巨大贡献。

断的观察、研究和实践，对管理的科学认识不断地丰富和具体化，经过不断的概括与抽象，管理终于形成一个独立的研究领域，从而逐渐形成了管理理论，形成了今天我们所说的管理科学。

1. 泰罗及其“科学管理”

美国人泰罗所创立的“科学管理”在管理学发展史上占有极其重要的地位，它是现代管理学发展的起点，是管理的第一次革命，使管理从此走上了科学发展之路，因此，泰罗本人被誉为“科学管理之父”。泰罗一生在工厂从事实际管理工作，有多种著述问世，其代表作有《科学管理原理》《车间管理》《计件工资制》等，其中于1911年出版的《科学管理原理》一书乃现代管理学的奠基之作。泰罗科学管理的研究范围涉及广泛，其理论体系也被称为“泰罗制”，主要内容可以概括为以下几个方面。

(1) 工作效率和工作定额研究。生产效率低下的主要表现往往是存在大量的非生产工作时间，为此必须提高时间的利用率。泰罗从工人在劳动操作中的时间和动作两个方面，为制定科学的工作定额做了大量的基础研究和实验，并提出了改进措施。他采用工作日写实和测时的方法，根据现场的观测、记录，研究如何保留工作中的必要时间，去掉不必要时间，从而达到提高劳动生产率的目的；通过对工序和工人操作步骤进行现场测量的方法，泰罗研究了工时消耗的组成，总结出先进工人的操作经验，确定合理的工作结构，形成科学、合理的工作定额，并进行推广。泰罗总结并实行的这一套关于时间和动作研究的行之有效的方法，成为现代工作研究的两个基本方面，是提高劳动生产率和节省工作体力消耗的基本方法。

(2) 科学地挑选和使用工人。以往工厂在使用工人、分配工作时，只考虑数量上的匹配，很少根据工作岗位的性质考虑究竟需要什么样的人，从而造成人员与工作的不协调。泰罗认为，每个人的天赋和才能各异，人们所适合做的工作也是各不相同的，挑选出最适合的工人，将其安排在最适合的工作岗位上，才能提高劳动生产率。另外，除工作能力外，一个人的工作态度也是决定工作效率高低的重要因素，只有本人愿意努力工作，工作效率才会提高。为此，泰罗强调上岗之前对工人进行教育和培训，使其领会工作的意义，并掌握必要的科学的工作方法，工人的能力、工作态度和工作本身得到了科学、合理的匹配，工作效率才能大大提高。

(3) 实行标准化作业。科学管理的基础需要制定出科学、合理的劳动定额，其实质是劳动时间和操作动作的标准化。泰罗指出：“要为人们工作的每一个环节制定一种科学方法，以代替旧有的只凭经验的工作方法。”他主张在工作中要建立各种标准的操作方法、规定和条例，使用标准化的机器、工具和材料。标准化能够大幅度地提高生产效率和工作效率，已在现代工业生产中得到了充分的证实，这是泰罗科学管理思想的一个重要组成部分。

(4) 差别计件工资制。为鼓励工人超额完成工作定额，泰罗制定出一种差别计件工资制。其主要内容是，如果工人完成或超额完成定额，可以按比正常单价高出2倍来计酬；如果工人完不成定额，则按比正常单价低20%来计酬。泰罗认为，工资制度不合理是引发劳资矛盾的重要因素，实行差别计件工资制则可以体现多劳多得，有利于提高工人的劳动积极性；推行差别计件工资制，可能会增加资本家的支出，但只要产量增加和利润提高的幅度超过工资提高的幅度，总的来说对资本家还是有利的；泰罗奉劝资本家要严格按照规

定的标准行事，保证工资持续增长，否则工人不会更卖力地干活，通过这种工资制来缓和劳资矛盾，达到“和谐的合作关系”。现在看来，泰罗的这一思想显然是很超前的，具有重要的理论价值。

(5) 工作职能分析。泰罗所处的时代，企业还没有专门的管理部门，许多管理工作一律被视为执行性质的工作，企业管理所需的各种计划、统计、质量检验、控制等职能划分不清，混合交织进行，管理人员的角色定位也很不明确。泰罗认为，应该将管理工作与一般的执行工作分离开来，主张设立专门的管理职能部门，并配备专门的管理人员，专门从事时间研究和动作研究、制定劳动定额和标准、选用标准工具和操作方法等工作。他将其称为“计划管理”，为此他还对管理人员应该具备的基本能力和品质进行了比较全面和深入的论述。泰罗这一关于管理具有独立职能的思想在管理发展史上具有重要意义，它进一步促进了劳动分工的发展，实现了管理工作的专业化，也为科学管理理论的形成奠定了坚实的组织基础。

(6) 例外原则。“例外原则”是泰罗管理思想的一个重要内容。简单地说，例外原则就是将管理工作分成两类：一般事务管理和例外事务管理。企业的高级主管人员应把处理一般事务的权限下放给下级管理人员，自己只负责对下级管理人员的监督和处理例外事务。这种原则的实质是实行分权管理，在当时集权化管理和分权化管理不分的背景下，“例外原则”的提出无疑具有非常积极的现实意义，在今天看来也是极有远见和启发作用的。

泰罗的科学管理在管理学科发展史上具有里程碑意义，对管理学的形成具有标志性作用。应该如何认识和评价泰罗的科学管理理论呢？

(1) 科学管理在管理实践和理论上具有重要贡献。由于提倡科学管理，用科学的管理方法代替传统的、凭经验进行管理的方法，直接促进了当时美国工厂生产效率的提高和工厂管理的根本变革；科学管理思想开始在社会机构、出版物及各种会议中广泛传播和交流，当时的一些高等院校也开始纷纷设立管理学这门课程。这些都标志着管理学具有自己独立的研究对象，成为一门独立的学科。

(2) 科学管理的实质是雇佣双方的一次“完全的精神革命”。针对各方对其“科学管理”思想的误解，泰罗在多种场合曾不止一次地为自己的管理理论进行辩论和解读。他指出，科学管理并不仅仅是一种具体的管理方法和制度，“在其本质上，对于参与特定企业或行业工作的人而言，科学管理涉及一次完全的精神革命……同样它也涉及管理者这方面的完全精神革命……”。[①]泰罗相信，通过这种“完全的精神革命”，双方将不再把利润的分配作为焦点，“而是一起将他们的注意力转向增加盈余的规模上，直至这个盈余变成如此多以至于不必要为该如何分它而争吵”。[②]显然，鼓吹劳资合作是泰罗管理思想的一个重要目标。

(3) 要充分认识科学管理的局限性。泰罗的科学管理具有时代的局限性，体现为他对工人人性认识的机械模式和“经济人”假设。泰罗将工人看成是机器的附属物，只是提高效率的工具。他重视物质技术因素，却忽视了人和社会的因素，因此，在生产过程中他强

---

① [美]阿尔弗雷德·D. 钱德勒，等. 管理学历史与现状[M]. 郭斌，主译. 大连：东北财经大学出版社，2001.

② [美]阿尔弗雷德·D. 钱德勒，等. 管理学历史与现状[M]. 郭斌，主译. 大连：东北财经大学出版社，2001.

调严格的服从，却没有看到工人的主观能动性和社会心理因素在生产中的作用，认为工人只看重经济利益，根本没有责任心和进取心。这显然是其管理理论的重大缺陷，所以泰罗的管理理论在他之后越来越受到注重人和社会心理因素的其他管理理论的指责并得到很多重要的补充。

在美国，与泰罗同时代的对管理改革做出过杰出贡献的还有弗兰克·吉尔布雷斯夫妇、亨利·甘特、福特等重要人物。他们在管理理论和实践方面对“泰罗制”做了进一步补充、发展与完善，使科学管理理论更具有推广和应用价值，后人将以泰罗为代表的这些学者所形成的学派称为“科学管理学派”。

弗兰克·吉尔布雷斯(Frank Gilbreth)与其妻子莉莲·吉尔布雷斯(Lillian Gilbreth，1878—1972)以“动作研究”而著称于世。他们采用观察记录、电影摄影等方法首先在建筑行业里对工人在生产过程中的动作进行研究，分析哪些动作是合理的，应该保留，哪些动作是多余的，可以省掉，哪些动作需要加快速度，哪些动作应该改变次序；他们把工人劳动时的手和臂的活动分解成十七项基本动作，然后制定出标准的操作程序，这就是著名的“动作研究”。应该说，吉尔布雷斯夫妇的动作研究继承了泰罗的管理思想，但比泰罗的研究更为细致和广泛。1911 年，吉尔布雷斯夫妇将他们的研究成果《动作研究》结集出版，该书成为该领域奠基性的经典文献，对现代人体工程学、工效学等具有深远影响。

与吉尔布雷斯夫妇一样，亨利·甘特(Henry L. Gantt)也是寻求通过科学的调查研究来提高工人的效率，他扩展了泰罗的某些思想，并融进了自己的理解。甘特在管理上最著名的发明是创造了“甘特图”。这是一种用线条来表示计划内容和执行情况的图表，在当时可以称得上是一项革命，“甘特图”及其后来的各种改进形式，至今仍广泛用作各种组织安排工作进度计划的基本手段。

美国人亨利·福特(Henry Ford)是“福特生产方式”的创始人。福特在泰罗的单工序动作研究的基础上，对如何提高整个生产过程的效率进行了深入研究，通过规定生产流程各道工序的标准时间，使整个生产过程在时间上协调起来，使大规模生产成为可能。福特创造了世界上第一条流水生产线——汽车流水生产线，极大地提高了整个企业的生产效率，产品成本明显下降，企业竞争力锐增。“福特生产方式”在世界工业化史上具有重大意义，它标志着人类进入了大规模生产时代。

2. 法约尔的一般管理理论

法约尔是和泰罗同时代的杰出人物，都是管理科学的奠基人。但由于他们的背景和经历不同，因而研究管理的着眼点也有所不同。法约尔从高等学校毕业后进入企业工作，长期在企业中担任领导工作，这使他有自上而下观察管理问题的基础和条件，考虑任何问题也总是从高层管理者的角度出发，最关心企业整体管理效率的提高。法约尔的代表作是于 1916 年出版的《工业管理与一般管理》，其主要贡献是管理理论的一般化研究。法约尔提出了企业的六项经营活动及管理的五个职能，并确定了管理的十四条基本原则。这些系统化、明确化的概念和认识成为众多管理文献和管理者的共同语言，为后人研究企业经营、管理行为、管理原则起到了先导作用。

(1) 企业的六项经营活动。①技术活动，即生产、制造加工等；②商业活动，即购买、销售、交换等；③财务活动，即资金的筹集和运用；④安全活动，即财产和人员的保护；

⑤会计活动，即财产清点、资产负债表的制作、成本核算统计等；⑥管理活动，包括计划、组织、指挥、协调和控制五种要素。

(2) 管理的职能。法约尔认为，所谓管理就是实行计划、组织、指挥、协调和控制这五项职能，这是企业所具有的不同于其技术、商业、财务、安全和会计活动的另一类的职能。法约尔指出："……计划，就是探索未来，制订行动计划；组织，就是建立企业的物质和社会的双重结构；指挥，就是使其人员发挥作用；协调，就是连接、联合、调和所有的活动及力量；控制，就是注意是否一切都按已制定的规章和下达的命令进行。"可以说，在管理学科史上，法约尔是第一个对管理的职能进行系统、详细分析与研究的学者。他关于管理就是实行计划、组织、指挥、协调和控制五项职能的论述，成为后人后世所公认的"经典五职能论"。现代管理学对管理职能的研究大都受其启发并建立在其研究成果的基础之上。

(3) 管理的十四条原则。法约尔对管理基本原则的充分论述，是其管理思想中颇具特色的方面，很多内容成为今天管理学中的基本知识。这些原则及其主要含义如下。

① 劳动分工。对劳动实行专业化分工可以提高效率，但分工要适度，并非越细越好。

② 职权与职责。职权与职责应该相互联系、相互匹配，任何组织和个人在行使职权的同时，必须承担相应的责任，有权无责或有责无权都是组织上的缺陷。

③ 纪律。它是企业领导人同下属人员之间在服从、勤勉、积极、尊敬等方面所达成的协议，组织成功离不开纪律。

④ 统一指挥。组织中作为下属的每个成员只能接受来自一个上级的指挥，统一的指挥是组织成功的重要保证。

⑤ 统一领导。为组织中具有同一目标的各项活动制订一个计划，只能有一个领导人。

⑥ 个人利益服从整体利益。任何雇员个人或雇员群体的利益，都应当服从组织的整体利益，个人和小集体的利益不能凌驾于组织利益之上。

⑦ 人员报酬要合理。对工作成绩和工作效率优良者应给予奖励，但报酬应该合理，不能超出合适的限度。

⑧ 集权与分权。组织权力的集中与分散应符合组织的客观情况，要根据组织的性质、条件、环境及人员素质确定适当的权力结构。

⑨ "等级链"与"跳板"。由高层管理者到低层管理者的直线职权组成了一个"等级链"，管理信息应当按等级链上下传递。如果恪守等级链会导致信息传递延迟，平级之间则可以直接通过"跳板"来横向沟通，但事后要汇报。

⑩ 秩序。组织中的各项物资安排有序，每个成员各安其位、各司其职。

⑪ 公平。管理者应当和善、平等地对待下级。下级在受到公平对待时，会报以忠诚和献身精神，来完成他们的任务。

⑫ 人员稳定。人员的经常变动对企业不利，组织应当留住自己需要的人才。

⑬ 首创精神。应当鼓励雇员的创造性和主动性，这是人们工作的动力和乐趣之一。

⑭ 人员团结。鼓励团结的精神，以实现组织内部成员之间的协调与合作。

总的来说，法约尔的一般管理理论是西方管理思想和理论发展史上的又一里程碑，它为以后管理理论的发展勾画出基本的理论框架。法约尔在理论上第一次努力将管理原则和管理原理系统化、普遍化，突破了泰罗以实践为基础研究管理原理的局限，这为以后的管理学普及教育奠定了基础，使管理具有一般的科学性。关于法约尔对管理学的重要贡献，英国著名管理学家厄威克(F. Urwick)在其《管理备要》一书中给予了高度评价：“亨利·法约尔是直到本世纪(指 20 世纪——编者注)为止，欧洲贡献给管理运动最杰出的人物。”

3. 马克斯·韦伯的行政组织理论

马克斯·韦伯(Max Weber)是德国著名学者，其学术研究涉及众多领域，著述颇丰。他在管理理论上的贡献主要集中在组织理论方面，在《社会组织与经济组织》这一重要著作中，韦伯提出了“理想的行政组织体系”理论，对组织的“纯粹形态”或“理想形态”进行了研究。韦伯认为，组织活动要通过职务或职位而不是通过个人或世袭地位来管理，现实生活中的组织可能是各种组织形式的联合或混合物，可以将理想的行政组织体系作为一种标准模式，对现实中的各种组织结构进行分析，从企业管理的角度来看，这种分析对说明从小规模企业的“世袭”管理发展到大规模的专业管理的转变过程是非常必要的。

韦伯的“理想的行政组织体系”具有如下一些特点：①劳动分工。把组织内的工作进行分解，使每个职位都有明确规定的权责范围，人员按职业专业化进行分工。②职权等级。公职和职位应当按等级来组织，每个下级都处在一个上级的控制和监督下。③人员任用。人员任用要完全根据职务的要求，通过正式考试和教育培训来实行。④管理人员。管理人员有固定的薪金和明文规定的升迁制度，是一种职业化的工作人员。⑤遵守规则和纪律。管理人员必须严格遵守组织中规定的规则和纪律及办事程序。⑥组织中人员之间的关系。组织中人员之间的关系完全以理性准则为指导，形成职位关系而不受个人情感的影响。

韦伯认为，这种理想的行政组织体系是人们进行强制控制的合理手段，是达到目标、提高效率的最有效形式。这种组织形式在精确性、稳定性、纪律性和可能性方面都优于其他组织形式，适用于各种管理工作及当时日益增多的各种大型组织，如国家机构、军队、经济企业和各种团体。韦伯的这一理论，对泰罗、法约尔的理论是一种补充，对此后管理学的发展有很大影响，他被称为“组织理论之父”。

总的来说，泰罗、法约尔和韦伯等的管理理论构成了西方古典管理理论的基本面貌，此后一些管理学家如厄威克、卢瑟·古利克(Luther Halsey Gulick)等又把古典管理学说进一步加以综合化、条理化，使之成为史上最早的系统化的管理理论。到 20 世纪 30 年代以后，随着西方经济社会的进一步嬗变，管理学赖以存在和发展的基础出现了新的变化，西方管理理论开始进入一个新的发展阶段。

(二) 人际关系运动与行为科学

在古典管理理论发展的同时，西方另有一些学者开始注重于工作中人的行为的研究，他们从心理学、社会学的角度，去理解、解释组织中的人类行为。这在思想方法上已经有别于泰罗为代表的科学管理理论的先导者们，对科学管理多少有点机械地看待组织和工作，将工人仅仅看作是被动接受管理的对象的固有缺陷是一种弥补。20 世纪 20 年代，行为管理理论开始在西方产生，早期被称作人际关系学说，其早期代表人物有德国著名心理学家雨果·芒斯特伯格、美国著名社会活动家玛丽·派克·福莱特(Mary P. Follett)、莉莲·吉尔布雷斯等，以后发展为行为科学。行为科学的产生也标志着西方管理理论开始进入现代发展阶段。

1. 人际关系运动

西方行为科学理论在早期被称为人际关系学说，发端于20世纪20年代，它是在弥补古典管理理论缺陷的基础上产生和发展起来的。以泰罗为代表的古典管理理论片面强调物的因素，忽视人的因素；强调人的物质需要，忽视人的社会需要，导致了工人的消极怠工、效率低下。而这一切都与当时西方国家社会需要和社会发展的现实严重抵触。这种情况下，一些西方管理学者在管理理论先驱们已有的研究成果和科学管理理论的基础上，开始尝试把人类学、社会学和心理学等运用到企业管理中，并侧重于人际关系的研究。他们认为，工人在生产中的行为主要受社会内容的影响，包括社会环境条件、情感、工作中的人际关系等，管理当局对工人的关心会使工人的满意程度增加，进而产生更好的绩效，反之就会降低工作绩效。许多研究者采用实验科学的方法来研究组织中人的问题，研究人的工作动机、情绪、行为等与工作之间的关系，研究按人的心理发展规律来激发人的积极性和创造性，这种理论和方法上的重大变革在理论和实践两个方面又一次推动了西方管理思想的纵深发展。

原籍澳大利亚，后移居美国的乔治·埃尔顿·梅奥(George Elton Mayo)是一名心理学家和管理学家，也是霍桑试验的主要参与者和领导者。该试验是集社会学、人类学、心理学、经济学、管理学、工程技术学、医学等多学科的开创性、综合性工业研究项目。该试验于1924年开始至1932年止，历时长达8年，由于试验主要是在位于美国芝加哥的西方电气公司中的霍桑工厂进行，故称“霍桑试验”。霍桑试验所留下的各种类型的试验报告、研究记录、分析材料、访谈资料、论文等，至今仍然是人们研究组织行为科学的历史性珍贵文献。

(1) 人群关系理论的主要内容。

① 工人是“社会人”而不是“经济人”。泰罗的科学管理认为，工人是“经济人”，只要用金钱加以刺激，就有工作的积极性。而梅奥的观点却不同，他认为工人是“社会人”，即影响人们生产积极性的因素，除物质方面外，还有社会和心理方面，他们追求人与人之间的友情、忠诚、关心、理解、爱护、安全感、归宿感、渴望受人尊敬等。

② 企业中存在非正式组织。梅奥通过试验认为，一个组织是正式组织和非正式组织的统一。非正式组织是指人们在企业内共同工作的过程中，由于情感交流、兴趣爱好相近等原因所形成的一种非正式团体。正式组织以效率逻辑为其行动标准，即为了提高效率，企业各成员之间保持着形式上的协作。非正式组织以感情逻辑为其行动标准，即出于某种感情和爱好而采取一致的行动。非正式组织对企业而言有利有弊。作为管理者，要充分认识到非正式组织的作用，注意在正式组织的效率逻辑与非正式组织的感情逻辑之间搞好平衡，使非正式组织的存在有利于正式组织目标的实现。

③ 生产效率主要取决于职工的工作态度及与周围人的关系。梅奥认为，提高生产效率的主要途径是提高工人的满足程度，即力争使职工在安全、归属感、友谊等方面的需求得到充分的满足，并且要因人而异，注意每一个职工个人情况的特殊性和他与周围人员关系的好坏情况，使他们最大限度地得到感情上的满足。满足度越高，其士气就越高，生产效率也就越高。管理人员必须深刻地认识到这一点，即在工作中不仅要考虑职工的物质需求，还应充分考虑职工在精神方面的需求。

④ 企业管理者应树立新型的领导方式。梅奥认为，新型的领导方式在于正确处理人际关系，提高满足员工需求的程度，而不是命令和控制下属的能力。

(2) 霍桑试验的重要意义。

从管理学的角度看，梅奥的人群关系理论同以前的管理理论的着眼点不同。他抛弃了以物质为中心的管理思想，而以人为中心进行管理理论的研究，并取得了辉煌的成果。他的人群关系理论，为管理的研究开辟了新的领域，使人们开始关注工业生产中的另一个重要因素，即人的因素，为管理方法的变革指明了方向。梅奥的管理思想强调对管理者和监督者的教育和训练，要求管理者改变对工人的态度和监督方式；倡导下级参与企业的决策，允许职工对作业目标、作业标准和作业方法提出意见；强调意见沟通，改善人际关系，对企业中的非正式组织提出了自己独特的看法。

关于霍桑试验的重要意义和历史地位，美国管理史学家丹尼尔·雷恩(Daniel A. Wren)在其所著的《管理思想的演变》一书中，曾有过这样一段评价："在管理学历史上，没有任何一项研究像美国西方电气公司在其霍桑工厂中所进行的那样如此广泛地受人注目，并被人们提出过这么多种不同的解释，以及受到了同样众多的赞扬和彻底的批评。"①足见其影响之深远和复杂。

2. 组织行为学

经过梅奥等的开创性工作，人际关系学说在西方管理理论体系中占据了重要的一席之地，但是后来的一些学者认为，人际关系学说的许多研究结论似乎都将问题简单化了。例如，对工人的满意度与工作绩效改进这两者的关系上就充满着疑义。很多人发现，现实当中，往往是好的工作绩效导致了人的满足，而不是先满足后才取得好的绩效。许多理论家认为，人的行为远比人际关系学家所认识的要复杂得多，必须从一个整体的视角来通盘考察个人、群体和组织的行为过程。所以，后期的行为科学研究的重点是关于人的需要、动机和激励、组织中人的个性、非正式组织和群体行为、组织中的领导方式、组织结构等。这些研究对早期人际关系学说的内容进行了重要的补充与完善，并于 20 世纪 50 年代后期形成了当代行为管理理论，即组织行为学。其中影响较大的理论观点主要有以下几个。

(1) 马斯洛心理学。亚伯拉罕·马斯洛(Abraham Maslow)于 1943 年提出了著名的"需要层次论"。马斯洛认为，人的基本需要按其重要性由低到高发生的顺序可分为五个等级：①生理需要，这是人的最原始、最基本的需要，包括衣、食、住、行、医疗保健、婚姻等需要，不满足这些需要，人便无法生存下去，当然就没有动力进行其他活动；②安全需要，当生理的需要得到满足后，就会有安全需要。它包括劳动中的安全措施、职业病的避免、不公正待遇的消除及对未来的保障；③社交需要，在生理和安全的需要满足以后，人的社会性需要(如协调的集体、同事的友谊、丰富多彩的业务条件等)就成为突出的需要了。它与民族、文化传统、教育、信仰等是密切相关的；④尊重需要，包括个人自尊心、自信心、求知欲、地位欲望，以及受到他人尊重和赞赏等；⑤自我实现需要，是需要等级中层次最高的一级，它可以理解为我们通常所说的事业心，即人可以自觉地充分发挥自己聪明才智的一种内在需要。马斯洛的理论使管理人员对学术理论家的工作增加了关注。

(2) 麦格雷戈的"X—Y 理论"。道格拉斯·麦格雷戈(Douglas McGregor)于 1957 年发表了《企业的人性面》一文，文中提出了著名的"X—Y 理论"。X 理论是从悲观否定的观

---

① [美]雷恩. 管理思想的演变[M]. 李柱流，等，译. 北京：中国社会科学出版社，1997.

点来看待工人的，与传统管理的观念有点相似。Y 理论则以积极的态度来看待工人，它代表了人际关系学派的假设。麦格雷戈认为 Y 理论是管理人员应坚持的哲学。他的思想对许多实际管理人员的影响很大。

(3) 赫茨伯格的“双因素理论”。赫茨伯格(F. Herzberg)在 20 世纪 60 年代根据影响人的行为因素的研究提出了激励的双因素理论。他把影响人的行为因素分为两类：一类是工作环境和工作关系方面的因素，称为保健因素，如公司的政策、管理、监督、工资、同事关系、工作条件等；另一类是工作内容本身方面的因素，称为激励因素，如成就、上级赏识、工作责任、个人进步等。他认为，保健因素只能消除职工的不满，但不能起到调动积极性的作用；只有激励因素才能使人们感到满意，调动人们的工作积极性。作为组织的管理者，不仅要满足人们的保健因素，更要满足人们的激励因素。

(4) Z 理论。美国加州大学管理学院日裔美籍教授威廉·大内(William Ouchi)，在研究分析了日本的企业管理经验之后，提出了他所设想的 Z 理论。Z 理论认为，企业管理当局与职工的利益是一致的，两者的积极性可融为一体。其主要内容包括对职工实行长期雇用、通过上下结合制定企业决策、实行个人负责制、融洽上下级关系、对职工进行全面培训和相对缓慢的评价与稳步提拔等几个主要方面。

另外，领导情景理论、领导行为连续统一体理论、管理方格理论等，都是组织行为理论的重要内容。总之，组织行为学吸收了社会学、心理学、人类学、经济学、管理学甚至医学等多种学科知识，博采众长，其所涉及的研究领域非常广泛，已成为当代管理理论的一个重要组成部分。目前在这个领域，如工作满意的理论、行为改造理论、激励理论、领导科学、沟通理论、群体动力学、组织政治学、人际冲突理论、组织结构与组织设计等都是人们非常感兴趣和深入研究的课题。有关组织行为学的某些具体内容，将在本课程相关章节和其他专业课程中做进一步的介绍。

(三) 管理科学理论

“管理科学理论”与“科学管理理论”一样是一个专业词汇，它与科学管理理论实际上属于同一思想体系，但又不是泰罗科学管理理论的简单延续。管理科学理论吸收了第二次世界大战以来的最新科学技术成果，并运用到管理的各个方面，从而形成了有别于泰罗科学管理理论的“管理科学理论”。其主导思想和基本特点是应用先进的数学方法及现代化的管理技术手段，优化资源配置，获取组织最佳效益。

1. 数理理论

数理理论着重于管理问题的定量分析与研究，强调利用运筹学、系统工程、电子技术等科学技术手段解决管理中的相关问题，致力于通过建立和求解数学模型，为管理决策寻求一个最佳、最有效的数量解。数理理论的基本观点可以归纳如下。

(1) 以经济效果好坏作为生产经营管理各领域、各项活动及其方案的评价标准。

(2) 决策当中应尽量排除个人意识成分。决策的过程实际上就是一个建立、利用和求解数学模型的过程。将众多方案中的多种变数或影响因素加以定量化，利用数学工具建立数学模型，研究各变量和因素之间的相互关系，寻求一个用数量表示的最优化结果。数理理论认为，通过数学模型可以建立一套合理的决策程序，最大限度地排除了个人的主观意识成分，从而增进了决策的科学性。

(3) 广泛运用电子计算机和其他先进技术手段进行管理。企业经营范围的扩大，决策问题的日益复杂化，各种方案选择的定量化，都要求及时处理大量数据和提供准确信息，而这些只有借助于电子计算机等其他先进技术手段才能实现。

2. 系统管理理论

系统管理理论致力于用系统的观念来考察组织结构及管理的基本职能。它来源于一般系统理论和控制理论，其代表人物为弗里蒙特·卡斯特(Fremont E. Kast)，代表作有《系统理论与管理》《组织与管理：系统与权变的方法》等，这些文献是将系统论观点运用于研究组织和企业管理活动的经典著作。其主要观点包括以下三点。

(1) 组织本身是一个以人为主体的人造系统，它由许多相互联系的子系统组成。这些子系统包括目标、技术、工作、结构、正式组织、非正式组织、外界因素等。组织系统中任何子系统的变化都会影响其他子系统的变化，系统的运行效果是由各子系统相互作用的效果决定的。

(2) 组织是社会大系统中的一个子系统。组织不是一个封闭的人造系统，而是开放的社会技术系统，是更大的社会系统中的一个子系统。因而不可避免地会受到周围环境的影响，但反过来也影响环境，且在与环境的相互影响中达到自身的动态平衡。

(3) 管理必须建立在系统的基础上。管理要善于将各种资源要素集合起来，在同一目标下形成一个整体。管理人员必须从组织的整体出发，研究组织各部分之间的关系，研究组织与外部环境的关系，以便做出正确的决策并进行协调。

3. 决策理论

决策理论是在系统理论的基础上，吸收了运筹学、行为科学和计算机科学等研究成果，经历了古典决策理论、行为决策理论和当代决策理论等阶段而发展起来的。该学派非常强调决策在组织中的重要地位，认为管理是以决策为特征的，管理的本质就是决策，决策贯穿于管理的各个方面和全过程。决策理论学派的代表人物有赫伯特·西蒙等。西蒙因其在决策理论、决策应用等方面做出的开创性研究，而获得了1978年诺贝尔经济学奖，其代表作有《管理行为》《管理决策新科学》等。

决策理论主要包括三种观点：第一种观点突出决策在管理中的地位。决策管理理论认为，管理的实质是决策，决策贯穿于管理的全过程，决定了整个管理活动的成败。如果决策失误，组织的资源再丰富，技术再先进，也是无济于事的。第二种观点系统阐述了决策原理。西蒙对于决策的程序、准则、类型及其决策技术等做了科学的分析，并提出用“有限理性原则”和“满意原则”代替传统决策理论的“完全理性原则”和“最优原则”，研究了决策过程中冲突的解决方法。第三种观点强调了决策者的作用。认为组织是决策者个人所组成的系统，因此强调不仅要注意在决策中应用定量方法、计算技术等新的科学方法，而且要重视心理因素、人际关系等社会因素在决策中的作用。

三、西方当代管理理论的新发展

(一) 管理理论丛林

美国著名管理学家哈罗德·孔茨教授在20世纪60年代对现代管理理论中的各种学派

加以分类，并发表了一篇名为《管理理论的丛林》的论文。该文发表后，引起了学术界广泛的反响。他把当时管理思想的不同观点，以及这些观点对管理的性质和内容所做的不同解释，概括出六个有代表性的学派。它们是：①管理过程学派；②经验或案例学派；③人类行为学派；④社会系统学派；⑤决策理论学派；⑥数理学派。

此后20年，孔茨所概括的这个“丛林”似乎越来越茂密了，及至20世纪80年代，有代表性的管理理论学派至少有十一个。为此，孔茨又撰写了一篇论文《再论管理理论丛林》。在该文中，他概要地叙述并分析了十一个重要的管理理论学派。它们是：①经验或案例学派；②人际行为学派；③群体行为学派(组织行为学派)；④合作社会系统学派；⑤社会技术系统学派；⑥决策理论学派；⑦系统理论学派；⑧数理学派；⑨权变管理学派；⑩管理科学学派；⑪经验管理学派。

应该说，孔茨教授对管理理论学派的这种划分迄今为止在学术界仍然是最权威的。尽管现代管理理论还在不断向前发展，但孔茨教授的这一划分仍然是我们认识现代管理理论体系全貌不可多得的参考。

(二) 管理理论的新发展与新趋势

孔茨之后的最近几十年来，西方当代管理理论中引人注目的新发展还包括以下几种思想。

1. 托马斯·彼得斯(Thomas Peters)的管理思想

彼得斯的管理思想：一是人受到“两重性”的驱动，他既要作为集体的一员，又要突出自己，他既要成为获胜队伍中的一个可靠的成员，又要通过不平凡的努力而成为队伍中的明星；二是只要人们认为某项事业从某种意义上说是伟大的，那么他们就会情愿地为了这个事业吃苦耐劳。彼得斯还提出了管理的八条原则和调动人的潜力的五条途径。

2. 麦克尔·波特(Michael Porter)的竞争战略思想

波特提出有五种竞争力量，任何行业的竞争规律都体现了这五种竞争力的作用。行业的这五种作用力决定了行业结构，也决定了行业的盈利能力，它们影响成本和企业所需的投资，以及影响投资收益的诸多因素。波特还提出了企业的三种基本战略和进行战略分析的手段——价值链分析法。

3. 约翰·P. 科特(John Kotter)的管理新规则

科特将美国经济的发展分为三个阶段：第一个阶段是1860年到1930年，这个阶段是美国经济迅速发展和大企业快速增长的阶段；第二个阶段的开始是以1929年“黑色的星期二”为标志；第三个阶段是1973年海湾石油生产国第一次大幅度和统一地提高石油价格，使西方世界发生了一次极大的能源危机。科特认为，在新形势下不能再墨守原先的管理规则，而是应该遵守一种新的规则，这种规则是建立在经济发展的第三阶段的特征基础上的。因此，现在企业的应变能力，对能否取得成功变得越来越重要，这一切都需要有强有力的领导。

4. 彼得·德鲁克(Peter Drucker)的知识管理

彼得·德鲁克是最早提出知识社会和知识管理概念的学者。1988年，他在《哈佛商业评论》上发表了“新型组织的出现”一文，指出在经历了管理权和所有权分离的“命令—

支配”型组织后，由于信息技术的发展，企业组织将进入新的形态，即由专家小组构成的知识型企业，知识成为最重要的生产要素，这表明现代管理学的发展已经进入一个新的阶段——知识管理的时代。

5. 彼得・圣吉(Peter Senge)的学习型组织

彼德・圣吉于 1990 年出版了《第五项修炼——学习型组织的艺术与实践》一书。圣吉以其导师弗雷斯特教授的《新型企业的设计》一文的构想为基础，融合了其他出色的理论、方法与工具，提出了学习型组织的概念。圣吉认为，企业组织持续发展的精神基础是持续学习，并详细论述了建立学习型组织的五项修炼，通过五项修炼，培养弥漫于整个组织的学习气氛，进而形成一种符合人性的、有机的、扁平化组织，即学习型组织。他还分析了学习型组织的一些重要特征，如：组织成员拥有一个共同愿景，组织由多个创造型团队组成，组织具有“以地方为主”的扁平式结构，等等。

6. 查尔斯・M. 萨维奇(Charles M. Savage)的第五代管理

1991 年，萨维奇出版了《第五代管理》一书，提出了突破工业时代严格的等级制度和例行程序，实现“知识网络化”管理的重要观点。他认为，对企业的科学管理不单是重新设计企业的具体管理流程，而是使企业的经营观念、经营战略、组织结构、组织行为、管理规范、管理方法、管理技术和企业文化都要完成适应网络化管理需要的整合。

总而言之，21 世纪，人类进入了一个新的历史发展阶段，科学技术、生产力组织和人们的思想观念正在发生着深刻的变革，这些都为孕育和发展新的管理思想和理论提供着丰富和滋养的条件。当前，国内学术界对管理理论的新发展、新趋势非常关注，相关研究非常活跃，同时也处在一个见仁见智的阶段，不同专家学者，各类专著、论文和教材纷纷各抒己见，总的来说尚未形成统一的定论，但在知识经济或新经济及其管理、企业文化、学习型组织及其组织变革、人本管理、战略管理、创新管理、管理现代化等重要领域都是大家积极关注、深入研究的几个方面。

综合当前国内该领域的主要研究成果，我们把当代西方管理思想和理论的新发展概括如下：①更重视知识管理；②更重视人本管理；③更重视文化管理；④更重视战略管理；⑤更重视创新管理；⑥更重视企业的跨国经营管理；⑦更重视管理中的非理性因素；⑧更重视管理方法与手段的科学化和现代化。

第二节　中国管理思想与理论

一、中国古代管理思想精粹[①]

中国是具有五千多年历史的文明古国，我国古代传统思想是人类智慧的瑰宝，对世界，

① 在管理学教学方面，对中国传统管理思想较早进行研究的南京大学周三多教授，在其 1993 年由复旦大学出版社出版的《管理学——原理与方法》中，将中国传统管理思想要点归纳为：顺“道”；重人；人和；守信；利器；求实；对策；节俭。

特别是对东方的文化产生巨大影响。我国历史上有孔子、荀子、墨子、老子、庄子、孙子、韩非子、管仲、李斯、诸葛亮、李世民、王安石、康熙等一大批政治家、军事家、思想家、教育家，同时他们也称得上是伟大的管理学家。在他们当中，以孔子为代表的儒家思想最具影响力，是中国传统文化的主流。以儒家思想为代表的中国传统管理思想和管理文化的内核可以归纳为以下几个方面[①]。

1. 民本

民本思想强调管理活动要“以民为本”，重视人的因素，提倡“德治”和“仁政”。孔子在《论语·微子》中说：“鸟兽不可与同群，吾非斯人之徒与而谁与？”意思是说，我既然不能同飞禽走兽合群共处，那我不同世人在一起，又与谁在一起呢？这一观点反映了孔子人兽严格区别、人与人同类的自觉意识。在民本思想的指导下，孔子竭力主张“为政以德，譬如北辰，居其所而众星共之”，此处“政”即指管理，其意思是说如果领导者以德治路线进行管理，就会像北极星一样定居在天的中枢，而其他星球就会围绕着它转动。孔子将在德治路线下的管理者和民众的关系比喻成北极星和众星的关系，可以说极为准确生动，清晰地反映了孔子的民本思想。管仲、荀况对民本思想的内核也有许多非常精辟的论述。在《管子·霸言》中，管仲指出“以人为本，本治则国固，本乱则国危”，这里的“本”是指基础和核心。在《荀子·王制》中，荀况则更清楚地表述“水火有气而无生，草木有生而无知，禽兽有知而无义，人有气有生有知亦且有义，故最为天下贵也”。这就是说人有形态、有生命、有知觉，更有礼义道德，因此他与水火、草木、禽兽有根本的不同。荀子的人贵论和管仲的治国安邦思想，也是中国古代民本思想的核心部分，与孔子的观点有异曲同工之妙。值得注意的是，中国传统文化中的“民本”不同于西方国家的人本主义，人本主义者主张“个体本位”，主张社会生活中个体利益的满足，而“民本”的实质是“群体本位”，重视团体利益。这种观点正是当代企业文化的重要内涵。

2. 中庸

中庸是孔子和儒家管理思想的基础，中庸的本意是讲对事物不偏不倚、折中和调和。《论语·雍也》中有“中庸之为德也，其至矣乎！民鲜久矣”，意思是说中庸作为实现道德的法则，是最正确的，但是人们缺乏它已经很久了！过去一些人在评价孔子时，把中庸理解为保守、妥协、守旧的代名词，其实中庸思想体现了孔子认识事物的三分法，即“过”“中”与“不及”。孔子主张要把握住“过”和“不及”两个极端，而用中庸去引导人们。中庸思想启发大家去认识在管理工作中存在着一个“度”的问题，如用财有度、用人有度、赏罚有度、批评有度、处理人际关系有度等。这一观念对管理活动是颇有启发和现实意义的。

3. 人和

孔子和儒家主张“礼之用，和为贵”。在《论语·子路》中，孔子说“君子和而不同，小人同而不和”，这里孔子所说的是指社会成员之间的协调与和睦，而不是无原则的苟同或同流合污。人和在现代管理中，可以理解为企业成员之间通过彼此理解和沟通，建立良好

---

① 崔生祥，等. 管理学[M]. 武汉：武汉理工大学出版社，2005.

的人际关系，同心协力，完成组织目标。从广义的观点看，还包括企业与外部环境之间、部门之间相互协调和平衡。总之，"和为贵"的观念仍有其重要的价值。不过在强调人和的同时，应认识到"人和"与"竞争"是人际关系的两极，是社会相互作用的两种基本形态，是矛盾的对立统一。在市场经济条件下，"和"与"争"都是不可缺少的，正确的做法是妥善处理两者的关系，实现"和争互补""和争相济"。

4. 义利

孔子所强调的"义"是指礼仪道德；"利"是指利益，即功利。《论语·里仁》中有"君子喻于义，小人喻于利"之说。这里的君子可以理解为管理者，他们的价值取向应是先义后利，先人后己，而对被管理者的价值取向应是先利，亦所谓"先富之，后教之"。从现代的观点看，"利"与"义"也是矛盾的统一体，彼此相互渗透、相互转化。对人的管理既要重视物质利益，又要重视精神因素，尤其是领导层，重义轻利、先义后利的提法实质上是对西方国家早期的功利主义的批判和否定。

5. 教育

孔子在中国历史上不仅是一位伟大的思想家，也是一位伟大的教育家。他强调"为政在人"，管理者要十分注意选才和育才。孔子提倡"学而优则仕"，即学习要达到一定的"度"，才能成为人才，才有可能为事业做出贡献。为培养人才，孔子主张"有教无类""诲人不倦"。在教育方法上，孔子倡导"因材施教"。这些著名的论述，至今对教育管理工作者仍不失其重要的现实指导意义。

应该指出的是，中国古代的管理思想绝不仅仅限于上述内容。诸如在治国安邦、法制、经济管理、系统理论等方面，中国古代的先贤、学者和思想家们也有许多著名论断和独到见解，需要我们认真学习、发掘和研究。近年来，国内管理学界的"中国式管理"成为热门议题，恰是反映了人们希望从中国传统文化中发掘出管理智慧并运用于现代管理的热切愿望。这场关于"中国式管理"的激烈争论，各种观点、评说殊异，赞成肯定之，反对否定之，可谓针锋相对，其实质仍然是一个如何正确认识、评价、继承和借鉴历史文化遗产并发扬光大的问题。

我们认为，如果将"中国式管理"理解为立足于中国特定的历史文化环境和条件，突出中华文化传统、价值观和思维模式的民族特性，权变式地应用现代管理学理论、方法和技术解决中国的管理问题，并在这个过程中丰富、充实现代管理学这一科学理论"大厦"，这种态度和价值取向还是应该肯定的。但同时需要注意的是，不宜对作为独立性、系统性的所谓"中国式管理"做过高评价，而片面强调"中国式管理"的特异性，甚至将中国传统文化中的思想糟粕"发扬光大"，这是不可取的，也是有害的。在科技发达、竞争激烈的全球化网络时代，我们还是要以海纳百川的广阔胸怀，发扬中华民族在文化上善于融合、吸收各方优点的长处，使中国传统文化中管理思想的精粹在现代条件下体现出应有的价值，为世界管理理论和思想的发展做出自己的一份贡献。

二、中国近代管理思想

近代中国管理思想发展的历史轨迹，大致可分为近代前期与近代后期两个阶段。从鸦片战争到辛亥革命之前的这段时间，是近代中国管理思想发展的前期，这一时期中国管理思想的转变过程，也是一些先进人士向西方国家寻找真理的过程。林则徐、魏源是向西方寻求救国真理的思想先驱，并做出了对西方管理思想引进的最初尝试，洋务运动代表人物李鸿章、张之洞提出以“自强”“求富”为管理目标的主张，资产阶级改良派代表人物康有为、梁启超推出建立资产阶级君主立宪制国家的改革措施；资产阶级代表人物孙中山等提出以“三民主义”为特征的宏观管理思想[①]。

从辛亥革命到中华人民共和国成立之前的这段时间，中国近代管理思想最具特色的是民族资产阶级企业家的企业经营管理思想，其代表人物有张謇、穆藕初、荣宗敬、刘鸿生、卢作孚等。他们在引进西方科学管理思想的同时，又运用中国传统管理思想，将两者融合起来，创造出中国特色的近代民族资产阶级企业经营管理模式。这种模式至今仍有十分宝贵的参考和借鉴作用。

林则徐以严禁鸦片和抵抗外国侵略而闻名于世，他的经济管理思想多半与此相联系。他提出严禁鸦片贸易，不禁一般贸易的贸易管理思想，还提出铸银币、用钱票、开银矿的货币管理思想。魏源不仅对传统的“重本抑末”“黜奢崇俭”的观点提出新的解释，而且对漕运、盐政和赋税管理方面提出改革主张。值得一提的是，魏源在“师夷长技”的口号下，提出了移植西方新式工业的主张，是中国近代工业管理思想的直接先驱。

洋务派秉承“中学为体，西学为用”的基本主张，即所谓“中体西用”论。“中学为体”就是主张以孔孟之道为核心的封建“圣道”作为统治人民的根本，“西学为用”就是学一些西方技术为我所用。他们不像顽固派那样惧怕西方的任何事物，认为只有实行“中学为体，西学为用”的原则，才有助于加强清朝的封建统治。洋务派代表李鸿章提出以“自强”“求富”为管理目标的思想，兴办了近代军事工业、民用工业。他还提出以“官督商办”形式管理企业的思想，所谓“官督商办”，就是商人出资，政府派官管理。官督商办把“官”和“商”两种不同的力量糅合在一起，两者的矛盾不可避免，并成为中国近代民用工业进一步发展的严重障碍。张之洞论述了工业生产和市场需求之间的辩证关系，认为在以工为本或体的前提下，工、商有相互促进关系，这个观点有其独到之处。

资产阶级改良派康有为提出“富国”“养民”，发展资本主义的经济纲领。富国之法包括钞法、铸银、铁路、机器轮舟、开矿、邮政六项纲领；养民之法包括务农、劝工、惠商、恤穷四项纲领。梁启超提出振兴实业论和利用外资论，其目的都是发展资本主义经济。

资产阶级革命派领袖孙中山提出以民生主义为特征的经济管理思想。他为宏观经济管理所制定的目标是，同时注意“贫”和“不均”两个方面的问题，但把解决贫的问题放在首位。他在宏观经济管理模式方面的主张是倾向于国家干涉主义。廖仲恺的经济管理思想集中表现为“新国家建设”思想，其基本内容是：“从政治上求解决”是新国家建设的前提；“平均地权”是新国家建设的基础；“发展铁路交通”是新国家建设的核心内容。

发端于晚清时期的中国民族资本主义工商企业，在辛亥革命后得到了较大程度的发展，但与外国资本企业相比可谓先天不足。资金短缺，设备、技术落后是我国民族企业所面临的普遍问题，管理制度、管理模式和管理方法则带有浓厚的半殖民地半封建社会的色彩，封闭、专制、效率低下是大多数企业所具有的基本特征。广大民族工商企业在国外资

---

① 王德清. 中外管理思想史[M]. 重庆：重庆大学出版社，2005.

本和国内封建专制的夹缝中艰难生存、惨淡经营，有很多企业被内忧外患的严酷环境吞噬了，也有的企业存续下来，成为中国民族资本主义企业发展史上正反两方面不可多得的生动教材。从管理学的角度看，某些民族资本企业之所以能够生存和发展，这与它们立足中国实际社会条件不断积累和总结管理经验，重视对西方管理思想和方法的引进、学习，讲究经营管理之道，不断进行管理创新是密不可分的。

随着中国民族资本主义企业的产生和发展，中国民族资产阶级的企业经营管理思想应运而生。张謇作为中国近代最早的和规模最大的民族资本企业的创始人，在企业经营管理方面，如资金管理、人才管理、生产管理等若干问题的见解独特而有理论价值。“棉纺巨子”穆藕初第一个把西方科学管理理论引进中国，他不仅在思想上认识到引进先进管理学说的必要性，而且在实践中大力加以贯彻实施，并取得一定的成效。旧中国最大的民族资本主义企业荣氏企业集团的创始人荣宗敬、荣德生的企业经营管理思想值得后人借鉴，如勇于开拓，急于扩展；敢于竞争，抢占市场；重视人才，加强培训；等等。被誉为“煤炭大王”“火柴大王”“企业大王”的刘鸿生创办的刘氏企业集团，集轻重工业、运输业、商业及金融业于一体。他的重视企业战略决策、主张分散投资策略、提出人才竞争策略及市场竞争策略的企业经营管理思想，是符合当时社会历史条件和中国特定国情的。曾被毛泽东誉为旧中国实业界“四个不能忘记”人物之一的卢作孚，他的关于经营目标、企业精神、组织管理、人事管理等企业经营管理思想，至今仍给人们以启示。

曾受到过著名经济学家马寅初先生赞誉的大成纱厂创办人刘国钧就经营企业之道，讲过自己的切身感受：“懂经营管理，又懂技术，是一等人才；懂经营管理，不懂技术，是二等人才；懂技术，不懂经营管理，是三等人才”，这真可谓至理名言。以经营猪鬃闻名海内外的古耕虞认为，一个事业的兴衰成败，很大程度上取决于经营管理人才，没有一流的管理就没有一流的企业。

总的来说，在近代中国内忧外患的艰难时世，中国民族工商业者为求得自己的生存与发展，高度重视企业的管理，积累了独特的管理经验和与此相关的管理思想，应该说，在注重经营决策、注重引进技术和进行技术改造、注重企业文化以增加产品和企业竞争力等几个方面形成了自己的特色。尤其是在注重企业文化建设方面，我国的管理界是有传统的。我国一些民族工商企业家在“丰田精神”“松下信条”尚未问世的年代，就曾利用企业文化塑造了企业精神，从而取得了显著的成效。

三、中国现代管理思想与理论

从严格意义上说，中国大规模的工业化和国家现代化建设始于中华人民共和国成立以后，而我们这里所说的中国现代管理思想与理论的发展，也主要是以中华人民共和国成立后中国共产党领导并管理公有制企业，以及 1978 年以后改革实践为基本背景，具体指中华人民共和国成立后到“文革”结束，以及改革开放到现在两个大的历史时期中国管理思想与理论的发展与演进。

(一) 中华人民共和国成立后的初创与发展

这一时期主要经历了四个阶段。

1. 中华人民共和国成立初的国民经济恢复时期

在管理上重点是解决企业所有权与管理权的问题，没收了帝国主义和官僚资本主义企业，依靠工人阶级，组建工厂管理委员会和职工代表大会来管理企业，并实行了对资本主义工商业的社会主义改造。

2. 全面学习苏联阶段

1953 年以后，进入大规模的社会主义建设时期，全面引进与学习苏联的管理模式，较为系统地建立了社会主义计划经济的管理体制。在此期间，以“156 项重点工程”为标志的大规模国家建设项目，奠定了我国工业化和大型现代工业企业管理的基础。

3. “大跃进”与调整巩固时期

1958 年的“大跃进”，违背客观经济规律，在管理指导思想上产生错误，也造成了严重的经济损失；1961 年开始对国民经济实行了为期三年的“调整、巩固、充实、提高”，从正反两方面认真总结经验教训，积极探索中国现代管理模式，总结出了如“两参一改三结合”及大庆油田“三老四严和四个一样”等重要管理经验，成为今天中国企业文化建设仍可资借鉴的重要思想资源。

4. “十年动乱”时期

1966 年开始的“文化大革命”将中国带入全面政治动乱，经济工作受到严重干扰，一切管理机构、管理制度、管理体系都受到严重冲击，企业的管理工作遭到严重破坏。

(二) 改革开放后的探索与创新

20 世纪 70 年代后期，以改革开放为标志，中国进入全新的、建设具有中国特色的社会主义阶段。由于从计划经济向社会主义市场经济转变，在管理方式上也由权力高度集中向集权与分权相结合转变，企业管理改革与理论创新也进入一个新阶段。在企业管理思想与理论上，在改革开放初期主要是对西方管理理论的大量引进，兼收并蓄；进入 20 世纪 90 年代，则结合我国国情，消化吸收西方管理理论，对我国各个历史时期的管理思想汲取精华，大胆创新，探索建立既具有中国特色又与国际接轨的管理理论。随着改革实践的深入，正在探索并逐步建立具有中国特色的社会主义管理理论。

1. 社会主义市场经济体制的发展

我国在实行全面改革开放以前，由于长期实行计划经济体制，造成政企不分，条块分割，国家对企业管得太严，忽视商品生产、价值规律和市场的作用，分配中平均主义严重，企业效益低下，活力不足。1978 年党的十一届三中全会以后，我国企业管理进入了全新的改革和发展阶段。随着经济体制改革的不断深入，人们逐步挣脱了长期束缚思想的理论禁锢，逐步确立了建立社会主义市场经济体制的改革方向。1992 年 10 月召开的中共十四大，正式提出了建立社会主义市场经济体制。1993 年 11 月 14 日党的十四届三中全会通过的《中共中央关于建立社会主义市场经济体制若干问题的决定》，把中共十四大确定的经济体制改革目标和基本原则加以系统化、具体化，这是我国建立社会主义市场经济体制的总体规划和行动纲领。

建立社会主义市场经济体制，其要旨是发挥市场在资源配置中的基础性作用，使经济活动遵循价值规律的要求，适应供求关系的变化；通过价格杠杆和竞争机制的功能，把资源配置到效益较好的环节上，并给企业以压力和动力，实现优胜劣汰；运用市场对各种信号反应灵敏的优点，促进生产和需求的协调。社会主义市场经济体制在所有制结构上，则坚持以公有制经济为主体，个体经济、私营经济、外资经济为重要补充，多种经济成分长期共存、协调发展，不同经济成分可以在自愿原则下实行多种形式的联合经营。

中共十五大深刻论述了经济体制改革和经济发展战略，第一次明确提出公有制实现形式可以而且应当多样化，公有经济不仅包括国有经济和集体经济，还包括混合所有制经济中的国有成分和集体成分。要从战略上调整国有经济布局：对关系国民经济命脉的重要行业和关键领域，国有经济必须占支配地位。在其他领域，可以通过资产重组和结构调整，以加强重点，提高国有资产的整体质量。中共十五大重申了对国有企业“抓大放小”的战略方针。

2. 建立现代企业制度

建立现代企业制度是我国在发展社会主义市场经济中现代管理思想在实践和理论方面的重大成果，伴随着改革开放，经历了一个不断积极探索和逐步明确的过程。在过去长期实行的计划经济体制下，企业不具有市场主体的自主地位，国家对企业限制过多，管得过严。企业的产、供、销、人、财、物均由国家统一控制；管理权力高度集中，企业缺乏生产经营管理的自主权，只具有单一的生产职能，只需按时完成国家和上级下达的生产任务，而很少考虑产品销路和经济效益。这些都严重制约了企业的发展，造成了企业普遍缺乏活力的局面。

中共十二届三中全会上做出了《中共中央关于经济体制改革的决定》，国家实行简政放权，政企分开，并确定了所有权与经营权适当分离的原则。在企业内部领导体制上，坚持和完善了厂长负责制，扩大企业自主权，并在企业中普遍推行经济承包责任制。

中共十四大明确提出建立社会主义市场经济体制的目标。为实现这一目标，必须进一步转换企业经营机制，建立现代企业制度。中共十四届三中全会通过了《中共中央关于建立社会主义市场经济体制若干问题的决定》，该决定明确了建立现代企业制度是发展社会化大生产和市场经济的必然要求，是我国国有企业改革的方向，并将现代企业制度的基本特征概括为以下几点。

(1) 产权关系明晰。企业的所有权属于出资者；企业拥有出资者投资形成的全部法人财产权；企业是享有民事权利、承担民事责任的法人实体。

(2) 企业以其全部法人财产，依法自主经营，自负盈亏。

(3) 出资者按其投入企业的资本额享有所有者的权益，包括资产受益权、重大决策权等；同时以投入企业的资本额为限对企业的债务承担责任。

(4) 企业在国家宏观调控下，按照市场需求自主组织生产经营，以提高经济效益、劳动生产率和实现资产保值增值为目的。

(5) 企业实行权责分明、管理科学、激励和约束相结合的内部管理体制。

为适应现代企业制度的需要，规范公司的组织行为，1993 年 12 月 29 日，八届全国人大五次会议通过了《中华人民共和国公司法》。该法用法律语言详尽地描述了现代企业制度，

为今后的企业改革指明了方向。此后，国务院在全国范围内选择了100家效益较好的企业进行股份制试点，各省市也相继确定了2000多家现代企业制度试点单位。

中共“十五大”再次肯定了建立现代企业制度是国有企业改革的方向，提出了加快推进国有企业改革的要求，对国有大中型企业的公司制改革必须按照“产权清晰、权责分明、政企分开、管理科学”的要求进行规范，使之成为适应市场的法人实体和竞争主体。中共十五大使中国企业改革进入了一个新的历史阶段。

3. 全面推进产权制度改革

1998年以来是全面推进产权制度改革的时期，改革面临的阻力空前加大，越来越多的怀疑与反对之声，各种矛盾激化的因素日益暴露，改革面临越来越大的挑战。2003年召开的中共十六届三中全会总结了改革开放特别是国有企业改革的经验，明确提出，要大力发展国有资本、集体资本和非公有资本等参股的混合所有制经济，实现投资主体多元化，使股份制成为公有制的主要实现形式。中共十六届三中全会成为国有经济改革进入最新阶段的一个标志，在这次重要会议上首次回答了我国改革26年来深层次的体制问题是产权制度。

中共十六届三中全会强调，产权是所有制的核心和主要内容，并提出要建立归属清晰、权责明确、保护严格、流转顺畅的现代产权制度。建立现代产权制度是完善社会主义市场经济体制的内在要求，也是构建现代企业制度的重要基础。但现阶段，从总体上看，产权制度改革还相对滞后。推进国有企业股份制改革，使股份制成为公有制的主要实现形式，必须加快推进产权制度改革，建立健全现代产权制度。目前，国有产权制度改革正处于关键时期。

现代企业制度最基础和最根本的保障是产权制度的变革和深化，产权不清晰与产权流转不顺畅是深层次的问题和障碍，因此，推进产权有序流转就成了建立健全现代产权制度的一项重要内容。

二十多年国有经济改革的走向使我们认识到，必须着眼于从整体上搞好国有资本——这个企业最基本的载体，才能从根本上搞好国有企业。国有资本是不是搞好了、是否有回报，这是第一推动力和持续推动力，继而才能使人力和其他各种生产要素都可以活跃起来。从整体上搞好国有经济，其实首先就是要从整体上先搞活国有资本。因此，通过转让、拍卖、收购、兼并、投资参股、债权转股权等多种形式进行产权交易和流转，有利于优化企业和社会的资本结构，实现资源的优化配置；有利于提高资产的运营效率，增进企业和社会财富。随着国有企业的改制重组和国有经济布局结构调整步伐的加快，转让企业国有产权的活动明显增多，这对推动国有资产存量调整、实现资源优化配置等起到了积极作用。

针对国有企业改制重组和产权转让中由于多种原因所造成的国有资产流失这一社会影响较大的问题，国家有关部门在促进和规范产权的流动和转让方面采取了一系列措施，先后出台了上市公司管理、上市公司国有股向外国投资者及外商投资企业转让、国有企业债权转股权、企业国有产权交易监管等一系列法规和规范性文件，特别是于2004年1月开始施行的《企业国有产权转让管理暂行办法》，对产权转让场所、转让方式、转让程序等做出了一系列规定，同时明确规定国有产权转让必须进场交易。所有这些措施规定对深化产权制度改革、促进国有资产流动和重组、优化国有经济布局和结构、防止国有资产流失等，都起到了重要作用，也为今后国有企业深化改革积累了新的经验。

4. 中国现代管理思想和理论的新探索

近十几年来，我国社会主义市场经济建设不断取得新的成就，经济体制改革不断向纵深发展，对外开放领域不断扩大，这为中国现代管理思想和理论的演进与发展提供了重要的环境和条件。今后二十年是我国发展与改革的一个非常重要的战略机遇期，机会与挑战并存。一方面，综合国力的增强使我们具备了更多应对复杂局面、解决复杂问题的能力和条件；另一方面，当前我国改革开放所面临的社会经济条件和环境与二十多年前已不可同日而语，前进道路中不断出现的新情况、新问题，需要我们认真地总结经验，谨慎地对待和解决。近年来，党中央提出了科学发展观、国家创新战略、和谐社会等许多重要的思想理论，这是改革开放近三十年来所取得的重要实践经验和理论创新成果，也为今后一个时期内我国的发展与改革指明了方向。从管理学的角度讲，也是中国当代管理思想和理论在国家管理、社会管理、经济管理乃至企业管理方面的一次重大演进与发展，对各个具体领域的管理理论和管理实践都具有重要的启示和指导作用。以下对这方面的情况做一些基本介绍。

(1) 科学发展观。

2003 年 7 月 28 日，胡锦涛在全国防治“非典”工作会议上指出，要更好地坚持协调发展、全面发展、可持续发展的发展观。同年 10 月中旬，中共十六届三中全会明确提出了“坚持以人为本，树立全面、协调、可持续的发展观，促进经济社会和人的全面发展”；强调“按照统筹城乡发展、统筹区域发展、统筹经济社会发展、统筹人与自然和谐发展、统筹国内发展和对外开放的要求”，推进改革和发展。这是科学发展观的首次提出。

科学发展观强调全面发展，全面推进经济建设、政治建设、文化建设和社会建设，实现经济发展和社会全面进步；强调协调发展，注重统筹城乡发展、区域发展、经济社会发展、人与自然和谐发展、国内发展和对外开放，体现了辩证唯物主义关于事物之间普遍联系、辩证统一的基本原理。科学发展观强调可持续发展，坚持经济发展与人口、资源、环境相协调，保护自然资源和生态环境，促进人与自然和谐相处，保证一代接一代地永续发展，体现了辩证唯物主义关于人与自然关系的思想。同时，科学发展观把社会主义物质文明、政治文明、精神文明、和谐社会建设和人的全面发展看成相互联系的整体，把人类社会的发展看成生产力和生产关系、经济基础和上层建筑、社会生产各个部类、各个地域、各个方面，以及人与社会、当代与后代等彼此相互联系、相互促进、不可分割的过程，进一步丰富和深化了马克思主义发展理论。

2007 年 6 月 25 日，胡锦涛在中央党校省部级干部进修班发表重要讲话，指出党的十六大以来，党中央继承和发展党的三代中央领导集体关于发展的重要思想，提出了科学发展观。科学发展观，第一要义是发展，核心是以人为本，基本要求是全面协调可持续，根本方法是统筹兼顾。

(2) 国家创新战略。

国家创新战略是指一个国家为提升创新能力而对教育、科技、经济、国家安全等方面所制定的带有全局性的指导方针、发展思路、重大举措等。国家创新战略的制定旨在提高本国的国家竞争力，特别是科技竞争力。据有关资料和现有研究成果，目前世界上只有美国、日本、德国、挪威等二十多个创新型国家。

2006年1月9日，胡锦涛在全国科技大会上发表了题为《坚持走中国特色自主创新道路，为建设创新型国家而努力奋斗》的重要讲话，宣布中国未来15年科技发展的目标：2020年建成创新型国家，使科技发展成为经济社会发展的有力支撑。中国科技创新的基本指标是，到2020年，经济增长的科技进步贡献率要从39%提高到60%以上，全社会的研发投入占GDP比重要从1.35%提高到2.5%。

国家创新战略的提出有着重要的现实背景。①我国国民经济的科技贡献率不足，与世界创新型国家相比差距较大。②我国人均能源、水资源、土地资源的供应严重不足。经过多年的经济发展以后，我们面临着越来越紧迫的资源问题和环境问题，在较短时间内解决这些问题在人类发展史上是前所未有的。各国的经验表明，只有靠科技进步，才是解决这些问题的主要出路。③在全球化进程当中，我国企业面临着越来越严重的国际竞争压力。由于缺乏核心技术，我们生产的许多产品要向提供有关技术的国家和企业支付巨额的专利费用，GDP的高速增长与国家和人民得到的实惠不成比例。④随着劳动力成本的不断提高，我国劳动力的比较优势在不断弱化。产品由于缺乏核心技术，我国企业在国际竞争中的压力越来越大。因此，综合各方面考虑，只有通过自主创新，建设创新型国家，才是最根本的出路。

党中央、国务院做出的建设创新型国家的决策，是事关社会主义现代化建设全局的重大战略决策。建设创新型国家，核心是把增强自主创新能力作为发展科学技术的战略基点，走出中国特色自主创新道路，推动科学技术的跨越式发展；把增强自主创新能力作为调整产业结构、转变增长方式的中心环节，建设资源节约型、环境友好型社会，推动国民经济又快又好地发展；把增强自主创新能力作为国家战略，贯穿到现代化建设的各个方面，激发全民族创新精神，培养高水平创新人才，形成有利于自主创新的体制机制，大力推进理论创新、制度创新、科技创新，不断巩固和发展中国特色社会主义伟大事业。

如何具体落实国家创新战略，当前应着重抓好以下5个为发达国家所重视，而我国比较忽视的方面：①加强中小学科学教育，从小培养国民的创新思维和创新能力；②积极支持中小企业在创新活动中发挥的关键作用；③设立具体明确、具有可检验性的创新战略目标；④注重发挥产业界在创新战略制定中的作用；⑤将公众的支持和消费者的参与视为创新成功的重要因素。

(3) 和谐社会理论。

2001年，江泽民在庆祝中国共产党成立80周年大会上针对人与自然的关系第一次提出了“和谐”的理念。2002年11月，中共十六大报告上提出全面建设小康社会的六条要求中，第一次提出要使“社会更加和谐”的要求，并从全体人民和谐相处、安定和谐的政治局面、和谐稳定的社会环境和促进人与自然的和谐4个方面进行深入论述。在2004年9月的中共十六届四中全会上公开提出“构建社会主义和谐社会”的理念，并把它提到了巩固党执政的社会基础、实现党执政的历史任务的必然要求的政治高度上来。随后，构建社会主义和谐社会成为党和全国人民的共识，社会各界对构建社会主义和谐社会各抒己见。为了统一认识，有效推进社会主义和谐社会的建立，2005年中共十六届六中全会上专门针对构建和谐社会制定了《中共中央关于构建社会主义和谐社会若干重大问题的决定》。这是中国共产党第一次以专门文件的形式对构建社会主义和谐社会做出指导性意见，也是推动构建社会主义和谐社会的有力工具。

《中共中央关于构建社会主义和谐社会若干重大问题的决定》提出，到2020年构建社会主义和谐社会的目标和主要任务是：社会主义民主法制更加完善，依法治国基本方略得到全面落实，人民的权益得到切实尊重和保障；城乡、区域发展差距扩大的趋势逐步扭转，合理有序的收入分配格局基本形成，家庭财产普遍增加，人民过上更加富足的生活；社会就业比较充分，覆盖城乡居民的社会保障体系基本建立；基本公共服务体系更加完备，政府管理和服务水平有较大提高；全民族的思想道德素质、科学文化素质和健康素质明显提高，良好道德风尚、和谐人际关系进一步形成；全社会创造活力显著增强，创新型国家基本建成；社会管理体系更加完善，社会秩序良好；资源利用效率显著提高，生态环境明显好转；实现全面建设惠及十几亿人口的更高水平的小康社会的目标，努力形成全体人民各尽其能、各得其所而又和谐相处的局面。

从管理学的角度看，和谐社会理论对企业转变观念和树立科学的企业发展观具有重要的启示作用，为企业在复杂多变的环境中实现可持续发展具有深远的影响。企业是我国社会主义经济体系的中坚力量，是全面建设小康社会的重要经济组织。按照构建民主法治、公平正义、诚信友爱、充满活力、安定有序、人与自然和谐相处的社会主义和谐社会的要求，积极推进和谐社会建设，服务经济社会发展，企业在其中扮演着重要角色，发挥着不可替代的重要作用。科学的企业发展观要求企业改变“就生产论生产、就经济论经济”的思维模式，树立经济与社会协调发展的观念。一方面，通过履行企业社会责任影响社会、服务社会、回报社会；另一方面，企业履行其应有的社会责任也是提升企业竞争力的高效途径，通过良好的社会信誉、社会影响力促进企业的生产经营更好、更快地发展。具体来说，就是通过人与企业的和谐发展、资本要素所有者与劳动要素所有者的和谐发展、企业经济指标与环境保护指标的和谐发展、企业经济实力与社会贡献力的和谐发展等，来实现企业与自身所处环境的和谐相处。

本 章 小 结

管理学作为系统的知识和学科理论，产生于19世纪末20世纪初。以泰罗科学管理理论、法约尔的一般管理理论及韦伯的行政组织理论为框架的西方古典管理理论，奠定了现代管理理论的基础，开辟了管理思想和理论演进的新纪元，对管理思想和理论的发展具有历史性作用。

行为管理理论的产生标志着西方管理思想从过去以物质为中心的管理向以人为中心的管理的转变，使管理学中关于人的因素的研究成为重要领域，也为管理方法的变革指明了方向，为现代组织行为学的产生做出了重要贡献。

第二次世界大战以后，受自然科学、工程技术最新发展的影响，产生了管理科学理论，这是管理理论演进的又一重要时期，此后又出现了众多的管理学家，产生了多种管理理论。近二十年来，随着人类知识经济时代的到来，许多全新的管理理论不断涌现，当代管理思想和理论正在酝酿重大突破。

中国是具有几千年文明的东方古国，在管理思想上具有丰厚的历史文化资源。促进经济

社会全面发展、建设有中国特色的社会主义是实现中华民族伟大历史复兴的必由之路。为此，学习和借鉴国外管理理论，认真总结和整理各个历史时期的思想和理论资源，不断探索具有中国特色的管理理论，全面提高管理水平，对促进当代中国管理理论的发展具有重要意义。

练习与思考

一、单项选择题

1.“科学管理理论”的创始人是(　　)。

A. 泰罗　　B. 巴贝奇　　C. 甘特　　D. 福特

2. 梅奥通过“霍桑试验”得出，人是(　　)。

A. 经济人　　B. 社会人　　C. 理性人　　D. 复杂人

3. 双因素理论中的保健因素是指(　　)。

A. 能影响和促进职工工作满意度的因素

B. 能保护职工心理健康的因素

C. 能影响和预防职工不满意感发生的因素

D. 能预防职工心理疾病的因素

4. 根据马斯洛的需求层次理论，下列选项中主导需要可能是安全需要的是(　　)。

A. 总经理　　B. 失业人员

C. 刚刚参加工作的大学生　　D. 工厂的一线操作人员

5. 韦伯提出的理想组织形态是(　　)。

A. 行政性组织　　B. 神秘化组织　　C. 传统的组织　　D. 现代的组织

二、多项选择题

1. 根据赫茨伯格的双因素理论，以下属于激励因素的有(　　)。

A. 与同事的关系　　B. 提升　　C. 个人发展的可能性

D. 工资　　E. 受到重视

2. 法约尔提出管理的职能包括(　　)。

A. 计划　　B. 组织　　C. 指挥

D. 协调　　E. 控制

3. 马斯洛将人的需要划分为以下哪几个层次？(　　)

A. 生存需要　　B. 安全需要　　C. 社交需要

D. 尊重需要　　E. 自我实现需要

4. 中共十五大对国有大中型企业的公司制改革提出必须按照(　　)的要求进行规范。

A. 产权清晰　　B. 权责分明　　C. 政企分开

D. 抓大放小　　E. 管理科学

5. 国家创新战略的提出有着重要的现实背景，主要是(　　)。

A. 我国国民经济的科技贡献率不足，与世界创新型国家相比差距较大

B. 与周边不少国家关系紧张趋势不断加剧

C. 我国人均能源、水资源、土地资源的供应严重不足

D. 我国劳动力的比较优势在不断弱化

E. 在全球化进程当中，我国企业面临着越来越严重的国际竞争压力

三、判断题

1. 科学管理仅适用于工业企业。 ( )

2. 法约尔认为企业从事6项基本活动。 ( )

3. 吉尔布雷斯夫妇是管理方法中权变理论的重要贡献者。 ( )

4. 科学管理对人性的假设是“社会人”的假设。 ( )

5. 系统观点帮助管理者把企业当作一个独立的单元来看待，因此哪里出现问题就把哪里隔离起来。 ( )

四、问答题

1. 泰罗的科学管理理论的主要内容有哪些？为什么说泰罗是“科学管理之父”？

2. 法约尔提出了哪些管理职能和管理原则？

3. 韦伯所提出的理想的行政组织具有哪些特点？

4. 试述人群关系理论的主要内容。

5. 如何看待现代管理的最新发展？

案例点击

管理理论真能解决实际问题吗？

海伦、汉克、乔和萨利4人是美国西南金属制品公司的管理人员，海伦和乔负责产品销售，汉克和萨利负责生产。他们刚参加过在大学举办的为期两天的管理培训班学习。在培训班里主要学习了权变理论、社会系统理论和一些有关职工激励方面的内容。他们对所学的理论有不同的看法，现在正展开激烈的争论。

乔首先说：“我认为社会系统理论对我们这样的公司是很有用的。例如，如果生产工人偷工减料或做手脚的话，当原材料价格上涨时，就会影响我们的产品销售。系统理论中讲的环境影响与我们公司的情况很相似。我的意思是，在目前这种经济环境中，一个公司会受到环境的极大影响。在油价暴涨期间，我们当时还能控制自己的公司。现在呢？我们在销售方面每前进一步，都要经过艰苦的战斗。个中的艰辛你们大概都深有感触吧？”

萨利说：“你的意思我已经知道了。我们的确有过艰苦的时期，但是我不认为这与社会系统理论之间有什么必然的内在联系。我们曾在这种经济系统中受到过伤害。当然，你可以认为这与系统理论是一致的。但是我并不认为我们就有采用社会系统理论的必要。我的意思是，如果说每个东西都是一个系统，而所有的系统都能对某一个系统产生影响的话，我们又怎么能预见到这些影响所带来的后果呢？所以，我认为权变理论更适用于我们。如果你说事物都是相互依存的话，系统理论又能帮我们什么忙呢？”

海伦对他们这样的讨论表示有不同的看法，她说：“对社会系统理论我还没有很好地考虑。但是，我认为权变理论对我们是很有用的。虽然我们以前也经常采用权变理论，但

是我却没有认识到自己是在运用权变理论。例如，我有一些家庭主妇顾客，听到她们经常讨论关于孩子和如何度过周末之类的问题，从她们的谈话中我就知道她们要采购什么东西了。顾客也不希望我们‘逼’他们去买他们不需要的东西。我认为，如果我们花上一两个小时与他们自由交谈的话，肯定会扩大我们的销售量。但是，我也碰到一些截然不同的顾客，他们一定要我向他们推荐产品，要我替他们在购货中做主。这些人也经常到我这里来走走，但不是闲谈，而是做生意。因此，你可以看到，我每天都在运用权变理论来对付不同的顾客。为了适应形势，我经常都在改变销售方式和风格，许多销售人员都是这样做的。"

汉克显得有些激动地说："我不懂这些被大肆宣传的理论是什么东西。但是，关于社会系统理论和权变理论问题，我同意萨利的观点。教授们都把自己的理论吹得天花乱坠，他们的理论听起来很好，但是却无助于实际管理。对于培训班上讲的激励要素问题我也不同意，我认为泰罗在很久以前就对激励问题有了正确的论述。要激励工人，就是要根据他们所做的工作付给他们报酬。如果工人什么也没有做，则不付任何报酬。你们与我一样清楚，人们只是为钱工作，钱就是最好的激励。"

(资料来源：改编自徐国良. 企业管理案例精选精析[M]. 4版. 北京：中国社会科学出版社，2009.)

问题：

(1) 你同意哪一个人的意见？他们的观点有什么不同？

(2) 如果你是海伦，你如何使萨利信服系统理论？

(3) 你认为汉克关于激励问题的看法怎样？他的观点是属于哪一种管理理论的观点？

点 石 成 金

(1) 本案中的4个人物由于处在不同的管理岗位上，所担负的工作内容和职责不同，所以他们都从各自岗位出发来认识管理问题，因而观点与结论迥然不同。乔从事销售管理工作，更关注产品的信誉、质量、价格等问题，因而他力图从系统理论中的内外因素相互联系与作用的观点来考虑销售。萨利从事生产管理工作，更注重生产过程的连续性、规范性、程序性、纪律性，因而更同意权变理论，即根据不同的产品设计、工艺、时间、批量等要求来合理安排人员、任务及生产过程，使生产过程管理能更有针对性和有效性。海伦从事的是销售工作中的推销工作，直接与各种顾客打交道，因而她认为权变理论更为实用，即根据不同顾客的特点采取不同的促销方式。而汉克从事现场生产管理，因而更多地关心激励问题，由于管理对象是一线工人，因此汉克更赞成X理论观点，即认为工人只为金钱而工作，应采取奖勤罚懒的管理方式。

(2) 要说服别人信服系统理论，主要应从系统的特性，即整体性、相关性、层次性、动态性、环境适应性等方面并结合企业情况来说明。例如，生产过程包括工序、工艺、质量、设备、人员、时间、库存、成本等方面的问题，这些问题都是相互联系的，同时与企业其他部分如营销、计划、财务、考勤、设计开发等部门都存在着相互关系，所以应以全局优化的系统观点来从事管理工作。

(3) 汉克关于激励问题的看法有其正确的一面。他的观点主要属于泰罗"科学管理"

理论，是一种古典的管理思想，其基本出发点是基于“经济人”的假设，即认为人的工作动力来自对自身经济利益的追求，做有利可图的事，利大大干，利小小干，无利不干，趋利避害，是“经济人理性”。应该指出的是，经济人理性的观点首先是一种历史的进步，并还将长期存在于人类社会生活的多个层面和多种场合，但是如果仅看到人性的“经济人”一面，则失之简单，是片面的观点，强调了人的物质需要，而忽视了人的社会需要。现代西方管理学倾向于认为，人性具有多个层面，除“经济人”假设外，还有“组织人”“社会人”“复杂人”等多种假设，它们共同构成现代管理学激励理论的基础。

第三章

管理道德与社会责任

案例导入

您有了问题，我们帮您解决

Radio Shack 公司位于美国得克萨斯州，其所定位的品牌的口号是“您有了问题，我们帮您解决”。毫无疑问，2006 年 2 月初发生的事件使公司董事会和高层管理者想知道他们有关前任 CEO 戴维·埃德蒙森(David Edmondson)的问题能否得到满意答复。

事情起源于 The Fort Worth Star-Telegram 上所刊载的由希瑟·兰迪(Heather Landy)报道的一则新闻，“埃德蒙森自称获得的两个学位未经官方认可，圣经学院说他并没有毕业”。文章还报道说，经调查显示，埃德蒙森两次被指控酒后驾车，但并没有定罪。此外，文章还说他被任命为 CEO 后不久，就因为第三次酒后驾车被逮捕了。“原定于 2006 年 4 月进行审判的这次事故引起了 Star-Telegram 的怀疑，它开始调查当地的 CEO”。

1994 年埃德蒙森加盟 Radio Shack 后，开始一步一步往上爬，1998 年成为一名高层管理者，在 2000 年被任命为公司的总裁兼 COO。2005 年 1 月，Radio Shack 的董事会宣布，莱恩·罗伯茨(Len Roberts)不再担任 CEO 的职位但仍然保留其执行董事长的职务，这也意味着董事会已经选择埃德蒙森担任新任 CEO 了。考虑这两个人为振兴公司一起工作了 10 年，所以这次 CEO 的过渡到继任都是事先计划好的。罗伯茨始终认为，CEO 最重要的职责之一就是挑选、推荐并指导继任者，他觉得他已经做到了，因为他雇用了埃德蒙森。正如公司网站上说的，“从他第一次见到埃德蒙森起，直觉就告诉他，可能某一天埃德蒙森会成为公司的 CEO”。因此，他对埃德蒙森进行指导，推荐他担任公司的最高职位。

罗伯茨退休后，埃德蒙森就被任命为 Radio Shack 的新任 CEO。在他担任 CEO 的 13 个月中，公司一直在努力改变销售不畅和股价低迷的状况。新闻报道刊登后三天，埃德蒙森在与投资商的电话会议中做出了两次道歉：一次是为公司的绩效，另一次是因为他隐瞒了自己的教育背景。随后，他宣布公司的一项计划，包括关闭公司 7000 家店中的 400～700 家，以减少存货中滞销的产品。他也重申，他会继续留任公司的 CEO。而股票市场中 Radio Shack 的股票价格也跌至三年来的低点。在那天稍后的电话新闻发布会上，埃德蒙森在被问及关于公司是否解雇了其他简历作假的员工的问题时，他说：“我不想对此发表评论。”他也拒绝就其行为是否违反公司的道德标准发表意见。在这个时候，Radio Shack 的董事会仍然表示支持他们的CEO。

但是，2月21日，就在埃德蒙森告诉投资商他将留任CEO的几天后，他辞职了。董事长罗伯茨宣布了埃德蒙森的辞职，声明这是一个艰难的抉择，但是也是董事会和埃德蒙森共同协商的结果。他说："当公司的信誉依赖于个人的时候，是时候进行变革了。"作为一个企业，最重要的事情之一就是诚信。我们必须恢复公司的诚信。

尽管Radio Shack的情况似乎已成定局，但之后又爆发了有关埃德蒙森离职金的新问题。按照有关文件的规定，除应支付的工资外，埃德蒙森至少会获得103万美元的现金。Radio Shack公司没有披露离职金的总价值，但它包括四个月的保险金及行使股票期权和股票奖励的权利。公司的COO克莱尔·巴布罗斯基(Claire Babrowski)被任命为代理CEO，同时，公司还在外部搜寻新的CEO。除这些变革外，组织还对公司的网站进行了检查(可以在公司网站上找到道德准则)，并形成了名为"Revision 02.21.06"的报告文件。这份文件是否解答了高层管理者关于道德和企业责任问题的疑问？

(资料来源：根据https://wenku.baidu.com/view/6baf3f6e25c52cc58bd6bedf.html所载网文改编)

试问：

1. 从埃德蒙森道德领导的角度评价这个局面。Radio Shack公司采取了哪些措施？

2. 哪些利益相关群体可能会受到这个事件的影响？利益相关群体可能会关注哪些方面？利益相关群体之间关注的事务是否会发生冲突？解释一下。这对员工可能会产生什么影响？

3. 组织能否从一开始就防止这种情况的发生？它们能做什么？公司的道德准则是如何发挥作用的？登录公司的网站(www. radioshack.com)，查看其道德准则。

学习目标

通过本章的学习，要求重点掌握管理道德和企业社会责任的含义、影响管理道德的因素，以及改善企业管理道德的主要途径；明确两种不同的企业社会责任观，以及企业针对不同对象所应履行的社会责任；熟悉和了解几种相关的管理道德观念。

关键概念

社会道德规范(Social Ethics Norm)　管理道德(Management Ethics)　诚信经营(Honest Management)　企业社会责任(Social responsibility of Enterprise)

企业作为经济发展的主体，其目标是实现利润最大化。但随着社会经济的发展，人们的环保意识、健康意识、维权意识等的增强，人们对企业的要求不只是停留在提供满意的商品和服务上，而且要考虑其对社会的长期利益和社会福利问题。企业要想获得长期的生存发展，不仅要遵守法律，还必须遵守一定的道德规范，承担相应的社会责任。因此，管理者要进行正确决策，必须考虑企业的社会责任和管理道德问题。从某种意义来讲，管理道德与社会责任的提出是企业发展成熟的标志，也是管理理论开始走向成熟的标志。因而，在现代管理学研究中，应重视对管理道德与社会责任的研究。

第一节 道德与管理

2008 年 9 月 11 日，上海《东方早报》的记者简光洲发表了一篇题为《甘肃十四名婴儿疑喝三鹿奶粉致肾病》的报道。这篇报道不仅让三鹿集团彻底垮台，还让多名高官下台，奶农遭受严重损失，甚至严重损害中国的国际形象。有人形象地将这一事件称为中国食品行业的“9·11 事件”。

三鹿公司为了提高奶粉的蛋白质含量，往奶粉中加入成本极低的化工原料三聚氰胺，导致大量婴儿患上肾结石。2007 年，中央电视台曾播放三鹿奶粉广告“1100 道检测关，呵护宝宝健康，值得妈妈信赖”。如果真的严格按照程序进行奶粉的检测，是绝对不可能出现“三聚氰胺事件”的。因此三鹿公司欺骗了广大的消费者，毫无社会责任可言。当有人举报时，又对涉嫌举报人进行打击报复；被媒体曝光后，还一再发表声明称其产品符合标准，恶意隐瞒真相，将责任推脱到奶农身上。

社会道德规范是不能容忍这种损害消费者利益、打击报复检举人和对社会公众撒谎的现象的。在消费者人身健康和生命安全的“大道德”面前，三鹿公司的管理道德是很低下的。三鹿公司的管理道德问题只是冰山一角，中国许多企业在经营中都存在管理道德失衡的问题。①

一、道德问题的提出

随着改革开放的不断深入，特别是随着工作重点转移到经济建设上以后，发展经济已成为全国上下的首要任务。人们否定了长期以来的平均主义分配制，动摇了循规蹈矩、安分守己、逆来顺受的做人标准，改变了重义轻利、安贫乐道的生活价值观，各种利益关系重新分化组合，人们提高了对物质的需求水平，增强了对自身利益的维护。按理说，这应该是一种进步，但却引发了许多道德问题，在思想和行为上也存在许多误区。最主要的表现如下。

(1) 许多人认为，放任是市场经济的本能，企业是一个经济实体，追求利润是它的唯一目标。这就意味着企业是一个经济动物，甚至是一台生产钞票的机器。长期以来，“企业是追求利润最大化的经济实体”被认为是天经地义的，在此过程中不择手段也就顺理成章了。

① 许多企业和经营者在经济活动中不守信用、不讲商誉及个人在其行为中信用缺失，这是反经济道德和反伦理经营的行为。不守“诚信”，或许可“赢一时之利”，但一定会“失长久之利”。例如：不法厂商盗版、冒用名优标识，盗版书籍、盗版光碟侵占专利和知识产权的行为；利用大量虚假广告宣传，欺骗和误导消费者的行为；违反商业伦理的商业间谍活动、商业诽谤活动及商业贿赂行为；串通好的招标投标行为；商品房、路、桥等建筑物构筑物建设中出现的“豆腐渣”工程；老板拖欠民工工资、保险，乃至要总理去给工人讨薪水；经济合同中的违约、欺诈行为；企业间相互拖欠贷款，企业拖欠银行贷款逾期不还，

① 李宏勋，贯树兰. 从三聚氰胺事件看中国企业的管理道德问题[J]. 中国石油大学学报(社会科学版)，2009(10)，33.

甚至逃废银行债务；虚报注册资本、虚假出资和抽逃资金行为；等等。

② 为谋私利，许多企业和经营者从事造假和售假活动，产品或服务达不到规定的标准，假冒伪劣商品充斥市场。例如：产品以次充好，以假当真，以旧换新，缺斤短两，管理粗枝大叶，质检形同虚设；不符合执行标准的产品随处可见，尤其是食品、药品等直接危及人们的生命安全，所占比重相当大。这种行为不仅增加了正规生产厂家的负担，而且扰乱了正常的经济运行秩序，给国家税收也带来了巨大的流失，更为严重的是损害了消费者的权益。近年来，食品安全事件频频曝光：2004 年的阜阳有毒奶粉事件、广州发生假酒致人中毒事件；2005 年的苏丹红事件、湖南株洲劣质“正蒙牌黄金搭档”婴儿奶粉事件、小杯装果冻致死婴儿事件、光明山盟“变质奶加工再造”事件、雀巢奶粉含碘超标事件及哈根达斯“黑作坊”事件等；2006 年的北京食用福寿螺导致患广州管圆线虫病事件、湖北武汉等地的“人造蜜蜂”事件、浙江台州毒猪油事件、上海瘦肉精中毒事件等；2007 年的上海星巴克售过期苹果汁事件、味全食品旗下奶粉被查出致病菌事件；2008 年的三聚氰胺的“毒奶粉”和鸡蛋等事件、四川广元柑橘蛆虫疫情事件；2010 年 3 月 18 日，针对“地沟油”问题，国家食品药品监督管理局办公室发布《关于严防“地沟油”流入餐饮服务环节的紧急通知》，还有 3 月山西疫苗事件等。这些事件使消费者增加了对企业产品的不安全感和不信任感，加之企业信息披露失真，无法保障消费者的知情权，使消费者陷入极度恐慌之中。

③ 企业经营管理者及相关机构的从业人员在经营过程中不遵守道德伦理的问题也令人担忧。目前，我国国有企业的产权虚置，法定代表人或产权实际执掌机构缺乏实施产权约束的动力，致使内部人控制、在职消费和代理人腐败严重；而且许多企业治理结构不合理，信息的编制和发布不严肃、不对称，出现经理人道德风险和小股东利益受损；另外，许多企业为达到“圈钱”的目的，与相关中介机构合谋骗取上市资格；而更有许多上市公司及相应的中介机构违反财经纪律，编造虚假公司财务报表、伪造假账以保住上市资格。“郑百文”“亿安科技”“银广夏”“安然公司”等事件就说明这一问题的严重性。2005 年 8 月，财政部发布的“第十一号会计信息质量检查公告”显示，在对 18 家中小会计师事务所和 55 户相关企业会计信息质量的抽查中发现，10 户上市公司为粉饰业绩不同程度地存在会计信息质量问题，为其提供审计服务的会计师事务所在审计中也存在审计程序不到位、收集审计证据不充分的问题，特别是对一些上市公司存在利用关联方交易虚增利润、避免连续亏损等问题，非常严重。这些造假现象，不但影响国家税收，而且在一定程度上导致国家经济决策与实际的经济状况偏离，严重扰乱市场经济秩序。

④ 许多企业和经营者只顾自身利益而漠视社会责任。例如：有些厂商在招聘员工时存在种族歧视、户籍歧视、年龄歧视、地域歧视、国籍歧视、性别歧视、学历歧视等现象；许多厂商对同业竞争者恶意低价竞争、对消费者高价垄断和强行搭售、对债权人逃废债和恶意负债、对国家偷税骗税和走私骗汇等；还有许多厂商以大量言不符实、虚假杜撰的广告充斥市场，以低级重复的手段长期欺骗公众。另外，有些企业忽视员工的健康和福利，例如：雇用童工，员工加班而不付加班费，故意拖欠职工工资，不注重职工生产安全防护，不给员工缴纳必要的医疗保险和养老保险，更有甚者不与员工签订劳动合同，致使员工在遇到工伤、欠薪、辞退等问题需要投诉时，找不到凭证；一些外资企业为防工人私自外出，

紧锁工厂大门，住宿区也安装坚固的防盗网并且不配备必要的消防设施，常有火灾发生，以及工人忍受不了工厂的条件而跳楼、保安殴打工人致残等事件发生；许多厂商不顾环境保护法规的制约，超标排污或违法排污，对周边单位、社区、居民的利益造成严重危害，如电影《无极》摄制组因搭建设施对云南碧沽天池的生态造成了破坏，使碧沽天池犹如遭遇了一场“毁容”之灾，这样破坏景观的行为很不道德。《无极》毁景后，建设部出台通知严格限制在风景名胜区内进行影视拍摄等活动，要求各地立即组织力量对此类行为进行全面检查清理，对造成严重破坏的，要追究有关单位和人员的经济与法律责任，并要求各地将检查情况和处理结果限期上报。

(2) 许多人认为，对市场的管理与调控是政府和法律的行为，市场经济就是法制经济。因此，人们虽然深恶痛绝经济生活中的反道德、反伦理现象，但只是被动地等待着某一天市场经济能用完善的法制来规范，这实际上是放弃了至少是忽视了道德在经济活动中的作用，从而也放弃了管理过程中的道德努力。

但是，大家要知道，政府和法律的规范只不过是一种外在的规范，任何外在的规范都必须由人来认识、理解和执行。因此，当目前存在大量有法不依、执法不严的现象时，就必须考虑道德、伦理的调节、教育、激励及约束作用，并通过社会舆论等将这种外在的规范内化于人的心灵深处，成为人们的内在道德自觉，并外施于人用以引导人们进行符合社会要求的行为。在现实的经济生活中，这两种规范应该相互补充、相互促进：法律具有硬性调节作用，道德则具有软性调节的价值，只有“软硬兼施”，充分发挥道德与法律在市场经济条件下协调社会经济活动的作用，才能有效地保障社会主义市场经济的顺利发展。可以说，市场经济不仅是法制经济，而且也是道德经济，道德约束是对法制约束的补充。

二、管理道德概述

在研究管理道德的过程中，人们还提出了一个相关概念——“管理伦理”。有学者认为“管理道德”和“管理伦理”是两个不同的概念，也有学者认为它们是两个含义相同可以相互替换的概念。我们在此不探讨两者的异同问题。

为明确管理道德的含义，我们首先来看什么是道德。道德一词，古已有之。“道”是中国“轴心时代”各派思想家公认的一个概念。儒家讲“大道之行也，天下为公”；老子讲“人法地，地法天，天法道”；这里的道是一种规律。但是，道与德不是等同的，孔子说：“志于道，据于德”；老子说：“道生之，德畜之”；朱熹说：“德者，得也，行道而有得于心者也。”因此，道德也就是人在求道中形成的内在体会及外显的品格，即人们认识“道”、遵循“道”，内得于己，外施于人，便称“德”。道德通常指用来明辨是非的规则或原则，它是社会用于调整人与人之间及人与社会之间关系的行为准则和规范的总和。

管理道德或称为道德规范，是指规定管理行为是非的惯例或原则的总和。简而言之，就是人们判断已结束事情的对与错的原则和信条。这些原则与信条是企业处理与他人和社会关系的指导，也是判断自己行为是否正确或恰当的基础标准。

对管理道德也可以从广义和狭义两个方面来理解。从广义上来说，管理道德不仅指企业管理者的内部行为要符合道德标准，还涉及企业处理对外部环境和外部利益关系处理时面临的道德选择。也就是说，一个企业的管理道德取决于组织环境中的社会道德、职业道德和高层管理人员的个人道德。社会道德是企业道德规范的基础，是企业生存环境的整体价值判断和标准。职业道德是针对不同行业和个人行为的规范和标准。而高层管理人员的个人道德是指导个体与他人交往时判断标准的正确与否。狭义的管理道德是管理者的行为准则与规范的总和，是在社会一般道德原则基础上建立起来的特殊的职业道德规范体系。它通过规范管理者的行为，以实现、调整管理关系为目的，并在管理关系和谐、稳定的前提下进一步实现管理系统的优化、提高管理效益。狭义的管理道德是从企业内部来考察的①，本章中的管理道德是从狭义的角度来说的。

三、几种相关的道德观念

(一) 道德功利观

这种观点主张以行为结果(即所获得的功利)来判断人类行为是否道德。当某行为能给行为所及的大多数人带来最大利益，它便是道德的；反之，便是不道德。功利观鼓励人们提高效率，符合多数人的利益最大化。

例如，当企业运行处于淡季时，接受功利观的管理者认为，解雇企业中20%的员工是正当的，因为这将增强企业的盈利能力，提高留下的80%员工的工作保障，并使投资者获得最好的收益。

一方面，功利主义能给行为影响的大多数人(80%的员工)带来利益，同时对效率和生产率有促进作用，当然就可以认为该行为是道德的，必然能得到大多数人的支持。另一方面，也存在一些不可回避的问题：一是企业为了实现利益最大化，可能采取了不公平、不道德甚至是损害他人或社会利益的手段(如没有让那些受决策影响的人参与决策)；二是功利观只规定了对大多数人有利，而没有规定所得利益如何在相关人员中分配，所以很可能产生利益分配不公平，一小部分人利用手中的职权或资本，获取绝大部分的利益，而大部分人只得到了一小部分的利益，形成贫富两极分化的现象，三是导致了一些利益相关者(20%的员工)的权益被忽视，这也是不道德的。

(二) 道德权利观

这种观点认为，所有人都享有基本权利，如个人隐私权、言论自由权、受教育权、医疗保障权及法律规定的其他各项基本权利，只有尊重和保护个人基本权利的行为才是道德的。例如，针对雇员揭发雇主违法的行为，有的人认为这是不道德的，雇员要忠于雇主。但道德权利观认为，应该尊重和保护雇员的言论自由权，谴责雇员揭发雇主是不道德的行为。

权利观积极的一面是维护了每个人的基本权利，并把它作为评判道德与否的标准，符合道德的本意，对随意侵犯他人权益的行为无疑有制约的作用。但它也有消极的一面，接受这种观点的管理者把对个人权利的保护看得比工作的完成更重要。在个人权益与组织利益发生矛盾时，权利观会优先考虑个人利益，从而影响组织在生产过程中的生产率和效率的提高。

尊重个人的基本权利当然是人类社会进步的表现，但保障的程度必然受到社会经济发展程度的制约，过高的保障期望会给社会经济发展带来影响。因此，如何正确处理个人与

---

① 曹红艳. 关于企业管理道德与社会责任的几点思考[J]. 环渤海经济瞭望，2004(5)，44~45.

组织的关系，既要尊重每个人的基本权利，又要确保组织整体效率的提高，是道德权利观必须妥善解决的问题。

(三) 道德公正观

这种观点认为，管理者在决策时公正公平地实施规则，公平地对待每个人，不偏不倚才符合道德原则。管理者不会因为种族、性别、个性、国籍、户籍等因素对部分员工产生歧视，而是通过在企业内部建立相对公平的规章制度，根据员工的技能、经验、绩效或职责等因素作为衡量标准，使员工努力工作并取得与努力程度相应的报酬。

例如，接受公正观的管理者可能会向新来的员工支付比最低工资水平高一些的工资，因为在他看来，最低工资不足以维持该员工的基本生活。

按公正公平原则行事也会有得失：一方面，它保护了未被充分代表的或缺乏权利的利益相关者的利益；另一方面，它可能不利于培养员工的风险意识和创新精神，从而影响生产效率。

我国目前还是发展中国家，两极分化严重，城乡差距、贫富差距、受教育程度差距、临时工与正式工、有编制和非编制等，工资待遇有着极大的差别。如果片面地强调基于简单的公正公平，会导致事实上的不公正，并可能重新回到历史上的“大锅饭”时代。

(四) 综合社会契约道德观

这种观点主张把实证(是什么)和规范(应该是什么)两种方法并入管理道德中，即要求决策人在决策时综合考虑实证和规范两个方面的因素。这种道德观综合了两种“契约”：一种是经济参与人当中的一般社会契约，这种契约规定了做生意的程序；另一种是一个社区中特定数量的人当中的较特定的契约，这种契约规定了哪些行为是可接受的。

例如，美国公司在中国的雇员与美国本国的同等技能、同等绩效或同等职责的员工相比，工资待遇差别可能有5～10倍之多，并且中国员工在失业、医疗、休假等方面的保障往往更少。但这些行为通常并不认为是不道德的，而被视为是正常至少是可以理解和接受的。

综合社会契约道德观与其他3种道德观的区别在于，它要求管理者考察各行各业和各公司中的现有道德准则，以决定什么是对的、什么是错的。

实证研究表明，大多数企业经营者对道德行为持功利主义态度。这不足为奇，因为功利观与利润、效益紧密联系在一起，在追求利润最大化的过程中，可以为多数人谋取尽可能多的好处。但是，随着社会经济的增长，人们的社会意识日益增强，社会生存环境备受关注，功利主义遭到了越来越多的非议，因为它在照顾大多数人利益时忽视了个人和少数人的利益。对个人权利和社会公平的重视，意味着管理者需要在是非功利标准的基础上建立道德准则。对企业管理者来说，这无疑是个严峻挑战，它使管理者在多种道德标准面前感到困惑，不断发现自己处在道德困境之中。

四、影响管理道德的因素

一个管理者的行为是否合乎道德，受多种因素的影响。其中，管理者个人道德发展阶段、个人特征、组织结构、组织文化和道德问题强度等是影响管理者道德行为的重要因素。一个管理者如果受到规则、政策、工作规定或强文化准则的约束，即使他是一个缺乏强烈道德感的人，做错事的可能性也很小。反之，一个非常有道德的人，也可能会受一个组织结构不良的影响和允许或鼓励非道德行为的文化所腐蚀。此外，管理者更可能对道德强度很高的问题制定出符合道德的决策。

(一) 道德发展阶段[①]

研究表明，人们的道德意识及其行为表现的发展过程一般要经历三个层次，每个层次又分为两个阶段。管理者达到的阶段越高，就越倾向于采取符合道德的行为。道德发展阶段如表 3.1 所示。

表 3.1　道德发展阶段

层　次	阶　段
前惯例层次： 只受个人利益的影响。决策的依据是本人利益，这种利益是由不同行为方式带来的奖赏和惩罚决定的	① 遵守规则以避免受到物质惩罚 ② 只在符合你的直接利益时才遵守规则
惯例层次： 受他人期望影响。包括对法律的遵守，对重要人物期望的反应，以及对他人期望的一般感觉	③ 做你周围的人所期望的事 ④ 通过履行你允诺的义务来维持平常秩序
原则层次： 受个人用来明辨是非的伦理准则的影响。这些准则可以与社会的规则或法律一致，也可以与社会的规则或法律不一致	⑤ 尊重他人的权利，置多数人的意见于不顾，支持不相关的价值观和权利 ⑥ 遵守自己选择的伦理准则，即使这些准则违背了法律

道德发展的最低层次是前惯例层次，在这一层次，人们的道德选择仅受个人利益的影响，其行为特征是为避免物质惩罚严格遵守组织规则或只在符合直接利益时才遵守规则。道德发展的中间层次是惯例层次，在这一层次，人们的道德选择受他人期望的影响，道德判断的标准是个人是否维持平常的秩序并满足他人的期望。道德发展的最高层次是原则层次，在这一层次，人们的道德选择具有自主性，受自己认为是正确的个人行为准则的影响，个人试图在组织或社会的权威之外建立道德原则。

通过对道德发展阶段的研究表明：人们以前后衔接的方式依次通过这 6 个阶段，而不是跳跃式地前进；道德发展随时可能中断，发展可能停止在任何一个阶段上；大部分成年人的道德水平处于第四个阶段上，他们被束缚于遵守社会准则和法律。一个管理者达到的道德阶段越高，就越倾向于采取符合道德规范的行为。例如，处在第三阶段的管理者可能制定出能得到他周围人支持的决策；处于第四阶段的管理者将寻求制定尊重企业规则和程序的决策，以成为一名模范员工；处于第五阶段的管理者更有可能对他认为错误的组织行为提出挑战；处于第六阶段的管理者如中国企业家史玉柱在巨人集团破产后东山再起时，坚持要还清法律规定可以不还的欠债。

(二) 个人特征

组织中的每个人一般都会有一套相对稳定的判断是非的价值准则，它们是关于正确与

① 周三多. 管理学——原理与方法[M]. 五版. 上海：复旦大学出版社，2009.

错误、善与恶、勤奋与懒惰、诚信与虚假等基本信条的认识。这些认识是个人在长期生活实践中发展起来的，也是教育与训练的结果。管理者通常也有不同的个人准则，它构成道德行为的个人特征。由于管理者的特殊地位，这些个人特征很可能转化为组织的道德理念与道德准则。

这里所说的个人特征主要受两个变量的影响：自我强度和控制中心。

1. 自我强度

它用来衡量一个人的信念强度。管理者的自我强度对其道德选择至关重要。一个人的自我强度越高，克服冲动并遵守其信念的可能性越大。这就是说，自我强度高的人一般都会深信自己的判断是正确的，因而，通常都能坚持去做自己认为正确的事。我们可以推断，对于自我强度高的管理者，其道德判断与道德行为会更加一致。

2. 控制中心

罗宾斯在《管理学》一书中将控制中心解释为“衡量人们相信自己命运的个性特征”。它实际上是管理者自我控制、自我决策的能力。罗宾斯把控制中心分为内在和外在两个方面，具有内在控制中心的人相信他们掌握着自己的命运，而具有外在控制中心的人不相信自己，人生中发生什么事情都听天由命，依赖环境的力量。控制中心作为个性特征对道德的影响表现为：具有内在控制中心的管理者比具有外在控制中心的管理者在道德判断与道德行为之间具有更大的一致性。

(三) 组织结构

组织结构对管理道德的影响体现在以下方面。

(1) 组织结构的关键在于减少模糊性。因为模糊性小的组织结构有助于促进管理者的道德行为。正式的规章制度、职务说明和明文规定的道德准则可以降低组织结构的模糊程度，从而可以促进行为的一致性。

(2) 上级管理行为的示范作用。上行下效，上级的行为对个人的道德或不道德行为具有强有力的影响。下级关注管理当局在做什么，并以此来确定什么是可以接受的和上级期望的行为标准。

(3) 合理的绩效评估体系。要用科学的方法制定出切实可行的评估指标和评估程序，从客观、全面的角度评价每一位员工。一个仅以成果为唯一标准的系统，会使人们在指标的压力面前“不择手段”，会助长不道德的行为。

(4) 报酬的分配方式、赏罚的标准也是影响管理者道德行为的重要因素。因为它直接与道德的一个重要标准相联系，即公正。公正的程度关系人们的道德选择，也关系人们对道德的信念和坚持。

此外，在不同的组织结构中，管理者在工作时间、竞争和成本等方面的压力也不同，压力越大，越有可能降低道德标准，从而达成妥协。

(四) 组织文化

组织文化是企业在长期的经营活动中形成并被企业员工普遍认同和遵守的价值观念、

团体意识、工作作风、行为规范和思维方式等范畴。组织文化的内容、性质和强弱程度对管理道德有明显的影响。一个企业若拥有健康、开放、进取，以及较高道德标准的组织文化，使组织成员普遍严于律己、宽以待人，便极大地防止了不道德行为的发生。组织文化分为强组织文化和弱组织文化。

强组织文化对组织成员有较强的道德约束力。处在这种文化环境中，组织最有可能产生有较强的控制能力及风险和冲突承受能力的高道德标准的组织文化。处在这种文化中的管理者，将被激励进取和创新，意识到不道德行为会被发现，并且对他们认为不现实或个人所不合意的需要或期望进行自由、公开的挑战。

相反，在一个较弱的组织文化中，即使人们具有正确的道德标准，在遇到矛盾和冲突时也难以坚持原有的道德准则，从而导致管理者的非道德行为。如管理者和员工在积极创新进取时，一旦遭受挫折或失败，就会受到组织的歧视和惩罚。在这种组织文化环境下，人们做事会很保守，有时为了取得成果取悦上级而采取不道德的行为，助长不道德管理行为的滋生与扩散。

(五) 问题强度

影响管理者道德行为的最后一个因素是道德问题本身的强度。所谓问题强度是指该问题如果采取不道德的处理行为可能产生的后果的严重程度。管理者如果比较在意道德评价，认为道德问题很重要，他就会自觉遵循道德规范和道德原则，并且会不断提高自身的道德水平；否则，就会我行我素。具体看来，道德问题强度取决于以下 6 个因素。

(1) 某种道德行为对受害者的伤害有多大或对受益者的利益有多大。例如，企业不景气，业务缩减，裁员可以降低经营成本，减少人力、物力、财力的消耗。

(2) 有多少人认为这种行为是邪恶的(或善良的)。如果大多数人认为这种行为恶劣则不道德；若很少人这样认为则无所谓。例如，高校里曾经流行这样的段子“天下论文一大抄，看你会抄不会抄”。在高校抄袭论文已经越来越普遍，很多原本很在乎荣辱的学生都不再以抄袭论文为耻，而高校领导和教授们也欣然默许了这种现实。

(3) 行为实际发生并造成实际伤害(或带来实际利益)的可能性。例如，公司拖欠员工工资比按时给员工发放工资更有可能引发信用危机。

(4) 在该行为和其预期后果之间，时间间隔有多长。例如，减少目前退休人员的退休金，比减少目前年龄在 40～50 岁的在职员工的退休金所带来的直接后果更为严重。

(5) 你觉得行为的受害者(或受益者)与你(在社会、心理或物质上)离得多远。例如，丰田车主对丰田“召回门”事件，比通用车主所受的伤害更大。

(6) 道德行为对有关人员影响的集中程度。例如，担保政策的一种改变(拒绝给 10 人提供每人 10 000 元的担保)，比担保政策的另一种改变(拒绝给 10 000 人提供每人 10 元的担保)的影响更快更集中。

综上所述，受伤害的人越多、越多人认为这种行为是不道德的、行为发生并造成实际伤害的可能性越高、行为的后果出现越早、观察者感到行为的受害者与自己离得越近，问题强度就越大。这 6 个因素决定了道德问题的严重程度，道德问题越重要，管理者越有可能采取道德行为。

第二节　改善管理道德行为的途径

一、挑选高道德素质的员工

每个人由于所处的道德发展阶段、生存环境、所接受的教育等不同，具有不同的个性特征，从而形成了不同的价值观念和道德准则。这些不同的价值观念和道德准则可能会带到工作中，因此组织在员工特别是管理人员的招聘过程中，就必须进行道德考察，剔除道德上不符合要求的求职者和候选人。挑选的过程，应当视为了解个人道德发展水平与道德品质的一个机会。

道德考察真正实施起来并非易事，其困难主要来自两个方面：一是在考核标准和考核办法上。道德观本身比较抽象，道德考察的标准是模糊的，而且道德规范包括爱国守法、诚实守信、团结友爱、敬业奉献、自强自立、勤俭节约等多项内容，很难形成明确、单一的检测标准，因而无法使被测者在道德上有明晰的数量差别。同时，现代中国的价值观念本来就处于一个多元乃至混乱的状态中，有时善恶是非很难有统一的标准。二是道德考察容易受到其他因素影响而发生误判。调查人和被考察人通常是在一起学习或工作的人。在此过程中，道德考察很容易变成人际关系的考察，从而极易造成人际关系水平等同于道德水平，偏离道德本身评判的要求，这种考察方法很难真正对考察对象的道德品质做出客观、实事求是的评价。

二、建立道德准则和决策准则

在一些组织中，员工对“道德是什么”认识不清，这显然不利于组织。建立道德准则可以缓解这一问题。

道德准则是表明一个组织基本价值观念和它希望员工遵守的道德规则的正式文件。道德准则要具体以便让员工明白应以什么样的精神来从事工作，以什么样的态度来对待工作；规定的内容要宽泛，允许员工在不违反原则的前提下有个人见解和行动自由。因此，建立道德准则是减少道德问题、改善道德行为的一项有效措施。

美国《幸福》杂志列出的全美最好的 1000 家公司中，几乎 90%的公司都有一套明文的道德法规。表 3.2 所示是麦道公司的道德准则。

表 3.2　麦道公司的道德准则

为了使正直和道德成为麦道公司的特征，作为公司成员的我们必须努力做到：
① 在我们所有的交往中要诚实和守信；
② 可靠地执行分派的任务和担负责任；
③ 我们所说和所写的一切要真实、准确；
④ 在所从事的所有工作中要协作和富于建设性；
⑤ 对待同事、顾客和其他所有人都要公平和体贴；
⑥ 在我们的所有活动中要守法；
⑦ 始终以最好的方式完成全部任务；

(续表)

⑧ 经济地利用公司资源; ⑨ 为公司和为提高我们所生活的世界的生活质量奉献自己的服务。 正直和高尚道德标准要求我们努力工作、具有勇气和做出艰难选择。有时为了确定正确的行动路线,员工、高层管理人员和董事会之间进行磋商是必要的。正直和道德有时可能要求我们走在生意机会之前。从长期来看,我们做正确的事情比做权宜的事情能获得更好的结果

管理者对道德准则的态度(是支持还是反对)及对违反者的处理办法对道德准则的效果有重要影响。如果管理者认为这些准则很重要,经常宣讲其内容,并当众给违反者指明,就能为道德准则提供坚实的基础。

我国虽然缺乏类似的统计数据,但管理先进的企业也大多有道德准则或道德公约,如《华为公司基本法》。目前,在管理的道德准则方面,我国存在以下两个问题。

1. 规则与行为脱离

部分组织尤其是企业,把公司的道德准则当作是对外广告宣传的需要,或是应付外来检查的需要,在公司的活动中并不真正或认真执行,究其原因在于各级管理者长期以来只满足于提出空洞的道德口号,而没有进一步要求各行各业各组织健全道德准则,因而它对组织行为和组织中个人的行为事实上没有有效的约束力。道德准则对于管理来说,最重要的是"知行合一",即不仅要知,而且要在行为中落实,得到真正的实行。

2. 不合时宜

一般来说,组织的道德准则一旦制定以后便相对稳定,越是对人的行为有约束力的准则,稳定性越强。然而,在一些情况下,准则必须随着时代的变化而变化,或者赋予原有的准则以新的内涵,尤其是社会经济转型时期,这种变化尤显重要。

三、管理者以身作则

道德准则要求管理者尤其是高层管理者应以身作则。因此,要使组织的管理道德准则得到员工的认同与有效执行,组织的管理者必须做好以下两件事情。

1. 言传身教

管理者应当以克己奉公、敬业奉献的行动和诚信友善的态度取得员工的敬佩和支持,在道德方面起模范带头作用。孔子曰:"己所不欲,勿施于人""己欲立而立人,己欲达而达人"。每一个管理者都应当推己及人,要求别人做的,首先自己要做到。只有自己廉洁自守、兢兢业业,才能要求员工为集体尽力。所谓"上行下效""上有所好,下必甚焉"的道理就是如此。管理者通过他们的言行建立了某种文化基调,这种文化基调向员工传递和暗示了某些信息,如高层管理者把公司的资源据为己有、虚报支出、公车私用、公款吃喝玩乐或优待好友,这无疑向员工暗示,这些行为都是可以接受的。

2. 必须在人员提升和奖惩方面把好道德关

选择什么人作为提升的对象,选择什么事作为奖赏的对象,将向员工传递强有力的信息。例如,现实生活中,有些人擅长溜须拍马、弄虚作假,通过不正当手段博取领导信任,

晋升这些人实际是对不良道德的鼓励，对诚实正直、实事求是品德的否定，最终会伤害多数人的积极性，影响组织发展。再如，如果领导选择关系户作为提升或奖赏的对象，则表明靠拉拢关系这种不正当的方法获得好处不仅是可取的，而且是有效的，于是“关系文化”就可能盛行，人们的注意力就不可能集中在工作实绩的创造上，而是转向人际方面的钻营。

奖惩也同样如此，必须奖励真正该奖励的人，不让老实人吃亏。同时，对明显不道德的行为，应及时做公开谴责和必要的行政处罚，让组织中所有人都认清后果，传递出做坏事要付出代价，不道德行为不是你的利益所在的信息，从而促进社会风气的好转。

四、设立合理的工作目标

目标是行动预期要实现的结果，工作目标集中体现组织管理者对员工工作的要求，员工应该有明确和现实的目标。如果目标对员工的要求不切实际，即使目标是明确的，也会产生道德问题。例如，过低的目标会降低实现目标的门槛，减轻应尽的责任，如此设定目标也是不道德的。通过降低预定目标，夸大最终成绩，谋取不正当利益。为了降低目标，有的管理者隐瞒事实，混淆视听；有的甚至上下串通，与道德规范格格不入。过高的目标把员工压得喘不过气，即使是素质较高的员工也会迷惑，很难在道德和目标之间做出选择，有时为了达到目标不得不牺牲道德。

一些组织的工作目标不合理，还表现在目标体系中只有数量指标而没有或极少有质量指标，使产品质量得不到保证，最终伤害客户利益。这种管理的缺陷表现为目标不完善，实质是职业道德低，为谋求自身利益最大化而无视客户对质量的要求，而明确的目标可以减少员工的迷惑，并能激励他们。

五、重视对员工的道德教育

现在，越来越多的组织意识到对员工进行适当的道德教育的重要性，它们积极采取各种方式来提高员工的道德素质，如开设研修班、组织专题讨论会等。人们对这种做法意见不一。反对者认为，个人价值体系是在早年建立起来的，因此对成年人的教育是徒劳无功的。而支持者指出，道德作为一种意识形态本身就是动态发展的，无论是高尚的道德品质还是低劣的道德品质，都有其形成和发展的过程。进入工作单位后，员工的道德水准会因工作环境、组织文化和单位管理水平的差异而有较大的变化。另外，他们也找了一些证据，这些证据表明：

(1) 向员工讲授解决道德问题的方案，可以改变其行为；

(2) 这种教育提升了个人的道德发展阶段；

(3) 道德教育至少可以增强有关人员对职业道德的认识。

如在日本企业界，员工的道德训练始终是与企业命运紧密结合在一起的。许多企业悬挂着“道德进入企业，心灵进入工作场所”“在企业中要有伦理，职业上要有心”的口号，他们以“明朗、爱和、喜劳”为中心内容普遍开展道德训练，启迪员工并内化到员工心灵深处。可以说，企业的发展不仅取决于员工的业务素质，更取决于道德素质。

六、对绩效进行全面科学的评估

绩效评价全面与否，对道德建设有重要影响。许多组织的奖励之所以没有达到预期的效果，主要是绩效评价的片面性造成的，如仅以经济成果来衡量绩效，无视工作中的道德影响，人们为了取得成果就会不择手段，从而产生不符合道德的行为。如果组织想让其管理者坚持高的道德标准，那么它在评价的过程中必须把道德方面的要求包括进去。在对管理者的评价中，不仅要考察其决策带来的经济成果，还要考虑其决策带来的道德后果。

因此，绩效评估必须全面而科学：既要看结果，又要看手段，看整个过程有无不道德问题发生；既要看近期经济绩效，又要看对组织长期发展的影响，防止行为短期化；既要看经济效益，又要看社会效益和生态效益，防止对社会和环境产生不利影响。绩效评价要达到手段和结果的统一，近期和长远的统一，经济效益、社会效益和生态效益的统一。

七、进行独立的社会审计与监察

进行独立的社会审计与社会监察，是改善管理道德的重要手段。道德教育不能保证每个人都按道德准则办事，现实中总有一些道德水准差的管理者难抵利益的诱惑，利用手中的权力弄虚作假，牟取个人或小集团的私利。独立的社会审计与监察，是制止和预防这些不良行为产生的有效手段。根据组织的道德准则对管理者进行独立审计，可发现组织的不道德行为；惧于社会审计的威慑力，可以降低不道德行为发生的可能性。这种措施抓住了人们害怕被抓住的心理，被抓住的可能性越大，产生不道德行为的可能性就越小。

审计包括内部审计和外部审计。比较而言，内部审计因缺乏独立性而往往“走过场”，外部审计独立性强，能有效达到预期的目的。当然，也有的企业与外部审计机构建立其他业务联系，使审计机构成为企业的利益相关者，如美国的安然公司做假账却能顺利通过审计机构的检查，就是因为担任审计的安信达公司同时负责做安然公司的管理咨询。审计机构安信达丧失了独立性，其审计的真实性就很容易出问题。这就相当于自己审计自己，谁能保证是真实的呢？因此，社会审计的独立性应当获得法律和行业执业条例的双重保证。

审计可以是例行的，如同财务审计；也可以是随机抽查的，并不事先通知。有效的道德计划应该同时包括这两种形式的审计。审计员应该对公司的董事会负责，并把执行结果直接交给董事会，这样比较有利于保证审计结果的客观性和公正性。

八、提供正式的保护机制

当人们面临道德困境即处于两难选择时，究竟是坚持道德原则，勇于和坏人坏事做斗争；还是放弃原则，同流合污；或明哲保身，“事不关己，高高挂起”？这不仅取决于个人的道德水准，还和组织与社会是否提供正式的道德保护机制有关。正式的保护机制可以使面临道德困境的员工在不用担心受到斥责或报复的情况下自主行事。

例如，组织可以任命道德顾问，当员工面临道德困境时，可以从道德顾问那里得到指导。道德顾问是遇到道德问题的人的诉说对象，倾听他们陈述道德问题、产生这一问题的

原因及自己的解决方法。在各种解决方法变得清晰之后，道德顾问应该积极引导员工选择正确的方法。另外，组织也可以建立专门的渠道，使员工可以放心地向上一级政府部门或纪律检查委员会进行信访或上访。

改善管理道德是一项长期的任务，不是一朝一夕可以完成的，要贯穿于企业发展的全过程和全体员工中，从而减少组织中不道德行为的发生。在以上措施中，单个措施的作用是极其有限的，但若把它们中的多数或全部结合起来，就很可能会有较好的效果。

第三节 企业的社会责任

一、企业社会责任的概述

(一) 企业社会责任的发展历史

20 世纪 60 年代以前，企业的社会责任问题很少引起人们的注意。18 世纪，企业高效率地使用资源，为社会提供所需的产品和服务，并遵循市场原则，在法律允许的范围内追求利润最大化，这就可以被认为履行社会责任了。一些富有的企业家如果还能为社区提供捐助和做点慈善事业，则会受到颂扬。19 世纪中后期，西方国家工业化完成，公司制日趋成熟，但面对工伤事故频发，劳工缺少安全保障和生活保障等问题，遵守经营伦理，改善劳动条件和劳工地位，就成了社会对企业的普遍要求。20 世纪初期，公司的公共性加强，企业的社会责任开始向“对外”和“对内”两个方向发展。对外，更强调企业在国民经济中的责任，强调企业为公共福利、慈善及科学与教育进行捐助；对内，则从公司治理的角度，进一步强调了对全体股东负责。

20 世纪 60 年代以来，社会责任问题已引起人们的普遍关注。一方面，从社会实践角度看，管理者经常遇到与社会责任有关的决策，如产品质量与安全问题、产品定价问题、慈善事业问题、环境与资源保护问题、企业与员工的关系问题等；另一方面，反映在理论界，越来越多的学者关注企业社会责任问题，随之出现许多文章和论著也在探讨市场“失灵”和市场缺陷。同时，随着社会生产力的迅速发展，人们环保意识、维权意识的提高，企业的社会责任问题更加引起人们的强烈关注，许多社会团体纷纷对企业提出承担社会责任的要求。这是道德问题对企业和社会提出的新要求。

(二) 企业社会责任的含义

美国管理学家斯蒂芬·罗宾斯认为，社会责任是工商企业追求有利于社会长远目标的义务，而不是法律和经济所要求的义务。因此，可将企业的社会责任定义为：企业除承担法律义务(企业遵守所在国和地区的有关法律法规)和经济义务(为投资者实现保值增值的义务)外，还应承担追求对社会有利的长期目标的义务。社会责任虽然没有法律的直接规定，但道德伦理要求企业承担对社会的责任。况且，法律的规定也不能包罗万象、面面俱到，社会责任便成为法律责任的必要补充。

为了更好地理解“社会责任”这一概念，有必要对它和其他两个概念作比较，这两个概念是社会义务和社会反应。

社会义务是对企业最基本的要求，是企业参与社会责任的基础。一个企业履行了法律上和经济上的义务，可以说它已履行了自己的社会义务，如对一家依法纳税的企业，只能说它承担了社会义务，还不能认定它承担了社会责任，因为依法纳税是每个公民、每个企业应尽的社会义务。由此可以说，社会责任是一种比社会义务更高的道德标准。

社会反应是企业适应不断变化的社会环境的能力，它是企业对社会压力做出的反应。它需要对社会变化保持一种敏感，但不是从长期的社会利益出发，而更多是认识到流行的社会准则，然后改变其社会参与方式，从而对社会状况做出积极反应。而社会责任则从长期的社会利益着眼，看企业何种行为对社会有益、何种行为对社会有害，并加入了一种道德准则，促使人们从事使社会变得更美好的事情，而不做有损于社会的事情。

与社会义务相比，社会责任和社会反应超出了基本的法律和经济标准。道德的力量驱动有社会责任的企业去做对社会有利而不是不利的事。

二、两种不同的社会责任观

在“企业是否需要承担社会责任”这一问题上，有两种截然不同的观点。

(一) 古典观(或纯经济观)

米尔顿·弗里德曼(Milton Friedman)是这种观点的代表人物。他最著名的格言是：“企业的社会责任是增加利润”。弗里德曼支持组织承担社会责任，但这种社会责任仅限于为股东实现组织利润最大化。他认为当今大多数的管理者是职业经理，这意味着他们并不拥有所经营的企业。他们只是员工，仅向股东负责，因此主要责任就是最大限度地满足股东利益。那么，股东的利益是什么呢？弗里德曼认为股东只关心一件事，那就是财务收益。

在弗里德曼看来，当管理者把企业资源用于社会目的时，他们是在削弱市场机制的作用。当然有人要为此买单。具体来说，如果企业承担社会责任的行为使利润和股利下降，则它损害了股东的利益；如果履行社会责任使员工的工资和福利下降，则它损害了员工的利益；如果用提价来补偿社会责任，则它损害了消费者的利益；如果顾客不愿意或支付不起较高的价格，销售额就会下降，那么企业的生存就会受到威胁，这时企业的所有利益相关者都会遭受或多或少的损失。此外，弗里德曼还认为，职业经理追求利润以外的其他社会目标，其实是在扮演社会公共管理者的责任，而这方面的责任应由公民选举的行政官员来承担。至于“社会应该怎样”，他认为企业管理者不具有这方面的专长。

这种从纯经济角度看待企业社会责任的主要观点有：其一，违反了利润最大化原则。这些人认为，企业追求社会目标会冲淡企业的基本使命——提高生产率。而且，许多社会性活动不能自负盈亏，企业参加这些活动必将提高企业的经营成本，最终必将有人为此付出代价。因此，他们认为，企业应只参加那些能带来经济利益的活动，而其余活动让给其他机构去做。其二，应各司其职。在当今社会，企业拥有的权力已经很大了，如果让它追求社会目标，企业的权力会更大。况且，追求社会目标是政治相关代表组织的责任，企业与公众之间在社会责任方面没有直接的联系，对企业管理者来说，就不应该承担社会责任。另外，承担社会责任需要相关专门技能，企业管理者分析问题和解决问题的视角和能力基

本是经济方面的。就能力而言，他们难以胜任社会问题的角色。其三，缺乏大众支持。公众对企业承担社会责任的意见不一、争论较大，社会对企业处理社会问题的呼声也不是很高。如此，在缺乏一致支持的情况下采取行动，很可能会失败。

(二) 社会经济观

持这种观点的人认为，随着时代的变化，社会对企业的期望发生了变化，追求利润最大化不再是企业的唯一目标，企业同时应承担社会责任。因此，一个真正对社会负责任的企业，不仅要使股东利益最大化，而且要考虑其决策和行为对所有利益相关者的影响。社会经济观认为，古典观的主要缺陷在于目光短浅，只看到眼前利益。管理者应该关心资本的长期收益最大化，为此，必须承担一些必要的社会义务及相应的成本，如以不污染、不歧视、不发布欺骗性广告等方式来维护社会利益。他们还必须在增进社会利益方面发挥积极的作用，如参与所在社区的一些活动和捐钱给慈善组织等。

这种从社会经济观的角度赞成企业承担社会责任的主要观点有：其一，满足公众期望，塑造良好形象。20 世纪 60 年代以来，社会对企业的期望越来越多，公众对企业追求经济和社会双重目标的呼声日益高涨。同时，企业承担社会责任可以塑造良好的公众形象。企业在公众中的形象如同企业的生命，其好坏直接关系到它是否能获得更多的顾客、更好的员工，能否较容易地筹集资本，能否使销售额得到提升等。由于公众通常认为社会目标是重要的，因此企业通过承担社会责任，实现社会目标，能够产生良好的公众形象。其二，创造良好的经营环境。企业承担社会责任有助于解决社会难以统一解决的问题，改善所在社区的状况，提高企业的公众形象，从而有利于吸引和留住人才，提高企业的核心竞争力。同时，企业履行社会责任可以降低由政府管制而引起的社会经济成本，增强企业的自主性和灵活性。其三，增加长期利润。在股票市场上，有社会责任的企业通常被看作是风险较低、透明度较高的公司。因此，社会责任会使企业的股票价格上涨，从而使股东获得较高收益。企业的生存离不开社会，其应该具有社会意识。况且承担社会责任不仅是道德上的要求，而且符合企业自身的利益，它会给企业带来良好的社区关系和企业形象，从而使企业能可靠地获取较多的长期利润。

除此之外，企业拥有财力、物力、技术和管理等能力，它有能力帮助那些需要援助的公共项目和支持慈善机构开展活动。企业在社会中拥有很多权力，根据权责对等的原则，也必须承担相应的责任，这样企业才不会违背公众利益，从事不负责任的活动。企业承担社会责任，预防相关社会问题的产生也是必要的。社会性问题发展得相当严重而得不到处理时，往往需付出比预防行动大得多的代价，并分散了企业管理在经营方面的精力。

三、企业承担社会责任的经营业绩

企业承担社会责任是否会有损于企业的经营业绩？纯经济观和社会经济观各有说辞，其根本原因在于两者从不同的角度、用不同的方法来研究社会责任。根据纯经济观的观点，如果企业承担社会责任，则会淡化企业使命，影响其生产率的提高。许多社会性活动不能自负盈亏，企业参加这些活动必将提高企业的经营成本，违背企业追求利润最大化原则。

最终必将有人为此付出代价，或以更高的价格转嫁给消费者，或由投资者获得较低的边际利润来补偿。而社会经济观认为，企业承担社会责任不仅履行了应尽的道德义务，满足了公众期望，还帮助企业同所在社区建立良好关系，改善企业在公众心目中的形象，从而为企业稳定地获得长期利润提供有效保证，这也足以弥补企业在承担社会责任之初所支付的成本。从这种意义上来讲，企业的社会责任行为是利大于弊的。

调查研究已证明，企业承担社会责任与其经营绩效之间呈正相关关系。企业参与社会活动不仅可以获得良好的社会效益，还可以获得长远的商业效益，如良好的社会形象、高素质的员工队伍、更多的政府支持等。没有足够的证据证明，企业的社会责任行为会明显损害其长期经营业绩。正是因为如此，人们怀疑企业参与社会活动的动机。有的企业是真正从道德的角度办事；也有些企业是在利益的驱使下开展社会活动，把社会责任作为营销的诱饵，把承担社会责任当成是实现利润最大化的工具，而不是真正地想去承担社会责任。尽管企业的动机不纯，但它不仅实现了企业利润最大化的目标，同时也履行了社会责任，实际上这是一种双赢之举。

在此值得一提的是，只有当企业树立起自觉的社会责任意识时，才会意识到企业不仅要对投资者负责，还要对所有的利益相关者负责，才能真正从严格意义上履行社会责任，从而促进社会公正，增加社会福利，最终实现企业真正意义上的利润最大化。

四、企业社会责任的对象

根据以上分析，企业承担社会责任在短期内会增加经营成本，但从长期来看，会使企业赢得更多的利润和更好的声誉，促进社会和谐发展。由此可见，企业应积极地承担社会责任。根据利益相关者理论，企业与员工、顾客、投资者、竞争者、社区、环境等构成经济利益共同体，企业可从与利益相关者的关系方面来承担社会责任。

(一) 企业对员工的责任

只有满意的员工，才有满意的顾客。顾客满意，股东才会满意。员工是企业最宝贵的财富。为了使员工满意，企业在经营管理中应做到如下几点。

1. 不歧视员工

随着社会发展的多元化，现代企业员工队伍也趋于多元化。为了调动各方面的积极性，企业要同等对待所有员工，保证员工拥有平等待遇和机会，避免在性别、年龄、宗教信仰、户籍、国籍等方面的歧视行为。

2. 营造一个良好的工作环境

工作环境的好坏直接影响员工的工作效率和身心健康。企业要为员工营造一个健康、安全、关系融洽、压力适中的工作环境，如：推行民主管理，认真听取员工建议；重视员工的利益，按时足额支付工资，按当地政府规定为员工缴纳“三险”；赏罚分明、奖惩得当。必要时根据单位的实际情况为员工配备必要的设施，努力改善员工的工作条件和物质条件。

3. 定期或不定期地培训员工

能否在企业中得到锻炼和发展的机会是决定员工(特别是高素质员工)去留的一个关键因素。有社会责任企业不仅会根据员工的综合素质，为其提供合适的工作岗位和相对公正的报酬，而且在工作过程中根据情况的需要对其进行培训，经过培训后的员工能胜任更具挑战性的工作。这样做既满足了员工自身的需要，也满足了企业的需要。

(二) 企业对顾客的责任

顾客是企业产品和服务的最终使用者，顾客的忠诚度及数量往往决定着企业的成败得失。企业对顾客的责任主要表现在：尊重顾客，为顾客提供真正需要的、安全的产品或服务；赢得顾客信赖，提高回头客的购买次数；做好售后服务工作，及时解决顾客在使用企业产品或服务时遇到的困难。要明白一个道理：“水能载舟，亦能覆舟”，顾客是“水”，企业是“舟”。

(三) 企业对投资者的责任

投资者是企业的资金来源，是企业财产的最终所有者。企业管理者受投资者的委托经营企业，必须为投资者带来有吸引力的投资报酬。而只想从投资者手中获取资金，却不愿或无力给投资者以合理回报的企业，是对投资者不负责任的表现，投资者最终会解聘管理者，抛弃企业。因此，企业有责任与投资者进行及时的沟通，将其财务状况及时、准确地报告给投资者，假报或误报是对投资者的欺骗和不负责任的表现。

(四) 企业对竞争者的责任

在市场经济条件下，竞争无处不在，无时不有，但在此条件下的竞争是良性、有序的竞争。有社会责任的企业不会为了一时之利，逞一时之勇，通过不正当手段恶意挤垮对手，争个“鱼死网破”“两败俱伤”。市场上没有永远的敌人，只有永远的利益。因此，企业要处理好与竞争对手的关系，在竞争中合作，在合作中竞争。

(五) 企业对社区的责任

社区是企业生存的小环境，其对企业的影响不可忽视。为此，企业不仅要为所在的社区居民提供劳动就业机会，增加当地的财政资源，还要通过适当的方式尽可能地为所在社区做出贡献，如不以盈利为目的对所在社区或其他特定社区的建设进行福利投资，包括学校、医院、老人院、公共娱乐设施、图书馆等。通过此类活动，不仅回报了社区和社会，还为企业树立了良好的形象。

(六) 企业对环境的责任

企业既受环境的影响又影响着环境，古人云：“皮之不存，毛将焉附。”因此，从自身生存和发展的角度来看，企业有责任保护环境。企业对环境的责任主要表现在以下几个方面。

1. 防止污染环境

在企业内宣传环保教育，培养员工的环保意识。有社会责任的企业会主动节约能源和其他不可再生资源的消耗，尽可能减少企业活动对生态的破坏。同时，积极采用生态生产技术，开发绿色产品。

2. 治理受污染的环境

企业的生产经营需要消耗大量的物资和能源，产生的“三废”要采取切实有效的措施及时地处理。根据“谁污染谁治理”原则，承担治理费用，不能推脱，更不能采取转嫁生态危机的不道德行为。

本章小结

道德和社会责任问题直接体现管理的目的，并在深层上对管理进行价值导向。道德和社会责任不仅为管理提供了价值理念和价值导向，而且本身就应当是管理理念的主要组成部分。

有关企业管理道德的4种观点为：功利观、权利观、公正理论观和社会契约整合理论。影响管理道德的因素有管理者道德发展阶段、个人特征、自我强度和控制中心、结构变量、组织文化和问题强度等。企业为提高管理道德水平，应进行员工甄选、建立道德准则和决策规则、管理者应以身作则、设定合理的工作目标并对绩效进行全面的评价、对员工进行道德教育、进行独立的社会审计、提供正式的保护机制等。

社会责任是与管理道德紧密联系的一个概念。在西方管理学界主要有两种相反的社会责任观：一是古典社会责任观，二是社会经济观。建立自觉的社会责任理念，并形成积极有效的社会责任行为，是非常紧迫的课题。鉴于中国当前企业及社会状况，其现实意义尤为突出。当前，管理的“绿色化”已成为世界性重要议题。

练习与思考

一、单项选择题

1. 如果一个管理者认为解雇其工厂中20%的工人是正当的，因为这将增强工厂的盈利能力，使余下80%的工人的工作更有保障及符合股东的利益。这个管理者的伦理观是(　　)。

A. 功利主义伦理观　　B. 权力至上主义伦理观

C. 公平原则伦理观　　D. 综合社会契约伦理观

2. 如果一个人做周围人所期望的事，他正处于道德发展的(　　)阶段。

A. 前惯例　　B. 惯例　　C. 原则　　D. 强化

3. 当公司向非洲发展中国家销售不利于健康的、焦油含量较高的香烟时，具有较高自我强度的管理者很可能会(　　)。

A. 认为香烟不利于健康，所以公司不应该销售，并积极阻止公司出售这种香烟

B. 认为香烟不利于健康，所以公司不应该销售，但不采取措施阻止公司出售这种香烟

C. 不说出自己的想法，只是非正式地建议公司停止出售这种香烟

D. 不采取任何措施改变公司的现行做法，尽管也认为这种香烟不利于健康

4. 克制冲动并遵守内心信念的可能性最大的是(　　)的人。

A. 自我强度高　　B. 自我强度低

C. 具有内在控制中心　　D. 具有外在控制中心

5. 你不私自打开他人的钱包，窃取他人的钱财，却擅自携带公司办公用信纸回家私用，而不考虑道德问题。这种二分法的道德行为是由于(　　)所致。

A. 控制点　　B. 社会契约整合的影响

C. 问题强度　　D. 结构变量

二、多项选择题

1. 影响管理道德的主要因素中，下列应该包括的有(　　)。

A. 当地所实行的经济制度

B. 伦理道德的发展阶段

C. 行为本身所涉及伦理问题的严重程度

D. 组织文化的内容和强度

E. 管理者个人的道德信念强度

2. 企业对环境的伦理行为主要体现在(　　)。

A. 与竞争者主动协调

B. 环境保护

C. 以“绿色产品”为研究和开发的主要对象

D. 治理污染

E. 对消费者主动让利

3. 企业对员工的伦理行为主要体现在(　　)。

A. 不歧视员工　　B. 不干涉员工

C. 定期或不定期培训员工　　D. 营造一个良好的工作环境

E. 民主管理、提高待遇、充分奖励等

4. 企业对顾客的伦理行为主要包括(　　)。

A. 提供安全的产品　　B. 提供正确的产品信息

C. 提供售后服务　　D. 提供必要的指导

E. 赋予顾客自主选择的权利

5. 企业对投资者的伦理行为主要体现在(　　)。

A. 要为投资者带来有吸引力的投资回报

B. 要经常与投资者联络感情

C. 要将企业财务状况及时、准确地报告给投资者

D. 要投资者介入企业日常管理

E. 要投资者减少投资

三、判断题

1. 挑选高道德素质的员工并不能改善企业的伦理行为。　　(　　)

2. 伦理与法律一样，需要通过行政命令或法定程序来制定或修改。　　(　　)

3. 一般来讲，公平主义的伦理观不利于培养员工的风险意识和创新精神。（　）

4. 如果大多数人认为某种行为是邪恶的，那么对管理者的伦理行为也会产生较大的影响。（　）

5. 正式的规章制度会减少违反伦理行为的产生。（　）

四、问答题

1. 如何理解管理道德？
2. 关于管理道德有哪些基本观点？哪一种观点在企业经营中最流行？为什么？
3. 影响管理道德的因素有哪些？它们是如何影响管理者道德的？
4. 管理者可以通过哪些方法改善组织成员的道德行为？
5. 如何理解企业的社会责任？如果你是企业经营管理者，你将如何承担社会责任？

案例点击

三鹿集团“搬起石头砸了自己的脚”

三鹿集团股份有限公司(简称“三鹿集团”)是一家位于中国河北省石家庄市的中外合资企业，主要业务为奶牛饲养、乳品加工生产，主要经营产品为奶粉。三鹿集团的前身是1956年2月16日成立的“幸福乳业生产合作社”，其控股方是持股56%的石家庄三鹿有限公司，合资方为新西兰恒天然集团，持股43%，一度成为中国最大奶粉制造商之一，其奶粉产销量连续15年全国第一。

2008年6月28日，位于兰州市的解放军第一医院收治了首例患“肾结石”病症的婴幼儿。据家长反映，孩子从出生起就一直食用三鹿集团所产的三鹿婴幼儿奶粉。7月中旬，甘肃省卫生厅接到医院婴儿泌尿结石病例报告后，随即展开了调查，并报告卫生部。随后短短两个多月，该医院收治的患婴人数就迅速增长到14名。此后，全国陆续报道因食用三鹿乳制品而发生负反应的病例一度达到几百例，事态之严重，令人震惊！2008年9月13日，党中央、国务院对严肃处理三鹿牌婴幼儿奶粉事件作出部署，立即启动国家重大食品安全事故一级响应，并成立应急处置领导小组。2008年9月15日，甘肃省政府新闻办召开了新闻发布会，称甘谷、临洮两名婴幼儿死亡，确认与三鹿奶粉有关。三鹿集团企业声誉急剧下降。2008年12月24日，三鹿集团被法庭颁令破产。2009年2月12日，石家庄市中级人民法院正式宣布三鹿集团破产。这家国内连续15年保持产销量第一的奶粉生产企业，最终宣告破产。

(资料来源：三鹿奶粉事件，SOSO百科，2008-06-28)

问题：

(1) 你如何看待“三鹿集团”的破产？

(2) 你如何看待企业盈利与坚持社会责任的关系？

点石成金

“三鹿奶粉”事件所产生的影响巨大而深远，在人们心中留下了不可磨灭的阴影。近年，我国食品安全问题和事件接二连三地出现，如：苏丹红、PVC保鲜膜、雀巢奶粉碘超标、吊白块、大头娃娃等事件；还有不断见诸报端的大米拌工业油、小米染黄颜料、鲜菜残留农药、地沟油、鸡肉激素超标、注水肉、瘦肉精、避孕药及大量假冒伪劣案件等。这些问题和现象，充分暴露出极个别企业和食品行业从业人员社会道德的缺失和沦丧。

个别企业的“无德”行为，造成百姓对食品消费忧心忡忡、心惊胆战，产生严重的社会诚信危机，这对构建社会主义市场经济体制非常不利。人民日报评论员文章指出：食品行业事关生命安全，它需要的不仅是技术和资本，更要讲道德和良心。温家宝总理在看望“三鹿奶粉”事件患病儿童时指出：“这起事件暴露出政府监管不力，也反映出一些企业缺乏职业道德和社会公德，用老百姓的话说就是‘没良心’。”温总理的话一语中的。无德企业损坏了市场经济秩序，挑战了社会文明的底线，一个以人为本的现代社会，绝不能放任见利忘义的行为，绝不允许企业失守社会道德。

道德是企业的生命，是企业发展的根本，是企业成长发展的基石。2009年9月27日，温总理在达沃斯论坛上讲到企业家责任时指出：“企业家要有道德，每个企业家都应该流着道德的‘血液’，每个企业都应该承担起社会责任。合法经营与道德结合的企业，才是社会需要的企业”。以松下公司创始人松下幸之助为代表的优秀企业家一直倡导企业家要树立正确的道德观，他说：“道德给人智慧和力量”。松下的经营理念、经营智慧是以道德观为支持的，这是松下电器成长和成熟的基石。

无良无德的企业和人员给全国人民的生命安全带来巨大危害，也应了中国的俗语“搬起石头砸了自己的脚”——企业信誉扫地，砸了职工的饭碗，断了企业的前途。“三鹿奶粉”食品事件等问题不断提醒和告诫我们，在发展社会主义市场经济的过程中，企业的道德建设和社会诚信建设一刻也不能停。企业在追求最大利润的同时，必须坚守社会道德，承担社会责任，为消费者负责。如果以牺牲道德和消费者利益换取黑心利润，只能是搬起石头砸自己的脚，最终付出沉重的代价。

第四章

计 划 工 作

案例导入

协助一家公司制订计划

某管理顾问参加一家大公司的年度计划会议。这次会议的主要内容是确定公司的重大问题、排列顺序并为制订详细的计划、规定、指导方针和政策提供依据。会议开始时，几个职能部门的管理人员都奉命从自己部门的角度来确定该公司所面临的一个重大问题。公司负责综合管理的部门——企管部将根据每个职能部门人员提出的问题，汇总出公司的一批问题，并把它们按顺序排好，提交给公司高层，作为制定年度计划的主要依据。

该公司的6个职能部门是：生产部、人事部、销售部、财务部、法律顾问部、工程部。每个职能部门都由一个下属单位组成，都将根据计划会议提出的年度计划展开活动。

提出供讨论的问题可归纳如下。

- 生产部：主要问题是机器设备更新太慢，产品质量达不到技术要求；老技术人员陆续退休，新录用工人学习技术热情不高，生产技术水平下降。
- 人事部：车间技术人员要求调离工作岗位的太多，调离是由于技术人员不能充分发挥作用，而且待遇不高。据对一个车间的7名技术人员调查，只有1名解决住房问题，而其余6名仍然住在建厂初期的旧宿舍里。
- 销售部：产品销售市场发生疲软，而经销人员却由原来的17人减少到8人，市场信息不能全面及时收集。
- 财务部："三角欠债"使公司的流动资金严重不平衡，库存产品增加，产品成本增加。
- 法律顾问部：该公司的噪音较大，周围居民根据新公布的《环境保护法》，向法院提出起诉。但增设消音设备需要一大笔费用。
- 工程部：最严重的问题是工程师大量外流或从事兼职工作。如果不能解决工程技术人员合理使用和报酬问题，外流人员还将增加。

(资料来源：根据https://wenku.baidu.com/view/3c28583d8e9951e79b8927a3.html所载网文改编)

试问：

1. 你将如何来排列这些问题的先后顺序？
2. 是否有任何基础能把这些问题相互联系起来，即它们是不是独立的、相互无关的问题？
3. 一旦确定了问题，而后做计划决策时还需要哪些信息？

学习目标

通过本章的学习，要求重点理解计划工作的概念、计划在管理活动中的作用，以及计划工作的主要内容；重点掌握计划编制工作的基本方法和流程；明确计划工作的基本特性，能够从多个维度对其进行分类；熟悉和了解管理实践中运用最多的3种计划实施方法。

关键概念

计划(Plan or Planning) 战略计划(Strategic Plan) 战术计划(Tactical Plan) 作业计划(Operational Plan) 目标管理(Management by Objective) 滚动计划法(Rolling Planning Act) 计划评审技术(Program Evaluation and Review Technique)

第一节 计划工作概述

一、计划工作的概念和作用

(一) 计划工作的概念

日常生活中，计划无处不在。例如，国家为了促进国民经济的发展，提高人民生活水平，需要制订各项纲领性计划；企业为了自身发展，需要制订适合本企业发展的战略计划；家庭通过制订各类开支计划，从而达到开源节流的目的；个人为了提高自我价值，也会有意识或无意识地为自己制订发展计划。计划的普遍性由此可见一斑。

关于计划工作的概念，不同学者给出了自己的见解。哈罗德·孔茨认为："计划工作是一座桥梁，它把所处的这边和对岸连接起来，以克服这一天堑。"罗素·艾可夫(Russell L. Ackoff)则把计划定义为："对所追求的目标及实现该目标的有效途径进行设计。"

总之，计划工作是指管理者确定组织目标、根据组织现状分析目标实施的可能性、制定活动方案，并以此作为开展活动或执行任务的行动指南。

(二) 计划工作的作用

"凡事预则立，不预则废"。这说明，我们的先民在长期管理活动中，早就认识到计划工作的重要性。本章开头的案例也表明，一项好的计划是成功的关键，它在整个工作中有举足轻重的作用。

1. 计划工作是管理活动的基础，为管理指引方向

虽然管理活动还包括组织、领导、控制和创新等其他职能，但计划却是其中最首要和最基本的职能，是其他各项职能展开的基础。计划所提出的工作目标、行动方案和作业方式，将成为组织、领导和控制等管理活动的必要依据和行动指南。不仅如此，科学的计划体系可以将主管人员从繁杂的日常事务中解放出来，集中精力关注于对未来不确定性的把握，从而为组织的发展提供了明确的方向。

2. 计划工作为管理工作提供控制标准

列宁认为，“任何计划都是尺度、准则、灯塔和路标”。计划是所有其他管理职能的基础，其中与控制职能的关系尤为密切。计划工作中所建立的各个目标和指标是控制的依据和尺度，管理者开展工作都是紧紧围绕这些标准进行的。计划和控制是不可分离的，计划的实现需要控制活动给以保证，而计划则是控制的基础。没有计划，控制过程就缺乏一个评估工作进展和确定如何使工作进展得更好的框架。

3. 计划工作可合理配置资源，减少资源浪费

制订计划是为了用最短的时间完成工作任务，充分利用各项资源，从而减少浪费。一方面，计划方案是在进行了充分可行性分析的基础上而确定的，它为活动提供了一套科学合理的流程，有利于以最低费用或最高效率实现既定目标；另一方面，计划为随后展开的工作提供了依据，避免了活动的盲目性，也达到了减少浪费的目的。

4. 计划工作可预见未来，降低风险，掌握主动

一项好的计划能使管理工作达到事半功倍的效果，它使一个管理者或者一个组织能主动去影响，而不是被动接受未来。任何组织都处在复杂的环境中，机遇和挑战并存，其未来充满不确定性。而计划正是面向未来的，它可以运用定性和定量的方法预测未来组织运行中可能面临的一系列问题，并制定出相应的解决措施和目标，尽可能地把“意料之外的变化”转变为“意料之内的变化”。这就为我们完成任务降低了风险，让我们在工作中掌握了更大的主动权。

二、计划工作的内容

一份完整的计划通常包括 6 个方面的内容，俗称“5W1H”，即做什么(What to do)、为什么做(Why to do)、何时做(When to do)、何地做(Where to do)、谁去做(Who to do)和怎样做(How to do)。具体内容如下。

(一) 明确做什么

该内容即要明确计划工作的具体任务和要求，明确每一个时期的中心任务和工作重点。例如，企业在制订生产计划时，要明确今后一段时期内生产的产品品种、产品数量等；国家在制定“十二五”“十三五”规划时，也要明确需要重点关注的社会问题和发展的关键领域。工作要分清主次，抓住重点，解决主要问题是工作的关键，制订一项计划也就是把重点明确下来，这有利于工作开展过程中少走弯路，从而提高工作效率。

(二) 明确为什么做

该内容即要明确计划工作的宗旨、目标和战略，并论证可行性。在计划中要把定性分析和定量分析结合起来，说明制订计划的依据和目的，让行动者了解、支持和接受这项计划。实践表明，员工对计划的目的和意义认识得越深刻，就越有利于充分发挥他们的积极性、主动性和创造性，实现预期目标。“要我做”和“我要做”这两种不同理念指导下所产生的工作结果是大相径庭的。

(三) 明确何时做

该内容即在计划中明确各项工作的开始时间和结束时间，以便对工作时间进行有效的控制。时间是一种宝贵而特殊的资源，很多人都遇到过有多项工作需要同时处理而无法分配可利用时间的困难，那么一项好的计划就能够帮助管理者有效缓解这一问题，做到合理规划、省时高效。

(四) 明确何地做

该内容即要明确计划的实施地点和场所，充分了解计划实施的有利条件和限制条件，以便合理安排计划实施的空间布局。

(五) 明确谁去做

该内容即要明确由哪些部门、哪些人来负责实施该项任务，因为计划是需要主体完成的。设计得再合理的工作方案，如果没有人去执行，也只不过是一纸空文。因此，计划不仅要明确规定目标、任务、地点和进度，还应规定每项工作的每个阶段应该由哪些部门和哪些人员负责。

(六) 明确怎样做

该内容即在计划中要制订完成计划的措施、政策和规则，具体规划好计划实施的每一步，对资源进行合理分配和集中使用，这是有效完成计划的保证。

实际上，一项完整的计划还应该包括控制标准和考核指标的制定，告诉执行人员应该完成哪些工作、达到哪些标准才算完成计划。

三、计划工作的特性

如前文所述，我们的生活中充斥着计划工作，上到国家下至个人，都需要接受计划的支配和引导。它是管理的一项重要职能，也是管理的一种重要手段，它贯穿于整个管理过程的始终。归纳起来，各种形式多样的计划仍有一些共性特征，并可以概括为以下 5 个方面。

(一) 预见性

这是计划最明显的特点之一。计划不是对已经形成的事实和状况的描述，而是在行动之前对行动的任务、目标、方法、措施所做出的预见性确认。但这种预想不是盲目的、空想的，而是以相关部门的规定和指示为指导，以本单位的实际条件为基础，以过去的成绩和问题为依据，对今后的发展趋势进行科学预测之后才做出的。可以说，预见是否准确，决定了计划写作的成败。

(二) 首要性

计划在前，行动在后。计划是管理五项职能中的首要职能，计划制定了组织目标后，任何管理工作都围绕这一组织目标而进行，因此计划工作在时间上要领先于其他管理工作。

(三) 目的性

任何一项计划的制订都是为了解决两个基本问题：一是要实现哪些目标，二是如何实现这些目标。也就是说，实现目标是计划的出发点和归宿。任何组织和个人制订计划都是为了更好地实现目标，工作开展过程中的各个阶段都是围绕着计划制订的目标来进行的，缺乏计划的行动是盲目的，势必产生混乱。

(四) 普遍性

计划涉及组织内各个层次、各个部门的各个管理活动。以国家“十二五”规划为例，在该计划的指导下，各部委都需要相应地制订本领域的计划，这就派生出一系列的计划，如“十二五科技计划”“十二五教育规划”等；而国家级的计划又会带动各省市、各区县等次级行政机构进一步制订区域性计划。其结果是：一方面计划的层次多样、门类繁多；另一方面，组织中所有成员都普遍地受到计划的影响和约束。

(五) 关联性

计划的关联性是指任何计划都与其他计划相互影响、相互作用。例如，高层管理者所制订的战略性计划需要以基层管理者所制订的操作性计划为支持，后者则需要以前者为导向；不同部门之间的计划也相互牵制，没有科学的财务计划和人事计划，生产计划只能搁浅；从时间维度上看，完成总任务的每个阶段性计划也是相互关联、环环相扣的，前一阶段计划是后一阶段计划的依据，后一阶段计划是前一阶段计划的延续。共同的目标将各类计划联系在一起，构成一个有机整体。

第二节　计划的类型

组织管理活动的复杂性决定了计划类型的多样性，各种组织都会根据不同的背景和不同的需要而编制各种不同的计划。了解计划的类型有助于我们合理运用计划这一管理工具，达成组织目标。考察计划的类型可以从多个维度展开，并得到不同的结果，如表 4.1 所示。

表 4.1　计划的分类

分类依据	分类结果
时间维度	长期计划、中期计划、短期计划
影响力维度	战略计划、战术计划、作业计划
职能维度	业务计划、财务计划、人事计划
约束力维度	指导性计划、指令性计划(具体性计划)
程序化程度	程序性计划、非程序性计划
对象范畴	综合性计划、专业性计划、项目计划
层次维度	宗旨、目标、战略、政策、程序、规则、方案、预算

一、基于时间维度的计划分类

根据计划所涉及的时间长短，可将计划分为长期计划、中期计划、短期计划。

长期计划规定的是组织各部门在较长时期内从事某种活动应达到的目标和要求，重点在绘制组织长期发展的蓝图，它是为实现组织的长期目标服务的，其时间跨度一般是 5 年以上。例如，我国从 1953 年开始制定并实施第一个“五年计划”，到 2015 年结束已经完成了十二个。该长期计划主要是对全国重大建设项目、生产力分布和国民经济重要比例关系等做出规划，为国民经济发展远景规定目标和方向。

中期计划一般只涉及目标指标数量的调整，较少有结构性的变化。实践中，中期计划一般为 1 年以上 5 年以下，它是长期计划的具体化，又是短期计划的依据。

短期计划一般为 1 年以内的计划，是长期计划与中期计划的具体落实计划，又可表现为月度计划、季度计划、年度计划等。

由于长期计划时间跨度长、涉及范围广，对未来不确定因素的估计较为困难，因此一般要求有较大的弹性，重点在于明确今后一段时间的发展方向和一些政策性规定，对中短期计划形成指导作用；而中短期计划则要求更为具体，并以长期计划为导向。

值得指出的是，计划所涉及的时间周期是相对的，它在某种程度上随行业的不同而不同，并有赖于组织规模和活动内容。例如，对于更新换代较快的电子行业，可能两年期计划已经属于长期计划；而对于生物制药、新能源开发等行业，短期计划可能也超过五年的时间跨度。总之，计划的时间分界不能“一刀切”。

二、基于影响力维度的计划分类

根据计划对未来工作的影响力大小，可将其分为战略计划、战术计划和作业计划。

战略计划是指为实现战略目标，为组织确立未来一段时间的总体目标，并规定组织的总纲领和政策的计划。编制战略性计划对编制者的要求较高，因为它是对组织的全面规划和整体安排，在执行过程中将受到的影响因素也很多。这些因素的不确定性，以及各因素之间大量的复杂相关关系，都需要计划制订者及时做出分析、推理和判断，因此编制者一般都有较高的风险意识和整体意识。

战术计划是组织内各具体部门在未来时期内的行动方案，是战略计划的分解和具体化。它涉及的时间长度比战略计划短，空间范围比战略计划窄，具有较大的灵活性。战术计划在整个计划体系中具有重要作用，因为它在战略计划和作业计划之间起到衔接和协调作用。

作业计划是在战术计划的基础上，将战略计划进一步具体化、细节化的规定。其主要内容是管理者根据组织设置的目标，确定工作程序、划分合理的工作单位、分派任务和资源，以及确定权力与责任。

实践中，随着管理层次的升高，计划工作就越趋于战略导向。通常情况下，战略计划由高层管理者制订；战术计划由中层管理者制订；作业计划则由基层管理者制订。简单地说，战略计划的中心是“做哪些正确的事”，而作业计划则是“如何正确地做事”。

三、基于职能维度的计划分类

根据计划的职能内容，可将其划分为业务计划、财务计划和人事计划。

业务计划是组织的主导性计划。对于经济组织而言，业务计划多涉及产品开发、生产、推广、销售等一系列活动；对于公共组织而言，由于公共产品的非排他性与非营利性，因此业务计划多涉及公共产品的数量、质量和所带来的社会效益与经济效益。

财务计划和人事计划均属于组织的服务性计划，它们都以业务计划为核心。其中，财务计划是组织根据战略目标对如何筹集资本和如何运用资本进行合理规划，包括筹资计划、成本计划、年度预算等。合理的财务计划有利于降低产品成本、减少资源浪费；人事计划则为业务规模的维持或扩大提供人力资源保证，包括招聘计划、培训计划等。

四、基于约束力维度的计划分类

根据计划对其执行者的约束力大小，可将其分为指导性计划和指令性计划。

指导性计划只规定某些框架性的目标、方向、方针和政策等，为管理者指出重点但并不限定其具体目标和特定行动方案。它对计划执行者没有太强的约束力，执行者有较大的自由处置权，是一种参考性的计划。指导性计划的特点是比较灵活，易于协调各层次管理者之间的决策，而且有利于发挥下级管理人员的积极性与创造性。

指令性计划又称具体性计划，一般是由上级主管部门向下级部门下达的具有明确规定目标的计划，即在某一时期内必须按照明确的程序、预算方案、日程进度表，以及人员配备等开展活动。相对于指导性计划而言，指令性计划比较刚性，更易于执行、考核及控制，但它要求的明确性和可预见性条件往往很难满足。

五、基于程序化程度的计划分类

根据制定工作的程序化程度，计划可分为程序性计划和非程序性计划。

程序性计划是针对组织中例行活动而制订的计划，它是指导日常管理工作的基本要点，如会计工作中的每日数据统计，每月进、销、存统计等。由于例行活动重复出现，且具有一定的规律和结构，因此可以相应地建立具有标准操作程序的计划。此类计划一般经常使用，对环境的不确定性因素考虑较少，在计划执行过程中极少变动。

非程序性计划则是指针对组织活动中的非例行活动，即不重复出现、活动中可能出现的特殊情况(如突发事件)等所做的计划，如新产品研发计划、市场扩张计划等。由于活动过程中一些不可控因素的影响，编制非程序性计划需要结合具体环境进行个别处理。

六、基于对象范畴的计划分类

根据计划的针对对象范畴，可将计划分为综合性计划、专业性计划和项目计划。

综合性计划一般指具有多个目标和多方面内容的计划，如企业的年度经营计划，它涉及整个组织及组织的各个方面，内容各异又相互联系、相互制约。

专业性计划是对某一专业领域的职能工作的计划，是综合性计划在某一方面内容的细化，如企业的年度销售计划、年度生产计划、技术改造计划、设备维修计划等。

项目计划是针对组织的特定课题做出决策的计划，如某专用设备的开发计划。

七、基于层次维度的计划分类

根据计划的表现形式及所起作用的不同层次，可以将计划分为宗旨、目标、战略、政策、程序、规则、方案、预算八个层次。

(一) 宗旨

宗旨是指一个组织存在的理由或价值，它规定了组织生存的目的和使命，说明了社会赋予组织的基本职能或基本任务。其重点是明确组织是干什么的、应该干什么和最终要达到的目的是什么。一个好的宗旨是组织制定目标和计划的基础。如果没有明确的宗旨，组织的目标和计划可能就是随意决定的，并且不能使组织向它既定的方向前进。

(二) 目标

一定时期的目标是在宗旨的指导下提出的，因为宗旨是一个组织最基本、最模糊的目的，它需要通过目标的具体化才能成为行动的指南。目标将明确规定组织及其各个部门在一定时期内要达到的具体成果，这个具体成果正是计划的出发点和归宿点。组织内部各个层次的目标相互联系、制约，从而形成一个目标体系。

(三) 战略

战略是达到组织目标的一种总体途径或路径选择，是组织为实现宗旨和目标而确定的行动方向和资源配置原则。战略的内容一般包括“产品—市场”领域的协同作用和核心竞争力、优势与竞争策略、竞争地位与资源配置等。

(四) 政策

政策是关于决策与处理问题所应遵循的行动方针的一般规定和规范，是管理人员决策的指南，它规定了行动的方向和界限。政策有助于将一些问题事先确定下来，避免重复分析，有助于主管人员进行授权，同时授权方在决策时也具有一定程度的自由处置权。政策应具有统一性、持久性和连续性等特性。

(五) 程序

程序是对例行活动工作步骤和方法的提炼和规范，它规定了某一具体问题应该按照怎样的步骤、顺序来进行处理；其重点是指导如何采取行动，而不是指导如何去思考问题；其目的在于减轻中高层管理人员的决策负担，提高管理活动的效率和质量。

(六) 规则

规则是关于在具体场合和具体情况下允许或不允许采取某种特定行动的规定。与政策的灵活性不同，规则没有任何酌情处理的余地，它与程序一样，具有强制性。

(七) 方案

方案或称工作计划、规划，是针对某一特定行动的综合性计划，包括步骤、方法、顺序、进度、资源安排等。它规定了组织在未来一定时期内的发展目标，以及为实现这些目标所需要遵循的战略政策、配套计划等。方案涉及的范围可大可小，时间跨度可长可短，这要根据组织的性质和目标而定。

(八) 预算

预算是将资源分配给项目，并用数字表示预期结果的一种计划。它是最基本的计划手段，同时也是一种控制手段。在管理实践中，管理者通过预算从财务收支的角度，全面了解组织经营活动的规模、重点和预期成果。预算总是用数字来表示，它能使计划更细致、更精确。

上述八个层次都在计划的概念范畴内，都属于计划的表现形式，只是所涉及的范围、对组织的影响及内容的抽象和具体程度不同，因此它们往往处于不同的管理层次。其层次分布如图 4.1 所示。简单而言，计划的表现形式在从“宗旨”到“预算”的变化过程中，其内容逐渐从抽象趋于具体，也越来越刚性。

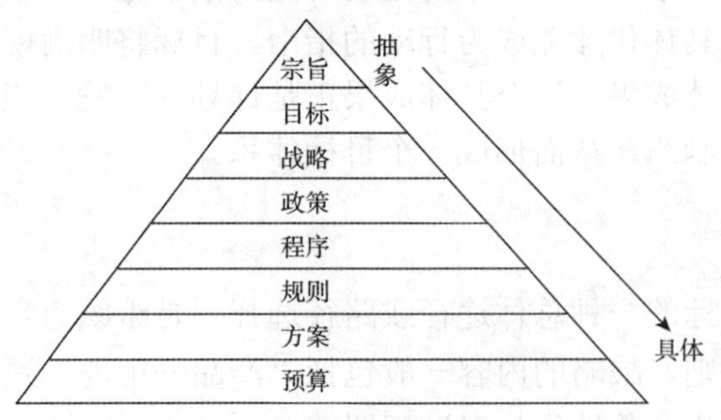

图 4.1　计划的层次

第三节　计划编制的原则和程序

一、计划编制的原则

(一) 科学性原则

科学性原则，是指管理者所制订的计划必须符合客观规律、尊重实际情况，具有充分的合理性，这样才能使各个部门按照计划办事。相反，如果计划不够科学甚至从根本上违反了客观规律，它将很难被接受，即使强制执行，也难以实现计划目标。

例如，秦朝末年，管理当局不顾路途遥远、雨天行路不便，强迫被征发的百姓必须按照指令的日期到达大泽乡进行劳动。这种缺乏科学性、不尊重客观实际的计划最终遭到抵制，也由此引发了中国历史上第一次规模浩大的平民起义。

(二) 经济性原则

经济性原则，是指要保证所制订的计划对拟实现的目标能做出最大贡献。计划的经济性原则可以从两方面来理解：一是从资源的有效利用来看，我们所制订的计划要能使资源利用处于最优状态，保持最小限度的资源浪费；二是从经济效果来看，我们所制订的计划要以最低限度的成本取得最高限度的收益。例如，我国在制定“十二五”经济计划的同时，要以环境保护为基本原则，不能竭泽而渔；同时，计划的实施过程要受到成本预算的约束。

(三) 弹性原则

弹性原则，也称为灵活性原则，是指计划制订过程中必须加入灵活性来减少因突发事件导致损失的风险，即制订计划者必须给执行计划者在时间、空间、人员、资金、设备等方面预留一定的余地，以防不测。否则，一旦遇到突发事件，我们在原有计划中缺乏准备，就会陷入忙乱并付出过高的代价。计划中体现的弹性越大，由突发事件所导致的风险性就越小；特别是在长期繁重的计划中，弹性原则更显示出其积极作用。

(四) 限定因素原则

限定因素又称战略因素，是指妨碍组织目标实现的决定性因素。根据“木桶原理”，木桶能装多少水，关键取决于木桶壁上最短的那根木板，因此计划编制者也必须全力找出影响目标实现的限定因素，并有针对性地采取有效措施。例如，为了实现我国科技发展的整体性战略目标，国家在新能源、电子信息、生物制药、新材料等领域编制了尤为周密的学科发展和行业发展计划，因为这些领域都是影响总目标的限定因素。这一原则说明，管理者在制订计划时，越是能了解对实现目标起主要限制作用的因素，就越是能有针对性地拟定各种具体的方案。

(五) 综合平衡性原则

综合平衡性原则在计划制订过程中主要表现在 3 个方面：一是，目标体系的平衡，即组织各部分在各个时期的任务能否相互衔接和协调；二是，资源供给与需求的平衡，即组织活动的进行和资源供应之间能否实现平衡，确保组织活动的连续性；三是，任务与能力的平衡，即保证不同时间的计划与完成不同计划能力的对称。

二、计划编制的程序

虽然实践中计划的类型多样、层次有别，但是实际上管理人员在编制一个完整的计划时，都遵循了相同的逻辑和步骤。为确保所编制出的计划合理、可行，计划编制工作必须遵照相对固定的程序，采用特定的方法来进行，这是计划的科学性在计划编制过程中的一种体现。

(一) 分析形势，估量机会

分析形势、估量机会往往被看成是计划工作的真正起点。其主要内容是对组织当前所处的内外部环境和自身条件进行深入剖析，对未来可能发生的变化做出初步预测，从而找出组织中所存在的问题和可能遇到的发展机会。估量机会阶段一般要考虑的因素包括政治因素、经济因素、社会因素、科学技术因素等宏观外部因素，以及组织所处的特定行业因素、市场因素和资源因素等。

(二) 面向未来，确定目标

确定目标是计划编制工作中尤为关键的一个环节。其主要内容是在估量机会的基础上，为组织确定合理可行的计划目标。目标是计划的核心，也是组织工作的方向，因为计划的制订都是围绕目标来进行的。计划工作所确定的目标必须明确，不能模棱两可，而且必须切合实际，不能盲目过大或轻率太小。在实际工作中，一个大的目标往往需要分解成若干个小目标并交给组织中的各个部门分别去分阶段执行。目标分解是一个量化过程，也是一个逐步实现的过程。关于目标的更多特性，下一节中的"目标管理法"将进一步展开论述。

(三) 研究过去，总结经验

研究过去，并从过去中总结经验、发现自身不足，归根结底，其目的是为实现目标服务的。"前车之鉴，后事之师"，我们需要从过去中为自己的未来找到规律和问题的答案。研究过去的方法有很多，当前比较适用的包括两种：一是归纳法，即从多次的个别情况中总结出结论，并推导出普遍原则。例如，企业在过去的多次市场开发中，总结出市场需求将受到当地居民可支配收入、消费习惯等因素的影响，这一结论将成为今后市场开发的宝典。二是演绎法，即将某一个大前提或基本共识运用到个别情况，并引出结论。例如，管理者认识到尊重当地居民的宗教信仰是制定市场开发策略的重要因素，那么一旦其业务涉及宗教信仰问题，将会异常谨慎。充分研究过去，将使企业避免在同一个地方重复失误。

(四) 确定计划的前提条件

计划的前提条件即计划工作的假设条件，或计划实施的预期环境。确定计划的前提条件就是要充分认知和把握在未来时期内、在计划实施过程中可能遇到的各类情况，它是对未来的预测。这一阶段主要是针对已经确定的目标找出关键性计划的前提条件。

对前提条件预测的偏差可能会导致计划实施的困难甚至失败，这就要求组织提高对未来环境的预测能力，以确定切实可靠的计划前提条件。

由于预测是不可能完全准确的，只能建立在对现实环境的理性分析基础之上，而未来环境错综复杂，影响因素很多，所以管理者不可能也没必要对未来环境的每个方面、每个环节都做出预测，这样也要花费很高的成本，只要选择对计划工作具有关键性和影响性的因素做出预测就可以了。

(五) 制定可行性方案

在确定计划前提条件后就要针对所预测的因素制定切实可行的方案了，好的方案能起到事半功倍的效果。由于受到编制人员自身素质、思维方式，以及对未来环境预测内容的

影响，各个编制人员所拟订出的可行性方案可能不止一个，而且内容各异。这种现象值得鼓励，因为这将促进编制人员开发思维、大胆创新，有利于充分利用潜在途径。但是方案也不是越多越好，因为这样会浪费资源、引起混乱和盲目，我们需要把主要精力集中在更有利于目标实现的少数几个方案上。

(六) 评价并确定计划方案

虽然可行性方案有多个，但是最终只能按照唯一的一个来实施。因此，我们需要对每一个可行性方案进行分析、比较、验证，特别是要根据计划目标和未来环境权衡各种因素，比较各个方案的优点和缺点，最终选择最合理的一个。

确定方案是计划过程中最为关键的一步，也是决策的实质性阶段。在此期间，有可能会遇到的情况是，有两个方案甚至更多的方案是可取的，这时可以确定某个方案为首选方案，而将其他的作为备选方案；更有可能的是，经过比照分析、研究验证，发现现有方案的可行性都不够，这时需要对现有方案进行修改完善，最终寻找到切实可行的一个。

(七) 制订辅助计划

在确定计划方案中，管理者确定的方案一般是组织的总体计划，除此之外，管理者还应根据这一总体计划为各个部门制订出相应的辅助计划。辅助计划是总体计划的基础和保证，它一般由下级各部门来制订，如销售计划、生产计划、研究开发计划、人力资源计划等。制订辅助计划必须以总体计划为基础，各部门人员必须切实了解总体计划的目标、实现环境和主要政策，充分了解总体计划的指导思想和内容。管理者要充分协调并保证各计划方向的一致性，以免造成辅助计划与总体计划相冲突的情况，从而影响总体计划的实现。

(八) 编制计划预算

计划预算是从财务的角度为计划方案的实施提供支撑。预算是一个定量计划，其作用是帮助协调和控制一定时期内资源的获得、配置和使用。编制预算可以看成是将构成组织机构的各种利益整合成一个所有各方都同意的计划，并在试图达到目标的过程中，说明计划是可行的。

上述的计划编制工作具体流程表示如图 4.2 所示。

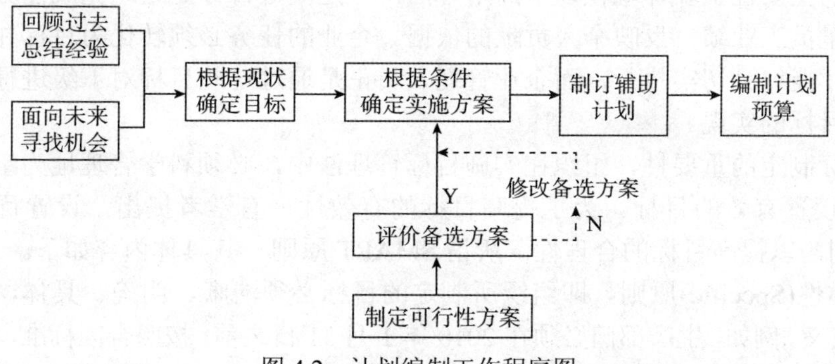

图 4.2 计划编制工作程序图

第四节 实践中的计划工作

一份编制得再完善的计划书，如果只停留在书面状态，对组织的意义仍是有限的，它必须经过实践以充分发挥在组织中的功效。实践中的计划实施方法有很多，本书将重点介绍运用最普遍的 3 种，分别是目标管理法、滚动计划法和计划评审技术。

一、目标管理法

(一) 目标管理法的基本思想

目标管理(Management by Objective，MBO)思想源于美国管理学家彼得·德鲁克(Peter F. Drucker)在 1954 年提出的“目标管理和自我控制”的主张。目标管理法是指由组织的最高领导层根据组织面临的形势和社会需要，制定出一定时期内组织活动所需要达到的总目标，然后层层落实，要求组织的各部门以至全体员工根据组织的总目标确定各自的分目标、子目标，形成一个目标体系，并把目标完成情况作为各部门或个人考核依据的一种管理方法。

目标管理的中心思想是让具体化展开的组织目标成为组织中每个成员、层次、部门等行为的方向和激励，同时又使其成为评价组织每个成员、层次、部门等工作绩效的标准，从而使组织能够有效运作。目标管理既适用于营利性组织，也适用于非营利性组织。它的目的是将组织的整体目标逐级转化为下属单位和个人的子目标，形成一个完整的目标考评体系，以此来提高组织绩效，从而使管理活动围绕和服务于目标中心，以分解和执行目标为手段，最终圆满实现目标。

(二) 目标管理法的操作过程

目标管理的程序分为 3 个阶段：目标的制定、目标的实施和成果的评价，它们共同形成一个完整的管理过程。

1. 目标的制定

制定目标是实施目标管理法的基本前提。在组织中，缺乏目标的管理是没有意义的，目标对组织的重要性主要体现在以下两个方面：一是制定目标是组织完成任务的保证；二是目标是衡量员工业绩、反映个人贡献的依据。企业的任务必须转化为目标并分解到各个部门和个人才能得到切实执行，而企业管理人员正是通过这些目标对下级进行指导并由此保证企业总目标的实现。

鉴于目标制定的重要性，组织在实施目标管理法中，必须科学合理地为组织中的各个部门和个人设置有效的目标。为了提高目标的有效性，有学者提出，设置目标必须坚持 SMART 原则，以提高目标的合理性。所谓 SMART 原则，其具体内容如下。

(1) 具体性(Specific)原则。即组织所制定的目标必须清晰、明确、具体，其内容便于理解、没有歧义。例如，生产部门必须在 2010 年 1 月 31 日之前，按照合同标准，完成 100 000 件 A 类产品，这一目标表述清晰、意思明确，相比之下，生产部门必须在 2010 年年初完成既定产量，就是一个缺乏具体性的目标，因为“年初”是一个宽泛的实践概念，而“既

定产量”又指代不明，这些纰漏必将为今后的管理工作埋下隐患。

(2) 可度量性(Measurable)原则。目标要量化或者行为化，这样今后的考核工作才能采用相应的标准来准确衡量。可度量性原则的目的是使管理活动有客观的制度，而尽量消除人为的主观因素，从而实现公平、公正。例如，生产部门的产品质量达到优秀时，部门负责人将获得全年工资的20%作为奖励。这里，关于“产品质量优秀”需要有补充的量化说明，如次品率、顾客投诉率等。值得指出的是，当前，随着知识经济中脑力劳动者数量的增多，目标的量化在管理实践中遇到很多困难，但是可度量性原则仍是目标管理中的一项重要原则。

(3) 可实现性(Attainable)原则。该原则指目标管理法中所设置的目标不能过低或过高，应该是通过努力可以实现的。目标设置过低则缺乏挑战性，不利于发挥管理对象的主观能动性；而目标过高则使管理对象缺乏信心，甚至拒绝付出努力。俗语中所说的“跳起来摘桃子，吃起来才最甜”，反映的就是这一目标原则。

(4) 可接受性(Receivable)原则。该原则要求所制定的目标需要得到管理对象的认可和接受。管理实践表明，如果管理对象对管理目标有抵触情绪，他将拒绝为实现目标而努力，管理效果肯定不佳。因此，在制定目标过程中，管理者需要同管理对象保持充分的沟通和协作，发扬民主作风，充分尊重管理对象的实际能力和意愿，共同制定其工作目标，以提高目标的可接受性。不仅如此，这种员工参与目标制定的工作方式，也是目标管理法的一个显著特征。

(5) 时限性(Time-bound)原则。管理活动需要有时间观念，时限性原则要求目标的实现必须受到时间条件的约束，管理对象必须在规定的时间内达到目标。这是提高组织工作效率、便于管理的重要保证，也是对“具体性原则”的有效补充。

2. 目标的实施

实施目标是实施目标管理法的关键。在明确各个部门和每一个人的目标后，他们将分头行动。这个过程对于个人来说，是承担义务，即完成组织赋予自己的分目标而努力的过程；对于组织整体来说，则是分别从各个方面来推进整体工作，促成总目标实现的过程。

为保证组织整体目标的实现，仅赋予成员目标是不够的。为保证目标实施过程的顺利进行，组织必须为各层次、各部门的成员提供一定的权力，使其有能力调动和利用必要的资源。因为目标只是使成员有了明确的努力方向，而只有权力才能激发其强烈的责任感、主观能动性和创造力，使目标执行活动能有效地进行。

目标管理法认为，在目标的实施阶段，不应该对员工进行过多的干涉，组织只需提供实现目标所需的资源即可，而不对员工实现目标的方式方法进行具体指导，即员工靠既定目标来自我管理，以所要达到的目标为依据，进行自我控制、自我指挥。这是目标管理法的一个重要特征，也是彼得·德鲁克所提出的“目标管理和自我控制”的重要思想。

3. 成果的评价

成果的评价是在各个成员分别完成任务后，组织根据目标的达成情况对其工作绩效进行客观评价。成果的评价既是实行奖惩的依据，也是组织内各个层次和部门之间的人员进行沟通的良好机会，同时也是自我控制和自我激励的手段。例如，上下级之间的相互评价有利于信息和意见的沟通，上级可以通过下级在目标实施过程中的遭遇和感受来调整目标、发现机会、避免问题；同级别部门之间的评价则有利于协调部门之间的工作；而组织成员的自我评价则可以促进自我激励和自我完善。

成果的评价是目标管理法实施中不可或缺的一个环节，它不仅有利于当前组织目标的实现，而且对今后改进工作方式、提高工作效率有重要帮助。

(三) 对目标管理法的评价

目标管理法是当前运用最广泛的一种管理方法，具有诸多突出的优点，主要表现在如下几个方面。

(1) 方便组织管理，有利于促成组织目标的实现。设定目标后，组织成员都依据此目标开展工作，由此使组织能够更加有效地对员工进行控制和管理。同时它将组织目标与个人目标结合起来，一旦个人目标能顺利完成，总目标即可水到渠成。

(2) 倡导员工参与，有利于员工成长。目标管理的过程是员工共同参与的过程，员工的主观意识在“目标制定”“目标实施”和“目标评价”3个环节都能得到充分的体现，这一定能增强员工的责任心和事业心，同时也为组织成员的发展提供了机会。

(3) 便于组织发现问题，进行组织变革。例如，由于目标管理法要求将组织的总目标分解到个人，这对分工与协作提出较高的要求，由此很容易暴露出组织中存在的缺陷，从而促进组织进行改革。

但是，目标管理法也有其不足，主要表现在如下几个方面。

(1) 目标制定效率低下。目标管理法强调目标分解，最终使不同部门、员工之间的分目标各不相同，缺乏共同目标，因此目标的设置存在困难，目标的商定耗时耗力。

(2) 目标间的关联性太强。各个层次和部门之间的分目标共同形成一个相互联系、相互作用的目标体系，相互间容易造成“牵一发而动全身”的不良影响。例如，某一个分目标的未达成可能导致整个计划落空。

(3) 使员工缺乏整体意识。由于目标管理法过于强调短期目标而忽视中长期目标，每个员工都将注意力集中在如何完成当前组织分配给自己的任务上，这就容易导致他们缺乏全局观念和长远意识。

(4) 缺乏灵活性。太过于明确的目标在实际操作中缺少弹性，不能及时根据外界环境的变化和计划的实际进度对计划进行调整。

二、滚动计划法

(一) 滚动计划法的基本思想

滚动计划法是一种动态编制计划的方法，其特点表现在这种计划方法将根据计划的实际执行情况和环境的变化情况，定期修订未来计划并逐期向前推移。

在计划工作中，管理者往往很难准确地预测到未来影响组织的政治、经济、文化、技术、产业等各种变化因素，而且随着计划期的延长，这种不确定性就越来越大。若机械地、静态地执行战略性计划，则可能导致巨大的错误和损失。采用滚动计划法可以避免这种不良后果。它不像静态分析那样，等一项计划全部执行完之后再重新编制下一时期的计划，而是按照“分段编制，近细远粗”的原则制订一定时期内的计划，然后根据计划执行的情况和环境的变化，调整和修订未来的计划，逐期向前滚动一次。这不仅对保证项目的顺利

完成具有非常重要的意义，而且可以把短期计划、中期计划和长期计划有机地结合起来。

例如，某企业在 2008 年年底已经制订好 2009 年 1～6 月的生产经营计划。按滚动计划法，则在 2009 年 1 月底要根据 1 月份执行计划的情况和外界条件的变化，制订出 2～7 月份计划，到 2 月底制订出 3～8 月的计划，依此类推，不断滚动。这样就把不断变化的客观情况，反映到企业的长期计划中，使企业在长期计划中既有切合实际的近期安排，又对长期发展心中有数。滚动计划法既可以用于长期计划编制，也可用于年度计划、月度计划和分旬的生产作业计划的编制。

(二) 滚动计划法的运用

滚动计划法的编制坚持“近细远粗”的原则来制订计划，即同时制订未来若干阶段的计划。在计划内容上，把近期计划拟定得更细致、更具体；远期计划则拟定得相对粗略、内容更模糊。同时，把近期的详尽计划和远期的粗略计划结合起来，在已编制出计划的基础上，每经过一个“滚动期”(如一年或一个季度，是计划定期修正的一个固定周期)便根据计划执行情况和环境变化情况进行修改。每次调整时，保持原计划期限不变，而将计划期逐期向前推进。伴随着这个滚动过程，原本粗略的计划逐渐清晰起来，原本不存在的计划内容逐渐浮出水面，整个计划体系连绵不断地与组织的发展相伴随。整个过程如图 4.3 所示。

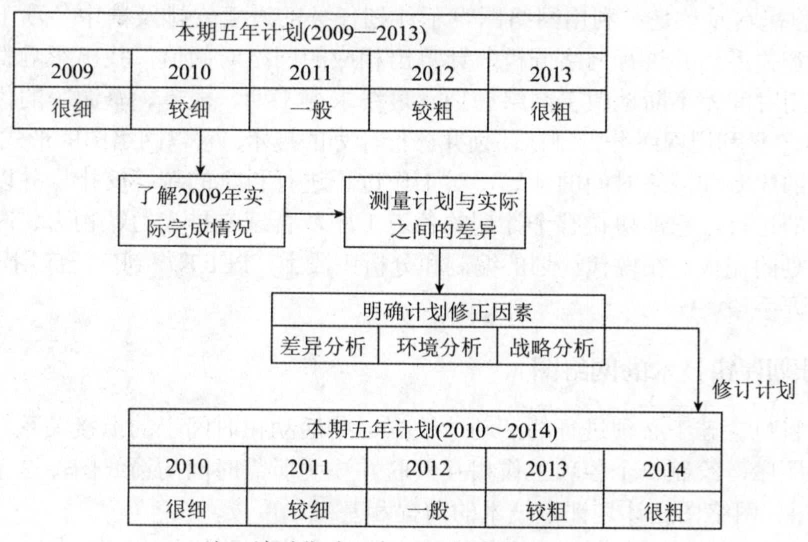

注：滚动期为 1 年，计划周期为 5 年。

图 4.3 一个滚动期为 1 年的 5 年期滚动计划法示意图

(三) 对滚动计划法的评价

滚动计划法的优点显著，主要体现在如下几个方面。

(1) 增强了计划的可操作性。滚动计划法的定期修改这一动态特性及“近细远粗”的计划内容使其计划内容更加切合实际，更尊重组织内外环境和条件的变化，因此更准确、更可行。

(2) 增加了计划的连贯性。滚动计划法把计划期内各阶段和下一个时期的安排有机地衔接起来，从而解决了各阶段计划的衔接问题。

(3) 增加了计划的弹性。该方法能及时根据外界环境的变化和计划的实际进度对计划进行及时调整，这一特征在环境剧烈变化的时代尤为重要，它有利于提高组织的应变能力，并促进组织目标的实现。

在实践应用中，滚动计划法也存在一定不足。由于每经过一个滚动期，组织就要根据实际情况对计划进行调整和修订，评价过去的计划、制订新的计划，这无疑会加大工作量，使管理成本增加。

三、计划评审技术

(一) 计划评审技术的基本原理

计划评审技术(Program Evaluation and Review Technique)，通常也被称为PERT或PERT网络分析技术。该方法最初是在20世纪50年代美国海军开发北极星潜艇系统的过程中，为协调三千多个承包商和研究机构而发展起来的，它使研制北极星潜艇的时间从预定的10年缩短为8年。20世纪60年代以后，计划评审技术开始在民用组织管理活动中广泛运用。

PERT的基本原理是：利用网络图表示计划任务的进度安排及其中各项工作之间的先后顺序和相互关系，并进行网络分析，计算出相应的网络时间值，找出影响整体工作的关键路线，利用时间差不断地改善网络计划，最终求得工期、成本、资源等的优化方案。简单地说，PERT是利用网络分析制订计划并评价计划的技术：它以网络图的形式来制订计划；通过网络图的绘制和网络时间的计算，对工作过程进行科学的统筹安排，并以此组织和控制整个工作的进行。它能协调整个计划的各道工序，合理安排人力、物力、时间、资金，从而加速计划的完成。在现代计划的编制和分析手段上，PERT得到广泛应用，并成为现代化管理的重要手段。

(二) 计划评审技术的网络图

一个项目包含若干必须进行的活动，根据这些活动在时间上的衔接关系，用箭线表示它们的先后顺序，绘制一个各项工作相互关联并注明所需时间的箭线图，这个箭线图就是PERT网络图。网络图是计划评审技术的前提和基础。

绘制PERT网络图需要明确3个概念：事件、工序、路线。

(1) 事件，也称事项。在网络图中用圆圈“O”表示。事件并不消耗资源，它只是表示前道工序结束、后道工序开始的一瞬间。一张网络图中的事件有多个，但是其始点事件和终点事件分别只有一个。

(2) 工序，也称活动。在网络图中用箭头“→”表示。工序表示从一个事件到另一个事件之间的过程。与事件不同，工序必须有人力、物力和财力参加，而且需要经过一段事件才能完成[①]。因此，在网络图中，箭线下方的数字便是完成该项工序所需的时间。

---

① 在网络图中，偶尔会见到虚工序，它既不占用时间也不消耗资源，这种工序是虚设的，在图中用虚线表示。本书中不做单独介绍。

(3) 路线。网络图中由始点事项出发，沿箭线推进，连续不断地到达终点事项的这一条通道被称作路线。一张网络图中，从始点事件到终点事件的方式有多少种，其路线就有多少条。但是在这多条路线中，有一条路线被称为关键路线，即 PERT 网络中花费时间最长的事件和活动的序列。

开发一个 PERT 网络图可以归纳为如下 5 个步骤。

(1) 确定完成项目必须进行的工序。

(2) 确定各项工序完成的先后顺序。

(3) 绘制工序流程从起点到终点的图形，即 PERT 网络。

(4) 估计和计算每项工序的完成时间。

(5) 根据各项工序完成所需时间，计算网络图中各路线的路长，找出关键路线，管理者根据关键路线进行管理。

图 4.4 所示是一张 PERT 网络示意图。

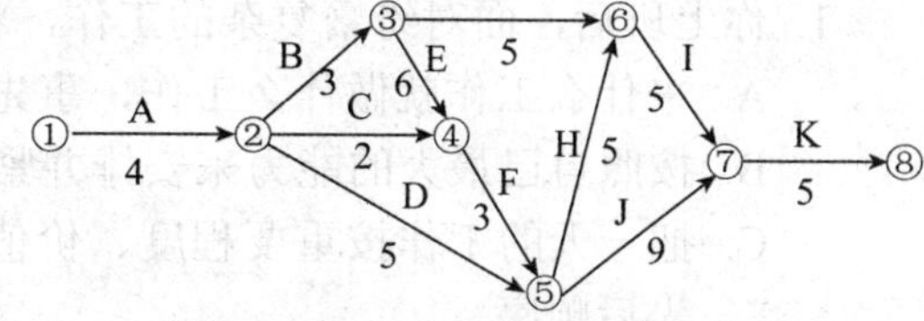

图 4.4 PERT 箭线式网络示意图

(三) 对计划评审技术的评价

计划评审技术的优点主要表现在如下几个方面。

(1) 使计划更加优化，便于节约组织成本。计划评审技术的目标就是根据网络图找出关键路线，求得优化方案，这样就减少了不必要的开支，节约了组织成本。

(2) 能有效地进行事前控制，保障计划的顺利进行。通过编制 PERT 网络图，管理者可以预先了解整个工作任务，科学地统筹安排工作过程，并以此组织和控制工作的进行，确保预期目标的达成。

(3) 便于组织分工。PERT 图清楚地给出了计划工作的整个过程，使组织成员职责得以明确，各司其职，各负其责。

但是，计划评审技术并非适用于所有的计划和项目，其使用具有局限性。能够使用该方法的计划和项目必须同时满足以下条件。

(1) 可描述性。即该计划或项目的工作过程能够被较准确地描述出来，这是绘制 PERT 网络图的前提条件。

(2) 可分割性。即该计划或项目的工作过程能够被划分为相对独立的各项活动，这是绘制 PERT 网络图的基础。只有将工作过程划分成各项相对独立的活动，才能在各种活动路线中找出关键路线。

(3) 可估计性。即划分出来的相对独立的各项活动所需要的时间、资源能够较准确地被预先估计，只有估计出各项活动所需时间、资源，才能据此在网络图中找出关键路线，促进方案的优化。

本 章 小 结

本章从计划工作的概念出发，提出管理工作在管理活动中具有基础性、关键性作用；一份完整的计划通常包括 6 个方面的内容，俗称“5W1H”，即做什么、为什么做、何时做、何地做、谁去做和怎样做；计划具有普遍性，它在我们的生活中无处不在。根据不同的标准，计划工作也可以划分为不同的种类。编制计划需要遵守特定的原则，按照相对固定的程序来进行。当前运用得最为广泛的计划实施方法主要有：目标管理法、滚动计划法和计划评审技术。

练习与思考

一、单项选择题

1. 你上班后，面对纷繁复杂的工作，将怎么样开始呢？正确的方法应该是(　　)。
   A. 来什么工作就做什么工作，事先无准备
   B. 按照自己最大的能力来安排并紧张地工作
   C. 把一天的工作按重要程度、价值大小、时间的紧迫性做一个分析，排出一天的先后顺序
   D. 把一半交给部下

2. 根据 Y 理论，你认为持此理论观点的管理者在为下属制订计划时，会倾向于(　　)计划。
   A. 战略计划　　B. 具体计划
   C. 综合性计划　　D. 指导性计划

3. 计划工作应当是一项(　　)的工作。
   A. 普遍　　B. 高层管理人员
   C. 专业计划人员　　D. 基层职工

4. 根据计划的明确性，可以把计划分类为(　　)。
   A. 长期计划和短期计划　　B. 战略性计划和战术性计划
   C. 具体性计划和指导性计划　　D. 程序性计划和非程序性计划

5. 广义地讲，目标管理可定义为(　　)。
   A. 评估根据　　B. 激励手段
   C. 综合管理系统　　D. 计划与控制手段

二、多项选择题

1. 按照计划影响范围的维度来划分，可将计划分为(　　)。
   A. 战略计划　　B. 战术计划
   C. 指导性计划　　D. 具体性计划
   E. 作业计划

2. 财务计划和人事计划与业务计划的关系是(　　)。
   A. 财务计划和人事计划是为业务计划服务的
   B. 财务计划和人事计划是围绕着业务计划展开的
   C. 人事计划和业务计划是围绕着财务计划展开的
   D. 财务计划研究如何从资本的提供和利用上促进业务活动的有效进行
   E. 人事计划分析如何为业务规模的维持或扩大提供人力资源的保证

3. 滚动计划的优点有(　　)。
   A. 增强了计划的可操作性
   B. 有利于员工参与
   C. 增强了计划的弹性
   D. 便于组织发现问题
   E. 增强了计划的连贯性
4. 目标管理的优点有(　　)。
   A. 关注长期目标
   B. 使组织的目标性增强，有助于管理的改进
   C. 有助于改进结构和职责分工
   D. 目标设置容易
   E. 形成激励
5. 目标管理的缺点有(　　)。
   A. 偏重短期目标　　B. 不能形成激励
   C. 无助于改进职责分工　　D. 目标设置困难
   E. 缺少灵活性

三、判断题

1. 只要是对客观现实的能动反映，凡是涉及将来的行动过程，无论哪一种种类和形式，都属于计划。(　　)

2. 环境不确定性越大，计划就越需要精确。(　　)

3. 成功的管理者认为组织的目标是单一的，这样才能集中力量去实现它。(　　)

4. 政策、程序和规章也属于计划范畴。(　　)

5. 目标管理的一个目的是让下属在目标的制定过程中参与进来，并明确组织期待他们完成些什么。(　　)

四、问答题

1. 计划职能与管理的其他职能有什么联系？
2. 俗话说“计划赶不上变化，因此制订计划的意义不大”，你怎样看待这种说法？
3. 如何对计划进行分类？
4. 试述目标管理法的基本思想。
5. 试述滚动计划法的基本思想。

案例点击

过硬的计划工作是战无不胜的利器

铁道部某工程局的赵局长近期喜忧参半。喜的是，该局的施工队获得了一项投资大、社会影响大的施工项目；忧的是，这项位于西南地区的某铁路隧道工程被业内专家称为“地质博物馆”，因为在短短不到10千米的地段，居然出现了多种不同的地质状况，施工难度之大前所未有。同时工期要求之短、质量要求之高，在整个铁路隧道施工行业内前所罕见，以致在竞标中，很多施工队都知难而退了，认为这完全是不可能完成的任务。

夺标后，为了完成任务，该局对施工过程中即将面对和可能面对的一系列难题，都做了周密部署和详细预案。例如，如何合理安排工程进度，才能赶在大雪封山之前完成最艰险地段的作业；通过哪些渠道才能保证施工材料的及时供给；如何安排该局同时进行的其他项目才能保证人员的合理调配；特别是，如果发生各种突发情况，施工队将分别采取什么应急策略……关于这些问题，施工队在项目开工之前，都做到了心中有数。他们的宗旨是：一定要用十二分措施来保证十分指标的实现。

有了详细的计划做支撑，整个项目推进得有条不紊、忙而不乱。2009 年 10 月，该项目提前 20 天完成任务，工程质量鉴定结果为：优秀。

在隧道通车仪式上，赵局长的施工团队得到委托方的高度赞扬，并被称为“铁军”。而赵局长感慨万千，他说：科学的管理方法、过硬的计划工作才是“铁军”手中战无不胜的利器！

(资料来源：根据 http://wenku.baidu.com/view/06816e2558fb770bf78a55d4.html 所载网文改编)

问题：

本案例强调了管理工作中计划职能的重要性，请联系实际具体谈谈你对计划工作重要性的理解。

点石成金

在各项管理制度逐步完善的情况下，计划工作作为一项基本的管理制度应该得到普遍推行和实施，不仅要有年度计划，而且还应该制订月度计划、周计划、阶段性工作计划、项目计划等。每个阶段、每个部门、每项工作都要有明确、详细的计划，并严格按计划执行，根据工作的轻重缓急情况制订和实施工作计划，并不断检查、整理计划的完成情况。

具体来说，工作计划的重要性可以集中体现在 3 个方面：①有利于提高工作效率并起到一定的约束力。如果没有工作计划，工作完成与否可能都无所谓，一般人都抱有“反正是自己的工作，今天做不完还有明天”这样的心态，这样，明日复明日，宝贵时间在不知不觉中耗费了，而工作却没有成效，越积越多，以致工作经常滞后完成。而如果严格制订并实施计划，则可以明确每天要做什么，所做的事情应达到什么量化的标准，计划具有较强的约束力和督促作用，可以消除我们的惰性，自觉地完成任务，提高效率。②计划有利于时间管理，令工作有序进行。计划能增强工作的主动性，减少盲目性，使工作按轻重缓急有条不紊地进行，使重要的事情在最有效率的时间内完成，使工作的每个时间段都得到细化，每个时间段都有明确的工作内容。③计划有利于培养、提高人们的各种能力。每天工作结束前对照计划整理当天的工作情况，对工作中存在的问题进行分析，并提出自己的见解与解决方法，这不但可以培养人们分析、解决问题的能力，还增强了逻辑思维和判断能力，增强了组织能力和表达能力，锻炼处理常规或非常规问题的能力。

第五章

战略性计划

案例导入

把所有"鸡蛋"放在微波炉里

著名作家马克·吐温曾经说过：把所有的鸡蛋都装进一个篮子里，然后看好这个篮子。将这段话借用到企业经营上就是：选择一个有前景的行业，集中全部资源去发展，即实行专业化经营。英特尔公司创始人安迪·葛洛夫(Andy Grove)对此深表赞同，他领导的英特尔公司一直坚守在微处理器行业，其产品的全球市场占有率高达90%。中国格兰仕公司董事长梁庆德也持有这种观点，把所有"鸡蛋"都装在微波炉里，结果创造了中国微波炉第一品牌！

格兰仕公司是如何做到这一点的呢？

1. 以战略眼光选择微波炉行业

(1) 20世纪60年代，微波炉行业在美国等发达国家兴起，至20世纪90年代进入普及期(1990年全世界微波炉产量为2254万台)，产品生产技术成熟。

(2) 微波炉在中国是曙光初现的行业，随着大家电的普及和居民生活水平的提高及对便利生活的追求，微波炉市场将是一个基数小、增长速度快、潜力巨大的市场。

(3) 1990年全国微波炉产量为100万台，进口量为几万台，虽有竞争，但并不激烈。

2. 大胆且成功的战略转移

尽管宏观状况有利，但格兰仕公司决定进入与原服装行业毫无关系的微波炉行业还是需要魄力的。与多元化经营有很大不同，格兰仕公司走的是一条战略转移之路：1991年至1993年，格兰仕公司一方面逐步关闭收入可观的羽绒服生产线，从服装行业撤出；另一方面，从日本、美国、意大利等国引进全套具有90年代先进水平的微波炉生产设备和技术，进入微波炉行业。1993年，格兰仕公司生产出1万台微波炉并正式投放市场。

3. 集中全部资源，夺得全国第一

格兰仕公司奉行专业化战略，没有采取"两面作战"的多元化方针，而是集中全部资源，朝认定的方向以规模化为重点发展单一的微波炉行业。对此，格兰仕公司副总经理俞晓昌说："就格兰仕的实力而言，什么都干，就什么都完了，所以我们集中优势兵力于一处。"这是中小型企业经营战略的理想选择：在企业实力不强、内部资源不足的情况下，企业应优先选择单一行业甚至单一产品作为重点，集中优势夺得市场地位，进而成长为大企业。

1994年格兰仕公司微波炉产量为10万台，1995年达到20万台，国内市场占有率为

25.1%；1996 年产量上升为 65 万台，国内市场占有率为 34.85%；1997 年产量接近 200 万台，市场占有率为 47.6%，高居国内外品牌榜首。

4. 高处足以胜寒

1997 年 10 月 18 日，格兰仕公司宣布其 13 个品种的产品全面降价，降价幅度达 29%～40%。其结果是格兰仕微波炉在国内市场占有率接近 50%，占据国内市场的半壁江山，而外国品牌的市场占有率下降到 40%左右，国内其他品牌的市场占有率则不到 10%，行业元老上海的“飞跃”“亚美”的市场占有率已跌至 1%以下。

在市场占有率超过国际通用的垄断点 41%的基础上，格兰仕公司并没有满足，而是继续扩大规模，1998 年设计生产能力为 450 万台。该目标实现后，格兰仕公司将成为全球最大规模的微波炉生产企业。

(资料来源：根据https://wenku.baidu.com/view/f6a69037c850ad02de804180.html所载网文改编)

试问：

1. 格兰仕公司进行战略转移的依据是什么？

2. “把所有的鸡蛋都装进一个篮子里，然后看好这个篮子。”这句话包含了怎么样的管理思想？

学习目标

通过本章的学习，要求重点掌握战略性计划这一重要概念及其主要内容；明确战略环境分析在企业战略管理中的重要地位和企业战略环境分析的具体内容；熟悉和了解企业战略选择的各项内容。

关键概念

使命陈述(Mission Statement)　远景陈述(Vision Statement)　核心价值观(Core Values)　行业内战略群(Strategic Group)　市场细分(Market Segmentation)　战略选择(Strategic Selecting)　核心能力(The Core Ability)

战略性计划是指应用于整体组织的、为组织未来较长时期(通常为 5 年以上)设立总体目标和寻求组织在环境中地位的计划。

战略性计划的内容包括：①远景陈述和使命陈述；②战略定位，即通过外部环境和内部条件研究，确定企业在行业中合适的地位；③战略选择，即选择企业合适的发展途径；④通过制订一系列战术性计划将战略性计划付诸实施。

第一节　远景与使命陈述

远景和使命陈述回答的问题是“我们想成为什么和我们的使命是什么”。

远景和使命陈述力求生动活泼、言简意赅、易于记忆和理解，而且要富有意义和鼓舞

性。管理者与员工共同为公司制定和修正远景目标反映了他们对本组织未来的憧憬。共同的远景与使命会使人们的精神从单调的日常操作中得到升华，使组织成员不断地得到激励。

远景与使命陈述主要包括以下两个部分。

(1) 组织核心意识形态(Core Ideology)，由核心价值观(Core Values)和核心目标(Core Purpose)两部分组成，它给组织提供了长久存在的基础，是组织的精神。

(2) 远大的愿景(Envision Future)，由 10～30 年的宏伟、大胆、冒险的目标(10-to-30-years Big, Hairy, Audacious Goal，简称 BHAG)和生动逼真的描述(Vivid Description)两部分组成。

使命陈述应当包括些什么？可以参考表 5.1 对使命陈述构成要素的描述[①]。

表 5.1 使命陈述构成要素

顾　客	谁是组织的顾客
市场	组织在哪些地区开展竞争
对生存、成长和盈利的关注	组织对成长与财务稳定做出承诺了吗
哲学	组织的基本信念、价值观、追求和道德准则是什么
对公共形象的关注	组织怎么响应公众对社会与环境的关注
产品与服务	组织的产品和服务是什么
技术	组织的技术状况如何
定位	组织的主要竞争优势与核心能力是什么
对雇员的关注	组织将雇员看成最具有价值的资产吗

一、核心价值观

核心价值观是组织持久和本质的原则，它是一般的指导性原则，不能把它与组织具体的生产或经营做法混为一谈，不能为了经济利益或短期效益而放弃它。“目光远大的公司的核心价值观不需要理性的或外在的理由，它们不随竞争性市场的变化而变化。”

下面列举一些公司核心价值观陈述。

Walt Disney 公司：

- 不许悲观失望
- 弘扬和宣传健康向上的美国文化
- 创新、梦想、想象
- 对工作充满热情，细致入微、持之以恒
- 永远保持迪士尼公司的神奇形象

IBM 公司：

- 诚信负责，创新为要，成就客户

二、核心目标

核心目标是企业存在的理由与目的，不是具体的目标或公司战略。有效的核心目标反映了公司工作的内在动力，它不仅描述公司的产品或顾客，而且表达了公司的“灵魂”。而

① Based on F. David, Strategic Management, 11 ed. (Upper Saddle River, NJ: Prentice Hall, 2007), p.70

好的公司目标对公司的指导和激励作用是持久性的。Merck 公司前总裁罗伊·瓦杰洛斯(Roy Vagelos)曾这样描述Merck公司目标的持久作用:“想象一下,如果时光突然把我们带到2091年,那该是什么样子。到那时,由于预想不到的新情况,我们的许多战略与方法已经发生了变化,我敢说有一样重要的东西不会变化,那就是 Merck 精神。……最重要的是,我相信这一点,因为 Merck 公司所专心从事的治病救人的工作是一项正当的事业,是一项激励人们去梦想做出伟大创举的事业。这项事业是没有时间性的,它将带领 Merck 人在今后 100 年里取得伟大成就。”

下面列举一些公司核心目标陈述。

Merck 公司:

- 我们的工作是维持和改善人类的生活

Walt Disney 公司:

- 给千百万人带来快乐

三、BHAG 目标

目光远大的公司经常利用大胆的目标作为促进组织进步的一种手段。一个有效的 BHAG 目标具有强大的吸引力,人们会不由自主地被它所吸引,并全力以赴地为之奋斗;它非常明确,能够使人受到鼓舞;让人一目了然,几乎无须任何解释①。

通用电气公司前总裁杰克·韦尔奇(Jack Welch)曾说,公司的第一步,也是最重要的一步,是用概括性、明确的语言确定公司的目标。通用电气公司的目标是:“不断提高竞争力,争取在所有我们参加的市场中名列前茅;彻底改革我们的公司,使公司像小公司一样行动快捷、灵敏。”②

1907 年,43 岁的亨利·福特全力以赴地推动自己的公司朝向一个惊人的目标前进:“使汽车大众化。”他宣布:“要为广大老百姓生产一种汽车。……这种汽车价格如此低廉,以至于所有收入不丰的人都有能力拥有一辆,驾驶它,和家人一起享受在广阔的天地里驰骋的快乐。”③

下面列举一些公司 BHAG 陈述。

Merck 公司:

- 进行大规模的研究与发展工作,开发新产品,成为世界杰出的制药公司。

Walt Disney 公司:

- 建筑迪士尼乐园——根据我们的想象,而不是根据工业标准。

四、生动逼真的描述

当我们确立了核心价值观、核心目标及宏伟大胆冒险的远大目标后,要想让这些产生

---

① [美]詹姆斯·柯林斯,杰里·波拉斯. 企业不败[M]. 刘国远,等,译. 北京:新华出版社,1996.

② [美]詹姆斯·柯林斯,杰里·波拉斯. 企业不败[M]. 刘国远,等,译. 北京:新华出版社,1996.

③ James C. Collins and Jerry I. Porras (1996)“Building Your Company’s Vision”Harvard Business Review, September-October,74.

激励、鼓舞作用，必须要用生动逼真的语言表达出来。语言描绘了未来的图画。

远景和使命陈述与企业战略是不同的：远景和使命描述了组织未来期望达到的图景和组织为之奋斗的任务。战略是为了达到组织总目标而采取的行动和利用资源的总计划。战略是硬件，而远景描述则是软件。表 5.2 给出了一个完整的远景和使命陈述的例子。

表 5.2 Sony 公司在 20 世纪 50 年代的远景和使命陈述[①]

核心价值形态 **(Core Ideology)**	核心价值观(Core Values)	弘扬日本文化，提高国家地位 作为开拓者，不模仿别人，努力做看似不可能的事情 尊重和鼓励每个人的才能和创造力
	核心目标(Core Purpose)	享受有益于公众的技术革新和技术应用所带来的真正乐趣
远大的愿景 **(Envisioned Future)**	宏伟、大胆、冒险的目标 (10-to-30-years Big, Hairy, Audacious Goal，简称 BHAG)	成为改变日本产品质量低劣的世界形象的最著名的公司 制造一种袖珍晶体管收音机
	生动逼真的描述 (Vivid Description)	我们将生产遍及全球的产品，要成为进入美国市场并在那里直接销售的第一个销售公司。我们要由创新获取成功，而这些创新是美国公司未能获得成功的，如晶体管收音机。从现在起的 50 年，我们的品牌要在世界范围内家喻户晓，并且创新和质量能与任何最富于创新精神的公司相媲美。日本制造将意味着品质优良，而非任何质量低劣

第二节 战略环境分析

战略环境分析是为完成企业使命服务，并为战略选择服务的。用《孙子兵法》中的话来说，环境分析的内容是“天、地、彼、己”和“顾客(目标市场)”，其目的是“知天知地，知彼知己”和“知顾客”。孙子曰：“知彼知己，胜乃不殆；知天知地，胜乃可全。”(《孙子兵法·地形》)。德鲁克曾指出，“企业的目的，只有一个定义说得通：创造顾客。”[②]美国学者迈克尔·波特(Michael E. Porter)认为，“竞争优势归根结底产生于企业为顾客所能创造的价值”[③]。因此，企业竞争的最终目的是：为顾客创造价值而去创造和获取顾客。就企业环境分析而言，“天”指外部一般环境，主要包括政治环境、社会文化环境、经济环境、技术环境和自然环境；“地”指企业竞争所处的行业环境，主要包括行业竞争结构、行业内战略群等；“彼”指企业竞争对手；“己”指企业自身条件；“顾客”指企业为之提供产品或服务的消费者。由于竞争的相对性，长与短、强与弱、虚与实都是相对的，因此，“彼”与“己”研究必须相互比较而行，而单纯研究“彼”或“己”是没有意义的。“知天知地”认识了企业所面临的利与危、机遇与威胁；“知彼知己”了解企业的长与短、实力与不足。企业战略环境研究的内容和目的如图 5.1 所示。

---

① James C. Collins and Jerry I. Porras (1996)“Building Your Company’s Vision”Harvard Business Review, September-October, 76.

② 彼得·德鲁克.《管理实践》[M]. 北京：工人出版社，1989.

③ Porter, M. E. (1985), Competitive Advantage, New York: Free Press, P. XVL

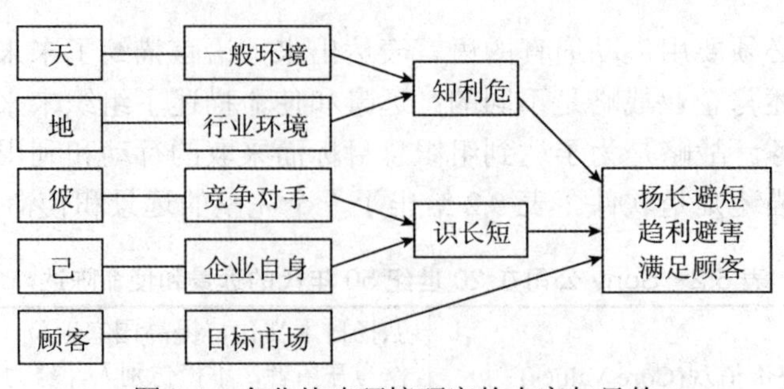

图 5.1　企业战略环境研究的内容与目的

一、外部一般环境

外部一般环境，或称总体环境，是在一定时空内存在于社会中的各类组织均面对的环境，所以又称之为“天”。其大致可以归纳为政治、社会、经济、技术、自然 5 个方面。

(1) 政治环境包括一个国家的社会制度，执政党的性质，政府的方针、政策、法令等。不同的国家有着不同的社会性质，不同的社会制度对组织活动有着不同的限制和要求。即使社会制度不变的同一国家，在不同时期，由于执政党的不同，其政府的方针特点、政策倾向对组织活动的态度和影响也是不断变化的。

(2) 社会文化环境包括一个国家或地区的居民教育程度和文化水平、宗教信仰、风俗习惯、审美观点、价值观念等。文化水平会影响居民的需求层次；宗教信仰和风俗习惯会禁止或抵制某些活动的进行；审美观点会影响人们对组织活动内容、活动方式及活动成果的态度；价值观念会影响居民对组织目标、组织活动及组织存在本身的认可与否。

(3) 经济环境主要包括宏观和微观两个方面的内容。宏观经济环境主要指一个国家的人口数量及其增长趋势，国民收入、国民生产总值及其变化情况，以及通过这些指标能够反映的国民经济发展水平和发展速度。微观经济环境主要指企业所在地区或所服务地区的消费者的收入水平、消费偏好、储蓄情况、就业程度等因素。这些因素直接决定着企业目前及未来的市场大小。

(4) 技术环境除要考察与企业所处领域的活动直接相关的技术手段的发展变化外，还应及时了解：

① 国家对科技开发的投资和支持重点；

② 该领域技术发展动态和研究开发费用总额；

③ 技术转移和技术商品化速度；

④ 专利及其保护情况。

(5) 自然环境主要是指企业经营所处的地理位置及其气候条件和资源禀赋状况等自然因素。

二、行业环境

制定竞争战略的实质就是将一个公司与其环境建立联系。尽管企业面对的相关环境范围广阔，包含社会、政治、经济、技术及自然环境等因素，但公司环境的最关键部分就是

公司所投入竞争的一个或几个行业。因此，我们称行业环境为“地”。

根据美国学者波特的研究，行业环境研究主要包括行业竞争结构、行业内战略群分析等内容①。

(一) 行业竞争结构分析

一个行业内部的竞争状态取决于 5 种基本竞争作用力，如图 5.2 所示。这些作用力汇集起来决定着该行业的最终利润潜力，并且最终利润潜力也会随着这种合力的变化而发生根本性的变化。一个公司的竞争战略目标在于使公司能在行业内进行恰当定位，以便最有效地抗击 5 种竞争作用力并影响它们朝着对自己有利的方向变化。

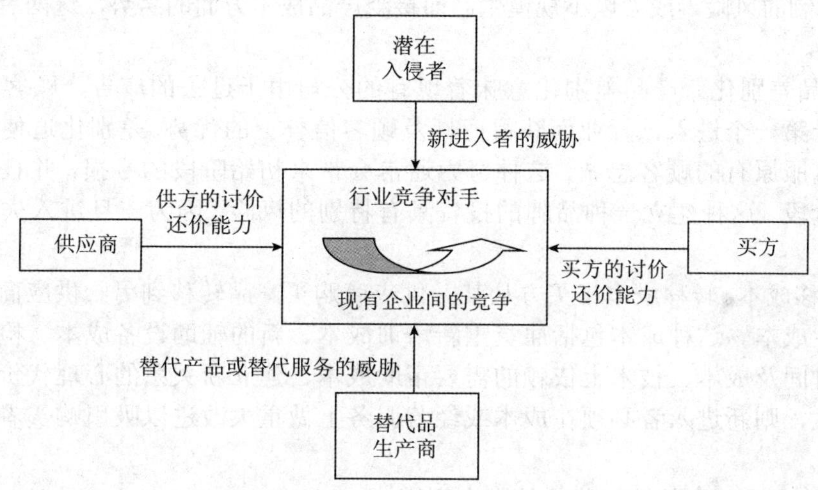

图 5.2　驱动行业竞争的 5 种力量

1. 行业内现有竞争对手研究

(1) 竞争对手基本情况研究。竞争对手的数量有多少？分布在什么地方？它们有哪些活动？各自的规模、资金、技术力量如何？其中哪些对自己的威胁特别大？基本情况研究的目的是要找到主要竞争对手。为了在众多同种产品的生产厂家中找出主要竞争对手，必须对它的竞争实力及其变化情况进行分析和判断。反映企业竞争实力的指标主要有销售增长额、市场占有率和产品的获利能力。

(2) 主要竞争对手研究。比较不同企业的竞争实力，找出主要竞争对手后，还要研究其之所以能对本企业构成威胁的主要原因，是技术力量雄厚、资金多、规模大，还是其他原因。主要竞争对手研究的目的是找出其竞争实力的决定因素，以帮助企业制定相应的竞争策略。

(3) 竞争对手的发展动向研究。该研究包括市场发展或转移动向与产品发展动向。要收集有关资料，密切注意竞争对手的发展动向，分析其可能开辟哪些新产品、新市场，使企业在竞争中争取主动地位。

① Porter，M. E. (1980)，Competitive Strategy, New York: Free Press, P. XVI

2. 入侵者研究

潜在竞争者进入行业，变成显在的竞争者。由于它新的业务能力和充裕的资源，这将导致行业竞争更加激烈，其结果是产品价格可能被压低或从业者的经营成本上升，从而导致行业利润率下降。某一行业被入侵的威胁大小取决于行业进入障碍、行业产品价格水平、行业对入侵者的报复能力，以及入侵者对报复的估计。

影响行业进入障碍的因素主要有以下几个方面。

(1) 规模经济。规模经济表现为在一定时期内产品的单位成本随总产量的增加而降低。规模经济表明企业经营只有达到一定规模，才能收回经营过程中的各种耗费。规模经济的存在阻碍了对行业的入侵，因为它迫使进入者或者一开始就以大规模生产并承担遭受原有企业强烈抵制的风险，或者以小规模生产而接受产品成本方面的劣势，这两者都不是进入者所期望的。

(2) 产品差别化。产品差别化意味着现有的公司由于过去的广告、顾客服务、产品特点或由于第一个进入该行业而获得商标及顾客信誉上的优势。差别化迫使入侵者耗费大量资金克服原有的顾客忠诚，这种努力通常会带来初始阶段的亏损，并且常常要经历一个延续阶段。这种建立一种品牌的投资具有特别的风险，因为一旦进入失败后将血本无归。

(3) 转移成本。转移成本指买方从某一供应商购买产品转移到另一供应商那里时所遇到的一次性成本。这种成本包括雇员重新培训成本、新的辅助设备成本、检查考核新资源所需的时间及成本、技术上依赖的需要帮助成本、建立新关系的心理代价等。如果这种成本较大，则新进入者必须在成本或经营服务上做重大改进以吸引购买者接受这种购买转移。

(4) 资本需求。预算建立优势的资本规模。

(5) 在位优势。在位优势指行业已在位的厂商由一段时间经营而积累起来的优势。其包括掌握销售渠道的优势、专有的产品技术、最佳原料来源控制、政府补贴、学习或经验曲线等。

(6) 政府政策。政府往往限制甚至封锁、也往往会鼓励或补贴对某行业的进入。

影响行业对入侵者的报复能力的因素主要有：行业所处的发展阶段、行业的集中程度，以及行业的退出障碍。

影响入侵者对报复估计的因素主要有：行业过去对入侵者的行为反应及入侵者对自身能力的估计。

(7) 行业进入扼制价格。行业进入扼制价格是指入侵者设想克服进入壁垒及其遭到报复的风险恰好为入侵带来的潜在报酬所平衡时的价格水平。进入扼制价格依赖于入侵者对未来的而不是对现在条件的预期。如果行业现行价格水平高于进入扼制价格，则入侵者预计入侵将有利可图。所以说，行业的定价水平是影响入侵威胁的重要因素之一。

3. 替代品生产商研究

企业生产的产品，从表面上看，它们是具有一定外观特征的物质品，但抽象地分析，它们是能够满足某种需要的使用价值或功能。产品的使用价值或功能相同，能够满足的消费者的需要相同，在使用过程中就可以相互替代，生产这些产品的企业之间就可能形成竞

争。再者，替代品限定了行业内厂商可能的最高价格，从而限制了一个行业的潜在收益。消费者购买产品是为了享用其使用价值，他们会根据自己的收入水平选择最佳的需求满足。因此，一旦替代品生产形成强大的经济规模，定价能力增强，那么，本行业将受到威胁，因为其潜在理由或许在某个时刻突然消失。

替代品生产商的分析主要包括两个内容：①判断哪些产品是替代品；②判断哪些替代品可能对本企业经营构成威胁。

在判断威胁最大的替代品时，应特别重视以下两类替代品研究：①容易导致价格(总成本)改善的替代品；②现行盈利率很高的替代品。

4. 买方的讨价还价能力研究

消费者在以下两个方面影响着行业内企业的经营。

(1) 买方对产品的总需求决定着行业的市场潜力，从而影响行业内所有企业的发展边界。

(2) 不同买方的讨价还价能力会诱发企业之间的价格竞争，从而影响企业的获利能力。

影响买方讨价还价能力的因素主要有如下几个。

(1) 买方是否大批量或集中购买。

(2) 买方这一业务在其购买额中的份额大小。

(3) 产品或服务是否具有价格合理的替代品。

(4) 买方面临的购买转移成本大小。

(5) 本企业的产品、服务是不是买方在生产经营过程中的一项重要投入。

(6) 买方是否采取“后向一体化”的威胁。后向一体化指买方自己生产或经营本企业其他生产中耗费的原材料、半成品或成品，满足自己的需要。

(7) 买方行业获利状况。如果利润微薄，则买方具有较强的讲价能力；反之则弱。

(8) 买方对产品是否具有充分信息。

5. 供应商的讨价还价能力研究

因为企业生产所需的许多生产要素是从外部获得的，从而提供这些生产要素的经济组织也制约着企业的经营。

供应商对企业经营的影响表现在以下两个方面。

(1) 供应商能否根据企业的需要按时、按质、按量地提供所需的生产要素，这影响企业生产规模的维持和扩大。

(2) 供应商提供货物时所要求的价格决定企业生产成本，影响企业的利润水平。

影响供应商讨价还价能力的因素主要有如下几个。

(1) 生产要素供应方行业的集中化程度。

(2) 生产要素替代品行业的发展状况。

(3) 本行业是否是供方集团的主要客户。

(4) 生产要素是否是该企业的主要投入资源。

(5) 生产要素是否存在差别化或转移成本是否低。

(6) 生产要素供应者是否有“前向一体化”的威胁。“前向一体化”指生产要素供应商在向顾客提供要素的同时，自己也生产耗用这种要素的产品或服务。

(二) 行业内战略群分析

行业内战略群，又称为战略集团，属于次行业范畴。波特认为，在一个给定的行业内，公司的战略选择可以由以下方面表现出来：①专业化程度；②品牌；③促销方式；④分销渠道选择；⑤产品质量；⑥技术领先程度；⑦纵向一体化；⑧成本结构；⑨销售服务；⑩价格政策；⑪财务杠杆；⑫与母公司关系；⑬与母国及东道国政府的关系。行业内战略群正是依据这些战略特征来划分的。一个战略群指某一行业内在某些战略特征方面相同或相似公司的集合。

一个行业中战略群体为数不多，它们采取本质上有所不同的战略。一个行业中战略群的形成与变化有各种原因，例如，企业成立时所依赖的技术或资源条件不同，企业的目标或者对风险的态度不同，等等。行业内战略群间在竞争、利润率等方面的差异是由于移动壁垒(Mobility Barrier)的存在。与进入壁垒(Entry Barrier)抵抗产业外的企业入侵的作用相似，移动壁垒阻止了产业内企业从一种战略群向另一种战略群的移动。

一般来说，移动壁垒的高低决定行业内战略群间竞争激烈的程度。以下 4 个因素决定了战略群间的竞争程度。

(1) 战略群间市场的相互依赖程度或者目标顾客的相互重叠程度。

(2) 战略群所建立的产品差异性。

(3) 行业内战略群的数目及其相对规模。

(4) 各战略群间的差异度或离散度。

企业盈利率不仅取决于企业自身的实力，而且取决于行业结构状况及其企业所处的战略群状况，因此，我们可以从 3 个方面考察企业的盈利状况。

(1) 行业特征。包括行业需求的增长率、产品差异化的潜力、供方行业的结构，以及技术等。

(2) 企业所处战略群的特征。包括本战略群移动壁垒的大小、对于供方和买方的讨价还价能力、对替代品的敏感度、面对其他战略群体的竞争力。

(3) 企业在战略群中的地位。主要有本战略群内的竞争强度、本企业的相对规模、入侵本群体的成本、企业执行既定战略的能力。

在战略群分析时，可以绘制行业内战略群分布图。绘制分布图的关键是选择恰当的战略变量作为图轴。选择的原则如下。

(1) 作为图轴的战略变量应该是对行业内移动壁垒起决定作用的变量，如在软饮料行业，影响移动壁垒的主要因素是产品宽度、品牌知名度和分销渠道。

(2) 所选的变量不可一同变化。例如，如果所有企业都具有高的产品差异性和宽的产品线，则产品差异性和产品线两者不可用作轴变量，而应选择战略组织的多样化程度变量。

(3) 图轴变量无须连续性或单调性。例如，在图 5.3 所示的 1990 年美国软饮料行业的战略群分布中，变量“分销渠道”即非连续的。

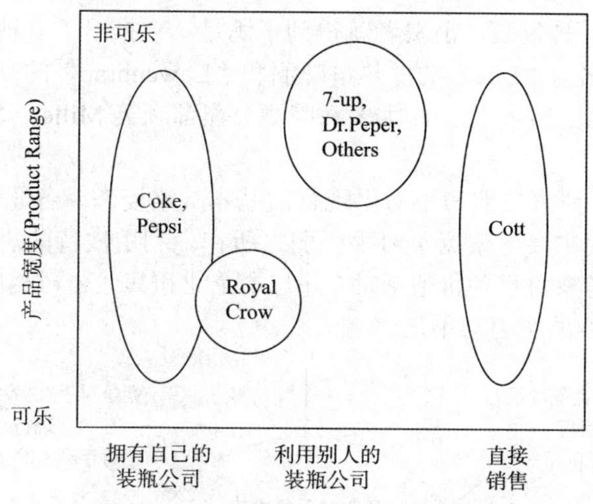

图 5.3　软饮料行业的战略群体分布图

三、竞争对手

竞争对手研究的第一步是识别竞争对手。识别行业内现有的竞争对手并非难事，但要识别潜在的竞争对手并非易事。一般来说，竞争对手可以从以下群体中辨识出来。

(1) 不在本行业但可以克服进入壁垒(尤其是不费力气者)进入本行业的企业。

(2) 进入本行业可以产生明显协同效应的企业。

(3) 因其战略实施而自然地进入本行业的企业。

(4) 通过后向或前向一体化进入本行业的买方或供方。

竞争对手分析的目的是，认识在行业竞争中可能成功的战略的性质、竞争对手对不同的战略可能做出的反应，以及竞争对手对行业变迁及其更广泛的环境变化可能做出的反应。对这些问题的深入研究，我们必须回答的问题有：“在行业中，我们与谁展开竞争及我们应采取何种行动?”“竞争对手的战略行动意味着什么及我们如何应对？”“我们应该规避哪些领域，因为这些领域竞争对手将采取情绪化的和拼死的行动？”。波特的研究给出了竞争对手分析的基本框架，如图 5.4 所示。

该分析框架的左侧描述了驱使竞争对手行动的因素：未来目标(Future Goals)、对手关于自身和行业的假设(Assumptions)。右侧描述了竞争对手现在在做什么和它能做什么：现行战略(Current Strategy)和对手的能力(Capabilities)。竞争对手研究与自身研究具有对称性，“知己”内容与“知彼”内容往往是一致的。

(1) “未来目标”研究主要考察竞争对手的远景和使命陈述，进一步可以考察对手不同层级的目标陈述。

(2) “假设”研究主要考察竞争对手在本行业中经营的历史、在其他行业中经营的历史、对本行业经营传统的认识、管理层结构和个人历史背景，以及企业的顾问单位或个人的背景。例如，Philip Morris 公司(一家烟草公司，其著名品牌为“万宝路”)1970 年收购了 Miller 公司(一家啤酒公司)，从烟草行业进入了啤酒行业，把在烟草行业中的经营经验——市场细分策略，带入啤酒行业，从而打破了啤酒行业的传统经营思维：啤酒市场是同质市场，只要推出一种产品及一种包装，消费者就得到了满足。它推出了一种 7 盎司一瓶的“小马力”啤酒，并又推出名为“Lite”的低热量啤酒和“Lowenbrau”的高档啤酒，获得了巨大成功。据报道，20 世纪 70 年代初，大多数啤酒公司都嘲笑 Miller 公司的这一举动，但后来它们却纷纷效仿。

(3) “现行战略”研究主要考察对手现行的基本战略姿态、各职能战略和发展战略。

(4) “能力”研究主要考察竞争对手强弱之所在。利用波特的思想，将公司看成一系列价值活动的集合，考察对手各价值活动，并与本企业和其他公司相应价值活动进行比较，从而判断对手及本企业的实力与不足。

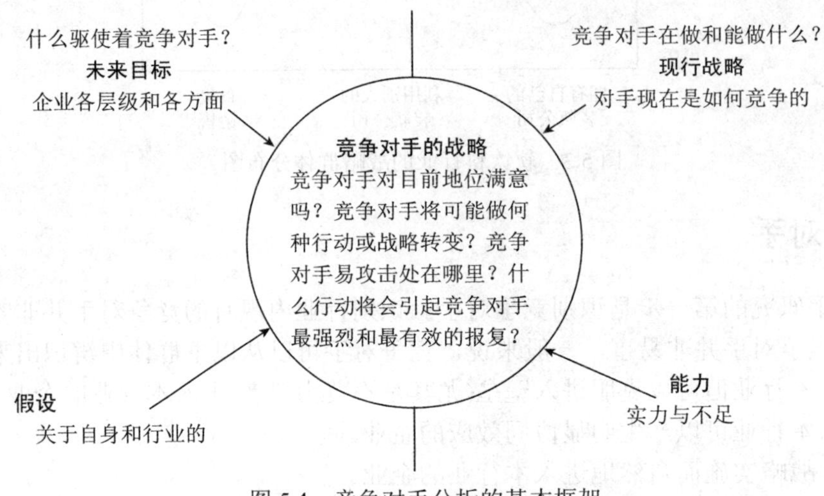

图 5.4　竞争对手分析的基本框架

四、企业自身

企业自身应与竞争对手相对应地进行研究，其目的是“识长短”，即与对手相比，认清企业自身的实力与不足。波特认为，将企业作为一个整体来看无法认识竞争优势，因为竞争优势来源于企业在设计、生产、营销、交货等过程及辅助过程中所进行的许多相互分离的活动，并且企业正是通过比其竞争对手更廉价或更出色地开展这些价值活动而赢得竞争优势的。因此，关于企业自身和竞争对手的比较分析可以借用波特的“价值链(Value Chain)”分析法。

根据价值链分析法，每个企业都是用来进行设计、生产、营销、交货，以及对产品起辅助作用的各种价值活动的集合。企业的各种价值活动分为基本活动(Primary Activities)和辅助活动(Support Activities)两类。

(一) 基本活动

按价值活动的工艺顺序，基本活动由以下 5 个部分构成。

(1) 内部后勤(Inbound Logistics)。其与接收、存储和分配相关的各种活动。

(2) 生产作业(Operations)。其与将投入转化为最终产品形式相关的各种活动。

(3) 外部后勤(Outbound Logistics)。其与集中、存储和将产品发送给买方有关的各种

活动。

(4) 市场营销和销售(Marketing and Sales)。其与传递信息、引导和巩固购买有关的各种活动。

(5) 服务(Service)。其与提供服务以增加或保持产品价值有关的各种活动。

每种基本活动可以进一步细分或组合，以助于企业内部分析。

表 5.3 给每一项按一定方式做出评价，如可以评价为“优秀”“一般”和“差”三个等级，或赋值为“优秀”“较好”“一般”“差”和“很差”五个等级，与竞争对手的相应项目比较，评价企业每一项基本活动的情况。

表 5.3 评价企业基本价值活动

基本活动	评价指标	得 分
内部后勤	物资和库存控制系统健全性	
	原材料入库工作的效率	
生产作业	与主要竞争对手相比，设备的生产率	
	生产过程的适当自动化程度	
	用以提高质量和降低成本的生产控制系统的效果	
	工厂、车间设计和工作流动设计的效率	
外部后勤	产成品交货和服务的及时性和效率	
	产成品入库工作的效率	
市场营销和销售	用以识别目标顾客和顾客需求的市场研究的效果	
	在销售促进和广告方面的创新	
	对可供选择的分销渠道的评价	
	销售队伍的能力及其激励	
	关于质量形象和名誉的发展	
	顾客对品牌的忠诚度	
	在细分市场或整个市场中的优势程度	
服务	促使顾客对产品改进进行投入的方法	
	对顾客意见反应的及时性	
	企业担保和保证政策的合理性	
	对顾客进行教育和培训的质量	
	企业提供零部件和维修服务的能力	

(二) 辅助活动

辅助活动主要包括以下几个方面。

(1) 企业基础设施(Firm Infrastructure)。包括总体管理、计划、财务、会计、法律、信息系统等价值活动。

(2) 人力资源管理(Human Resource Management)。包括组织各级员工的招聘、培训、开发和激励等价值活动。

(3) 技术开发(Technology Development)。包括基础研究、产品设计、媒介研究、工艺与装备设计等价值活动。

(4) 采购(Procurement)。其是指购买用于企业价值链各种投入的活动，包括原材料采购，以及诸如机器、设备、建筑设施等直接用于生产过程的投入品采购等价值活动。

同评价企业基本活动一样，可以与竞争对手比较，评价企业每一项辅助活动的情况(见表 5.4)。

表 5.4　评价企业的辅助价值活动

辅助活动	评价指标	得　分
企业基础设施	对新产品市场的机会和潜在环境威胁识别的能力	
	用以实现企业目标的战略计划体系的质量	
	对价值链内及价值链间的各价值活动协调和整合的能力	
	获得成本相对低廉的资本的能力	
	信息系统对制定战略的或日常的决策的支持水平	
	有关企业一般环境和竞争环境的信息获取的及时性和准确性	
	与公共政策制定者和企业利益相关者间的关系	
	企业公共形象和组织公民行为	
人力资源管理	各级员工的招聘、培训和激励程序及政策的效果	
	分组织报酬制度的合理性	
	良好的工作环境，以保证员工缺勤最小化和员工在理想岗位间的流动	
	与工会的关系	
	管理人员和技术人员的积极性	
	一般员工积极性和工作满意度	
技术开发	在引导产品和过程创新上，研究与开发的成功性	
	研究开发人员与企业其他部门间工作关系的质量	
	技术开发的及时性(能否按时完成)	
	实验室和其他设施的质量	
	实验室工程师和科学家的资格和经验	
	激励创造性和创新性的工作环境	
采购	以降低对单一供应商依赖性而开发多采购渠道的能力	
	原材料采购： ● 以最恰当的时间 ● 以尽可能低的成本 ● 以可接受的质量水平	
	有关工厂、机器和厂房采购的程序和制度	
	租赁与购买标准合理性	
	与可信赖供应商间的良好而长期的关系	

五、顾客(目标市场)

企业的产品和服务是为顾客服务的，但是企业不能在产品和服务创造出来后才考虑顾客的需求，而应在战略制定阶段就分析企业所服务的顾客及其需求。企业顾客研究的主要

内容是：总体市场分析(Overall Market Analyzing)、市场细分(Market Segmentation)、目标市场确定(Market Targeting Determination)和产品定位(Product Positioning)。

(一) 总体市场分析

市场的主要特征可用市场容量和市场交易便利程度两个指标来描述。市场容量决定企业发展的可能边界；市场交易便利程度或市场交易成本，反映市场交易的可实现程度。

市场容量必须要界定地域和需求性质。根据所界定的地域和需求性质，分析市场总需求，总需求中有支付能力的需求，暂时没有支付能力的潜在需求。对这些分析需要再次分析宏观一般环境的一些信息，如区域的国民经济发展状况、居民收入水平、居民储蓄和消费偏好、人口数量等。

市场交易的便利程度主要取决于市场基础建设、法规建设、产权制度和市场制度建设状况。这些建设得好，将大大刺激人们进行交易，从而扩大市场的广度。对这些因素的考察，同样需要再次分析宏观一般环境的一些信息。

总体市场分析不仅要注意分析如经济、基础建设等硬件，更要注意分析政治、法律、社会、文化等软件。

(二) 市场细分

市场细分就是将一个总体市场划分为若干个具有不同特点的顾客群，每个顾客群需要相应的产品或市场组合。对于一个总体市场，可能存在两种极端：一种是市场中所有顾客都具有完全相同的偏好，称之为“同质市场”或“无市场细分”；另一种是市场中每位顾客均具有不同的偏好，并且企业对顾客的偏好具有完全信息，企业能够根据每位顾客的需要提供别具一格的产品和服务，称之为“用户化市场”或“完全市场细分”。极端存在是偶然的，一般来说，一个总体市场可以根据一定的标准，将顾客归类，每一类顾客具有相同或相似的偏好。

1. 市场细分的阶段

市场细分一般包括以下 3 个阶段。

(1) 调查阶段。调查者可以先对一些顾客进行非正式的访谈，从而对顾客的偏好、行为有一个大概了解。在此基础上，调查者进一步进行抽样性问卷调查，收集顾客特征、顾客重要分类、品牌了解、品牌分类、产品类型，以及顾客人口统计、心理特征等信息。

(2) 分析阶段。运用统计学的因素分析和聚类分析等方法对取得的资料进行分析。

(3) 细分结果描述阶段。给聚类的群体命名，并描述其特征。由于市场的不断变化，市场细分工作必须定期地重复进行。

2. 消费品市场细分的变量

典型的消费品市场细分变量有如下四类。

(1) 地理因素(Geographic)。主要包括地区、区域大小、城市规模、人口密度、气候等。

(2) 人口统计因素(Demographic)。主要包括年龄、性别、家庭规模、家庭生命周期、收入、职业、教育水平、宗教信仰、种族、国籍等。

(3) 心理特征因素(Psychographic)。主要包括社会分层、生活方式、个性特征等。

(4) 行为因素(Behavioral)。其是与顾客知识、态度、使用及其对产品的反应有关的因素，主要包括场合(如定期还是特别场合)、利益(如豪华、中等还是经济的)、使用率(如经常还是偶尔使用)、使用状态(如从不使用、准备使用、初次使用、重复使用)、忠诚度(不忠诚、中等忠诚、忠诚、专一)、了解情况(不了解、了解、渴望使用、反复使用)、对产品的态度(厌恶、可使用、喜欢、热爱)等。

3. 工业品市场细分的变量

典型的工业品市场细分变量有如下四类。

(1) 地理(Geographic)因素。主要包括产业、企业规模、地理位置等。

(2) 生产运作变量(Operating Variables)。如顾客的能力、技术水平等。

(3) 采购方式因素(Purchasing Approaches)。如买方企业集权程度、内部权力结构、采购政策、公共形象与公共关系、采购标准等。

(4) 状态因素(Situational Factors)。如交货和服务。

(三) 目标市场确定

市场细分揭示了各细分市场的可能机会，接下来企业必须评价各细分市场并选择企业所服务的目标市场。

1. 评价细分市场的主要指标

(1) 细分市场规模及其成长状况。

(2) 细分市场结构的吸引力(可用上文中提到的波特行业竞争结构分析框架)。

(3) 企业的目标和资源状况。即使细分市场在规模、增长及其结构吸引力方面都较好，如果该细分市场不符合企业的目标，则该细分市场也不宜选择为目标市场。

2. 细分市场特征

(1) 可测量性(Measurability)。即市场规模、容量和购买力可以测量。

(2) 丰富性(Substantiality)。即市场规模足够大且有利可图，从而企业投入该市场。

(3) 可接近性(Accessibility)。即市场可以有效地接近且能为顾客服务。

(4) 可实现性(Actionability)。即企业有能力满足该市场的需求。如果细分市场对企业具有吸引力，但市场容量过大，企业过小，从而无法满足该市场需求，则应该对该市场进一步细分。

(四) 产品定位

产品定位是企业为了满足目标市场，确定产品(或服务)的功能、质量、价格、包装、销售渠道、服务方式等。这里的关键是必须用“整体产品”概念来理解“产品定位”。整体产品认为，产品包括向市场提供的能满足人们某种需要的一切物品和劳务，是由核心产品、形式产品和扩增产品 3 个层次所组成的整体。企业可以在任一层次或多层次上创造产品差别化，创造顾客与产品定位相联系的是广告(促销)定位。广告定位使企业的产品在顾客心中占有地位，以及占什么地位。

产品定位的策略如下。

(1) 抢先定位策略。最早给别人以一个印象是进入一个人心里的捷径。

(2) 领导定位策略。一些经验表明，进入顾客心里的第一个产品牌子的长期市场占有率，一般来说比第二个牌子高出两倍，第二个牌子差不多也比第三个牌子高出两倍，而且这种关系不会轻易改变。

(3) 依附定位策略。有时，当企业推出了新产品，它却尽量告诉顾客这个产品不是什么完全新的产品，而是同老产品有联系的新产品。第一种依附定位策略是建立“紧挨着”的位置。第二种依附定位策略是小心缓慢地爬上别人占有的阶梯。

(4) 空隙定位策略。空隙定位策略一般是追随者所采用的一种策略。空隙可以是规模、价格、性别、年龄、时间等方面的。

(5) 重新定位策略。根据市场演进理论，到了一定的时候，由于市场上每类产品都有数以百计的品种，企业在顾客的心里将再也找不到一个空隙。一个公司如果想要利用广告“炸”开一条路使自己的产品进入顾客的心里，那么必须改变竞争对手在顾客心里已经占有的位置，为自己的产品创造空隙。

第三节 战略选择

战略环境分析认识了企业所面临的机遇与威胁，了解了企业的实力与不足及企业能为何种顾客进行服务。战略选择的实质是企业选择恰当的战略，从而扬长避短、趋利避害和满足顾客。表 5.5 列举了企业可选择的各种战略类型。

表 5.5 企业可选择的各种战略类型

<table>
<tr><th>分 类</th><th colspan="2">战 略</th><th>定 义</th></tr>
<tr><td rowspan="3">基本战略
(Generic Strategy)</td><td colspan="2">成本领先
(Cost Leadership)</td><td>企业强调以低单位成本价格为用户提供标准化产品，其目标是成为其产业中的低成本生产厂商</td></tr>
<tr><td colspan="2">特色优势
(Differentiation)</td><td>企业力求就顾客广泛重视的一些方面在产业内独树一帜。它选择被产业内许多客户视为重要的一种或多种特质，并为其选择一种独特的地位以满足顾客的要求</td></tr>
<tr><td colspan="2">目标集聚
(Cost-or-differentiation-focus)</td><td>企业选择产业内一种或一组细分市场，并量体裁衣使其战略为他们服务而不是为其他细分市场服务</td></tr>
<tr><td rowspan="6">成长战略
(Development Strategy) I：即核心能力企业内扩张</td><td rowspan="3">一体化战略</td><td>前向一体化
(Forward Integration)</td><td>企业获得分销商或零售商的所有权或加强对他们的控制</td></tr>
<tr><td>后向一体化
(Backward Integration)</td><td>企业获得供应商的所有权或加强对他们的控制</td></tr>
<tr><td>横向一体化
(Horizontal Integration)</td><td>企业获得与自身生产同类产品的竞争对手的所有权或加强对他们的控制</td></tr>
<tr><td rowspan="3">多元化战略</td><td>同心多元化
(Concentric Diversification)</td><td>企业增加新的、与原有业务相关的产品与服务</td></tr>
<tr><td>横向多元化
(Horizontal Diversification)</td><td>企业向现有顾客提供新的、与原有业务不相关的产品或服务</td></tr>
<tr><td>混合多元化
(Conglomerate Diversification)</td><td>企业增加新的、与原有业务不相关的产品或服务</td></tr>
</table>

(续表)

分　类	战　略		定　义
成长战略(Development Strategy) Ⅰ：即核心能力企业内扩张	加强型战略	市场渗透 (Market Penetration)	企业通过加强市场营销，提高现有产品或服务在现有市场上的市场份额
		市场开发 (Market Development)	企业将现有产品或服务打入新的区域市场
		产品开发 (Product Development)	企业通过改进或改变产品或服务而提高销售
成长战略(Development Strategy) Ⅱ：即核心能力企业外扩张	战略联盟 (Strategic Alliance)		企业与其他企业在研究开发、生产运作、市场销售等价值活动方面进行合作，以相互利用对方资源
	虚拟运作 (Virtual Operation)		企业通过合同、参少数股权、优先权、信贷帮助、技术支持等方式同其他企业建立较为稳定的关系，从而将企业价值活动集中于自己的优势方面，将其非专长方面外包出去
	出售核心产品 (Core Products Saling)		企业将价值活动集中于自己的少数优势方面，产出产品或服务，并将产品或服务通过市场交易出售给其他生产者做进一步的生产加工
防御性战略 (Defensive Strategy)	收缩战略 (Retrenchment)		通过减少成本和资产对企业进行重组，以加强企业所具有的基本的和独特的竞争能力
	剥离战略 (Divestiture)		企业出售分部、分公司或任一部分，以使企业摆脱不盈利、需要太多资金或与公司其他活动不相适宜的业务
	清算战略 (Liquidation)		企业为实现其有形资产价值而将公司资产全部或分块出售

一、基本战略姿态

企业基本战略揭示企业如何为顾客创造价值。波特认为，“竞争优势归根结底产生于企业为顾客所能创造的价值，或者在提供同等效益时采取相对低价格，或者其不同寻常的效益用于补偿溢价而有余。”①一种基本战略姿态可以有多种实现形式，如多元化和一体化战略都可呈现成本领先或特色优势战略姿态。同样，一种战略形式可以为多种基本姿态服务，如多元化战略既可以实现成本领先的战略姿态，又可以实现特色优势的战略姿态。

从实现顾客价值形式角度而言，企业可以采取 3 种基本战略姿态中的任意一种，但由于每种战略姿态都需要企业在组织、管理、文化等方面给予特殊支持，因此，既追求成本领先又追求特色优势的“夹在中间”战略姿态是注定要失败的。选择基本战略姿态的基本原则见表 5.6。

表 5.6　选择基本战略姿态的基本原则

基本战略姿态	基本原则
总成本领先战略	• 一种先发制人的战略 • 持续资本投资和良好融资能力

① Porter，M. E. (1980)，Competitive Strategy, New York: Free Press , P. XVIi

(续表)

基本战略姿态	基本原则
总成本领先战略	● 能够大规模推广的生产技能 ● 对工人严格监督 ● 低成本的分销系统 ● 结构和责任分明的组织 ● 严格以定量目标为基础的激励制度 ● 严格的成本控制和经常、详细的控制报告
特色优势战略	● 既可以是先发制人，也可以是后发制人的战略 ● 强大的生产营销能力 ● 敏锐的创造性鉴别能力 ● 很强的基础研究能力 ● 质量或技术上具有领先的公司声誉 ● 悠久的传统或独特的业务组合 ● 在研发、产品开发和市场营销部门之间的密切协作 ● 重视主观评价、创新精神，而不仅以定量指标为基础的激励制度 ● 轻松愉快的工作环境和企业文化，吸引高技能人才
目标集聚战略	● 一种具有自我约束能力的战略 ● 公司的实力不足以在产业内更广的范围内竞争 ● 公司能够以更高的效率、更好的效果为某一狭窄的战略对象服务，从而超过在更广阔范围内的竞争对手 ● 针对成本或特色不同的目标，相应地对上述原则进行组合

二、核心能力在企业内外成长和扩张的战略

加里·哈梅尔(Hamel，G.)和普拉哈拉德(Prahalad，C. K.)研究认为，“核心能力是组织内的集体知识和集体学习，尤其是协调不同生产技术和整合多种多样技术流的能力”[①]“如果公司有意在未来的市场上获取巨大的利润份额，就必须建立起能对未来顾客所重视的价值起巨大作用的专长”[②]“企业的竞争是核心专长的竞争”[③]。

一项能力能成为企业的核心能力必须通过三项检验[④]。

(1) 客户价值(Customer Value)。核心能力必须能够使企业创造顾客可以识别的和看重的，而且在顾客价值创造中处于关键地位的价值。

(2) 独特性(Competitor Differentiation)。与竞争对手相比，核心能力必须是企业所独具的，如果不是独具的，其必须具有比任何竞争对手胜出一筹的能力。

(3) 延展性(Gateway to New Markets)。核心能力必须是企业向新市场延展的基础，企业可以通过对核心的延展而创造出丰富多彩的产品。

---

① Prahalad, C. K. and Hamel, G. (1990), “The Core Competence of the Corporation”, *Harvard Business Review*, May-June, p. 82

② 哈梅尔，普拉哈拉德. 竞争大未来[M]. 北京：昆仑出版社，1998.

③ 哈梅尔，普拉哈拉德. 竞争大未来[M]. 北京：昆仑出版社，1998.

④ Prahalad, G. and Heene, A. (1994), “Competence-based Competition, Chichester: John Wiley and Sons, 13～16

虽然企业所有能力都对企业竞争优势产生贡献，但只有核心能力才能创造持续的、动态的竞争优势。在企业能力构成中，各种能力的相对重要程度不是一成不变的，而是随着“天、地、彼、己”及“顾客”的变化而变化。今天的某种能力是自己的核心能力，明天可能不再如此，或因为顾客需求变化，或因为竞争对手在此项能力上发展出更好的能力等。我们必须认识到，这种变化在加速。

企业能力并不表现为企业的实物资产，甚至并不表现为士气、技术或知识。企业能力是企业获取并运用资产的能力，使企业资产呈现良好的结构；是企业通过文化建设和制度安排创造高昂士气的能力，使参与者同心同德并步调一致；是企业获取并充分运用设备、技术和知识的能力，使企业人、财、物同先进的、匹配的技术和知识良好地结合。能力不像有形资产一样会逐渐“耗损”，能力用得越多就越精进，越有价值。

如何增强企业的竞争力实现企业成长呢？手段只有一个：充分利用符合“天与地”规律，且是企业独特长处的，并“有助于实现消费者看重的价值”的核心能力。“充分利用”的内涵是，将自己有限的人力、物力、财力配置于核心能力上，让核心能力长出丰硕的果实。集中精力干好最重要的事情是企业家的重要才能。充分利用核心能力，就是将资源围绕核心能力来配置，让它长出丰硕的果实。不认识核心能力，企业很可能会将资源分散配置，这可能会获取一些可观的利润，但它在未来必然失败。“充分利用”的实质是集中精力干最重要的事情。“充分利用核心能力”还有另一层隐含含义，即充分利用企业外部的人力、物力、财力配置于自己的非核心能力上，因为只有如此，企业才可能将自己有限的人力、物力、财力配置于核心能力上。核心能力一般不能与别人共享，因为核心能力必须专有才能成为真正的核心能力。从这种意义上说，企业的功能是专心致力于企业核心能力工作，而其他非核心能力部分的工作则可以通过市场交易、虚拟化、联盟形式从企业外部获得。

企业成长的基础是核心能力：一种方式是核心能力通过一体化、多角化和加强型战略等战略形式在企业内扩张；另一种方式是核心能力通过出售核心产品、非核心能力的虚拟运作和战略联盟等战略形式在企业间扩张。各种战略形式选择的原则如表 5.7 所示。

表 5.7 核心能力在企业内和企业外扩张的成长战略选择原则[①]

成长战略			基本原则
核心能力企业内扩张	一体化战略	前向一体化	● 企业现在利用的销售商或成本高昂，或不可靠，或不能满足企业需要 ● 可资利用的高质量销售商数量有限 ● 企业所在行业明显快速增长或预期快速增长 ● 企业具有销售自己产品所需的资金和人力资源 ● 稳定的生产对企业十分关键 ● 现在利用的经销商或零售商有丰厚的利润 ● 企业现在利用的供应商或成本高昂，或不可靠，或不能满足企业需要

① [美]弗雷德·R. 戴维. 战略管理[M]. 6 版. 李克宁，译. 北京：经济科学出版社，1998. (引者在语言上稍作修改，并增加了“核心能力在企业外扩张”的 3 个战略形式。)

(续表)

成长战略			基本原则
核心能力企业内扩张	一体化战略	后向一体化	● 可资利用的供应商数量少且需求方数量多 ● 企业所在行业明显快速增长或预期快速增长 ● 企业具有自己生产原材料所需的资金和人力资源 ● 原材料价格稳定和供货稳定对企业非常关键 ● 现在利用的供应商有丰厚的利润 ● 企业需尽快地获取所需资源
		横向一体化	● 企业所在行业目前较零散，但具备集中的基本经济条件 ● 企业在一个成长的行业中进行竞争 ● 规模扩大有利可图 ● 企业具备管理更大组织的能力 ● 竞争者由于管理原因或资源限制而停滞不前
	多元化战略	同心多元化	● 企业所在行业增长或缓慢，或为零 ● 增加新的却相关的产品将会显著地促进现有产品的销售 ● 企业有能力提供具有竞争力的新的相关产品 ● 新的但相关的产品需求和生产的季节性正好与现有产品具有互补性 ● 企业现有产品处于产品生命周期的衰退期 ● 企业拥有强有力的管理队伍
		横向多元化	● 增加新的不相关的产品可显著地增加现有产品的盈利 ● 企业所在行业属于高度竞争或停止增长的行业，其表象为低产业盈利和低投资回报 ● 企业可以利用现有销售渠道销售新产品 ● 新产品的生产和销售波动与企业现有产品正好互补
		混合多元化	● 企业的主营业务产业处于成熟期或衰退期 ● 企业拥有增加业务所需的资金和管理人才 ● 企业有机会收购不相关但发展前景良好的企业 ● 购并来的企业与企业存在资金上的互补性 ● 避免反垄断法指控
	加强型战略	市场渗透	● 企业特定产品与服务在目前市场中还未达到饱和 ● 现有顾客对产品的使用率还可以明显提高 ● 在整个产业的销售额增长时主要竞争对手的市场份额却在下降 ● 产业历史显示，销售额与营销费用高度正相关 ● 规模的提高可以带来很大的竞争优势
		市场开发	● 企业可以获得新的、可靠的、高质量的，且经济的销售渠道 ● 企业在所经营的领域极其成功 ● 存在未开发或未饱和的市场 ● 企业拥有扩大经营所需的资金和管理人才 ● 企业存在过剩的生产能力 ● 企业所经营的主业务属于区域扩张型或全球化的产业

(续表)

<table>
<tr><th colspan="3">成长战略</th><th>基本原则</th></tr>
<tr><td>核心能力
企业内扩张</td><td>加强型
战略</td><td>产品
开发</td><td>● 企业拥有成功的但处于产品生命周期中成熟阶段的产品
● 企业所在行业属于快速发展的高技术行业
● 竞争对手实施竞争性定价
● 竞争对手不断进行产品开发
● 企业拥有实力强的研究与开发能力</td></tr>
<tr><td rowspan="3">核心能力
企业外扩张</td><td colspan="2">战略联盟</td><td>● 合作对手的价值活动比自己做得更好，而这些价值活动是企业需要的
● 企业已经建立了保护自己核心能力的壁垒
● 企业自己单独进行某价值活动的风险太大
● 某些价值活动具有较高的外部性，且易被对手模仿，从而难以专有</td></tr>
<tr><td colspan="2">虚拟运作</td><td>● 企业在外包出去的价值活动上不具有竞争优势
● 外包出去的价值活动需要较高的投资和较高的沉淀成本
● 外包出去的价值活动不是价值链系统中最重要的活动
● 在顾客价值创造中，企业所集中的价值活动具有关键地位
● 行业中存在大量企业可以承担其外包出去的价值活动</td></tr>
<tr><td colspan="2">出售核心产品</td><td>● 进行一体化经营增加了企业经营的成本，且降低了经营灵活性
● 行业技术进步迅速，产品生命周期短
● 企业有能力保持核心产品的行业领先地位
● 企业核心产品具有较高的附加值
● 企业核心产品在行业生产中具有关键地位</td></tr>
</table>

三、防御性战略

在企业成长的道路上，经常采取一些防御性战略。以退为进，以迂为直，以使企业更加健康地成长。常采用的防御性战略有收缩、剥离和清算等方式。各种战略形式选择的原则如表 5.8 所示。

表 5.8　防御性战略的选择原则

防御性战略	选择原则
收缩战略	● 企业具有明显而独特的竞争优势，但在一定时期内并未充分发挥其优势 ● 企业在特定行业的竞争中属于弱者 ● 企业业绩持续一段时间较差 ● 企业管理出现失误 ● 企业已迅速地发展成为大型企业，从而需要大规模地改组
剥离战略	● 企业已采取了收缩战略但未收到成效 ● 分公司为保持竞争优势而需投入的资源大大超出公司的供给能力 ● 分公司失利使公司整体业绩不佳

(续表)

防御性战略	选择原则
剥离战略	● 分公司与公司其他组织不相适宜 ● 政府反垄断法已对公司构成威胁
清算战略	● 公司已经采取收缩和剥离战略，但均未成功 ● 公司除清算外的唯一选择是破产 ● 企业股东可通过出售企业资产而将损失降至最小

本章小结

战略性计划是应用于整体组织的、为组织未来较长时期设立总体目标和寻求组织在环境中的地位的计划。战略性计划的主要内容包括远景和使命陈述、战略定位、战略选择、战略实施等。

远景和使命陈述包括两个主要部分：核心意识形态和远大的愿景。核心意识形态由核心价值观和核心目标两部分构成，它给组织提供了长久发展的基础，是组织的精神。远大的愿景由宏伟、大胆、冒险的目标和生动逼真的描述两部分构成。

战略管理过程包括战略制定、战略实施和战略评价 3 个阶段。在战略制定阶段，战略环境分析是其主要内容，它是为完成企业使命服务的，并为战略选择服务，包括外部一般环境分析、行业环境分析、竞争对手分析、企业自身分析、目标市场分析等。

战略选择的实质是企业选择适当的战略，从而扬长避短、趋利避害和满足顾客。企业的战略可分为基本战略、成长战略与防御战略三类。基本战略揭示企业如何为顾客创造价值；成长战略的重点是企业如何建立核心能力；防御战略主要研究企业如何以退为进，以迂为直，以使企业更加健康地成长。

练习与思考

一、单项选择题

1. 战略性计划的首要内容是(　　)。

A. 战略选择　　B. 战略环境分析

C. 远景和使命陈述　　D. 确定问题

2. 汽车制造商生产冰箱属于(　　)战略。

A. 混合多元化　　B. 中心多元化

C. 一体化　　D. 产品开发

3. 现在都因农民自己进城卖粮或小贩转卖粮食，使得粮站门可罗雀，于是粮站采取了深加工对策，制作馒头、油饼、麻花等方便食品，既利民又获利，可谓“双赢”。这一对策属于(　　)。

A. 后向一体化　　B. 前向一体化

C. 多元化　　D. 横向一体化

4. 海尔集团为了扩大其彩电生产规模，整体收购了合肥黄山电子集团，这种企业并购被称为(　　)。

A. 纵向一体化　　B. 横向一体化

C. 相关多元化　　D. 无关一体化

5. 为了获取垄断，企业可能采取(　　)。

A. 前向一体化战略　　B. 后向一体化战略

C. 横向一体化战略　　D. 纵向一体化战略

二、多项选择题

1. 防御型战略属于一种弱战略，包括(　　)类型。

A. 合作经营　　B. 收缩　　C. 市场渗透

D. 剥离　　E. 清算

2. 核心价值观(　　)。

A. 是组织持久的本质的原则

B. 是一般性的指导原则

C. 可以为了经济利益和短期好处暂时放弃

D. 不需要理性的和外在的理由

E. 强调企业是一种营利性组织

3. 一个有效的 BHAG (　　)。

A. 具有强大的吸引力

B. 促使人们为之奋斗

C. 非常明确，使人受到鼓舞

D. 一目了然，几乎无须任何解释

E. 具有大胆冒险的含义

4. 行业内现有竞争对手分析，包括(　　)。

A. 竞争对手基本情况研究　　B. 主要竞争对手研究

C. 主要竞争对手的发展动向研究　　D. 次要竞争对手研究

E. 次要竞争对手的发展动向研究

5. 以下属于消费品市场细分变量的有(　　)。

A. 生产运作变量　　B. 行为因素　　C. 状态因素

D. 人口统计因素　　E. 地理因素中的城市规模

三、判断题

1. 企业战略一经确定就不能改变，否则会影响企业发展的稳定性。　(　　)

2. 核心目标是指企业具体的目标或公司战略。　(　　)

3. 企业的核心竞争力就是企业自身的竞争优势，因而它可以具备多种优势。　(　　)

4. 总成本领先战略是一种先发制人的战略。　(　　)

5. 目标集聚战略是一种具有自我约束能力的战略。　(　　)

四、问答题

1. 什么是企业外部一般环境？主要包括哪些方面？
2. 简述影响行业进入障碍的主要因素。
3. 简述企业基本价值活动和辅助价值活动的内容。
4. 评价细分市场有哪些主要指标？试简要说明。
5. 防御型战略包括哪几种具体战略？试简要说明。

案例点击

加速发展的坎贝尔

戴勒·F. 莫瑞森从未失去信心。当他在密尔顿生活时，很少有孩子喜欢运动和音乐，他却乐于投入课外的每一项活动：打篮球、田径赛、童声四重唱，虽然他缺乏唱歌的天分。“我离开密尔顿时认为，只要有可能，我什么事都能做。”今天的莫瑞森说。

这个观点使 48 岁的莫瑞森走在公司发展的快车道上，他把自己看作整个美国食品市场中像立体脆(Doritos)和佩珀里奇(Pepperidge)一样的老手。现在，作为坎贝尔汤料公司的首席执行官，莫瑞森在把握困难重重的工作时，当然需要运用每一点自信。

莫瑞森需要开发新的方法销售更多的汤料……。听起来简单，但并不容易。莫瑞森从富有领导魅力和精通财务的戴维·F. 约翰森手中接管了公司的最高职位。约翰森的工作相当出色，他通过提高价格和削减成本，提高了公司利润。纽约金融区反过来的馈赠使他公司的股票飞涨，从 1990 年 1 月起股票价格上升了 270%。1990—1996 年，几乎公司年销售收入的 4%来自价格的主动上涨。

尽管有很好的业绩——公司同时占有美国罐装食品市场近 80%的份额，但公司产品价格的上涨却把公司推向了一个关键性的转折点。类似的价格战略已经回头寻找更有力的领导者，使能够在香烟、婴儿尿裤和谷类产品领域发展业务，这些领域的市场已经被瓜分殆尽。分析家史蒂文·高伯瑞斯曾经提醒公司。

高伯瑞斯认为坎贝尔公司的利润会在目前充满玄机的和平中逐渐放慢，1990—1996 年，利润以每年增长 17%的比率提高。莫瑞森已经宣布卖掉某些增长缓慢的业务。副总经理威廉·利茨测算了其余业务的净收入，在 1997 年会计年度结算时，扣除税金，可能有 12%的增长，达到 9240 万美元。同期，这个缩小规模的公司销售额会增长 4.6%，达到 68 亿美元。

销售额中等程度的增长并没有使莫瑞森感到满意。事实上，他希望坎贝尔公司能加入全球汤类食品的竞争，就像可口可乐进入国际可乐大战那样。从目前坎贝尔仅有的 10%的国外市场中，莫瑞森看到了巨大商机。为了开展他的“战役”，他重新调整了他的“军队”。在近期一次 1200 名员工参加的大会上，以其特色鲜明的演讲激发起员工的斗志，制定了一个不乏风险的、勇敢的目标。

莫瑞森承担了一个平易近人且精力充沛的管理者的角色，他可以与工厂的工人一起去喝啤酒，此时员工乐于执行他的计划。莫瑞森希望能通过增加市场份额和提高技术，使公司的年销售增长率达到 8%～10%。“我有严重的定标狂热症”，他说。

挑战似乎是专门为莫瑞森设计的。通过一整套大众产品的出台，百事公司(PepsiCo)和坎贝尔的非凡农庄(Pepperidge Farm)组合的变化，表现出了莫瑞森聪明的营销技巧。1995 年 7 月，当他接管糕点部门时，非凡农庄处在很差的状态。近 3 年的销售额和收益只能维持在 2%～3%的微弱增长。虽然管理当局提高价格，以及固定播放广告却仍无法支持产品销售。结果，市场份额和收入下降。

莫瑞森通过减少浪费和一些生产基地的加工品种，来提高生产效率。节约的资金用于营销目标，以加强一些必不可少的产品系列，如“金鱼”(Goldfish)牌波脆饼和“米兰诺”(Miliano)小甜饼。莫瑞森会见了非凡农庄的 2500 名独立分销商，甚至在科罗拉多滑雪期间也抽时间会见 Steamboat Spring 的分销商。“我希望他们把自己看成业务发展人员，而不是卡车司机。”他解释说。同时公司打入利润率高的儿童产品市场，推出设计新颖的合乎儿童心理的带包装食品。

现在，莫瑞森在他的议程里为坎贝尔孕育着一场更大的“战役”。9 月，他宣布了一个计划——以 14 亿美元的价格将增长缓慢的业务进行资产分派，其中包括 Vlasic 腌制食品和 Swanson 速冻产品系列。“我们管理着一个严重收缩的公司。”他近来经常警告他的员工。

为了发展美国境内的食品组合，莫瑞森在谷类食品行业中招进了一名成长在严酷价格战中的老将——马克 · M. 莱凯。从产品目录中取出在非凡农庄产品中业绩极佳的一项，并计划在展开猛烈的营销闪电战时，该项目在今后几年的年收入能达到 1 亿美元以上，并以此降低成本。为激发消费者对坎贝尔汤类食品的爱好，莫瑞森最后加倍投入广告，从原来的占销售额的 4%提高到 8%，包括下一年家庭范围内所有美国有代表性的庆祝活动可能实现的销售。

海外市场也同样强烈地牵扯着莫瑞森的精力。他刚刚投资 1.7 亿美元买下达能公司(Danone)的利比克汤料业务，是法国的一个主打品牌，同时他调查了更多的交易。在接管坎贝尔两周内，莫瑞森向欧亚地区派遣了一个执行官，领导国际推广。直到那时，负责国际业务的资深领导者都集中在新泽西州。法国和日本会购买坎贝尔的产品吗？莫瑞森看上去对这个挑战似乎信心不足。他说：“我感到我们的团队和我们要做的事都是非常伟大的。”重新振兴像坎贝尔汤业这样的古典品牌并非易事，但是莫瑞森恰恰是一个成长起来的、充满智慧的、当年可以做到任何事的少年原版。

(资料来源：安德鲁 · 坎贝尔，等. 成长的博弈[M]. 王迎军，等，译. 北京：机械工业出版社，2006.)

问题：

(1) 莫瑞森用什么战略来提高非凡农庄的利润率？

(2) 努力提高坎贝尔汤业的业绩时，莫瑞森制定了哪些公司层或业务层的战略？

点石成金

(1) 莫瑞森在坎贝尔“潘帕里奇”食品部工作时，靠采用减少浪费提高生产效率，靠集中资金创新品牌来扩大市场的影响力，使当初的“金鱼”牌波脆饼和“米兰诺”小甜饼都取得了成功。他花时间与企业内所有层次的员工进行交谈，肯定他们对企业做出的贡献。他把产品的包装设计得讨人喜欢。

(2) 莫瑞森的企业战略包括搁置增长缓慢的产品，扩大公司在国际市场中的份额。莫瑞森的商业策略就是在随后的几年里减少 1 亿美元的年度开支，靠广告战略吸引顾客。

第六章 决策

案例导入

安娜该如何决策

安娜从一所不太著名的大学计算机学院毕业后，十年来一直在某城市的一家中等规模的电脑公司当程序设计员。现在，她的年薪为 50 000 美元。她工作的这家公司，每年要增加 4～6 个部门。这样扩大下去，公司的前景还是很好的，也增加了很多新的管理岗位。其中有些职位，公司每年要付给 90 000 美元的薪酬(包括优厚的年终分红在内)。有时，还提升程序员为分公司的经理。虽然，过去没有女士担任过这样的管理职位，但安娜相信，凭她的工作资历和这一行业性机会的不断增加，在不久的将来她会得到这样的机会。

安娜的父亲雷森先生自己开了一家电脑维修公司，主要是维修计算机硬件，并为一些大的电脑公司做售后服务，同时也销售一些计算机配件。最近由于身体健康和年龄的原因，雷森先生不得不退休。他雇了一位刚大学毕业的人来临时经营公司，公司的其他部门继续由安娜的母亲经营。雷森想让女儿安娜回来经营，而且，由于近年来购买电脑的个人不断增加，电脑维修行业的前景是十分看好的。雷森先生在前几年的经营过程中，建立了良好的信誉，不断有大的电脑公司委托其做该城市的售后维修中心。维修公司发展和扩大的可能性是很大的。

安娜和父母讨论时，得知维修公司现在一年的营业额大约为 400 000 美元，而毛利润差不多是 170 000 美元。由于雷森先生的退休，他和他的太太要提支工资 80 000 美元，交税前的净利润为每年 30 000 美元再加上每年 60 000 美元的经营费。自雷森先生退休以来，公司所得利润基本上和从前相同。目前，他付给新雇用的大学毕业生的薪金为每年 36 000 美元，雷森夫人得到的薪金为每年 35 000 美元，雷森先生自己不再从公司支取薪金了。

如果安娜决定担任起维修公司的管理工作，雷森先生打算按他退休前的工资数付给她 50 000 美元的年薪。他还打算在开始时，把公司经营所得利润的 25%作为安娜的分红，两年后增加到 50%。因为雷森夫人将不再在该公司任职，就必须再雇一个非全日制的办事员帮助安娜经营公司，他估计这笔费用大约需要 16 000 美元。雷森先生已知有人试图出 600 000 美元买他的维修公司。这笔款项的大部分，安娜在不久的将来是要继承的。对雷森夫妇来说，他们的经济状况并不需要过多地去用这笔资产。

(资料来源：https://wenku.baidu.com/view/206cf5e6524de518964b7dbe.html?mark_pay_doc=0&mark_rec_page=1&mark_rec_position=2&clear_uda_param=1 所载网文改编)

试问：

1. 对安娜来说，有什么行动方案可供选择？
2. 你建议采取哪种备选方案？
3. 安娜的个人价值观会对她做出决策有何关联？

学习目标

通过本章的学习，要求重点掌握管理决策这一重要概念，以及决策类型的划分和决策方法的具体内容；明确决策的特点、决策过程及其影响因素；熟悉和了解各主要决策理论的基本内容。

关键概念

决策(Decision Making) 战略事业单位(Strategic Business Unit，SBU) 量本利分析(Cost-Volume-Profit Analysis) 决策树(Decision tree) 程序化决策(Programmed Decision) 非程序化决策(Non-Programmed Decision) 定性决策(Qualitative Decision) 定量决策(Quantitative Decision)

第一节 决策概述

一、决策的定义

按照霍华德(R. A. Howard)和西蒙(H. H. Simon)的观点，决策是对稀有资源的备选分配方案进行选择排序的过程。在格里戈利(Gregory)的《决策分析》(1988 年)中，把决策定义为：对决策者将采取的行动方案的选择过程。从这里可以看出，决策是一个已知目标和方案的排序和选择过程，通俗地说，就是已经知道“做什么”，要解决的问题是“怎么去做”或“怎么更好地做”，它与通常理解的决策概念是有一定区别的。通常人们理解的决策侧重于“做什么”，实际上在决策分析研究中，总是事先给出决策目标和决策准则的。

许多学者对决策的概念进行过探讨，看法各不不同，或侧重点不同。一种简单的定义是，“从两个以上的备选方案中选择一个的过程就是决策”①。而另一种比较具体的定义是，“所谓决策，是指组织或个人为了实现某种目标而对未来一定时期内有关活动的方向、内容及方式的选择或调整过程”②。

我们将决策定义为：“管理者识别并解决问题及利用机会的过程。”③对于这一定义，可做如下理解。

① 杨洪兰，王方华. 现代实用管理学[M]. 上海：复旦大学出版社，1996.

② 周三多，陈传明，鲁明泓. 管理学——原理与方法[M]. 三版. 上海：复旦大学出版社，1999.

③ Pamela S. Lewis, Stephen H. Goodman and Patricia M. Fandt. Management: Challenges in the 21st Century (Second Edition). South-Western College Publishing, Illinois, 1998(东北财经大学出版社影印本).

(1) 决策的主体是管理者(既可以是单个的管理者，也可以是多个管理者组成的集体或小组)。

(2) 决策的本质是一个过程，该过程由多个步骤组成。

(3) 决策的目的是解决问题或利用机会，也就是说，决策不仅仅是为了解决问题，有时也是为了利用机会。

二、决策的类型

(一) 按照决策时间段划分

按照决策时间段的长短，可分为长期决策和短期决策。

长期决策是指有关组织今后发展方向的长远性、全局性的重大决策，又称长期战略决策，如投资方向的选择、人力资源的开发与组织规模的确定等。

短期决策是指为实现长期战略目标而采取的短期战略手段，又称短期战术决策，如企业日常营销、物质储备，以及生产中资源配置等问题的决策都属于短期决策。

(二) 按照决策目标的影响程度划分

按照决策目标的影响程度不同，可分为战略性决策、战术性决策、业务性决策。

战略性决策是指关系到组织的生存发展的全局性、长远性问题的决策，如企业的经营目标、方针、产品更新等的决策。这类决策对于组织的发展具有重要意义，一般涉及的时间较长，范围较宽。由于所解决的问题大多比较抽象、复杂并且常常是以前没有遇到过的，因此管理者要借助于自己的经验、直觉和创造力进行判断。战略性决策一般由高层管理者做出。

战术性决策又称为策略决策或管理决策，如企业生产计划和销售计划的确定、新产品设计方案的选择、新产品的定价等。这类决策是为保证战略决策的实现所做的决策，所面临的大多是实施方案的选择、资源的分配、实际业绩的评估等方面的问题，比较具体，带有局部性且灵活性较大。这些问题大多可以定量，可以进行系统分析。但当组织处于动态环境中时，由于预测困难，有时也较多地依赖于管理者的经验判断。这类决策大多由中层管理者做出。

业务性决策是指在日常业务活动中为提高效率所做的决策，如生产任务的日常安排、工作定额的制定等，一般由基层管理者做出。这类决策所要解决的问题常常是明确的，决策者知道要达到的目标、可以利用的资源，知道有哪些途径，也知道可能的结果，一般可以采用分析工具来帮助抉择。

(三) 按照决策是否具有重复性划分

按照决策是否具有重复性，可分为程序性决策和非程序性决策。

程序性决策也称例行决策、常规决策，是指经常发生的能按规定的程序和标准进行的决策，多指对例行公事所做的决策。由于这类问题经常重复出现，因而可以把决策过程标准化、程序化，可通过惯例、标准工作程序和业务常规予以解决，如退货的处理、请假的

批准等。

非程序性决策，它通常要处理的是偶然发生的、无先例可循的、非常规性的问题。在这种情况下，决策者难以照章行事，需要有创造性思维，如新产品的开发、多样化经营等。

(四) 按照决策条件(或称自然状态)的可控程度划分

按照决策条件(或称自然状态)的可控程度，可分为确定型决策、风险型决策和不确定型决策。

所谓自然状态，是指决策面临的未来环境和条件。

确定型决策面临的是一种比较确定的自然状态，可选方案的预期结果是相对明确的，因而方案之间的比较和择优是不难做到的。

风险型决策面临的是多种可能的自然状态，可选方案在不同自然状态下的结果不同，未来会出现哪一种自然状态，事前虽难以肯定，但却可以预测其出现的概率。

不确定型决策是指各备选方案可能出现的后果是未知的，或只能靠主观概率判断时的决策。由于与风险型决策条件基本相似，不同的只是不能预测未来自然状态出现的概率，因而不确定因素更多，决策风险更大。

(五) 按照决策权限的制度安排划分

按照决策权限的制度安排，可分为个人决策和群体决策。

个人决策是决策权限集中于个人的决策，受个人知识、经验、心理、能力、价值观等个人因素的影响较大，决策过程带有强烈的个性色彩。

群体决策是决策权由集体共同掌握的决策，虽然受个人因素的影响较小，但受群体结构的影响较大。在群体决策中，参与者的互动既可能导致优势互补，也可能导致弱势叠加。

对个人决策与群体决策的优劣要进行客观分析。

(六) 按照后来决策与先前决策的一致性程度划分

按照后来决策与先前决策的一致性程度，可分为激进型决策和保守型决策。

激进型决策是对先前决策的目标、手段有突破性改变和创新性作为的决策，它要求决策者敢于变革，勇于进取。

保守型决策是对先前决策或维护保持或进行微调的决策。它要求决策者保持稳定，渐进变革。原则上讲，激进与保守无所谓孰优孰劣。

(七) 按照决策的起点不同划分

按照决策的起点不同，可分为初始决策和追踪决策。

初始决策是零起点决策，它是在有关活动尚未进行从而环境未受到影响的情况下进行的。

随着初始决策的实施，组织环境发生变化，这种情况下所进行的决策就是追踪决策。因此，追踪决策是非零起点决策。

此外，按照决策者在管理系统中所处的层级不同，可以分为高层决策、中层决策和基层决策；根据决策思维的方法不同，可以分为直觉决策、经验决策和推理决策；等等。

三、决策的特点

（一）决策的前提：要有明确的目的

决策是为实现组织的某一目标而开展的管理活动，没有目标就无从决策，没有问题则无须决策。决策的目标可以是一个，也可以是相互关联的几个形成的一组。在决策前，要解决的问题必须非常明确，要达到的目标必须具体且可衡量、可检验。

（二）决策的条件：有若干个可行方案可供选择

决策最显著的特点之一就是它是在多个可行方案中选择最优方案，“多方案抉择”是科学决策的重要原则；决策要以可行方案为依据，决策时不仅要有若干个方案来相互比较，而且各方案必须是可行的。

（三）决策的重点：方案的比较分析

决策过程实际上是一个选择的过程，选择性是决策的重要特征之一。每个可行方案都具有独特的优点，也隐含着缺陷，因此，必须对每个备选方案进行综合分析与评价，确定每一个方案对目标的贡献程度和可能带来的潜在问题，以明确每一个方案的利弊。而通过对各个方案之间的相互比较，可明晰各方案之间的优劣，为方案选择奠定基础。

（四）决策的结果：选择一个满意方案

在目标确定之后，就要为实现目标寻求有效的途径，即提出各种备选的行动方案。方案拟定并非多多益善，因为人们不得不考虑各种资源条件的限制，但只提出一种方案肯定也是不可取的做法。生活中，人们习惯上把有且只有一个方案可供选择的选择称为“霍布森选择”。在情况非常严峻、无其他路可走时，霍布森选择也有可能带来好的结果，如韩信的“背水之战”。但原则上讲，在绝大多数的情况下它都不会有好的结果。每种方案各有所长，也各有所短，在选择的过程中，只有通过综合比较和评估，才能明确备选方案中哪个最优、哪个较优和哪个不好。

科学决策理论认为，追求最优方案既不经济又不现实。因此，科学决策要遵循“满意原则”，即追求的是诸多方案中，在现实条件下，能够使主要目标得以实现，其他次要目标也足够好的可行方案。

（五）决策的实质：主观判断过程

决策是人做出的，所以必然受到人的主观意识的影响。决策有一定的程序和规则，但它又受诸多价值观念和决策者经验的影响。在分析判断时，参与决策人员的价值判断、经验会影响决策目标的确定、备选方案的提出、方案优劣的判断及满意方案的抉择。因此，决策从本质上而言，是管理者基于客观事实的主观判断过程。

正因为决策是一个主观判断的过程，因此对于同一个问题，不同的人有不同的决策选

择结果是正常现象。尽管如此，在管理实践中，还是要求管理者能够在听取各方面不同意见的基础上，根据自己的判断做出正确的选择。

四、决策的原则

决策遵循的原则是满意原则，而不是最优原则。对决策者来说，要想使决策达到最优，必须具备以下条件。

(1) 容易获得与决策相关的全部信息。

(2) 真实了解全部信息的价值所在，并据此拟定出所有可能的方案。

(3) 准确预测每个方案在未来的执行结果。

但在现实中，上述条件往往得不到满足，主要原因如下。

(1) 组织内外存在很多因素，它们都会对组织的运行产生不同程度的影响，但决策者很难收集到反映这一切情况的信息。

(2) 对于收集到的有限信息，决策者的利用能力也是有限的，从而决策者只能制定数量有限的方案。

(3) 任何方案都要在未来实施，而人们对未来的认识和影响都是非常有限的，从而决策时所预测的未来状况可能与实际的未来状况不一致。

因而，现实中的上述状况决定了决策者难以做出最优决策，只能做出相对满意的决策。

五、决策的依据

组织管理者在决策时离不开信息。信息的数量与质量直接影响决策水平。这要求管理者在决策之前及决策过程中尽可能地通过多种渠道收集信息，作为决策的依据。但这并不是说管理者要求不计成本地收集各方面的信息。管理者在决定收集什么样的信息、收集多少信息，以及如何处理收集的信息等问题时，要进行成本—效益分析。只有在收集的信息所带来的收益(因决策水平提高而给组织带来的利益)超过因此而付出的成本时，才应该收集信息。

第二节 决策的过程与影响因素

一、决策的过程

决策的过程是指从问题到方案确定所经历的过程。决策是一项复杂的活动，有其自身的工作规律性，需要遵循一定的科学程序。在现实工作中，导致决策失败的原因之一就是没有严格按照科学的程序进行决策，因此，明确和掌握科学的决策过程，是管理者提高决策正确率的一个重要方面。

一般来说，决策过程大致包括如图 6.1 所示的几个步骤。

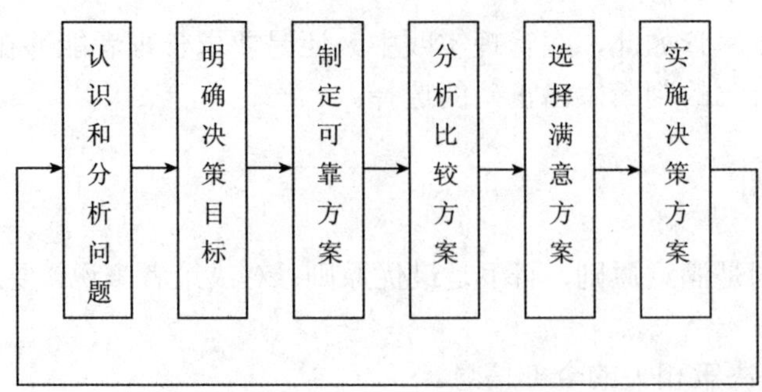

图 6.1　理性决策过程示意图

(一) 判断问题——认识和分析问题

决策是为了解决现实中提出的需要解决的问题或者为了达到需要实现的目标。决策是围绕着问题而展开的，没有问题就不需要决策；问题不明，则难以做出正确的决策。

决策的正确与否首先取决于判断的准确程度，因此，认识和分析问题是决策过程中最重要也是最困难的环节。当然在一个组织中总是存在许多问题，例如，在一个企业中，存在企业如何在市场竞争中发展自己、开发什么样的新产品、开发新产品的资金如何筹措等问题需要解决。在一个具有两个或两个以上层次的组织中，仅仅将问题提出来是不够的，还必须在提出问题的基础上，对众多的问题进行分析，以明确各种问题的性质，弄清楚哪些是涉及组织全局的战略性问题、哪些只是涉及局部的问题、哪些是非程序性的问题、哪些是程序性的问题，由此确定解决问题的决策层次，避免高层决策者被众多的一般性问题所缠绕而影响对重大问题的决策。现代管理要求管理人员运用现代管理科学的“望远镜和显微镜”及分析问题的系统化技术，揭开纷繁的现象，显示其本质和核心，以使管理决策立足于真正问题之源上。

作为一个高效率的管理者，必须时刻关注形势的变化，以免使自己因毫无思想准备而陷入被动状态。环境因素的许多暗示都会预示着是否面临决策的问题。管理者还应对环境的变化进行认真分析，只有通过对各种预兆进行分析，才能透过表象看到环境变化的本质，才能找到造成问题的真正原因，对事物的发展做出超前的、正确的预计。不过，因为对形势的分析会受到决策者个人行为的影响，因此对同一现象，不同的管理者就可能得出不同的结果，自然也就做出了不同的决策。例如，日本索尼公司的盛田昭夫经常讲一个故事：两个卖鞋的商人旅行，来到非洲一个落后的农村地区，其中一个商人向他的公司发电报，说“当地人都赤脚，没有销售前景”；另一个商人也向他的公司发电报，内容却是“居民赤脚，急需鞋子，立即运货”。

因此决策的第一步就要求决策者必须主动地深入实际调查研究，及时发现并提出新问题进而解决问题，以保证组织的健康发展。

(二) 明确决策目标

在所要解决的问题及其责任人明确以后，则要确定应当解决到什么程度，明确预期的结果是什么，也就是要明确决策目标。所谓决策目标是指在一定环境和条件下，根据预测，

对这一问题所希望得到的结果。

目标的确定十分重要，同样的问题，由于目标不同，可采用的决策方案也会大不相同。目标的确定，要经过调查和研究，掌握系统准确的统计数据和事实，然后进行一定的整理分析，根据对组织总目标及各种目标的综合平衡，结合组织的价值准则和决策者愿意为此付出的努力程度进行确定。

(三) 制定可靠方案

决策实际上是对解决问题的种种行动方案进行选择的过程。为解决问题，必须寻找切实可行的行动方案。各行动方案都有其优点和缺陷，决策要求以“满意原则”来确定方案。

制定备选方案既要注意科学性，又要注意有创造性。无论哪一种备选方案，都必须建立在科学的基础上。方案中能够进行量化和定量分析的，一定要将指标量化，并运用科学、合理的方法进行定量分析，使各个方案尽可能建立在客观科学的基础上，减少主观性。要充分发挥集体的智慧才能，让大家畅所欲言，充分发表自己的意见，然后通过集体充分的讨论，这样制定出来的备选方案往往会更有针对性和创造性。

(四) 分析比较方案

分析比较方案是对已制定的备选方案逐个进行评价。为此，首先要建立一套有助于指导和检验判断正确性的决策准则。决策准则表明了决策者关心的主要方面，其中包括目标达成度、成本、可行程度等。其次根据这些方面来衡量每一个方案，并据此列出各方案满足决策准则的程度和限制因素，即确定每一个方案对于解决问题或实现目标所能达到的程度和所需的代价，及采用这些方案后可能带来的后果。然后是分析每一个方案的利弊，比较各方案之间的优劣。最后根据决策者对各决策目标的重视程度和对各种代价的承受程度进行综合评价，结合分析比较结果，提出推荐方案。

(五) 选择满意方案并组织实施

在对各方案进行理性分析比较的基础上，决策者最后要从中选择一个满意的方案并付诸实施。

在决策时，要注意不要一味地追求最佳方案。由于环境的不断变化和决策者预测能力的局限性，以及备选方案的数量和质量受到不充分信息的影响，决策者可能期望的结果只能是做出一个相对令人满意的决策。

决策的实施要有广大组织成员的积极参与。为了有效地组织决策实施，决策者应通过各种渠道将决策方案向组织成员通报，争取成员的认同，对成员给予支持和具体的指导，调动成员的积极性。当然最可取的方法是设计出一种决策模式争取所有的成员参与决策、了解决策，以便更好地实施决策。在方案实施过程中还要对新出现的问题进行协调和解决。

(六) 实施决策方案

一个决策者应该通过信息的反馈来衡量决策的效果。决策是一种事前的设想，在实际实施过程中，随着形势的发展，实施决策的条件不可能与设想的条件完全吻合，况且，在一些不可控因素的作用下，实施条件和环境与决策方案所依据的条件之间可能会有较大的出入，这时，需要改变的不是现实，而是决策方案。所以，在决策实施过程中，决策者应及时了解、掌握决策实施的各种信息，及时发现各种新问题，并对原来的决策进行必要的修订、补充或完善，使之不断地适应变化的新形势和条件。一项决策实施之后，对其实施的过程和情况进行总结、回顾，既可以明确功过，确定奖惩，还可使自身的决策水平得到进一步的提高。例如，如果一个方案实施后达到了原来的要求，那么这一方案就达到了理想的效果；如果没有达到原来的要求，那么就要分析管理者是否对前一决策形势的认识和分析有错误，或是这一方案在执行过程中的方法是否正确，从而决定是对方案本身进行修改还是对实施的方法进行改变。

二、决策的影响因素

在一个决策过程中，影响决策的因素是比较多的，但是最重要的有如下几种。

(一) 环境

环境特点首先影响组织活动的选择。例如，在一个相对稳定的市场环境中，企业的决策相对简单，大多数决策都可以在过去决策的基础上做出；如果市场环境复杂，变化频繁，那么企业就可能要经常面对许多非程序性的、过去所没有遇到过的问题。

此外，对环境的习惯反应模式也影响组织活动的选择。即使在相同的环境背景下，不同的组织也可能做出不同的反应，而这种组织与环境之间关系的模式一旦形成，就会趋向固定，影响人们对行动方案的选择。

(二) 过去的决策

“非零起点”是一切决策的基本特点。因此，当前的决策不可能不受过去决策的影响。在大多数情况下，组织决策绝不是在一张白纸上进行初始决策，而是对初始决策的完善、调整或者是改革。组织过去的决策是当前决策的起点；过去选择的方案的实施，不仅伴随着人力、物力、财力等资源的消耗，而且伴随着内部状况的改善，带来了对外部环境的影响。

过去决策对目前决策的制约程度，主要由过去决策与现任决策者的关系决定。如果过去的决策是由现任的决策者制定的，由于决策者通常要对自己的选择及其后果负责，也为了保证决策的连续性，因此决策者一般不愿对组织的活动进行重大调整，而趋向于仍将大部分资源投入过去未完成的方案执行中。相反，如果现在的主要决策者与组织过去的重大决策没有很深的渊源关系，则会易于接受重大改变。

(三) 决策者对风险的态度

决策是人们确定未来活动的方向、内容和行动的目标，由于人们对未来的认识能力有限，目前预测的未来状况与未来的实际情况不可能完全相符，因此任何决策都存在一定的风险。风险指的是一种不确定性。人们对待风险的态度是不同的，有人喜欢冒险，在多种选择中趋向于选择风险大的方案；而有些人则不太愿意冒险，在多种选择中趋向于选择风

险小的方案。因此决策者的风险偏好对决策的选择就会产生直接的影响。

(四) 组织成员对组织变化所持的态度

任何决策的制定与实施，都会给组织带来某种程度的变化。组织成员对这种可能产生的变化会表现出抵制或者是欢迎两种截然不同的态度。组织成员通常会根据过去的标准来判断现在的决策，总是会担心在变化中失去什么，对将要发生的变化产生抵抗的心理，则可能给任何新决策，特别是创新决策的实施带来灾难性的后果。相反，如果组织成员以发展的眼光来分析变化的合理性并希望在可能的变化中得到什么而支持变化，这就有利于新决策的实施，特别是创新决策的实施。因此，组织成员对变化的态度对决策的影响是较大的。在前一种情况下，为了有效实施新的决策，首先必须做好大量的工作来改变组织成员的态度。

(五) 伦理

决策者是否重视及采取何种伦理标准会影响其对待行为或事物的态度，进而影响其决策。

不同的国家可能有不同的伦理标准，不同的伦理标准会对决策产生影响。例如，在巴西，一个人可能认为，只要金额较小，贿赂海关官员在伦理上是可以接受的。因为他想的是："海关工作人员需要这笔钱，我国政府是根据他们可以捞一点外快来规定他们的工资的。"可见，其伦理标准是以对社会最佳为出发点的，因此无可厚非。而在美国，人们却认为这样做不符合伦理，因为他们信奉的是："只有每个人都变得诚实，制度才会更加有效。"这种伦理标准也是以对社会最佳为出发点的，因此也是值得肯定的。在前一种伦理标准下，人们会做出以较小的金额贿赂海关官员的决策，以加快货物的通关速度；而在后一种伦理标准下，人们会采取其他办法来达到同样的目的。

(六) 时间

美国学者威廉·R. 金和大卫·I. 克里兰把决策划分为时间敏感型决策与知识敏感型决策。时间敏感型决策是指必须迅速做出的决策，如战争中军事指挥官的决策多属于此类，这类决策对速度的要求甚于一切。知识敏感型决策是指对时间要求不高，而对质量要求较高的决策。在做这类决策时，决策者通常有更加宽裕的时间来充分利用各种信息。组织中的战略决策大多属于知识敏感型决策。

第三节 决策的方法

一、主观决策法

主观决策法是一种定性的方法，又被称为决策的软技术，是指建立在心理学、社会学、创造学等社会科学的基础上，凭借个人经验、充分发挥人的创造力对问题进行分析、做出决策的方法。该方法简单易行、经济方便，在日常生活中大量采用的决策方法都是主观决策法。主观决策法主要有德尔菲法、头脑风暴法和发散思维法。

(一) 德尔菲法

德尔菲法是由美国兰德公司命名并首先使用的。这种方法也称为专家意见法或函询调查法，它是对传统专家会议法的改进和发展。它采用匿名通信或反复征求意见的形式，使专家在互不知晓、彼此隔离的情况下交换意见，这些意见经技术处理后会得出预测的结果。首先需要设计意见征询表，具体要求如下。

(1) 问题含义要明确，以免应答者对问题产生不同的理解，出现答非所问的情况。

(2) 问题具有独立性，对一个问题的回答不应以对另一个问题的回答为条件。

(3) 回答问题的方法要统一，否则就难以对预测的结果做出比较。

使用德尔菲法要经过几轮调查，图 6.2 所示描述了德尔菲法的一般程序。

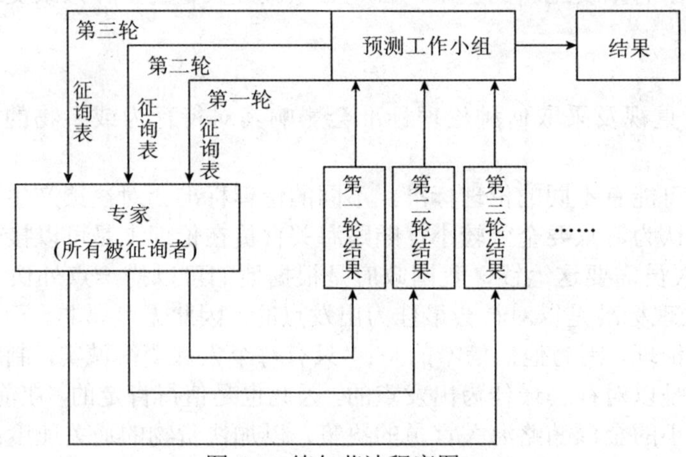

图 6.2　德尔菲法程序图

第一轮：把意见征询表寄给专家小组的成员，请他们填写意见。预测小组收回调查表后，进行初步的统计和计算，发现具有共识性的意见和看法。

第二轮：将第一轮得到的相对比较集中的意见再反馈给每位专家，要求他们以此为参考，重新填写意见。如果他做出的第二轮预测仍与多数人的意见不符，则要求其陈述理由，说明为什么他的意见不同于大多数人的意见。预测工作小组收到调查表后，根据新的数据重新进行统计和计算。

第三轮：将第二轮统计结果及有些专家的陈述理由告诉每位专家，请他们在这个基础上进行新的预测。

一般来讲，经过三轮或四轮调查后，专家意见将会比较集中，这时就可以把最后调查所得到的结果作为专家小组的意见。

(二) 头脑风暴法

头脑风暴法是由一群人通过相互启发以尽可能地形成多种方案的一种方法。小组一般由 5～9 人组成，在讨论过程中，鼓励参加者提出各种建议，并禁止对他人的想法进行批评，以便各种创新方案不断地被提出。实践证明，这确实是激发人们创造性思维的一种行之有效的方法，经常用于决策的方案设计阶段，以获得广泛的、具有创建的新设想。同时，在

制定备选方案时还要充分考虑各方面的制约因素，如政府法律方面的限制、传统道德观念的限制、管理者本身权力和能力的限制，以及技术条件、经济因素等方面的限制。

(三) 发散思维法

发散思维法是促使人们通过发散思维方式，从全新的角度来提出解决问题的方案的方法。在传统的方法中，人们按照标准化的步骤来解决问题：先判断问题、再明确目标、然后提出方案……而发散思维法则鼓励人们摆脱传统的思维方式，从不同的角度去看待问题，提出解决问题的方案。

二、有关活动方向的决策方法

组织管理者有时需要对企业或企业部门的活动方向进行选择，可以采用经营单位组合分析法与政策指导矩阵等。

(一) 经营单位组合分析法

该方法又称为波士顿矩阵，或者是市场增长率—相对市场份额矩阵、波士顿咨询集团法、四象限分析法、产品系列结构管理法等。该方法由波士顿咨询公司建立，基本思想是：大部分企业都有两个以上的经营单位，每个经营单位都有相互区别的产品—市场片，企业应该为每个经营单位确定其活动方向。

该方法主张在确定每个经营单位的活动方向时，应该综合考虑企业或该经营单位在市场上的相对竞争地位和业务增长率情况。相对竞争地位往往体现在企业的市场占有率上，它决定了企业获取现金的能力和速度，因为较高的市场占有率可以为企业带来较高的销售量和销售利润，从而给企业带来较多的现金流量。

业务增长率对活动方向的选择有两方面的影响：①它有利于市场占有率的扩大，因为在稳定的行业中，企业产品销售量的增加往往来自竞争对手的市场份额的下降；②它决定着投资机会的大小，因为业务增长迅速可以使企业迅速收回投资，并取得可观的投资收益。

根据上述两个标准——相对竞争地位和业务增长率，可以把企业的经营单位分为四大类(如图 6.3 所示)，企业应根据各类经营单位的特征，选择合适的活动方向。

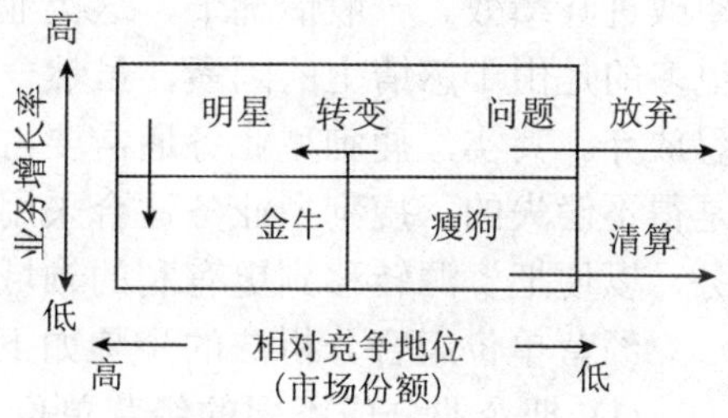

图 6.3 企业经营单位组合分析图

1. 问题型业务(Question Marks，指高增长率、低市场份额)

处在这个领域中的是一些投机性产品，带有较大的风险。这些产品可能利润率很高，但占有的市场份额很小。这往往是一个公司的新业务，为发展问题业务，公司必须建立工厂，增加设备和人员，以便跟上迅速发展的市场，并超过竞争对手，这些意味着大量的资金投入。“问题”非常贴切地描述了公司对待这类业务的态度，因为这时公司必须慎重回答“是否继续投资，发展该业务？”这个问题。只有符合企业发展长远目标、企业具有资源优势、能够增强企业核心竞争力的业务才能得到肯定的回答。得到肯定回答的问题型业务适合采用战略框架中提到的增长战略，目的是扩大 SBUs(战略经营单位)的市场份额，甚至不惜放弃近期收入来达到这一目标。因为要将问题型业务发展成为明星型业务，其市场份额必须有较大的增长。得到否定回答的问题型业务则适合采用收缩战略。

2. 明星型业务(Stars，指高增长率、高市场份额)

这个领域中的产品处于快速增长的市场中，且占有支配地位的市场份额，但也许会或不会产生正现金流量，这取决于新工厂、设备和产品开发对投资的需要量。明星型业务是由问题型业务继续投资发展起来的，可以视为高速成长市场中的领导者，它将成为公司未来的金牛业务。但这并不意味着明星型业务一定可以给企业带来源源不断的现金流，因为市场还在高速成长，企业必须继续投资，以保持与市场同步增长，并击退竞争对手。企业如果没有明星型业务，就失去了希望，但“群星闪烁”也可能会使企业高层管理者做出错误的决策。这时必须具备识别“行星”和“恒星”的能力，将企业有限的资源投入在能够发展成为金牛业务的“恒星”上。同样，明星型业务要发展成为金牛业务适合于采用增长战略。

3. 金牛业务(Cash Cows，指低增长率、高市场份额)

处在这个领域中的产品产生大量的现金，但未来的增长前景是有限的。它是成熟市场中的领导者，是企业现金的来源。由于市场已经成熟，企业不必大量投资来扩展市场规模，同时作为市场中的领导者，该业务享有规模经济和高边际利润的优势，因而给企业带来大量现金流。企业往往用金牛业务来支付账款并支持其他 3 种需大量现金的业务。金牛业务适合采用战略框架中提到的稳定战略，目的是保持 SBUs 的市场份额。

4. 瘦狗型业务(Dogs，指低增长率、低市场份额)

这个领域中的产品既不能产生大量的现金，也不需要投入大量现金，这些产品没有希望改进其绩效。一般情况下，这类业务常常是微利甚至是亏损的，瘦狗型业务存在的原因更多的是由于感情上的因素，虽然一直微利经营，但如同养了多年的狗一样恋恋不舍而不忍放弃。其实，瘦狗型业务通常要占用很多资源，如资金、管理部门的时间等，多数时候是得不偿失的。瘦狗型业务适合采用战略框架中提到的收缩战略，目的在于出售或清算业务，以便把资源转移到更有利的领域。

经营单位组合分析法的步骤如下。

(1) 把企业分成不同的经营单位。

(2) 计算各个经营单位的市场份额和业务增长率。

(3) 根据其在企业中占有资产的比例来衡量各个经营单位的相对规模。

(4) 绘制企业的经营单位组合图。

(5) 根据每个单位在图中的位置，确定应选择的方向。

经营单位组合分析法是以“企业的目标是追求增长和利润”这一假设为前提的。对拥有多个经营单位的企业来说，它可以将获利较多而潜在增长率不高的经营单位所产生的利润投向增长率不高的经营单位，从而使资金在企业内部得到有效利用。

(二) 政策指导矩阵

政策指导矩阵即用矩阵来指导决策，该矩阵由荷兰皇家壳牌公司创立。具体来说，从市场前景和相对竞争力两个角度来分析企业活动各个经营单位的现状和特征，并把它们标示在矩阵上，据此指导企业活动方向的选择。市场前景取决于盈利能力、市场增长率、市场质量和法规限制等因素，分为吸引力强、吸引力中等、吸引力弱3种；相对竞争能力取决于经营单位在市场上的地位、生产能力、产品研究和开发等因素，分为强、中、弱3种。根据上述对市场前景和相对竞争能力的划分，可把企业分为九大类，如图6.4所示。

经营单位的竞争能力			
强	1	4	7
中	2	5	8
弱	3	6	9
	吸引力强	吸引力中等	吸引力弱

市场前景

图6.4 政策指导矩阵

管理者可根据经营单位在矩阵中所处的位置来选择企业的活动方向。

(1) 处于区域1和4的经营单位竞争能力较强，市场前景也较好。应优先发展这些经营单位，确保它们获取足够的资源，以维持自身的有利市场地位。

(2) 处于区域2的经营单位虽然市场前景较好，但企业利用不够——这些经营单位的竞争能力不够强。应分配给这些经营单位更多的资源以提高其竞争能力。

(3) 处于区域3的经营单位市场前景虽好，但竞争能力弱。要根据不同的情况来区别对待这些经营单位：最有前途的应得到发展，其余的则需要逐步淘汰，这是由企业资源的有限性所决定的。

(4) 处于区域5的经营单位一般在市场上有2~4个强有力的竞争对手。应分配给这些经营单位足够的资源以使它们随着市场的发展而发展。

(5) 处于区域6和8的经营单位市场吸引力不强且竞争能力较弱，或虽有一定的竞争能力但市场吸引力较弱。应缓慢放弃这些经营单位，以便把收回的资金投入盈利能力更强的经营单位。

(6) 处于区域7的经营单位竞争能力较强但市场前景不容乐观。这些经营单位本身不应得到发展，但可利用它们较强的竞争能力为其他快速发展的经营单位提供资金支持。

(7) 处于区域9的经营单位市场前景暗淡且竞争能力较弱。应尽快放弃这些经营单位，把资金抽出来并转移到更有利的经营单位。

三、有关活动方案选择的决策方法

管理者选好组织的活动方向之后，接下来需要考虑的问题就是如何到达这一方向。由于到达这一活动方向的活动方案通常不止一种，所以管理者要在这些方案中做出选择。根据未来情况的可控程度，可以把有关活动方案的决策方法分为三大类型：确定型决策方法、风险型决策方法和不确定型决策方法。

(一) 确定型决策方法

确定型决策也称标准决策或结构化决策，是指决策过程的结果完全由决策者所采取的行动决定的一类问题，它可采用最优化、动态规划等方法来解决。决策者在只存在一种自然状态(客观条件)，而且有各种备选方案的情况下做出决策。确定型决策看起来很简单，但在实际决策中并不都是这样。决策者面临的备选方案可能有很多，从中选出最优方案就很不容易。

常用的确定型决策方法有线形规划和量本利分析法等。

1. 线形规划

线形规划是在一些线形等式或者不等式的约束条件下，求解线形目标函数的最大值或最小值的方法。运用线形规划建立数学模型的步骤如下。

(1) 确定影响目标大小的变量。

(2) 列出目标函数方程。

(3) 找出实现目标的约束条件。

(4) 找出使目标函数达到最优的可行解，即为该线形规划的最优解。

例 6.1 某企业生产两种产品：桌子和椅子，它们都要经过制造和装配两道工序，有关资料如表 6.1 所示。假设市场状况良好，企业生产出来的产品都能卖出去，试问何种组合的产品使企业的利润最大？

表 6.1 某企业的有关资料

	桌 子	椅 子	工序可利用时间(小时)
在制造工序上的时间(小时)	2	4	48
在装配工序上的时间(小时)	4	2	60
单位产品利润(元)	8	6	—

这是一个典型的线形规划问题，步骤如下。

(1) 确定影响目标大小的变量。在本例中，目标是利润，影响利润的变量是桌子数量 T 和椅子数量 C。

(2) 列出目标函数方程。

(3) 找出约束条件。在本例中，两种产品在一道工序上的总时间不能超过该道工序的可利用时间，即：$\pi=8T+6C$

制造工序：$2T+4C\leqslant 48$

装配工序：$4T+2C\leqslant 60$

除此之外，还有两个约束条件，即非负约束：

$$T\geqslant 0$$

$$C\geqslant 0$$

从而线形问题成为如何选取 T 和 C，使在上述 4 个约束条件下达到最大。

(4) 求出最优解——最佳产品组合。通过图解法(如图 6.5 所示)求出上述线形规划问题的解，即生产 12 张桌子和 6 把椅子使企业的利润最大。

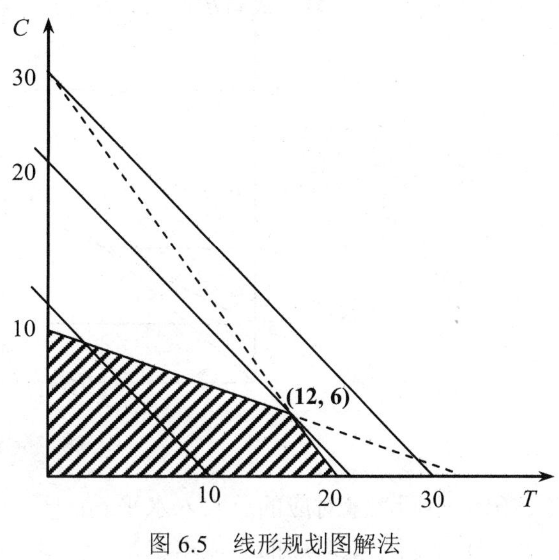

图 6.5　线形规划图解法

2. 量本利分析法

量本利分析是成本—产量(或销售量)—利润依存关系分析的简称，也称为 CVP 分析(Cost-Volume-Profit Analysis)，是指在变动成本计算模式的基础上，以数学化的会计模型与图文来揭示固定成本、变动成本、销售量、单价、销售额、利润等变量之间的内在规律性的联系，为会计预测决策和规划提供必要的财务信息的一种定量分析方法。

量本利分析着重研究销售数量、价格、成本和利润之间的数量关系，它所提供的原理、方法在管理会计中有着广泛的用途，同时它又是企业进行决策、计划和控制的重要工具。

企业的产品从成本的角度看，可划分为固定成本和变动成本两类。

虽然固定成本与产量的关系是不变的，但摊入单位产品成本中的固定成本却是随着产量的变化而变化的；即产量增大，摊入单位产品成本的固定费用减少；产量减少，摊入单位产品成本中的固定费用增加。

变动成本是指随产量变化而呈正比例变化的费用，而单位产品的变动成本是不变的。产品成本中的原材料费、燃料动力费、计件工资等，均属于变动费用。

在应用量本利分析法时，关键是找出企业不盈不亏的产量(称为保本产量或盈亏平衡产量，此时企业的总收入等于总成本)，而找出保本产量的方法有图解法与代数法两种。

1) 图解法

图解法是用图形来考察产量、成本和利润之间关系的方法。在应用图解法时，通常假设产品价格和单位变动成本都不随产量的变化而变化，所以销售收入曲线、总变动成本和总成本曲线都是直线。

例 6.2　某企业生产某种产品的总固定成本为 6 万元，单位变动成本是每件 1.8 元，产品价格是每件 3 元。假设某方案带来的产量为 10 万件，问该方案是否可取？

利用上例中的数据，在坐标图上画出总收入曲线、总固定成本曲线和总成本曲线，得出量本利分析图，如图 6.6 所示。

从图 6.6 中可以得到以下信息，供决策分析使用。

(1) 保本产量，即总收入曲线与总成本曲线交点所对应的产量(本例中保本产量为 5 万件)。

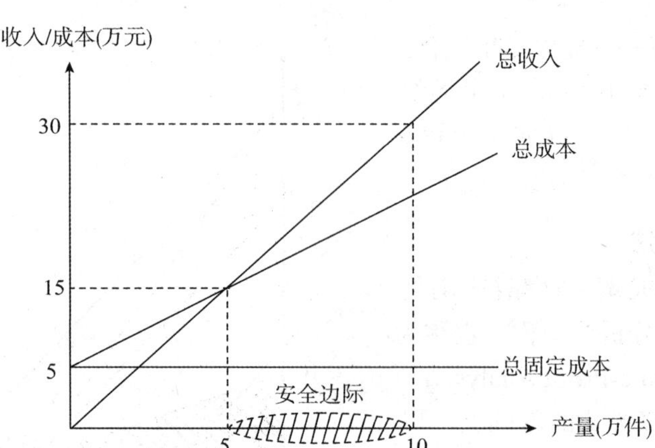

图 6.6　量本利分析图

(2) 不同产量对应的总收入水平。

(3) 不同产量对应的总成本水平。

(4) 不同产量对应的总利润水平，即总收入与总成本之差。

(5) 不同产量对应的总变动成本水平，即不同产量对应的总成本与总固定成本之差。

(6) 安全边际，即方案带来的产量与保本产量之差(本例中安全边际为 5 万件)。

2) 代数法

代数法是用代数式表示产量、成本和利润之间关系的方法。

假设总成本为 Y，固定成本为 F，变动成本为 V，单位产品变动成本为 C_v，销售量为 Q，销售收入为 S，单位产品价格为 P，R 代表单位产品的贡献($R=P-C_v$)，利润为 π，则有下面关系式：

$$Y = F + V = F + C_vQ$$

$$S = PQ$$

根据利润公式可知：利润=收入-成本，则

$$\pi = S - Y$$

$$\pi = PQ - (F + C_vQ)$$

得到量本利关系式为：$Q = (F+R)/(P - C_v)$。

当利润为零时，就得到盈亏平衡公式：$Q_0 = F/(P - C_v)$。

当企业销售量$>Q_0$时，企业有盈利；当企业销售量$<Q_0$时，企业则亏损。

而：安全边际=方案带来的产量-保本产量

　　安全边际率=安全边际/方案带来的产量

(二) 风险型决策方法

在比较和选择活动方案时，如果未来情况不止一种，管理者不知道到底哪种情形会发生，但可以估计出每一种情形出现的概率，则必须采取风险型决策方法，也叫概率型决策或随机型决策。如果知道了概率及各种条件值，就可以确定每种情形的期望值。概率是指方案成功的可能性，条件值是该方案成功时公司可能获得的利润，期望值是条件值与概率的乘积。

决策者可以根据各个方案的最终期望值的大小来决定方案的选择。它主要用于远期目标的战略决策或随机因素较多的非程序化决策，如技术改造、新产品研制和投资决策等方面。

风险型决策的方法有很多，如表格法、矩阵决策法和决策树法等。这里主要介绍决策树法。

例 6.3 某公司产品供不应求，需增加产量，拟订了 3 种可行方案：①新建一个大厂，需投资 360 万元；②新建一个小厂，需投资 180 万元；③先建小厂，先投资 180 万元，试看 3 年，若前 3 年产品畅销则再扩建，扩建需追加投资 200 万元，其收益与新建大厂相同。三者的使用期均为 10 年，并假定：前 3 年畅销，后 7 年也畅销；前 3 年滞销，后 7 年也滞销。各方案的损益值及自然状态的概率如表 6.2 所示。

表 6.2 决策方案资料表

各方案的损益 / 自然状态	方案及收效(万元/年)				概 率
	小厂	大厂	先小后大		
			前 3 年	后 7 年	
畅销	60	140	60	140	0.7
滞销	30	−35	30	−35	0.3

问：公司如何决策才能获得最大的经济效益？

解：

(1) 画决策树。

如图 6.7 所示，□(方框)表示决策点，由决策点画出的若干线条称为方案分支，每一条线代表一个方案；○(圆圈)表示自由状态点，画在方案分支末端，由自由状态点引出的线段称为概率分枝。

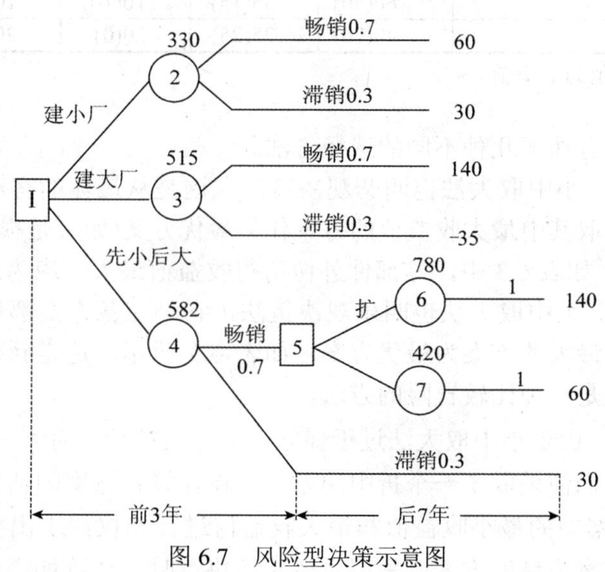

图 6.7 风险型决策示意图

(2) 计算各点期望值。

点②：[(60×0.7)+(30×0.3)]×10−180=330(万元)

点③：[(140×0.7)+(−35×0.3)]×10−360=515(万元)

点⑥：140×7×1-200=780(万元)

点⑦：60×7×1=420(万元)

点④：0.7×(3×60+780)+0.3×30×10-180=582(万元)

通过上述计算可知：建大厂比建小厂好，但先小后大比不进行实验而直接建大厂更好，故应选先小后大的方案为决策方案。

(三) 不确定型决策方法

不确定型决策是指方案实施可能会出现的自然状态或者所带来的后果不能做出预计的决策。它主要是凭决策者的主观意志和经验来做出决策，因而，不同的决策者，对同一个问题可能有完全不同的方案选择。常用的不确定型决策方法有小中取大法、大中取大法、乐观系数法与最小最大后悔值法等。下面通过举例来介绍这些方法。

例 6.4 某企业生产某产品，需要大量的零部件，经研究有 3 种方案可以满足要求：①新建生产线，增加生产能力；②改建原有生产线，提高产量；③零部件通过外部协作解决。

虽然该产品的市场需求量无法估计，但对不同情况下的销售收益则可大致估计出，如表 6.3 所示。

表 6.3 3 种方案有关数据表 单位：万元

自然状态 / 损益值 / 行动方案	收益值(或后悔值)			最小收益值	最大收益值(或后悔值)
	畅销	一般	滞销		
新建生产线	110(0)	50(0)	-5(25)	-5	110(25)
改建生产线	60(50)	35(15)	10(10)	10	60(50)
零部件外协	40(70)	25(25)	20(0)	20	40(70)

注：表中括号内的数值为后悔值。

这时，决策者可有如下几种不同的选择方法。

(1) 小中取大法。小中取大法也叫悲观决策法，这是从最坏的客观状态出发，从各方案的最小收益值中选取其中最大收益值的方案作为最优方案(如果是损失值，则取损失最小的方案为最优方案)。如表 6.3 中，零部件外协所得收益值最大，应为最优方案。

(2) 大中取大法。大中取大法也叫乐观决策法，它是在各方案都处于最好结局的情况下，从中选择收益值最大的方案为最优方案，如表 6.3 所示，选定新建生产线方案为最优方案。这种决策方法是一种比较冒险的方法。

(3) 乐观系数法。由于小中取大法过于保守，无进取精神，而大中取大法又过于冒险，风险太大，因此，人们便采取了一个折中的办法，在计算各方案的估计值时引入一个“乐观系数”α，对各方案中的最小收益值和最大收益值进行加权，求出各方案的期望值，然后以期望值最大的方案为最好方案。采用系数法做决策时，计算期望值的公式为：

$$E_i=\alpha\times Q_{\max}+(1-\alpha)\times Q_{\min}$$

式中：E_i——第 i 方案的期望收益值；

$Q_{\max}$——第 i 方案的最大收益值；

$Q_{\min}$——第 i 方案的最小收益值；

α——乐观系数($0<\alpha<1$)。

乐观系数的大小，由决策者根据具体情况而定。不同类型的决策者，会做出不同的选择。

(4) 最小最大后悔值法。最小最大后悔值法也叫机会损失最小值决策法。所谓后悔值是指当某种自然状态出现时，决策者由于从若干方案中选优时没有采取能获得最大收益的方案，而采取了其他方案，以致在收益上产生了某种损失，这种损失就叫后悔值。用这种方法来做决策，首先要求出各方案在不同情况下的后悔值，然后找出各方案的最大后悔值，最后从各方案的最大后悔值中选取后悔值最小的方案作为最优方案。

如表 6.3 所示，在滞销的情况下，若采用零部件外协方案，会盈利 20 万元，若采用新建生产线方案，则亏损 5 万元，所以采用新建生产线的后悔值是 25 万元；同理，若采用改建生产线方案，则它的收益是 10 万元，比采用外协的收益 20 万元少 10 万元，所以采用改建方案的后悔值为 10 万元。

从表 6.3 中可以看出，新建生产线的后悔值最小，仅为 25 万元，应作为优选方案。这种决策方法，既没有小中取大法那么保守，又没有大中取大法那样冒险，因此，易于为人们所接受。

本 章 小 结

决策就是管理者识别并解决问题及利用机会的过程。由于企业活动非常复杂，管理者的决策也多种多样。不同的分类方法，具有不同的决策类型，主要有：长期决策与短期决策；战略性决策、管理性决策、业务性决策；程序性决策与非程序性决策；确定型决策、风险型决策、不确定型决策；个人决策与群体决策；激进型决策与保守型决策；初始决策与追踪决策等。

决策遵循的原则是满意原则，而不是最优原则。

决策的过程是指从问题到方案确定所经历的过程。决策是一项复杂的活动，有其自身的工作规律性，需要遵循一定的科学程序。在现实工作中，导致决策失败的原因之一就是没有严格按照科学的程序进行决策，因此，明确和掌握科学的决策过程，是管理者提高决策正确率的一个重要方面。

决策的影响因素有：环境、过去的决策、决策者对风险的态度、组织成员对组织变化所持的态度、伦理和时间等。

决策的方法分为主观决策法、有关活动方向的决策方法、有关活动方案选择的决策方法。

练习与思考

一、单项选择题

1. (　　)大多由中层管理者来进行，主要是对组织内部的资源进行有效的组织和利用，以提高管理效力。

A. 业务性决策　　B. 战略性决策
C. 战术性决策　　D. 程序化决策

2. 决策树适合下列哪种类型的决策？(　　)
A. 确定型决策　　B. 非确定型决策
C. 风险型决策　　D. 非程序化决策

3. 有一种说法认为“管理就是决策”，这实际上意味着(　　)。
A. 对于管理者来说只要善于决策就一定能够获得成功
B. 管理的复杂性和挑战性都是由于决策的复杂性而导致的
C. 决策能力对于管理的成功具有特别重要的作用
D. 管理首先需要的就是面对复杂的环境做出决策

4. 波士顿矩阵中的瘦狗业务是指(　　)。
A. 高增长率、低市场份额　　B. 低增长率、低市场份额
C. 高增长率、高市场份额　　D. 低增长率、高市场份额

5. 某企业生产某产品，固定成本为 8 万元，单位可变成本为每件 5 元，该产品每件售价 13 元，则产品的盈亏平衡点产量是(　　)件。
A. 8000　　B. 10 000　　C. 12 000　　D. 20 000

二、多项选择题

1. 以下属于主观决策法的主要有(　　)。
A. 头脑风暴法　　B. 发散思维法　　C. 德尔菲法
D. 定量决策法　　E. 后悔值最小法

2. 下列选项中不属于企业短期决策的是(　　)。
A. 投资方向的选择　　B. 人力资源的开发　　C. 组织规模的确定
D. 企业日常营销　　E. 本季度研发支出的投入

3. 决策的影响因素有(　　)。
A. 环境　　B. 过去的决策
C. 决策者的风险态度　　D. 组织成员对组织变化所持的态度
E. 决策者的素质

4. 量本利分析法中所谓的“量、本、利”是指(　　)。
A. 产量　　B. 成本　　C. 产出
D. 利润　　E. 利益

三、判断题

1. 按照决策条件的可控程度，决策可分为程序性决策和非程序性决策。(　　)

2. 不确定型决策面临的是多种可能的自然状态，可选方案在不同自然状态下的结果不同，未来会出现哪一种自然状态，事前虽难以肯定，但却可以预测其出现的概率。(　　)

3. 小中取大法是在各方案都处于最好结局的情况下，从中选择收益值最大的方案为最优方案。(　　)

4. 盈亏平衡点，是指产品的单位价格等于产品的单位变动成本。(　　)

5. 决策方案的后果有多种，且每种都有客观概率，这属于确定型决策。 ( )

四、计算题

1. 某化工厂 2016 年生产某种产品，售价为 1000 元，销售量为 48 000 台，固定费用为 3200 万元，变动费用为 2400 万元，求盈亏平衡点产量。

2. 某企业计划生产一种产品，经市场调查后预计该产品的销售前景有两种可能：销路好，其概率是 0.6；销路差，其概率是 0.4。可采用的方案有两个：①新建一条流水线，需投资 2000 万元；②对原有设备进行技术改造，需投资 500 万元。两个方案的使用期均为 10 年，损益资料如表 6-4 所示。

表 6-4 某企业的损益资料

方案	投资(万元)	年收益		使用期
		销路好(0.6)	销路差(0.4)	
新建流水线	2000	700	−200	10 年
技术改造	500	500	100	10 年

试根据以上条件完成以下练习。

(1) 绘制出决策树。

(2) 计算出两个方案的收益期望值，并进行决策。

3. 某企业打算生产一种新产品，有以下 4 种方案可供选择。

- A1：改造原有生产线。
- A2：新建一条生产线。
- A3：配件生产外包。
- A4：从市场上采购一部分配件。

该企业决策层经过分析，认为未来产品投放市场后可能有以下 4 种状态。

- S1：需求量高。
- S2：需求量一般。
- S3：需求量较低。
- S4：需求量很低。

各方案在各种状态下的预期收益如表 6-5 所示。

表 6-5 各方案在各种状态下的预期收益

收益 自然状态 方案	S1	S2	S3	S4
A1	360	290	−180	−100
A2	580	410	−240	−190
A3	190	120	80	−48
A4	110	95	75	15

试根据上述条件，用 3 种常用不确定型决策方法，即：小中取大法；大中取大法；最

小最大后悔值法(要求计算出各方案在各自然状态下的后悔值)，给出各方法下的决策方案。

案例点击

罗克韦尔(Rockwell)国际公司艰难的决策

20世纪90年代，罗克韦尔国际公司和其他如洛克希德·马丁(Lockheed Martin)等大型美国国防公司一样，感觉到了美国国防开支急剧削减造成的影响。随着苏联的解体和冷战时代的终结，美国五角大楼现在只购买相当于20世纪80年代所购武器装备(如导弹、坦克和飞机)的50%。这种企业环境对罗克韦尔的业绩产生了极大的威胁，它的经理人必须找到一种新的战略来应对这些威胁，以提高公司的业绩。

在总裁唐纳德·比尔(Donald Beall)的领导下，罗克韦尔公司制定了一项把公司带入21世纪的绝佳新战略。比尔是在20世纪60年代初加入罗克韦尔的，到30岁时一直在经营其电子业务部，在1987年成为公司的CEO。他一直是决定让罗克韦尔减少对国防开支的依赖，逐步转入工业产品和消费品领域的主要推动者，如比尔通过兼并 Allen Bradley 和 Reliance Electric 等公司让罗克韦尔转入了工业自动化领域。当罗克韦尔兼并一家企业后，比尔就会为它提供罗克韦尔在高科技和电子方面的大量专业人才，使新兼并的部分更强，技能更高。罗克韦尔是一家制造了B-1炸弹、阿波罗宇宙飞船和航天飞机的公司。该公司在改造先进新型产品方面拥有大量技术和经验，并有一支很有创造力的工程师队伍，时刻准备着把他们的技能用在新试制产品上。比尔的目标是运用罗克韦尔在国防产业已经开发出的技术来开发其他领域的先进新型产品。

有些分析家批评比尔实施的各种兼并项目，说他没有连续的目标或远见。他们说，在一个许多公司决定把精力放在一项核心业务上的时代，比尔看上去却是在建立一个多样化业务的王国，包括国防电子、自动产品、印刷出版社、宇宙航天飞机助推器、传真机芯片、塑料和电讯。他们认为比尔可能过高地估计了他经营如此多样化业务的能力，他们还问他，根据罗克韦尔以往仅在国防电子这一项业务上取得的成功，他是否过高地估计了其公司在这么多业务上成功竞争的能力。

比尔坚持说他和他的管理团队在评估罗克韦尔应该进入什么样的业务时采用了非常清楚的标准。首先，他们只购买显然能在该行业里成为市场领导者的企业。其次，他们评价企业的标准是长期(10年)回报机会。(Credit 53)评论家们反驳道，市场环境的不确定性因素很多，比尔及其管理团队根本不可能肯定地预测他们所预计的回报会不会回来。

然而，罗克韦尔进入工业自动化领域的冒险之举非常成功。在罗克韦尔向 Allen Bradley 和 Reliance Electric 两家公司提供了高科技技能和资源后，这两家公司在工业自动化市场上获得了30%的市场份额；现在该市场的利润占罗克韦尔总利润的50%。这只是运气好呢，还是一系列其他成功企业的前奏？如果是后者的话，罗克韦尔将在未来几年中成为领先的高科技公司。

(资料来源：根据 http://baike.baidu.com/view/685171.htm 所载网文改编)

问题：

(1) 根据本案例的决策制定 6 个步骤来评估比尔的举措。

(2) 比尔会不会因为某些认知偏差而蒙受巨大损失？这些认知偏差是什么？

(3) 你认为比尔是否为罗克韦尔确立了正确的方向？即将出现的新机会和威胁是什么？

点 石 成 金

(1) 由于政府削减了军费开支，比尔必须对威胁到组织绩效滑坡的原因做出反应。虽然整个形势还不明朗，但必须做出最有利于组织的决策，确保组织能够在 21 世纪获利。1987 年，比尔就认识到需要做出调整的决定了，即促进公司向一般工业和民用消费品的生产上转移。比尔一定是考虑了所有的选择，如一方面向新获胜的政府游说以获取更多的订单，另一方面考虑国际化的扩张政策等，比较之后，比尔还是决定公司应该涉及更多的工业领域，在新的领域，罗克韦尔公司的技巧和经验就可以发挥作用。比尔的目的就是将罗克韦尔公司在国防工业中积累的成功经验运用到其他领域中。他决定以多元格局替代原先单一的国防工业，因为国防工业已经不能保障罗克韦尔公司所期望的增长和盈利。比尔通过并购多家大公司贯彻了战略调整，通过这几家大公司，罗克韦尔公司希望再成为市场中的“领头羊”。

(2) 正如案例中所叙述的比尔和罗克韦尔公司都会遇到一些认知偏差。最具代表性的恐怕莫过于对“控制”的认知偏差。比尔认为他可以从罗克韦尔公司获取的国防工业的成功中再次成功地领导一般工业和消费品生产的成功。于是，比尔派遣罗克韦尔公司的高技术和电子专家到他收购来的大公司去，罗克韦尔公司希望运用他们的技能和经验在新领域创造出领先的新产品。从一个较狭窄的国防工业领域到许多不同的工业领域这一想法可能还与公司中的其他观点相抵触。

对比尔的战略建议的批评还表明，对控制职能的曲解在罗克韦尔公司中也存在。也有一种批评比较含蓄，认为过高地估计了罗克韦尔公司控制事物的能力。一些分析家说，罗克韦尔公司对其他领域的四处扩张不是比尔能够驾驭的。另有一些分析家还认为，比尔过高地估计了罗克韦尔公司能跨越那么多的商业领域并拥有强大的竞争能力。环境是不确定的，比尔也不能够确定他所做出的决定就是利益最大化的选择。

(3) 在带领罗克韦尔成功地进入新世纪方面，比尔的新战略无疑是极富进攻性的。果能如此，比尔将会取得新的战绩，当然，事实上这也是一个困难的任务。罗克韦尔有开发新产品的技能和经验，拥有高水平的工程师队伍，随时能够将他们的才能运用到新领域开发上，这是组织能够在未来取胜的关键。这种灵活性也是罗克韦尔能够进入新市场、寻找新的增长点的资本，这种人力资本使他们在发生了巨大变化时能游刃有余地利用机会。

对罗克韦尔的成功造成威胁的是，原先一致的观点会因此产生分歧。在扩张和多元化的经营之后，比尔可能会失去公司原有的一致的目标和观点，因此管理一个互不关联的组织将会非常困难。再者，在一个开放的市场中，竞争者众多，对一家公司来说，管理这么多不同行当，企业取得全胜是极其困难的。

第七章

组织结构设计

案例导入

组织结构的变化

A 公司是某市一家中等规模的企业，拥有职工 800 余人。公司在 20 世纪 90 年代初创立时，主要给其他企业做 OEM(贴牌生产)，生产一些通用性强的电子零部件，品种不多，设计定型，新产品也很少。当时公司设开发、制造、销售等部门，其中制造部门是最主要的，开发部门和销售部门不大，开发部门隶属于技术科，销售部门和供应部门统称供销科。开发部门担负新产品开发的工作，主要是按照生产部门下达的任务，对现有的产品和设计工艺进行改进。销售部门工作也不多，主要是签订合同，跟催和交接货物。这 3 个部门分开设立，彼此间依赖程度不大，主要通过计划和统计手段(新产品计划、生产作业计划)进行相互沟通和协调。

20 世纪 90 年代后期，随着国家经济体制改革的推进，A 公司开始感到了市场的压力，市场竞争日益激烈，竞争对手主要是新兴的乡镇企业。这些乡镇企业生产同类的电路测量仪器，产品设计新颖，生产成本和销售价格很低。该市的交电公司不再对 A 公司的产品实行包销，而是实行择优订货的方式。市场形势迫使该公司改变经营战略，采取先进技术，加快产品的更新换代，并增加产品的规格和系列。为此，A 公司加大研发部门和销售部门的力量，分别从技术科和供销科中独立出来。

组织结构调整后，公司感到开发、制造、销售 3 个部门之间的沟通和协调不够通畅。在新的研究开发中，有些新产品因不符合市场要求，或是由于企业技术条件欠缺而无法正常投产。最主要的问题还在于试制周期长，从研究到投入市场的中间环节太多，结果投入市场晚，失去了本应占领的市场。经过研究分析，公司认为周期太长主要是 3 个部门之间相互提供的信息不够、不及时，试制周期环节上三者之间的协调和衔接不好。现在 3 个部门的相互依赖性提高了，而原来的组织结构却适应不了新的要求。

问题的原因找到了，企业决定，原来设置的 3 个部门不变，但要加强协调，于是增设了 3 名项目经理，分别负责新产品在试制过程中各环节的衔接和协调问题。组织改革之后，效果不错，新产品的试制周期从原来的一年缩短到平均半年左右，企业领导对此感到满意。

2003 年，情况又有了新的变化：一方面，经过几年快速发展，公司规模已扩大到 1500 人；另一方面，电路测量仪器市场趋于饱和，市场空间有限。为谋求企业进一步发展，企业领导决定发挥本企业技术、人才、资金比较雄厚的优势，在维持原有产品生产规模的同时，打入电子医疗器械及办公用品和电子产品两个新市场。为此，进一步加强研究开发部门，适当充实了制造部门和销售部门。

现在遇到的问题还是 3 个部门之间的协调问题。一位副总经理总结说："产品开发没有研制出完全符合市场要求并能及时投放市场的新产品，特别是原来缩短了的试制周期又加长了。"分析原因的过程中，试制车间的主任提出的意见具有代表性。他说："现在新产品试制的战线拉长了，计划书下来，同时要试制的品种多，时间都很急，车间没有办法，只好什么方便先做什么。结果，这个新产品在样品试制环节上被卡住了，那个产品在成批生产上被卡住了。各个产品的试制周期被拉长了。"

公司经过研究，根据分析进一步发展的需要，决定对组织结构进行重大改革，将原来按职能分段设计的部门结构改为事业部制，分设电路测量、医疗器械、办公用品 3 个事业部。每个产品事业部都有自己的开发部门、制造部门、销售部门。按总经理的话说："要组成电路、测量、办公三条龙，大大加强产品的开发—生产—销售之间的协调，各事业部对自己生产的产品实行一条龙管理。"改革后，新的事业部独立经营，这与过去的做法大不一样。公司运行近一年，取得了较好的成果，一个突出的表现就是新产品试制的周期加快了，有两个产品只用 3 个月就投入了市场。

(资料来源：根据http://www.wangxiao.cn/gl/3763652539.html所载网文改编)

试问：

1. 20 世纪 90 年代后期，A 公司所处的内外环境发生了哪些变化？

2. A 公司面对新的市场环境，进行了组织变革，增设了 3 名项目经理，分别负责新产品在试制过程中各环节间的衔接和协调。此时 A 公司属于何种组织结构？该组织结构具有什么优缺点？

3. 2003 年以后，A 公司采取了什么样的组织结构？这种组织结构的优缺点是什么？

学习目标

通过本章的学习，要求重点掌握组织结构设计、管理幅度、管理层次、非正式组织等重要概念，以及组织结构设计的原则和组织结构的基本类型；明确组织结构设计的影响因素和程序、影响组织管理幅度的因素；了解和熟悉组织力量整合的含义和具体内容。

关键概念

组织结构(Organization Structure) 金字塔状结构(Tall Structure) 扁平状结构(Flat Structure) 职能制组织结构(Functional Structure) 矩阵制组织结构(Matrix Structure) 集权(Centralization) 分权(Decentralization) 管理幅度(Span of Control)

第一节　组织结构设计概述

一、组织结构设计的含义

现代管理理论之父切斯特·巴纳德(Chester Barnard)认为，组织是一个有意识地对人的活动或力量进行协调的关系，是两个以上的人自觉协作的活动或力量所组成的一个体系。著名管理学家哈罗德·孔茨(Harold Koontz)则进一步指出：为了使人们能为实现目标而有效地工作，就必须设计和维持一种职务结构，这就是组织管理职能的目的。

显然，如果一个劳作单位只有一个人或几个人，则完全可以简单地分配好工作任务和工作资源，而且还能确保其工作内容和方式是有利于实现组织目标的；但是，如果组织规模不断扩大，如在有着成百上千乃至数万人的大企业，或随着企业业务的国际化和多元化扩张，如果再不明确地设置若干管理岗位，并对各个岗位的业务内容、职责和权限等进行明确划分，明确各个管理岗位之间的关系，就难免有很多人的工作内容是无效的甚至是破坏组织目标的。本章开头的典型案例就反映出了这一问题。为此，我们可以借助组织结构设计来解决它。

所谓组织结构设计，就是要在管理劳动分工的基础上，设计出组织所必需的管理职务，并明确各个管理职务之间的相互关系。组织结构设计是一项操作性很强的工作，需要在组织理论的指导下进行并经过实践的检验和修正。

二、组织结构设计的目的

组织结构设计是执行组织职能的基础工作，其目的是建立一套正式的职责体系，即绘制出一份能全面反映组织职责关系的组织结构系统图，并编制出各个岗位的职务说明书。

(一) 组织结构图

简单而言，组织结构图是用图表的形式来描述组织中各管理岗位之间的关系。因为其形象直观，所以成为组织管理中不可或缺的管理工具。

图 7.1 所描述的是一张最简单的组织结构图。通过此图不难发现，该组织设定了 6 个管理岗位，分别是总经理及 5 个部门的负责人，其中，总经理具有向各个部门发出指示、分派任务的权力，而各部门负责人对总经理负责并向其汇报工作。在任何一个部门中，其

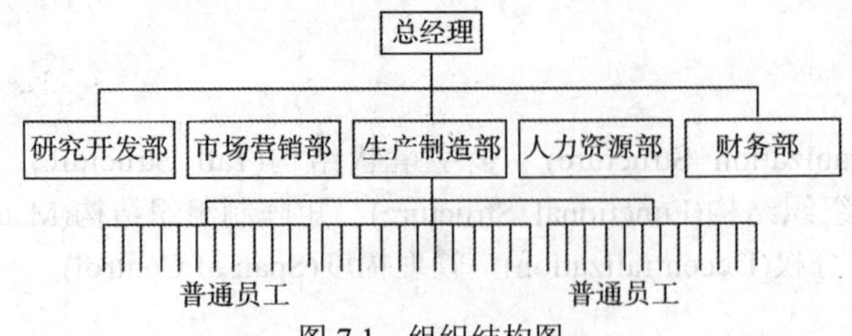

图 7.1　组织结构图

成员从事相同或类似的工作，以自身的专业能力与组织建立密切联系，为实现组织目标而提供自己的专业技能。

组织机构图可以帮助管理者实现以下两个目标。

(1) 事事有人做。即通过设置各职能部门，可以保证组织运行所必需的各类活动都有相应的部门来贯彻实施。例如，研究开发部门专门负责企业的新产品开发，生产制造部门确保了季度产量，人力资源部门为组织发展提供人才储备等，这可以帮助管理者迅速做出工作安排，而不会出现工作无法落实的局面。当然，随着新业务的扩展，组织可以进一步设置海外事业部、公共关系部等，相应地，其组织结构图也日趋复杂、完善。

(2) 人人有事做。即管理者可以根据人员的业务专长，准确判断该人员是不是本企业所缺乏的，并安排到相应的部门中或岗位上。长远来看，就可以减少人浮于事的状况，从而优化组织成本、提高组织绩效。

(二) 职务说明书

职务说明书是以文字的形式，全面解释该管理职务的工作内容、职责与权力、与组织中其他部门和职务的关系，以及能够胜任该项管理工作的人员所必须拥有的基本素质、技术知识、学科背景、体能条件、工作经验或人格倾向等。表 7.1 所示是一份行政秘书职务说明书。

表 7.1 职务说明书范例——某外贸公司行政秘书

职务定位	中文职称：行政秘书　　部门名称：行政人事部 直属上司：行政人事部经理　　直属下级：无
职务概述	负责行政人事部行政方面的一切事务，包括文书往来、会议记录、资料存档，并协助监督各部门的行政工作，确保与各部门主管保持紧密联系，直接受行政人事部经理指派并协助行政人事部经理处理行政人事部的日常事务
职责范围	① 与各部门保持良好沟通，加强合作； ② 启阅日常往来文件及信件，呈送执行主管审批或送至各部门； ③ 设立“机密文件”档案，负责存档及查阅； ④ 制定行政人事部的全年开支预算，包括办公用品、交通费及杂项等； ⑤ 出席定期的行政会议，编写会议记录； ⑥ 安排行政人员的差旅、公干出行事务； ⑦ 负责大型会议的筹备工作； ⑧ 负责接待或替执行主管接待来访人员； ……
任职资格	① 大专或大专以上学历，年龄 25～35 岁； ② 普通话标准，相貌端庄； ③ 良好的口头和书面表达能力； ④ 良好的沟通协调能力； ⑤ 熟悉了解相关法律法规； ⑥ 吃苦耐劳，具有高度的责任心和敬业精神； ……

在一定时期内，一个组织只需要一张组织结构图即可；但是一个组织内的职务说明书却是为数众多的，它与该组织设置了多少个管理职务有关。例如，即使同在研究开发部这一部门，其部门经理与副经理这两个管理职务所承担的工作内容、肩负的权限和责任及对任职者的要求也是不一样的，因此需要两份内容不同的职务说明书来给出制度化的规定。

在组织管理中，职务说明书形成组织结构图的有效补充和有力支撑：一方面可以帮助管理者进一步明确各管理岗位的工作内容和性质、确保各项工作都能得到有效执行；另一方面管理者可以依据职务说明书来甄别挑选合适的管理人员。

三、组织结构设计的影响因素

组织结构设计是为组织管理服务的，当组织本身受到各种内外因素而发生改变时，其组织结构设计也要进行修正，甚至会做出重大调整。例如，其组织结构图发生了改变，删减某些部门并设置新部门，或由产品部门化更改为区域部门化等，相应地，职务说明书的内容也要进行更新。影响组织结构设计的因素主要体现在以下几个方面。

(一) 环境因素

根据系统原理，任何企业或组织都不是孤立存在的，与其发生联系的周围事物的全体即构成其环境，不能适应环境的组织是缺乏生命力的。因此，当周围环境发生变动时，其管理策略必须适应这种变动，如调整本组织的结构。

环境对组织结构的影响是显著而深远的。近年来，随着知识经济的兴起，科技创新日渐成为企业可持续发展的有力支撑，于是很多企业通过组织结构设计突出了研究开发部的战略地位，新的机构和新的管理岗位由此诞生，如增设研究与开发专项事业部、设置技术总监等岗位。

(二) 战略因素

组织的战略取向决定了它将以哪种方式为顾客创造价值、为自己谋求生存和发展空间。美国管理学家亨利·明茨伯格(Henry Mintzberg)提出，一个组织的战略决定其任务和方向，而这些又决定其组织结构设计。因此，任何一个组织，其战略调整无不引发一场重大的组织结构调整。

美国管理学家雷蒙德·迈尔斯(Raymond E.Miles)和查尔斯·斯诺(Charles C.Snow)曾经在1978年出版的《组织的战略、结构和过程》中表述了战略姿态对组织结构的影响。后来也有众多学者对其观点进行了跟进研究。主要观点如表7.2所示。

表7.2 不同战略姿态下的组织结构特征

战略姿态	目 标	组织结构特征	举 例
防守型战略	在稳定的环境中追求稳定的效益	机械式组织结构：专业化分工程度高，规范化程度高，组织的规章制度繁多，集权化倾向浓厚	某国有棉纺织厂
进攻型战略	在动荡而复杂的环境中迅速发现机会	有机式组织结构：劳动分工程度低，规范化程度低，组织的规章制度少，分权化倾向浓厚	某软件开发公司
分析型战略	保存实力，同时灵活应变	刚柔结合式组织结构：对现有活动进行严格控制，但对某些部门允许其自主独立，集权和分权相结合	某二次创业期的企业集团

(三) 规模因素

组织规模是影响其结构设计的一个重要变量。随着组织规模的快速扩张，其业务活动内容日趋复杂，因此对组织管理的规范化要求也逐渐提高。本章开头的案例所反映的管理困境，其本质就在于该组织在经营规模扩大的同时，其组织结构设计未随之进行必要的更新，于是管理效率下降。

规模因素对组织结构的影响主要体现在以下几个方面。

(1) 组织规模越大，分工越强、工作越专业。例如，在手工作坊式生产组织中，员工可能是“多面手”，一名员工甚至可完成整个生产过程；而到了机器化大生产阶段，企业所采用的流水线就呈现出高度专业化分工特性，一名员工只负责该流水线的一“段”甚至一“点”。

(2) 组织规模越大，标准化操作程序和管理制度就越健全。随着人员数量和部门数量剧增，创业期的口头协商或非正式沟通显然不能满足管理的需要，因此需要借助管理文件对某些操作程序和处理意见进行明确和固化。这就是为什么企业越大，规矩越多。

(3) 组织规模越大，分权程度就越高。由于高层管理者的时间、精力和知识有限，因此企业规模扩大必然需要其通过授权或分权的形式，让更多的人帮助他进行管理，于是组织结构设计中的管理岗位数量增多。

(四) 技术因素

技术因素对组织结构设计的影响主要体现在以下两个方面。

(1) 生产技术对组织结构造成影响。20 世纪 60 年代初期，英国女性管理学家、工业社会学家琼•伍德沃德(Joan Woodward)对英国南艾塞克斯郡的 100 家工业企业的组织结构进行了深入研究。结果表明，工业企业的生产技术同组织结构及管理特征之间有着系统的联系。生产技术的复杂程度越高，则意味着大多数生产操作是由机器来完成的，因此其组织结构往往表现出管理层次增多、高层管理者的管理幅度增大、管理人员在全体职工中的比重增大等特性。

(2) 信息技术对组织结构造成影响。当信息技术成为一种管理手段，它也需要新型组织结构来与它配合。信息技术对组织结构的影响主要体现在：使组织形态呈现扁平化或网络化趋势，加强了企业各部门之间的协调与沟通，可以增大管理者的管理幅度等。

第二节　组织结构设计的原则与程序

组织结构设计是一项困难的工作：一方面是因为现实生活中的组织类型多种多样，如军队、企业、学校、教会等，它们必然具有不同的组织结构；另一方面是因为组织结构设计的任务繁多，还受到诸多因素的影响，这些都增添了组织结构设计工作的难度。但是长期的研究和实践发现，这项工作虽然困难，但还是有些基本的规律可以遵循。掌握组织结构设计的基本原则和基本程序，可以帮助我们降低工作难度，指导设计工作。

一、组织结构设计的原则

(一) 目标导向原则

组织结构设计的根本目的是服务于组织目标的实现，确保目标活动的每项内容都能落实到具体的部门和岗位。因此，组织结构设计必须坚持以组织目标为中心，着重考虑组织目标的内容、特点和需要，并在此基础上因事设职、因职用人。

坚持目标导向的设计原则，其作用主要体现在以下两个方面。

(1) 可以帮助组织正确地取舍各个组织结构要素。例如，2002 年前后，北京 XJ 电气公司经过 10 年的探索，决定将中长期战略目标确定为将自己打造成国内领先的电气设备研究机构，在这一组织目标的导向下，组织结构设计要重点强化研究开发部门的战略地位、增设若干技术类岗位，而生产和营销两部门的结构则将大大简化，某些岗位甚至直接被取缔。显然，如果没有明确的目标为指导，难免会造成设闲职、“吃闲饭”的不良现象。

(2) 可以帮助组织以正确的方式将各个组织结构要素结合起来。例如，为了在公司内部形成多个产品部门互相竞争的局面，组织结构可以采用产品部门化的形式；如果要在公司内体现出民主、人性化的管理风格，组织结构设计切忌管理层次过多，否则会导致最高管理层与最基层员工之间的沟通机会减少。

当然，坚持目标导向原则、以事为中心，并不排除在组织结构设计中也要考虑人的因素。因为任何组织首先是人的集合，而不是事和物的集合。因此，组织也有可能因为某些人的存在或加盟而适度调整现有组织结构，甚至增设某些岗位或部门。这样才能不仅保证“事事有人做”，而且可以让真正有能力的人有机会发挥自己的才能。

(二) 权责对等原则

责任明确了本部门或岗位上的管理人员必须达成的目标和必须履行的义务，而权力则是该管理人员调动、支配、利用一定数量的人力、财力、物力和信息等资源的资格。显然，如果缺乏一定的权力，履行责任则缺乏了保证，也不可能实现“事事有人做”“事事都能正确地做好”这样的组织目标。因此，组织结构设计工作不仅要明确各个部门或岗位的任务和责任，而且还要规定其取得和利用相应工作条件的权力。

权责对等原则不仅要求对同一个部门或岗位要同时赋予责任和权力，而且要求所赋予的责任和权力的分量要相当。组织结构设计如果违背了这一原则，打破了权力和责任之间的平衡，必将导致不良的管理效果。例如，如果岗位责任大于岗位权力，则可能使责任无法顺利履行并失去意义，甚至会遭到责任人的抵制和反感；反之，如果岗位权力大于岗位责任，虽然短期内可以保证任务的顺利完成，但从长远来看，可能导致不负责任的权力滥用，这对整个组织系统运行的危害也是非常巨大的。

(三) 命令统一原则

除最高长官外，组织中几乎所有员工在工作中都会收到来自上级的命令、指导和指示，员工根据上级意见启动、调整或终止自己的工作。但是，如果一个下属同时接受多个上司指导，而这多个指导意见又存在偏差的话，就会使他无所适从，导致工作混乱。这显然不

利于实现组织目标。因此，命令统一原则要求：组织结构设计工作必须保证一个下属只接受一个上司的领导。

法国管理大师亨利·法约尔(Henri Fayol)早在20世纪初期就提出了“命令统一”的重要性，但是直到今日，这条重要的原则在管理实践中仍遭到多方面的破坏，主要表现在两个方面：一是“越界”命令；二是“越级”命令。

例如，在图7.2中，根据等级关系，车间主任B和C直接受厂长A领导，并各自领导两个工段长(车间主任B领导工段长D和E，车间主任C领导工段长F和G)。但是在管理实践中，可能出现这样的现象：一是车间主任B向工段长G下达指示，工段长G考虑到车间主任B具有与自己的直系上司C同样的管理层次，于是听从了指挥。这就会因“越界”命令而导致多头领导，工段长G最终会陷入尴尬局面。二是厂长A不通过车间主任B而直接向工段长E发布命令。厂长A可能出于“效率”和“速度”的考虑，工段长E考虑到这是自己上司的上司，于是也会积极执行。“越级”命令在短期内可能会提高工作效率，特别是可以果断中止错误的发生，但是如果运用频繁或方式不恰当，则会将中间管理层架空，严重的还会导致整个管理系统瘫痪。

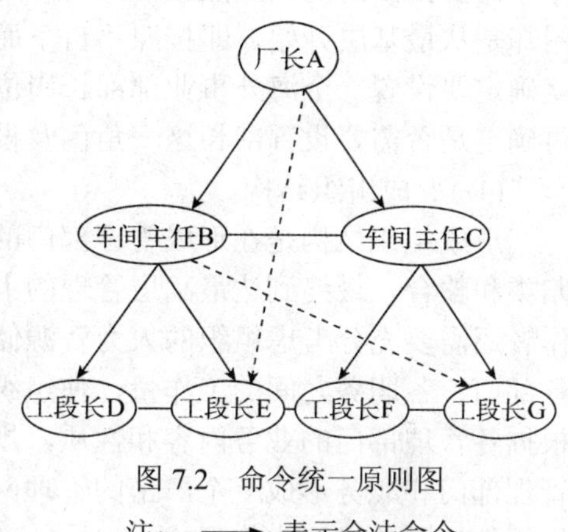

图7.2　命令统一原则图

注：→ 表示合法命令；
⇢ 表示非法命令；
—— 表示水平层级关系

二、组织结构设计的程序

组织结构设计必须按照一定的程序进行。一项全面的设计工作应该包括以下几个步骤。

(1) 前期调查。

这是组织结构设计的基础性工作。调查内容包括本企业将实现的组织目标、主要业务类型、所面临的内部和外部环境，以及管理者和员工的需求和建议等。本阶段的调查工作内容多、范围广，具有艰巨性。但是，只有全面掌握了组织的各种情况，才能使设计出的组织结构有利于组织目标的实现，符合管理要求，运行起来顺畅、稳健。因此，这一阶段的工作做扎实了，能使今后的设计工作事半功倍。

(2) 岗位分析。

设计工作者在通过调查，充分认识了组织现状的基础上，将对组织的目标活动进行逐层分解。岗位分析工作就是要明确：为实现组织目标，需要完成哪些具体的业务活动，这些活动分别从哪些角度为实现组织目标而做出贡献。为此，设计工作者将在岗位分析环节确定组织内从事具体管理工作的职务类型，即有多少种管理岗位、它们将分别实现什么次级或次次级管理目标；各类管理岗位的数量，即每一类管理岗位上需要配备多少管理人员；以及每一位管理人员所应承担的责任、权力，应具备的素质要求；等等。

(3) 形成管理部门。

岗位分析的结果是各类具有不同职责和权限的岗位说明，其数量庞大，而业务内容之间往往具有相似性和关联性。为此，设计工作者将依照一定的原则，根据岗位工作的内容、性质及相互之间的关系，将其组合成被称为“部门”的管理单位。形成管理部门的标准有多种，具体采用哪一类标准不可一概而论，要根据组织活动的特点、环境和条件而定。本章将在后面章节中具体阐述部门化的多种类型。

需要指出的是，虽然组织结构图是自上而下绘制的，但是，设计一个全新的组织结构图却是从最基层开始，即按照“自下而上”的原则进行。例如，我们不能在设计工作初期就确定要设置一个海外事业部部长岗位，而需要根据基层海外业务的具体内容和业务量，再确定是否需要设置部长这一角色及设置的级别如何等。

(4) 形成组织结构。

形成组织结构是在形成管理部门的基础上，进一步根据“自下而上”的原则进行业务归类和整合，最终到达最高层管理的上升过程。此外，在形成组织结构的过程中，设计工作者还需要充分考虑组织的人力资源储备情况，对初步设计的部门和职务进行调整，平衡各部门、各职务之间的工作量，使组织结构趋于合理。如果讨论可行，设计工作者就可以根据各管理部门的业务内容和性质，规定各管理机构之间的职责、权限及义务关系，使各管理部门和职务形成一个严密的管理网络系统。至此，组织结构设计的阶段性工作完成，组织结构图的雏形也将形成。

(5) 组织结构试运行。

形成组织结构并不是组织结构设计工作的结束，相反，它是该结构发挥管理作用的开始。该组织结构设计得是否合理、有哪些缺陷、需要在哪些地方做出改善，还需要经过实践的检验。因此，一个新的组织结构形成后，一般会有一段试运行期，在这段时期内，设计工作者将密切关注组织内部门之间的磨合情况、工作目标的完成情况等。

(6) 组织结构的完善。

设计工作者根据组织结构试运行中所反映出来的问题、暴露出的缺点，对初始形成的组织结构进行调整和补充，这也是组织结构设计的一个重要环节。其目的是尽量减少由于组织结构设计不周所导致的管理不善，不断逼近“事事有人做”和“人人有事做”的管理目标。

由于任何组织所处的环境、战略等都不可能是一成不变的，因此，任何组织的组织结构也不可能一旦形成就牢不可破，这也使组织结构的完善成为一场持续性的工作，往往要再次回到第一步的调查阶段，于是新一轮的组织结构设计工作又开始了。整个组织结构设计流程如图 7.3 所示。

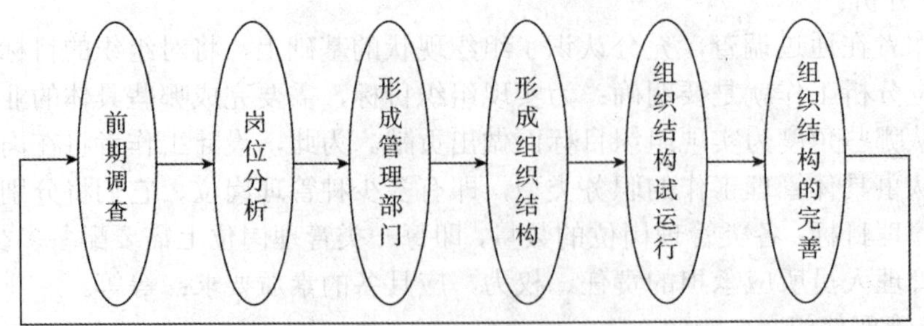

图 7.3　组织结构设计流程图

第三节　管理幅度与管理层次

一、管理幅度

(一) 管理幅度的含义

管理幅度，是指组织的一名上级领导能直接并有效领导下属的人员数量。即使是最优秀的管理者，由于时间、精力、知识和条件等各方面的要素限制，他能够有效领导的直接下属的数量也是有限的，一旦超过了其承受的限度，就可能实现管理不到位甚至负效应的局面。因此，在组织结构设计中，需要慎重确定每一位管理人员的管理幅度。

管理幅度是组织结构设计中一个重要而敏感的问题，需要重点关注：一方面，管理幅度加宽或变窄必然导致管理层次的相应变动，从而影响整个组织结构的基本形态；另一方面，管理幅度的微小变动可能导致组织内人际关系复杂性的剧烈震荡。例如，假设某管理者A的管理幅度为1，即他只对一名下属B直接发布命令，那么在这种组织活动中只存在一种人际关系数量，即“A-B 关系”；如果管理幅度增为2，仅增设了一名下属C，则可能出现A-B、A-C、B-C、A-B-C等多种组合的人际关系，依此类推。早期法国管理学家格拉丘纳斯(V.A.Graicunas)在1933年指出，管理幅度以算术级数增加时，管理者及其下属之间可能存在的人际关系数将以几何级数增加。这将使组织的管理工作变得复杂，并影响工作效率。

(二) 影响管理幅度的主要因素

鉴于管理幅度在组织结构中的重要性，组织结构设计工作需要全面考虑影响管理幅度的各方面因素，使设计结果合理化。影响某一管理者管理幅度的因素很多，有学者甚至提出了十多个因素。概括起来，这些影响因素可大致分为以下几类。

1. 工作能力

工作能力包含管理者自身的管理工作能力和下属的工作能力两个方面。

如果管理者本身学识渊博、能力出众、精力充沛，可以准确把握各类问题的关键，仍然在繁多的事务中游刃有余，则适当加宽其管理幅度是可行的；反之，如果管理者本身能力一般，在现有岗位上只是基本具有胜任力而已，则其直接领导的下属数量不宜太多。

如果下属训练有素，对业务内容、业务流程和工作环境都非常熟悉，而且在工作面前具有较强的主观能动性，这也会大大缩减向主管领导请示、报告的次数和时间。在这种情况下，管理者也可以适当加宽管理幅度。反之，则其管理幅度不宜过宽。

2. 管理工作的复杂程度

管理工作的复杂程序包含以下三个方面的内容。

(1) 下属工作内容的相似性程度。如果所管理的各项工作其内容和性质相近，则同一个主管可以在同一时间对不同下属给予类似的指导、监督和建议；反之，如果各项工作内容和性质各异，将会增大管理者的监督和指导难度。因此，下属作业方法及作业程序的标准化程度越高，管理幅度可越大。

(2) 下属工作地点的集散性程度。如果下属的工作地点比较集中，则主管可以在短时间内完成对他们的分别指导，或很容易将大家召集起来进行集中指导，这时管理幅度可以适度加宽。反之，如果下属的工作地点过于分散，则管理者的管理幅度应该缩减。

(3) 下属工作计划的完善程度。如果下属的工作有计划做指导，而且该计划内容翔实、目标明确，那么他在工作中就不需要接受过多的指导；反之，如果下属的工作缺乏计划作为指导，或计划内容空泛、目标模糊，则主管需要投入更多精力帮助他达成目标。因此，计划的完善程度越高，管理幅度越大。

基于以上原因，管理者在组织中所处的管理层次越高，其管理幅度越窄，这是因为高层管理者的管理工作更具复杂性。例如，总经理只能同时管理生产、财务、销售等几个部门，而一个车间主任可以负责管理几条生产线的生产活动，领导的工人数量可能多到成百上千。

3. 工作条件

工作条件指管理者工作的便利程度。其包含以下两个方面的内容。

(1) 助手的配备情况。如果管理者缺乏得力的助手，事事都要亲力亲为，那么他能直接领导的下属数量就会受到限制；反之，如果给该主管配备得力的助手，则某些次要的或常规化的工作可以安排助手和下属进行沟通、协调，这样其工作量将大大减少，管理幅度也可以加宽。

(2) 信息工具的配备情况。信息是管理者决策的依据，特别是在现代社会，信息的数量、质量和传输速度在管理工作中更加重要。如果信息工具配备齐全，管理者可以迅速收集、分析、处理并传输信息，这样不仅提高了工作效率，而且能保证工作质量。在这种情况下，适度加宽管理者的管理幅度也是可行的。

4. 工作环境

环境是组织运行的外部条件的总和，管理工作必须在充分把握外部环境、尊重客观事实的条件下进行。在动荡的组织环境中，下属的工作经常会遭遇各种变故，因此难免频繁地向主管领导请示、汇报，这将大幅增加管理者的工作量，在这种条件下，其管理幅度不可能太宽；反之，组织环境越平静、稳定，管理者的管理幅度将越宽。总之，工作环境的稳定性程度与管理幅度呈同方向变化。

基于以上原因，在组织不同的发展阶段，各层次管理者的管理幅度也有差异。例如，处于初创期或二次创业的组织，管理者经常要花更多精力去熟悉环境、考虑应变措施，这时环境不容许他同时指导过多下属；而随着组织逐渐步入正轨、走向成熟期，管理者对工作环境越来越熟悉，这时其管理幅度也变得更宽了。

二、管理层次

(一) 管理层次的含义

组织中的员工数量少则几十，多则数以万计，让总经理直接管辖每一位员工是不可能的，因此需要通过组织结构设计工作来指定若干不同级别的管理岗位，对人员进行分级管理。管理层次指的就是从最高层管理者到最基层管理者所构成的分级管理体系。

(二) 管理幅度与管理层次的关系

组织中的管理幅度和管理层次是密切相关的两个概念，它们是一个问题的两个方面，因为在组织规模(员工总人数)一定的情况下，管理幅度的大小与管理层次的多少呈反比例关系：管理人员的管理幅度加大则意味着管理层次的减少，缩小管理幅度则意味着管理层次的增多。

让我们进一步举例阐述上述两个概念的关系。图 7.4 和图 7.5 所示是 Eva Lee(国际)健身俱乐部在组织结构变革前后所分别采用的两种组织结构图。

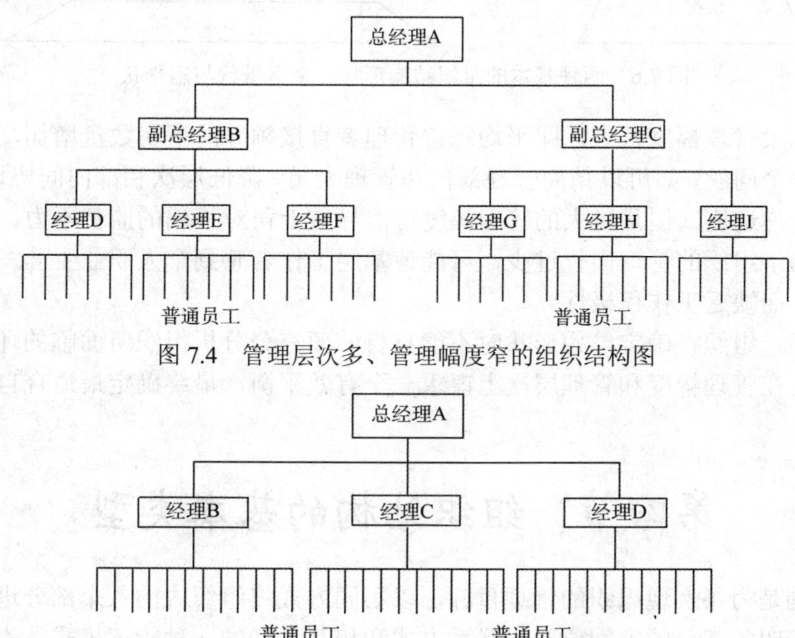

图 7.4　管理层次多、管理幅度窄的组织结构图

图 7.5　管理层次少、管理幅度宽的组织结构图

将两图进行比较可以看出，在普通员工总人数没有发生变化(均为 36 人)的情况下，图 7.4 采取了“管理层次多、管理幅度窄”的组织结构设计方案，并由此设置了 3 个管理层次共计 9 个专业管理岗位；图 7.5 则采取了“管理层次少、管理幅度宽”的组织结构设计方案，整个企业只有 4 名专业管理人员分布在两个管理层次上。

其实，上述两张组织结构图分别代表了两种基本的组织结构形状，前者高耸有如金字塔状，后者则呈扁平状。

图 7.6 基本概括了当前各类组织的结构形状。但是，在具体的组织结构设计中，我们究竟应该选择管理层次多、管理幅度窄的金字塔状结构，还是管理层次少、管理幅度宽的扁平状结构呢？这需要结合具体情况来分析，因为无论是前者还是后者，都会导致一系列优缺点并存的管理效果。

如果管理幅度过小，即管理者只直接领导较少数量的下属，很显然，主管人员就可以对下属工作进行更为直接和具体的指导和监督。但是在组织规模、人员数量一定的前提下，组织内的管理层次会迅速加大，更多的人将被安排到管理岗位上，不同管理层次、管理岗位上的工作需要协调、配合，这无疑会加大管理成本；而且过小的管理幅度会导致信息从最高层传达到最基层的路径太长，容易发生信息失真和遗漏；由于管理层次过多，容易在组织内形成过于森严的等级观念，并助长官僚作风。

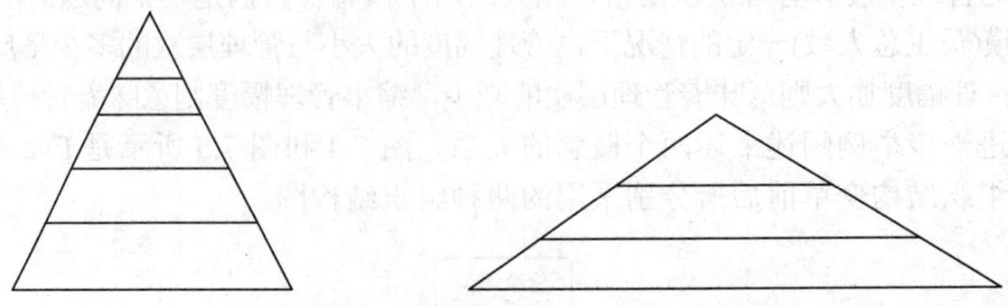

图 7.6　两种基本的组织结构形状：金字塔状与扁平状

相反，如果管理幅度扩大，即平均每位管理者直接领导的下属数量增加，这虽然可以规避上述的各个问题，如可以精简管理部门和管理人员，降低层次和部门间协调工作难度，并提高信息传递速度，但是过大的管理幅度可能导致上司对下属的监督不力、管理失控的局面。而且由于组织的管理岗位过少，可能使基层工作者感到个人职业生涯发展的路径太短、空间太小而缺乏工作积极性。

综上所述，组织在确定结构形状时不能盲目，要充分分析组织所面临的环境、条件、困难和问题，在管理幅度和管理层次上谋求一个有效平衡，最终确定最适合自身需要的组织结构形状。

第四节　组织结构的基本类型

组织结构是为了实现组织的管理目标，以不同方式将组织内的各个部分进行横向和纵向排列，以表明各部分的空间位置、联系方式和相互关联的一种管理模式。本章前面所绘制的各个组织结构图，就是组织结构的图形表达。由于各部分的排列方式和组合依据不同，组织结构也有多种类型。下面将对最常见的几种组织结构类型进行一一介绍。

一、直线制组织结构

直线制组织结构是一种最为简单的结构，其特点是：组织中的各个管理岗位按垂直系统进行直线排列，职权从组织上层沿着直线“流向”组织基层；各管理者对下属进行统一指挥，同时不设置专门的职能机构。虽然图 7.4 和图 7.5 的组织结构形状不同，但它们都是直线制组织结构的典型。

直线制组织结构的优点主要表现在以下几个方面。

(1) 命令统一。直线制组织结构的所有命令都沿着垂直方向从上到下纵向传达，因此最高管理者可以通过各条直线同时向多个下级发布统一命令，这便于组织的集中管理。

(2) 联系便捷。特别是一旦遇到紧急事务，最高管理者可以把自己的决定立即传达给直接下属，该层级上的直接下属再传达给次一级的下属，如此连续传递下去，整个组织也便形成了快速反应机制。

直线制组织结构的缺点主要表现在如下几个方面。

(1) 管理难以实现专业化。最高管理者在没有配备助手的情况下，要同时管理多个业务内容各不相同的下级部门，这难免会出现“外行管内行”的局面。

(2) 集权现象严重。由于权力过于集中在最高管理者手中，因此很难保证决策的质量，而且权力缺乏牵制和监管，容易滋生权力滥用和“霸权”现象。

鉴于以上优缺点分析，直线制组织结构适用于规模较小、事务较少、组织的各项管理活动较为简单的情况。

二、职能制组织结构

职能制组织结构是对直线制组织结构的修正和改进。随着组织规模的扩大、管理事务增多且内容多样，一个领导者很难具备管理全部部门所必需的各项知识。因此，需要给领导者配备专门的职能部门，职能部门运用自己的专业知识和专项技能协助管理者对下级各部门进行分类指导、监督。其结构如图 7.7 所示。

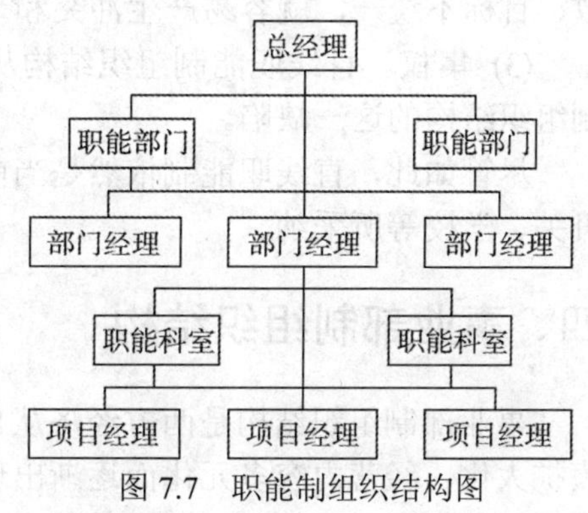

图 7.7 职能制组织结构图

职能制组织结构在一定程度上解决了直线制组织结构中所存在的问题，同时也滋生了新的管理问题。

其优点主要体现在如下几个方面。

(1) 管理工作专业化、分工细致。各职能部门根据自己的业务分工，从不同角度对下级部门进行分别指导，从而取代了直线制组织结构中的“全能管理”。

(2) 减轻了上层管理者的负担，使其可以从事更具战略性和前瞻性的管理活动。

其缺点主要体现在如下几个方面。

(1) 多头管理。由于各职能部门在分管业务范围内也可以直接指挥下属，因此，下属不得不同时听取多方面的命令，这严重破坏了命令统一的管理原则。

(2) 各部门之间缺乏横向协调。每个人都只考虑自己所在部门的工作，不利于组织整体目标的实现，而且不利于人才的全面培养。

三、直线职能制组织结构

直线职能制组织结构是把直线制和职能制两种组织结构结合起来的结果。其特点是：从整体上看，该组织结构仍然以直线为基础，下属部门只能听取上级主管的统一命令；但是为各级管理人员保留了相应的职能部门，它们以参谋的身份从专业角度对其管理工作进行指导，只是无权直接向下级传达指示。其结构如图 7.8 所示。

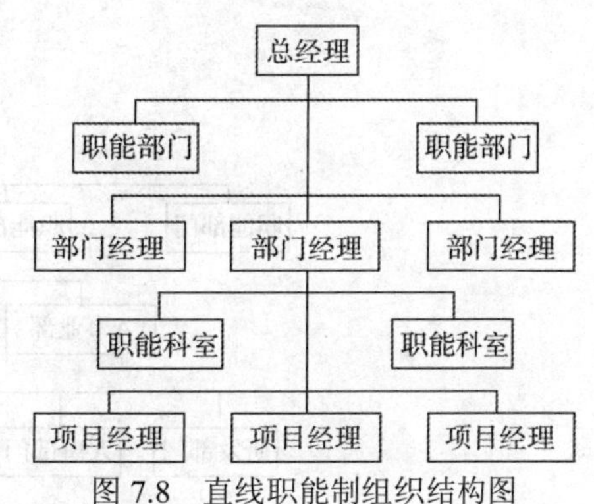

图 7.8 直线职能制组织结构图

直线职能制组织结构兼具了直线制和职能制

两种组织结构的优点，并在一定程度上规避了两者原本存在的问题。

其优点主要体现在如下几个方面。

(1) 弥补了直线制组织结构的不足，可以像职能制那样实现专业化管理。

(2) 克服了职能制组织结构中的问题，实现了统一指挥，避免了政出多门的缺点。

但是直线职能制组织结构也有尚未解决的问题，主要表现在如下几个方面。

(1) 组织内横向沟通差。各部门都只关心自己内部的事务，各自为政，这不利于实现组织的整体目标，而且不利于培养全面的管理人才。

(2) 难以协调职能部门和直线领导之间的关系。如果职能部门和直线领导的意见不一致、目标不统一，就容易产生冲突和矛盾。

(3) 集权。直线职能制组织结构从整体上看仍是以直线为基础的，因此也保留了直线制组织结构的这一缺陷。

尽管如此，直线职能制依然是当前运用最广泛的一种组织结构类型，为大多数企业、机关、学校等所采纳。

四、事业部制组织结构

事业部制组织结构是西方经济从自由资本主义发展到垄断资本主义以后，随着企业规模扩大化、经营内容多元化而逐渐出现的一种分权式组织结构。其特点是“集中政策、分散经营”，即在高层管理者之下，根据企业经营特征设置若干事业部，各事业部在总公司的集中领导下分权管理，独立核算，自负盈亏。总公司作为决策中心，一般只保留人事任免、财务预算、重大战略调整和利润目标考核等重大决策权，其余的很多决策则由事业部自行做出。组织内各事业部的划分依据有多种，主要包括如下几种。

(1) 以产品类型为依据。例如，某日化产品企业根据产品类型先后设置化妆品事业部、洗涤用品事业部等。

(2) 以业务发生的区域为依据。例如，某国际电子元器件生产商根据业务发展状况，先后设置大中华区事业部、北美事业部、欧洲事业部等。

(3) 以顾客群体特征为依据。例如，银行、超市等服务型组织为了管理方便，设置大宗客户事业部和散客服务事业部等。

事业部制组织结构如图 7.9 所示。

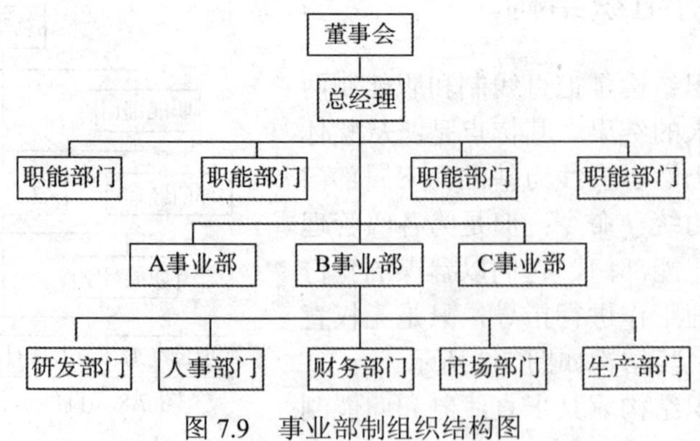

图 7.9　事业部制组织结构图

事业部制组织形式有时也被称为“联邦分权化”，因为它是一种分权制的组织形式。

其优点主要体现在如下几个方面。

(1) 实现了有效分权。分权将高层管理者从琐碎管理事务中解放出来，有利于他们集中精力搞好全局及战略决策，同时通过分权可以在各事业部发现、培养能独当一面的突出人才，从而有利于企业的战略性人才储备。

(2) 实现了企业多元化扩张与专业化经营的统一。虽然对整个企业来说，其产品多样、区域分散、顾客群体特征差异明显，但是通过设置事业部，每一个单独的事业部仍类似于一个目标集聚的企业，由此确保了产品或服务的专业化程度。

(3) 实现了管理的灵活性和适应性。由于实行独立核算，各事业部对企业的贡献一目了然，这不仅可以在企业内形成良性竞争机制，而且管理者能快速甄别哪些事业部是今后投资发展的重点，哪些应该尽快收缩剥离，从而有利于增强企业的环境适应能力和应变能力。

其缺点主要体现在如下几个方面。

(1) 职能机构重叠。每一个事业部都单独设置一套功能齐全的职能部门，势必造成资源浪费、经营成本上升。

(2) 加大了总公司和事业部、各事业部之间的关系协调难度。各事业部在自主经营时可能仅以自身利益为重，将部门利益凌驾于整体利益之上，无视他人和其他部门利益。这些都将严重损害组织的整体成长和全面发展。

事业部制组织结构一般在具有较复杂的产品类型和跨区域经营的企业中运用普遍，因为这类组织对分权管理的要求更迫切。

五、矩阵制组织结构

矩阵制组织结构是一种二维组织结构，即它不是从一个角度，而是从两个角度对员工在组织中进行定位。它是现代企业注重多元化经营、同时经营活动中强调协作而产生的结果，是专门从事某项工作的人员以工作小组或项目团队为单位而展开的一种组织形式。

例如，某企业需要同时完成 A、B、C 等多个工程项目，每个工程项目都需要各类具备不同专长的业务人员，如研发、生产、销售、行政等。这时将出现由纵横两套系统交叉形成的复合性组织结构。在这种组织结构中，既有按职能划分的垂直领导系统，又有按项目划分的横向领导系统。因此，每一个员工从业务专长上看，他隶属于某一职能部门，从工作对象和工作内容上看，他又隶属于某一个项目团队，这就是矩阵制组织结构，如图 7.10 所示。

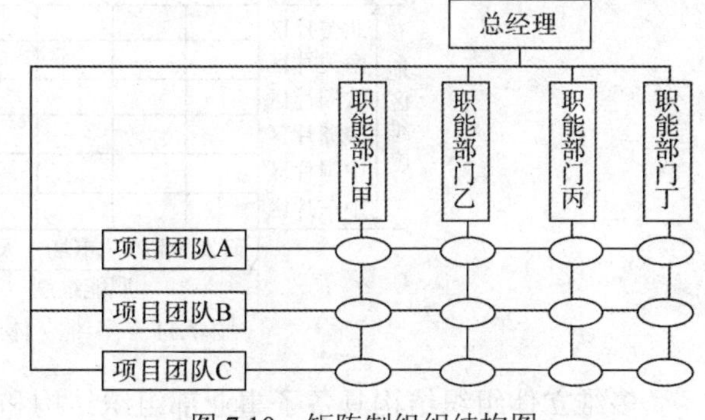

图 7.10　矩阵制组织结构图

矩阵制组织结构的优点主要体现在如下几个方面。

(1) 增强了横向沟通。在矩阵制组织结构中，来自不同职能部门的人员汇集在同一个项目团队中，相互启发、协作，这打破了直线制、职能制及直线职能制组织结构中不同部门之间“老死不相往来”的管理僵局，不仅有利于解决问题，而且有利于形成健康的企业文化。

(2) 增强了组织结构的灵活性。项目团队一旦完成任务，该团队也将自动解散，各人员回归到各自所属的职能部门；下次有任务时，再从各职能部门随时组建团队。这既提高了组织内各类资源的利用率，又有助于提高组织的环境适应性。

矩阵制组织结构的缺点主要体现在如下几个方面。

(1) 双重领导。组织成员既要接受项目负责人的命令，又要同时服从职能部门领导的调配，这种现象在矩阵制组织结构中无法避免。它将导致组织成员无所适从，而且一旦发生问题，还难以在项目负责人和职能部门负责人之间归咎责任。

(2) 稳定性较差。该缺点是与它“增强了组织结构的灵活性”这一优点相伴随的。由于成员在组织中的位置会随着项目工作进程发生变动，因此员工往往会产生临时观念，对岗位缺乏忠诚度，有时责任心不够强。

矩阵制组织结构比较适用于需要对外界环境变化做出迅速反应的企业中，如电视剧制作中心、咨询公司、设计公司、广告代理公司等。

六、多维立体组织结构

从本质上看，多维立体组织结构和矩阵制组织结构是一样的，前者是后者的进一步扩展，即员工在组织中定位的角度进一步呈多元化趋势。它是现代企业在经营内容日趋复杂、业务范围日趋广泛的形势下，对组织结构提出的新要求。多维立体组织结构从系统的观念出发，将直线职能制、事业部制和矩阵制等结合为一体，有时甚至还将时间概念纳入进来作为一种维度，因此它是一种具备高度复杂性的组织结构类型。

图 7.11 所示是某一从事多元化经营的跨国企业集团的多维立体组织结构图，该组织主要是从人员的专业职能、所服务的产品类型及业务发生区域 3 个维度来设计组织结构的。

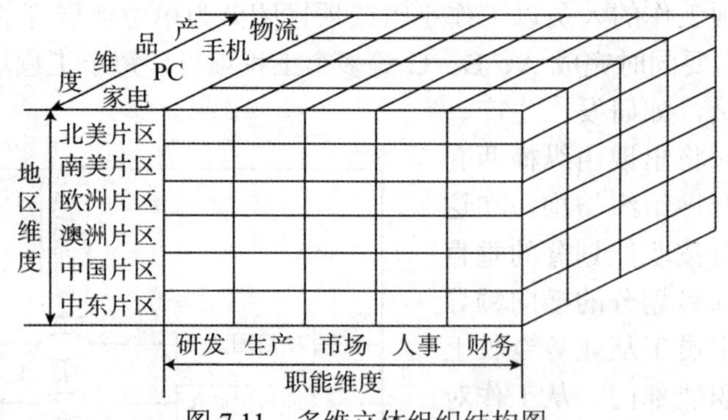

图 7.11 多维立体组织结构图

多维立体组织结构具备了事业部组织结构和矩阵制组织结构的部分优点，如提高了经营活动的灵活性、便于展开企业内部竞争、促进了职能部门间的交流等；但同时矩阵制组织结构的缺点在这里体现得也更为突出，如多头领导现象可能更严重、组织的稳定性更差等。因此，其适用范围主要是经营内容丰富、跨地区经营，以及需要对环境做出迅速反应的部分企业。

七、虚拟组织

虚拟组织是一个不太严谨的概念，因为很难判断该组织是不是客观存在的。它是随着信息技术的日益发达而产生的一种新的组织形式：各自独立的公司或人群通过信息技术，特别是计算机网络组成一个临时的、松散的工作团队，该团队同样具备常规组织中的一切职能，也能共同完成某项工作任务。

虚拟组织灵活、快速、高效。例如，几个网络高手可以在短期内以网络为媒介建立联系，通过分工、协作而共同开发一个游戏软件，并迅速将其投入运营。不仅如此，很多现代国际知名公司也汲取了这种组织形式的优势。例如，国际商务机器公司(IBM)在 20 世纪 80 年代初期开发个人计算机时，就是通过与零部件生产商建立虚拟组织才得以在 15 个月内就推出其产品的；作为世界上最大的航空航天公司，波音(BOEING)公司的用户遍布 145 个国家，业务部门分布于美国的五十个州和全球六十多个国家，其飞机的制造过程也利用到了虚拟组织所带来的效率优势，如从 1981 年起，我国的西安飞机公司和沈阳飞机公司也分别与波音公司相继签订合同，为波音公司生产飞机零部件。

但是，与上述几种组织结构不同，虚拟组织往往没有固定的在册人员编制和集中的办公场所，人员之间甚至根本就不曾见面，更没有组织结构图，这无疑使其管理难度加大。因此，虚拟组织也是信息技术给组织管理带来的又一个挑战。

第五节　组织力量整合

组织结构设计工作完成了，但这并不能确保组织的各个部分都能协调起来，积极为组织目标服务。因此，组织工作还包含了组织力量整合这一重要内容，其目的是建立高效的信息沟通网络，处理好不同部门及不同成员之间的关系，增强组织的凝聚力和战斗力。

一、正式组织和非正式组织

(一) 正式组织的活动与非正式组织的形成

组织设计的目的是建立尽量科学、合理的组织结构，规范组织成员的活动内容和相互之间的关系。我们把其设计成果称为正式组织，即有明确的目标、任务、部门、岗位，而且以制度为基础，明确了成员间的责权关系。

但是，无论组织设计工作做得如何完善、组织结构如何完备，管理人员都不可能确定组织成员的所有联系，很多成员关系是正式组织无法用制度来表达和约束的。于是，在正式组织正常运行的过程中，非正式组织也自然而然地产生了。

所谓非正式组织，就是未经正式筹划而由人们在日常交往中自发形成的一种个人关系和社会关系的网络。成员由于业务上的频繁联系而不断增进了解、相互吸引并接受对方，于是可能产生工作以外的更为频繁的联系。这必将促进他们进一步相互了解，于是一些无形的、与正式组织有联系但又独立于正式组织的小群体开始慢慢形成，这就是非正式组织。如单位中午休时间的扑克会、大学中的老乡会等，都是典型的非正式组织。

正式组织与非正式组织具有显著的差异。正式组织是组织设计工作的结果，是经由管理者通过正式的筹划，并借助组织图和职务说明书等文件予以明确规定的。它以成本和效率为主要标准，要求组织成员为降低成本、提高效率而确保工作上的合作。与正式组织不同，在非正式组织中，成员之间的关系是一种自然的人际关系，不是经由刻意的安排而形成的，而是由于日常接触、感情交融、情趣相投或价值取向相近而发生联系的。两者的区别如表 7.3 所示。

表 7.3 正式组织与非正式组织的区别

区分的维度	正式组织	非正式组织
个数	唯一的，一个组织中只有一个正式组织	多元的，一个正式组织中可能存在多个非正式组织
目的性	目的性强，为了实现组织目标而有意识地成立	目的性弱，成员由于相互吸引而自发地成立
规范化程度	有制度保障，对组织目标、组织成员的职责、权利等进行硬性规定	无明文规定，但是成员的行为方式受到组织价值观的软约束
维系组织运行的依据	理性的效率和成本因素	非理性的感情因素
稳定性	很稳定。一经建立通常会维持一段时间相对不变，很少进行组织重组和变革	不稳定。可能随时解散，其组织形态受个人喜好影响

(二) 正确发挥非正式组织的作用

非正式组织是一种客观存在，现实生活中，几乎任何一个正式组织中都有若干个非正式组织同时存在，它们与正式组织相互交错地并存于一个单位或机构中。

非正式组织对正式组织目标的实现往往有促进作用，并作为正式组织的有效补充。其积极性主要表现在以下几个方面。

(1) 使员工之间的关系更为融洽，加强合作。如果这种合作关系能顺利带到正式组织运行中来，无疑将有利于组织目标的实现。

(2) 使员工获得一种组织归属感，消除孤独，这是符合员工的情感需要的。特别是对于新员工，非正式组织能帮助他们迅速融入集体、顺利展开工作。这不仅能缓解正式组织的工作压力，而且有利于该组织维持一支稳定的员工队伍。

(3) 非正式组织的某些积极向上的价值观往往能帮助正式组织完善组织文化，在正式组织中起到榜样和示范作用。例如，如果一个班集体有若干名学生坚持好好学习、志向远大，则可能带动整个班集体的同学都能向积极健康的方向努力。

当然，非正式组织也可能具有消极影响，并不利于组织目标的实现。如果非正式组织的目标、价值观与正式组织相冲突，则可能产生极大的破坏性。例如，非正式组织成员由于要维系自己与他人的一致性，可能不敢在工作中表现得太突出，从而工作效率下降。中国古代的“木秀于林，风必摧之”等说法，指的就是这个道理。正式组织在组织变革中也往往会受到来自非正式组织的无形压力。

总之，非正式组织是一把“双刃剑”，它可能促进或阻碍组织目标的实现。因此，管

理人员要正确看待非正式组织，因势利导，积极运用非正式组织的贡献，并尽力消除其不利影响。其中要把握好以下两点。

(1) 正确认识非正式组织存在的必然性和必要性。如前所述，非正式组织是一种客观存在，不以管理者的意志为转移。因此，管理者要尊重非正式组织这一组织形式，不可盲目打压；不仅如此，鉴于非正式组织的积极作用，管理者还要营造氛围、提供条件，培育各类非正式组织的形成。

(2) 在尊重非正式组织的行为规范的同时，宣传正确的组织文化对其进行影响和引导。正式组织无权利用行政方法或其他强制措施对非正式组织的活动进行干涉，但是过于放任自由又难免会滋生、助长非正式组织的消极影响。因此，管理者可以通过文化熏陶，使非正式组织的价值观与组织文化相一致，使员工的个人目标与组织目标相一致，引导其为了健康的、符合组织利益的目标而努力。

二、直线主管与参谋

(一) 直线主管与参谋的概述

在企业组织中，管理人员一般是以直线主管与参谋两类不同身份来从事管理工作的。其中，直线主管与被管理者是一种指挥和接受命令的关系，直线主管具有决策和行动的权力；而参谋与被管理者则是一种服务和协助的关系，参谋人员具有筹划和建议的权力。两类管理人员的作用不同，但是对实现组织目标都是必不可少的。

直线职权是组织中一种最基本、最重要的职权，缺少直线职权的有效行使，整个组织的运转就会出现混乱，乃至陷入瘫痪。例如，一个公司从总经理到最基层的班组长，他们都拥有各自相应的直线职权，其直线职权从上至下形成一个“指挥链”，组织中的管理层次越多，这个“指挥链”就越长。除总经理外，每个直线主管都要接受来自上一级的指示和命令，并加以贯彻执行，同时又要接受下一级的工作汇报，并向下一级发布命令和指示。

但随着现代组织规模的扩大，管理活动越来越复杂，直线主管往往感到自己的专项知识不足，难以对下属的各个部门进行有效指导。而且越是高层次的直线主管，这个困惑就越大。于是，参谋岗位就成为必需，其作用是发挥自己的专家作用，帮助直线主管行使直线指挥权力。

直线主管和参谋的形象我们并不陌生。例如，在中国传统文化中，科举考试出身的县令往往管理经验有限，需要借助多名师爷的专长知识，才能对辖区内的各种政务进行治理。其中，前者就是直线主管，而后者则是参谋的典型代表；在现代，我们往往把对组织目标的实现负有直接责任的部门称为直线机构，而把为实现组织目标协助直线人员有效工作而设置的部门称为参谋机构，如把企业中的生产、销售、研发等部门称为直线机构，把人事、财务等部门称为参谋部门。

(二) 合理发挥参谋的作用

设置直线主管和参谋并存的管理结构，使两种管理角色相得益彰，不仅可以保证组织的有效运行，而且可以提高决策质量。这显然是众多管理者所愿意看到的局面。但是在实践中，关于如何正确认识参谋这一角色、充分发挥参谋的作用、保持两种角色的有机配合，却往往成为一个管理难题。

曾经有这样一组漫画来讽刺参谋的作用：一个人落入水中，在他大喊救命、垂死挣扎的同时，河边站着另一个作军师打扮的人正在侃侃而谈，并闭着眼睛陶醉在自己的言论中。旁边的注释写道："上次我提出的关于学习游泳的方案，你没采纳，现在你后悔了吧，现在再提一个方案给你。"后续的则是一堆详细的救生技巧，如利用竹竿、救生圈、绳子等工具，以及心肺复苏术等，并取名曰"创新型落水救援流程图"。在最后一幅漫画中，落水的人淹死了，而河边的人正向围观大众炫耀自己的最新创意。这虽然只是个讽刺故事，但在企业日常经营活动中，的确发生着直线主管和参谋人员的工作不协调、不同步的现象，甚至爆发破坏性冲突，这往往是造成组织缺乏效率的重要原因之一。

正确发挥参谋的作用，要避免发生以下两类极端现象：一是为保持"命令统一"的管理原则，直线主管对参谋的意见不理不睬，导致参谋岗位如同虚设，其才智得不到发挥；二是参谋对组织内事务指手画脚、干涉过多，从而政出多头，让下属无所适从。这使实际工作中，两者常常相互产生不满情绪。

美国学者路易斯·艾伦(Louis Alan)曾提出了6条有效发挥参谋作用的准则，内容如下。

(1) 直线主管做最后的决定，并对基本目标负责。

(2) 参谋人员负责提供建议与服务。

(3) 参谋人员可主动地协助直线主管，而不必等待邀请，并应时刻注意业务方面的情况，予以迅速协助。

(4) 直线主管应考虑参谋人员的建议，面临最终决定时，应与参谋人员磋商，参谋人员应配合直线人员朝目标前进。

(5) 如有适当理由，直线主管对参谋人员的建议可予以拒绝，此时上级主管不能干预。

(6) 直线主管与参谋人员均有向上申诉之权，当彼此不能自主解决问题时，可请求上级主管予以解决。

三、委员会

作为处理集体事务的一种形式，委员会在管理实践中随处可见。例如，街道居民委员会(简称居委会)、社区里的业主委员会(简称业委会)、欧盟委员会(European Commission，简称欧委会)等，都在影响我们的日常生活和社会进步。它们的功能各异，处理的事务内容各不相同，有的是临时成立的，有的则是一个常设机构。

虽然各类委员会的职能不一、层次不同，但是它们在管理实践中的积极作用是基本一致的，主要表现在以下几个方面。

(1) 综合各种意见，提高管理决策的正确性。这是委员会最突出的积极作用。设置委员会是采用集体决策法的重要标志，集体决策中由于成员间的知识、经验和判断能力的差异，因此其提出的方案和意见更多、质量更高，这更有利于决策的优化。

(2) 协调各分支机构的关系，加强合作与交流。随着企业经营中的专业化分工和部门化，各部门可能只着眼于自身的利益和主体业务，而缺乏必要的沟通和协作。这种过度封闭的思维往往不利于企业的整体目标。因此，组织中往往通过设立由各部门负责人所组成的委员会来协调活动、交流信息、组织配合，推动横向合作。

(3) 代表各方利益，维护公平原则。组织是由不同成员构成的，他们分别具有不同的利益取向并分属于不同的利益集团。通过设置委员会，可以充分反映各不同利益集团的利益诉求，在提高效率的同时保证决策的公平性。

以业主委员会为例，它是指由物业管理区域内的业主代表所组成，代表业主的利益、向社会各方反映业主的意愿和要求，并监督物业管理公司管理运作的民间性组织。业委会在如何提高居民的生活环境、完善物业服务等方面，往往能综合并协调各个业主的意见，促进居民之间的沟通。

当然，同所有的集体决策法一样，委员会也具有一些局限性，主要表现在决策时间长，不像个人决策那样能在短期内取得一致意见；为了协调各方利益，委员会的决策往往并不是最合理的，而可能只是各种意见折中后的结果；特别是委员会容易导致权力和责任的脱离，因为集体决策很难分解开来并与个人责任相联系。为了提高委员会的工作效率，我们要谨慎采用这一工作形式，并尽量挑选具有不同知识背景和社会经验的人担当委员，使其知识结构形成互补，并推出具有足够胜任力的委员会主席。

本章小结

组织结构是一个组织的决定性框架，是组织有效运转的基本前提，是实现组织目标的必要条件；组织结构设计工作的目标艰巨，不仅要绘制出完备的组织结构图，还要编制多个职务说明书；组织结构设计受到组织环境、组织战略、组织规模、组织技术等多因素的影响。

组织结构设计工作中要处理好管理人员的管理幅度和组织的管理层次之间的关系。其中，决定管理幅度时要综合考虑管理人员及其下属的能力、管理工作的复杂性、管理工作的条件及外界环境的稳定性等要素。管理层次受到管理幅度的影响，两者是相互联系的两个概念。实践表明，组织设计工作需要在管理幅度和管理层次之间找到一个最优均衡。

当前最常见的组织结构类型有直线制、职能制、直线职能制、事业部制、矩阵制和多维立体组织结构等多种类型。它们各具特色，也有不同的适用范围。虚拟组织作为一种新型组织形式，给管理带来了挑战。

非正式组织是正式组织的有效补充，但是对这类组织要因势利导，扬长避短；直线主管要善于处理同参谋人员之间的关系，在保持统一指挥原则的前提下，充分发挥其智囊作用，促进决策优化；委员会也是常见的组织形式，它具有所有集体决策法的优点和缺点，因此在现实生活中要谨慎使用。

练习与思考

一、单项选择题

1. 下列哪类企业最适合采用矩阵式组织结构？(　　)

A. 纺织厂　　B. 医院　　C. 电视剧制作中心　　D. 学校

2. 命令统一原则是指(　　)。

A. 每一个人只有一个直属上司　　B. 权责对等

C. 责任不可委任　　D. 反映组织系统的相互关系

3. 适当充分的授权可以减少上下级之间的接触次数和密度，节省上级管理人员的时间和精力，从而，上级管理者可以拥有较大的(　　)。

A. 控制权　　B. 管理幅度　　C. 管理权　　D. 监督权

4. 企业中管理干部的管理幅度，是指他(　　)。

A. 直接管理的下属数量

B. 所管理的部门数量

C. 所管理的全部下属数量

D. 以上都不对

5. 在组织规模一定的情况下，组织结构的扁平化会使管理费用(　　)。

A. 增加　　B. 减少　　C. 不变　　D. 没有任何关系

二、多项选择题

1. 下列因素中有助于管理幅度扩大的有哪些？(　　)

A. 主管所处的管理层次较高

B. 计划制订得详尽周到

C. 主管的综合能力、理解能力、表达能力强

D. 下属的工作地点在地理上比较分散

E. 工作环境稳定，变化不大

2. 组织结构设计的原则包括(　　)。

A. 目标导向

B. 命令统一

C. 人人有事做

D. 尽量减轻主要管理者的压力，多设副职

E. 权责对等

3. 组织设计的任务包括(　　)。

A. 研究与开发　　B. 提供组织结构系统图　　C. 分析财务构成

D. 编制职务说明书　　E. 确定管理幅度与层次

4. 下面关于非正式组织说法正确的是(　　)。

A. 多元的，一个正式组织中可能存在多个非正式组织

B. 目的性强，成员由于相互吸引而自发地成立

C. 无明文规定，但组织成员的行为方式受到组织价值观的软约束

D. 非理性的感情因素

E. 比较稳定，一旦建立通常会维持一段时间保持不变

5. 委员会管理的积极作用主要是(　　)。

A. 能够避免权力过于分散

B. 能够综合各种意见，提供决策的正确性

C. 便于协调各分支关系，加强合作与交流

D. 代表各方利益，维护公平原则

E. 决策迅速，效率高

三、判断题

1. 职能部门化更适合大型的或多元化经营的公司。 (　　)
2. 在矩阵制组织结构中，组织成员有可能接受双重或多重领导。 (　　)
3. 当组织处于不稳定的环境中时，较宽的管理幅度能确保更有效的管理。 (　　)
4. 在组织规模一定的情况下，管理幅度越大意味着管理层次越少。 (　　)
5. 一个组织中下级做出的决策范围越广，表明组织的分权程度就越大。 (　　)

四、问答题

1. 什么是组织结构设计？其遵循的主要原则有哪些？
2. 组织结构设计有哪些影响因素？试简要说明。
3. 影响管理幅度有哪些主要因素？试简要说明。
4. 试绘出直线职能制组织结构示意图，并指出其主要优缺点。
5. 试绘出事业部制组织结构示意图，并指出其主要优缺点。
6. 非正式组织有哪些积极作用和消极影响？试简要分析。

案例点击

深度解读TCL的组织结构大变动

2007年12月3日下午，TCL集团公布了其大规模架构重组计划。自2008年1月1日起，多媒体、通讯、家电、电子四大产业集团，以及房地产与金融投资业务群、物流与服务业务群的“4+2”格局将构成全新阵容。TCL集团高级副总裁薄连明接受记者采访时透露，此举意味着TCL向投资控股型管理模式转变。值得关注的是，薄连明强调，在时机成熟的情况下，将借鉴TCL多媒体和TCL通讯的运营模式，为家电和电子产业集团引入战略投资者。

这一架构调整，除为12月1日公布的电脑业务出售提供一个合理的解释外，也给12月5日公布的低压电器80%股权出售找到一个合理的理由，因为架构调整后的TCL，将把资源聚焦在多媒体、通讯、家电三大产业。在这个框架之外的产业，出售和调整纯属正常。不过，这一架构调整更明显的意图是，将集团的作用弱化，突出旗下产业的自主权，改变旗下过去分散的中小企业没有集约效应的特点。因此，这一调整，也是李东生复兴TCL的强烈信号。

在架构调整公布后，TCL集团董事长李东生表示，以投资关系为纽带重组相关联业务、投资关系与管理关系相统一，有利于谋求产业协同效应、做强做大相关产业群。这一行动，相比6月TCL公布的“The Creative Life”(创意改变生活)的新品牌策略，显得更有说服力。

图7.12和图7.13所示的是其组织结构变革前后的组织结构图。

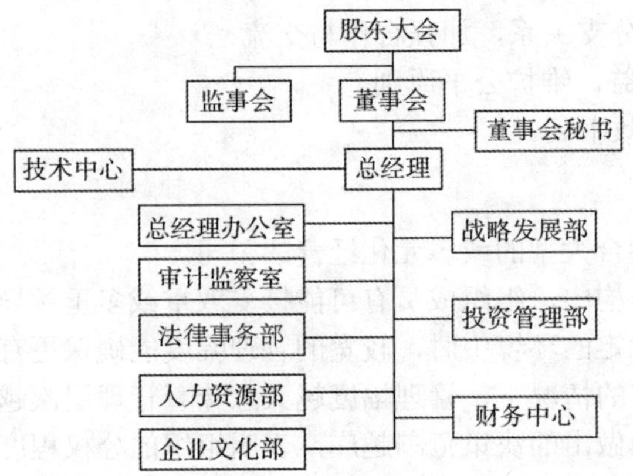

图 7.12　TCL 集团总部组织结构图

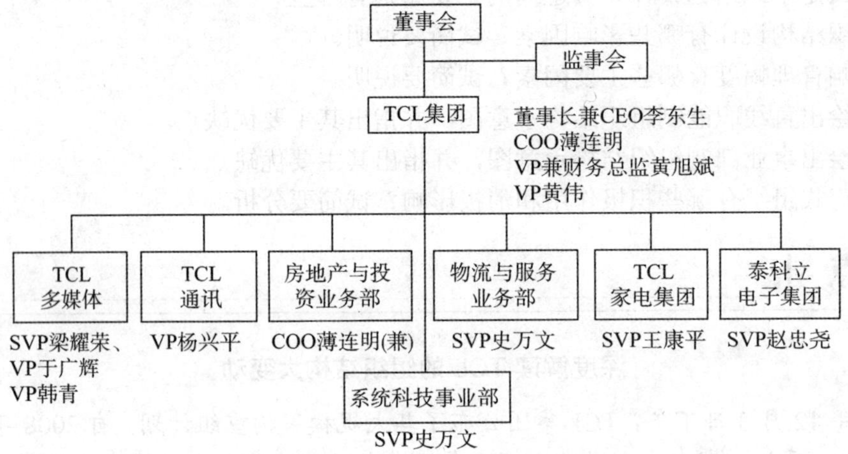

图 7.13　TCL 集团产业结构图及高管分工图

(资料来源：根据 2007 年 12 月 14 日南方都市报“TCL 最后一搏 财务手段扭亏”一文改编)

问题：

(1) 调整前和调整后的 TCL 集团组织结构图分别属于哪种组织结构类型？

(2) 如何理解 TCL 的组织结构变动是受其企业战略影响的结果？

点石成金

(1) TCL 集团组织结构调整前为直线职能制，调整后则为事业部制。

(2) TCL 组织结构变动的意图是将集团的作用弱化，突出旗下产业的自主权，改变旗下过去分散的中小企业没有集约效应的状况，有利于谋求产业协同效应、做强做大相关产业群。

第八章

人员配备

案例导入

天洪公司管理人员招聘中的问题

天洪公司是一家发展中的公司，它于 2015 年创立，现在拥有十多家连锁店。发展的几年中，从公司外部招聘来的中高层管理人员，大约有50%的人不符合岗位的要求，工作绩效明显低于公司内部提拔起来的人员。在过去的两年中，从公司外聘的中高层管理人员中有 9 人不是自动离职就是被解雇。

从外部招聘来的商业二部经理因年度考评不合格而被免职之后，终于促使董事长召开了一个包括行政副总裁、人力资源部经理出席的专题会议，分析这些外聘管理人员频繁离职的原因，并试图得出一个全面的解决方案。

首先，人力资源部经理就招聘和录用的过程做了一个回顾，公司是通过职业介绍所或报纸上刊登招聘广告来获得职位候选人的。人员挑选的工具包括一份申请表，三份测试卷(一份智力测试和两份性格测试)，有限的个人履历检查及必要的面试。

行政副总裁认为，他们在录用某些职员时，犯了判断上的错误，他们的履历表看起来不错，说起来也头头是道，但是工作了几个星期之后，他们的不足就明显地暴露出来了。

董事长则认为，根本的问题在于没有根据工作岗位的要求来选择适用的人才。“从表面上看，几乎所有我们录用的人都能够完成领导交办的工作，但他们很少在工作上有所作为，有所创新”。

人力资源部经理提出了自己的观点，他认为公司招聘时过分强调了人员的性格特征，而并不重视应聘者过去在零售行业的工作记录。例如，在 7 名被录用的部门经理中，有 4 人是来自与其任职无关的行业。

行政副总裁提出，在部分被录用的职员中都有某些共同的特征，例如，他们大多在 30 多岁，而且经常跳槽，曾多次变换自己的工作；他们都雄心勃勃，并不十分安于现状；在加入公司后，他们当中的部分人员与同事关系不是很融洽，与直属下级的关系尤为不佳。

会议结束时，董事长要求人力资源部经理：“彻底解决公司目前在人员招聘上存在的问题，采取有效措施从根本上提高公司人才的招聘质量!”

(资料来源：根据http://doc.mbalib.com/view/5e51bb436e3a018923e414c163745992.html所载网文改编)

试问:

1. 天洪公司管理人员的招聘有什么问题？造成这些问题的原因是什么？
2. 你对该公司管理人员的招聘有哪些更好、更具体的建议？

学习目标

通过本章的学习，要求重点掌握企业人员配备的含义及其基本原则；重点掌握企业人员选聘方法和程序的具体内容；明确人员考评的含义和基本类型；熟悉和了解企业人员培训的内容、类型和方法。

关键概念

人员招聘(Personnel Recruitment) 面试(Interview) 绩效评价(Performance Appraisal) 人才测评中心(Assessment Center) 在职培训(On-the-Job Training) 培训评价(Training Evaluation) 工作指导培训(Job Instruction Training) 职业生涯设计(Career Planning)

第一节 人员配备概述

一、人员配备的含义

在经济发展和社会进步中，人是所有生产要素中最为活跃的一种。中国古代管理思想一直强调“重人”的重要性。《晏子春秋》认为，对人才“贤而不知”“知而不用”“用而不任”是国家的“三不祥”。其意思是，如果发现不了贤能的人才、发现了又不启用、用了又没有恰当地委以重任，这对一个国家来说不是好兆头。在当代，有学者形象地指出，“企”字少了“人”就成为“止”，这意味着企业如果没有人力资源做支撑就会停滞不前。在国外，美国管理学家托马斯·彼得斯(Thomas J. Peters)也说过：企业或事业唯一真正的资源是人，管理就是充分开发人力资源以做好工作。人力资源在组织中的重要性由此可见一斑。

人员配备研究的是如何获得人才、用好人才的问题。它的重要意义主要体现在以下几个方面。

(1) 从组织的角度来看，人员配备为实现组织目标提供了保障。组织结构设计只是提供了一个组织运行的框架和前提，为实现组织目标提供了一种可能性，而要真正实现组织目标，还需要将各类人员安排到他们所能胜任的岗位上，这样才能让组织切实运行起来。因此，如果说组织结构设计赋予了企业以“躯体”，那么人员配备就赋予了企业以“血液”和“灵魂”。

(2) 从个人的角度来看，人员配备赋予了个人施展才华的机会和载体，使自己的知识和能力得到公正的评价和认可，并获得开发和提高的空间。

(3) 从社会的角度来看，人员配备可以使个人最大限度地为社会贡献自身价值，实现人力资源的优化配置，促进经济发展和社会进步。

二、人员配备的任务

简单地说，人员配备就是根据组织结构设计中的岗位责任和任职要求，用最合格的人员来分别填补各个工作岗位，最终实现人与事的最佳匹配。其具体内容包括以下几个部分。

(1) 明确人力资源需求。在人员配备中，明确组织的人力资源需求是一项复杂的工作，具有丰富的工作内容。它不仅要以组织结构设计为依据，明确组织所需要的各类人员的数量，而且要明确所需人员的“质量”，即素质和能力；不仅要明确组织当前的人力资源需求，更要根据组织的战略目标，结合未来一段时期内本组织的人员变动情况和人力资源供求趋势，为组织制定面向未来的人力资源规划。明确人力资源需求是人员配备工作的首要任务，它将为组织进行人员选聘提供标准，为人员培训提供目标，为人员考核提供依据，它是展开后续人员配备活动的前提和基础。

(2) 人员选聘。人员选聘是根据组织的人力资源需求，通过多种途径，从众多应聘者中甄别出组织所需要的人员并把他们安排到相应岗位上的过程。人员选聘是人员配备中的关键一环，成功的选聘工作可以迅速为组织招募到最合适的人员，一次性实现人与事的匹配，这对组织和个人都是有利的。

(3) 人员培训。为使人员达到工作要求、更好地履行岗位责任，管理者需要对他们进行教育、培养和训练，这就是人员培训。有效的人员培训可以提高员工素质和岗位胜任力，使其更好地完成组织赋予的责任，从而促进组织目标的实现。

(4) 人员考评。人员考评要回答这样一个问题，即“员工在考评期内做得怎么样”。通过开展考评活动，管理者可以对过去一定时期内员工的表现做到心中有数，从而为人员培训和人事决策提供依据。

三、人员配备的原则

如果将员工安排到一个不合适的工作岗位上，就会产生两种人与事不匹配的不良后果：①员工的个人素质远远超过岗位要求，其价值在现有岗位得不到体现，就会感慨大材小用、怀才不遇，并失去工作积极性；②员工的个人素质根本不能胜任该岗位，于是勉为其难、如坐针毡，对组织也无法提供帮助。这两种情况都是人员配备没有以一定的原则为指导的结果。在任何组织及组织的任何一个发展阶段，人员配备都必须坚持以下几个基本原则。

(一) 公平原则

公平原则指人员配备工作必须对所有人员都采用同一标准、一视同仁，它是人员配备最基本的原则，并渗透在配备工作的各个环节。在招聘阶段，公平原则要求企业能公开发布招聘信息，尽量让有意愿参与竞聘的人都有参与选拔的机会；在选拔过程中，公平原则要求企业能采用同一套科学、客观、有效的考察标准，对所有应聘者进行统一筛选并择优录取。同理，在人员考评和培训阶段，管理者也要给予全体员工同等待遇。相反，拉关系、走后门、任人唯亲、暗箱操作等不良风气都是对公平原则的严重破坏，也必然会影响人员配备的效果，无法实现人事匹配。

(二) 客观原则

客观原则指人员配备工作必须以事实为依据，实事求是，尽量减少主观色彩。例如，在招聘阶段，客观原则要求管理者尽可能全面了解应聘者的真实才能和综合素质，并严格以明确的岗位责任要求为依据做出录用与否的决定，而不能取决于管理者的主观感觉和随机挑选；在人员培训阶段，对于是否应该培训、对哪些人员进行培训、培训哪些内容等问题的回答也必须以岗位责任、员工当前的工作表现等原始资料为依据，这样的培训才有效果；在人员考评阶段，管理者更要以事实为依据，对应聘者的德、能、勤、绩进行全方位测量和评价，而不是凭借头脑中的模糊印象草率给出考评结论。

(三) 扬长避短原则

扬长避短原则指人员配备工作还要尊重人员的个体特征，将人员安排在最合适的位置上。尤其是对于一方面有明显缺陷，同时，另一方面又有突出才能的员工，这一点尤为重要。例如，某大型国有企业集团一名财务人员虽然业务基础扎实，但是天性马虎，因此在工作中出了不少差错，险些给企业带来重大损失。鉴于该员工有良好的播音条件，经与本人协商，人力资源部大胆将其聘为集团内广播电台播音员，结果反而取得良好的工作成绩。

(四) 动态平衡原则

动态平衡原则指人员配备的结果不是一成不变的，随着员工的能力和知识不断提高、丰富或趋于老化，以及组织经营环境、经营战略等因素的变动，人员配备方案也要经常做出调整，使有能力的员工去更高的管理层次承担更多的岗位责任，并及时淘汰、替换能力不济的员工。这样虽然从短期和局部来看，会有组织内的人员动荡，但是从长期来看，人与事仍维持在动态平衡状态。

第二节　人员选聘

人员选聘是组织获取和充实人力资源、为组织经营与发展提供人才保障而进行的一项重要工作。人员选聘是人员从企业外部进入内部的一道“关口”，它的目的是要让合适的人员顺利跨过这个关口，同时将不合格的人员拒之门外。人员选聘工作做得成功与否不仅会影响今后的人员培训、人员考核等其他人员配备活动，而且会对整个组织的其他活动产生深远影响。

一、确定人员需求量

在实质性地开展人员选聘活动之前，企业需要确定人员需求量，它将成为人员选聘的工作目标之一。选聘人员过多会给组织带来不必要的负担，而选聘人员过少又不能满足组织发展的需要。明确人员需求量可以采用以下两类方法。

(一) 主观分析预测法

主观分析预测法是一种由有经验的专家通过直觉判断来预测当前企业人员缺口的方

法。这里所说的专家包括人力资源咨询师、人力资源研究者或有经验的人力资源管理者。

为确定人员需求量，专家需要考虑的因素包括：①组织当前的规模、机构设置和岗位部署；②组织人员流动情况；③未来一段时期内的行业发展趋势和本企业的发展趋势。他们将在充分了解企业现状的基础上，结合自己的专业知识，较为准确地预测人力资源需求量。

当组织规模小、经营环境稳定、业务单一时，组织可以委托为数不多的几个专家或管理人员，他们凭借个人经验就能较准确地判断出人员需求量。但随着组织规模不断扩大，组织经营内容趋于多元化，特别是在组织经营环境不稳定时期，单凭少数几个人的主观判断可能无法准确得出组织的人员需求量。这时可以考虑采用“专家集体咨询法”，即让众多专家一起讨论协商，共同决定人员需求量。

主观分析预测法简单易行，但判断结果的准确度往往不高，它取决于预测者的个人经验、判断能力及所掌握的信息量。因此，为提高本方法的准确性，应该请对本行业、本企业有全面深刻的了解且在人员需求判断方面经验丰富、判断力强的专家；同时，公司方要给予充分配合，为专家提供尽可能客观、全面的相关信息。

(二) 定量分析预测法

定量分析预测法是以客观数据为基础，利用数学和统计学等数理方法来准确预测组织人员缺口的方法。常用的定量分析预测法主要有工作负荷法、趋势预测法、多元回归预测法等。

1. 工作负荷法

工作负荷法根据历史数据，算出某一特定工作中每人在每单位时间内的平均工作负荷，再根据未来的目标产量来确定需要有多少员工才能在规定时间内完成该任务。所需的员工总数与现有员工数量之差即为未来一段时期的人员需求量，需要通过人员选聘来弥补。与主观判断法相比，该方法成本高、操作复杂，但是由于预测方法有客观事实和数据为依据，因此预测结果更为准确。

例如，市场调查信息表明，某品牌的半导体产品今明两年的市场需求量约为 270 000 件/年。统计资料显示，在现有技术水平下装配线工人的标准任务时间为 2 小时/件，工作时间为 1800 小时/年，由工作负荷法可知今明两年所需的装配工人数量约为 300 名。该厂现有装配线工人 260 名，则需要通过人员选聘来补充 40(300−260)名工人。

2. 趋势预测法

趋势预测法是一种以时间为变量来预测未来人员变动趋势的方法。运用该方法时，预测者根据过去一段时间内本组织的有效历史数据，以及最小平均法求得趋势线，并以此趋势线来预测未来的人员需求量。例如，以 2001 年为基准年(T_0)开始计算，根据历史数据进行一元线性回归可知，人员需求量 Y 同时间 T 之间的关系是：$Y=236.7+43T_i$(T_i 为第 i 个年份)，则 2009 年该组织的人员需求量为：

$$Y=236.7+43\times 8\approx 581(\text{人})$$

于是组织根据现有员工数量，找出与目标数量(581 人)之间的差距作为招聘任务。

3. 多元回归预测法

多元回归预测法与趋势预测法不同，趋势预测法仅仅以时间这个因素作为自变量，而多元回归预测法将多个因素作为影响未来人员需求量的自变量。例如，影响某学院未来一定时期内教职工人数(N)的因素很多，不能仅仅从时间趋势上反映，还有诸如人口政策的实施效果(P)、高等教育政策变化趋势(E)、民办大学的办学规模(S)、境外大学来我国招生的力度(F)等。这些多因素共同作用于该学院未来的教职工需求量，即：

$$N=f(P, E, S, F\cdots)$$

很显然，多元回归预测法能够考虑组织内外多个因素对人力资源需求量的影响。它预测的结果要比趋势预测法更准确，与此同时实施起来也要复杂得多。

二、人员选聘的来源

以组织边界为标准，人员选聘的来源可以简单地被一分为二，即外部招聘和内部招聘。

(一) 外部招聘

顾名思义，外部招聘指组织根据岗位责任和任职要求，从组织外部寻求人员填补岗位空缺。外部招聘的方法有很多，当前运用比较多的有以下几种。

1. 广告招聘

在各类媒体公开发布招聘广告是一种最常用的招聘手段，其优点突出，主要表现在成本低廉、信息传递快、受众广，能够快速让广大阅读者了解该项用人需求。

为提高招聘成功率，企业在发布招聘广告时应该注意以下两个问题。

(1) 简明扼要并且如实陈述空缺岗位的特点和对应聘者的要求，让有意前来应聘的人员能事先做权衡，避免盲目应聘。

(2) 合理选择招聘广告投放媒体，尽量将招聘信息准确地传达给招募目标。当前招聘广告所投放的媒体主要包括报纸、广播、杂志、期刊或各类广告牌，如社区广告牌、公交车电子公告牌等。近年来随着网络的普及，网络招聘也日渐兴起，智联招聘网、前程无忧、中华英才网等都已成为国内专业人力资源管理服务网站。在种类多样的媒体面前，企业应该结合空缺岗位的特点和招募对象的阅读习惯，合理选择信息渠道。例如，相对而言年轻人或脑力劳动者会更多地参与到网络招聘中，而如果企业欲招聘体力劳动者，在地方性报纸、公交车电子公告牌等媒体上发布招聘广告效果更好。

2. 现场招聘

现场招聘指企业针对自身的人员需求情况，组织人力资源管理部门工作人员和相关部门工作人员前往招聘会现场进行招聘的方式。这种招聘方法的最大优点是招聘单位和应聘者能获得现场见面机会，招聘单位可以凭借第一印象对应聘者有大致的粗选，应聘者则可以在现场获得更详细的组织信息和岗位信息。

现场招聘的缺点是成本较高，比较耗费人力和时间。它与广告招聘不同，而是在同一时间和地点将用人方和求职方集中起来，这给招聘工作带来局限性。有时为了去招聘会现场，相关工作人员可能不得不放弃手头上的工作，这经常让他们很难接受。

3. 职业中介机构

职业中介机构招聘是一种通过第三方来获得所需人才的招聘方式。招聘单位同职业中介机构构成“委托—代理”关系，代理人(中介机构)以专业化的技巧、凭借自身庞大的人才信息，为委托人(招聘单位)找到理想的人才并获得佣金。

近年来，一类特殊的职业中介结构——猎头[①]公司不断发展壮大。与一般职业中介机构不同，猎头公司主要为委托人寻找高级管理人员和专业技术人才，它更致力于劝说高级人才离开现有的工作岗位而跳槽到委托人的组织中。因此，相比一般的职业中介机构，猎头公司的工作难度更高、风险更大。当然，成功“挖”来人才后，猎头公司收取的费用也是不菲的，往往是该人员年薪的1/4甚至1/3。

职业中介机构的资质和诚信是影响这种招聘方式成功率的关键。信誉良好的职业中介机构总能为用人单位招募到合格的人员，而这正是当前我国职业中介机构管理的一大难题。

(二) 内部招聘

与外部招聘相反，内部招聘是从组织内部挑选人员填补职位空缺。与外部招聘相比，其最大优点在于：由于该员工已经为组织服务了一定时间，他对该组织有足够的了解，其能力和素质也在以往的工作经历中得到充分的展示，因此，内部招聘往往会导致更高的招聘成功率。

组织可以鼓励自己的员工从其亲朋好友中发掘能为本组织服务的人才。该方法的最大优点在于能调动内部员工的积极性，让他们感到这是组织对自己的信任从而提高工作满意度和忠诚感；由于该员工对组织、空缺岗位及推荐对象都有一定的了解，因此有助于提高招聘成功率；被推荐对象往往也能以推荐者为榜样，努力工作。目前国内很多大企业都设置了专门的奖项，鼓励内部员工推荐自己所熟知的优秀人才来本企业工作。

当然，内部员工推荐也可能导致拉帮结派，形成对组织不利的非正式组织，给组织管理带来困难。

内部招聘往往用于管理人员的选拔，如业绩良好、能力突出的人员经常在内部招聘中走向更高的管理层次，被委以更大的责任。例如，大学校长可能是从各学院院长中选聘产生的。有时内部招聘也只是平级调动。例如，某大学为了促进人员合理流动，每年都会在校园网上发布“科技干部竞选通告”，有意愿平级调动的教职工都有机会参与竞聘。

(三) 外部招聘和内部招聘的比较

外部招聘和内部招聘是现代组织进行人员选聘的两个重要途径，它们各有所长各有所短，不可或缺。

外部招聘的优点是：用人单位能够在较大范围内挑选应聘者，更利于找到合适人选；

---

① “猎头”是一个外来词汇，英文是headhunting，来源于拉丁文，原来是指美洲食人部落，作战的时候把对方的头颅砍下来挂在腰间以表示自豪炫耀的行为。第二次世界大战以后，欧美一些战胜国从德国等很多国家寻找自己需要的科学家，它们像丛林狩猎一样，到处派专业公司帮自己物色比较优秀的人，于是这个词后来被借用，意思即指“网罗高级人才”。

新面孔的出现也能够为企业带来新方法、新观念和新知识，保持企业活力。尤其对于改革期的企业来讲，一支精锐的“空降兵”队伍可能成为企业的革新力量。其缺点是：来自企业外部的新员工需要经过一段时间的适应期才能投入正常工作，从而使招聘成本相对较高；同时，组织对员工的实际工作能力、员工对该组织及该岗位的了解不够，可能不久又发生员工离职现象，从而提高了外部招聘风险；特别是在组织文化的认同感、忠诚度等方面，外部招聘往往令企业管理者不乐观。

内部招聘的优缺点与外部招聘形成互补。其优点是：组织和人员之间已经有充分的了解，因此不必进行入职培训，招聘成功率高；内部提升也是一种激励方式，有助于提升员工士气；即使只是内部平级调动，也可以使员工的工作内容丰富化，减弱工作倦怠感。但是，内部招聘的备选人员数量有限，尤其是新提升的领导可能短期内难以服众，而且不利于倡导新的组织文化。

外部招聘和内部招聘的比较如表 8.1 所示。

表 8.1　外部招聘和内部招聘的比较

比较项目	内部招聘	外部招聘
招聘成本	低	高
甄选范围	狭窄	宽泛
招聘成功率	高	低
激励作用	大	小
创新意义	小	大

三、人员选聘的程序

为保证人员选聘的有效性和可行性，人员选聘工作必须按照一定的程序来进行，主要包括以下几个步骤。

(1) 编制招聘计划。

编制招聘计划是进行人员选聘的第一步，其作用是为即将开展的实质性招聘工作提供指导方案。一份完备的招聘计划内容包括：招聘岗位、人员需求量、岗位的具体要求；招聘信息发布的时间、方式、渠道；招募对象的来源与范围；招募的方法；招聘测试的实施方案；招聘活动的财务预算；招聘活动的时间、地点和进度；等等。

(2) 发布招聘信息。

在什么时间、以什么方式及通过什么渠道来发布招聘信息，这一方面要参照招聘计划来确定，另一方面还要综合招聘岗位、招聘数量、对任职者的要求，以及招募对象的来源与范围等因素来考虑。例如，同一家公司拟招聘副总裁一名、软件工程师三名和保安人员数名，该公司可能分别在 3 个不同的时间和场合，以 3 种完全不同的渠道发布招聘信息。

(3) 粗选。

粗选是根据应聘者提供的基本材料，如求职信、证明、档案或工作鉴定等，对应聘者的学历、品德、身体条件等进行初步挑选，符合岗位要求的才能进入下面步骤。

粗选的原则不是“优胜”，而是“劣汰”，其任务只是将不合格的人淘汰出去，而不是将突出的人挑选进来，这一工作将在接下来的“面试”和“测试”环节来完成。

(4) 面试。

面试是用人单位和应聘者通过正式交谈进一步互相了解的过程。用人单位可以借此更详细、直观地了解一些书面材料上无法反映的应聘者情况，如业务知识水平、外貌风度、求职动机等；应聘者也可以通过面试来了解此前在招聘信息中无法反映的组织情况。

(5) 测试。

测试是在粗选和面试的基础上进一步对应聘者进行考察测评的一种手段。随着人力资源管理技术和学科的发展，关于如何通过测试来获取合适人员的研究也越来越多。其中，人才测评中心也逐渐普及。

人才测评中心始于 20 世纪 40 年代的美国，它并不是一个空间场所，而是一套人员素质测评的技术和方法。测试一般分为心理测试与智能测试。心理测试主要是通过了解应聘者的个性、职业兴趣等来判断应聘者是否具备从事该工作的潜在能力，如：加拿大职业分类词典显示，愿与事物打交道的人适宜从事制图、勘测、工程技术等职业；而愿与人打交道的人则更适宜从事记者、推销员、教师等职业。智能测试则是对应聘者现有智力、技能和专业知识的测试，如用人单位可能通过语法、口语专业考试，以及反应速度测试来决定是否录用一名同声翻译人员。

(6) 录用。

如果应聘者经考核，各方面的能力和表现都符合用人单位的要求，双方可以进入录用环节。人员录用也是一个过程，一般包括签订试用合同、员工的试用安排、试用，以及最终的正式录用 4 个环节。

录用环节的结束，意味着该人员正式成为该组织的一员。

(7) 选聘评估。

选聘评估是一个很容易被组织所忽视的环节。员工被正式录用一段时间后，用人部门和人力资源管理部门需要对前一轮的人员选聘工作进行总结与反思，如：选聘的成本与效益如何，新员工是否与该岗位匹配、有没有离职倾向，影响本次人员选聘工作成功或失败的原因在哪里，等等，评估结果必须进行备案。

选聘评估并不是人员选聘工作的结束。如果本轮选聘没有完全满足本企业的用人需求，企业还将进入下一轮的人员选聘工作，评估结果将为其提供经验或教训。

整个人员选聘程序如图 8.1 所示。

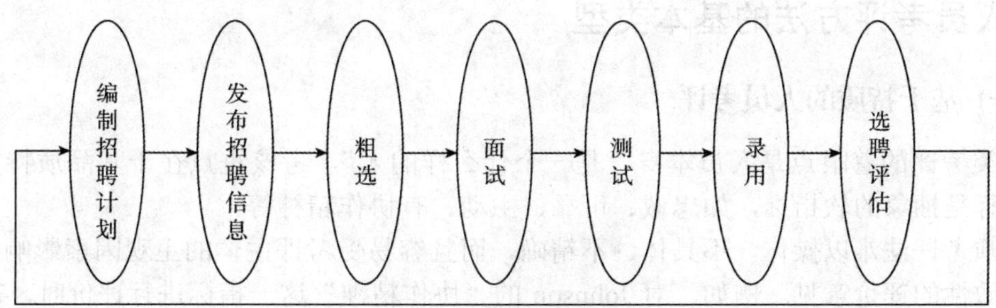

图 8.1 人员选聘程序图

第三节 人员考评

一、人员考评的定义与作用

人员考评就是对被考核者的工作情况进行考核和评价。简单地说，人员考评是要回答这样一个问题："被考核者在这段时间内工作完成得怎么样？"人员考评本身不是目的而是手段，管理者通过进一步地明确人员的工作能力、工作态度和工作适应性，结合其他必要的管理手段，最终达到提高人员配备效率的目的。因此，人员考评是人员配备中的一项重要内容。

人员考评的作用主要表现在以下 4 个方面。

(1) 为人员培训提供依据。虽然在人员选聘环节管理者对应聘者进行了多轮测试，但是实际工作后该人员能否完成现有的工作任务、他具备怎样的优劣势、有哪些发展潜力等问题只有通过制度化的人员考评才能回答。而考评中发现的不足或潜力，将成为今后培训的重点。

(2) 为确定员工薪酬提供依据。绩效管理理论认为，人员考评的结果应该跟薪酬体系中的动态工资部分联系起来，并认为只有将人员考评结果与人们所获得的回报挂钩，才能使人员考评发挥积极作用。只有通过客观公正的人员考评，组织才能确定人员的实际贡献，为合理确定员工薪酬提供依据。

(3) 有利于优化人与事的匹配。人员配备是人和事的动态平衡，人员被安排到某一岗位后，管理者一方面希望他能胜任当前的工作，另一方面也会考虑有没有更好的人事搭配方式，从而使该员工的工作绩效进一步提高。因此，人员考评不仅可以对现有的人员配备方式进行总结评价，还可以为今后的人员配备改进提供依据。例如，考评发现，某些普通员工不仅能较好地完成本职工作，而且具有领导他人完成此类工作的能力，于是被选拔为该项工作的负责人，在更高的岗位上承担更大的职责。这样的例子不胜枚举。

(4) 有利于促进组织内部沟通。人员考评具有很强的导向作用，无论是考评者个人提出的期望，还是组织出台的制度化考评标准，都在告诉考评对象：这是你努力的方向。因此，人员考评可以使考评对象对目标和任务有更深刻的认识和理解；考评者通过人员考评，能够对考评对象的工作、思想有更多的认识，必要的时候多听听考评对象的意见和建议。这能为促进组织内部的沟通提供良好的机会。

二、人员考评方法的基本类型

(一) 基于特质的人员考评

这类考评的着眼点是人员本身"是一个什么样的人"，考核重点在于其品质特征，选用的指标是抽象的软指标，如忠诚、可靠、主动、有协作精神等。

特质考评法难以操作，不具体、不精确，而且容易受考评主体的主观因素影响，很难得到一致性的评价意见。例如，对 Johnson 的"协作精神"这一指标进行评价时，Tom 认为他"非常具有协作精神"，而 Michael 的评价是"比较具有协作精神"。不仅如此，人员

特质与其工作效果往往没有必然的关系，一个常见的现象是，并不是员工越“勤奋”，越“忠诚”，其对组织的贡献就越大，因此这类方法当前使用得并不多。

(二) 基于行为的人员考评

这类考评的着眼点是人员是 “如何做工作”，考核重点在于其行为方式和工作态度。例如，对于餐厅服务员，行为考评是在考察当客人来临时，他是“非常热情，主动迎接”“比较热情，准确回答客人的提问”，还是“不热情”“对客人熟视无睹”等。可见，在指标的精确性和可操作性上，行为考核法相对于特质考核法有所改进。但是总体来说，行为考核法包含的主观判断成分仍然很大，比较难以得到一致性评价意见。该方法适用于考评绩效难以量化或工作行为方式对工作结果有较大影响的人员，特别是服务人员。

(三) 基于结果的人员考评

这类考评的着眼点是人员在这段时间“做出了什么”，考核重点在于其产出和贡献，而不在于其努力程度和工作方式。选用的指标很具体，如装配工人组装的元器件数量，营销人员的年度销售额、新增客户数等。结果考核法直观、可测量、易于操作，属于硬指标考核，考评结果凭事实说话而不受考评主体的主观影响。因此，这成为最常用的人员考评方法。其缺点是太重视结果会诱使员工为了实现结果而不择手段，因此只适用于评价可以通过多种方法达到绩效标准或绩效目标的岗位，如营销人员、计件工人等。

值得指出的是，在实际人力资源管理中，我们经常需要同时从多个角度出发对员工进行考评。例如，在教学质量管理中，不仅要考评教师的教学质量和教学效果，还要关注其教学行为是否文明、举止是否得体，也要对教师的学历、人品等特质进行核查。多种考评方法的目的是使我们的考评结果更真实、更科学。

三、人员考评的主体

人员考评的主体指应该由谁对人员的工作绩效进行考核和评价。一般来说，只要与该人员的工作相关的人都能对其做出评价。但是为了让评价更准确、更符合事实，我们要谨慎甄选考评主体。以考评主体为标准，人员考评可以被划分为以下几类。

(一) 上级考评

一般来说，一个负责任的直接上级对其下属的工作业绩最为了解，对该人员在整个团队中的地位和贡献也了解得最为翔实，因此应该能够对考评对象做出全面、公正的评价。但是上级考评中往往不可避免地受上级的主观感受影响；上级往往只看到了员工在自己面前所表现出来的那一面，无法了解“监控”之外的员工表现；而且上级考评的结果容易产生或整体性偏宽容或整体性偏苛刻的局面。

(二) 同事考评

有研究表明，由一起共事的同事对考评对象做出的评价是最精确的。它尤其适用于同事间关系融洽、相互信任，并且具有较高的协作性与依赖性的专业性组织或专业部门，如研究与开发团队中同事考评结果具有较大的说服力。但是同事考评受人际关系影响大，有的员工即使工作上贡献突出，但由于偶尔处理人际关系不当，结果仍然得不到公正客观的评价。不仅如此，这种方法还可能起到错误的导向作用，人员可能不致力于把工作做好，而是将精力花在如何搞好关系上，这显然偏离了组织目标。

(三) 自我考评

管理人员年末公开述职、一般人员提交自我鉴定等都是自我考评的具体表现。一般来说，由于信息不对称，无论是上级还是同事，对员工的工作态度和工作能力的了解都不及员工本人，因此由员工实行自我考评是有道理的。但是自我考评也容易受个人主观因素的影响，自评时往往会过多地谈论成绩而回避不足；过多地关注自己的贡献而忽视他人的劳动。

(四) 下级考评

该方法主要用于对管理人员的考评，下级的感受是其管理行为的一面镜子，因为下级对其工作方式、领导风格有切身的体会。但是下级考评效果受上下级之间关系的影响，只有对于民主、大度的领导，下级才敢在考评中畅所欲言。

(五) 相关客户考评

该方法提倡由有业务往来的客户对人员的工作质量进行评价，其中“相关客户”可能在企业外部，如海尔家电的用户对产品售后服务人员的工作态度、工作能力进行评价；也可能在企业内部，如现代企业经常由营销人员或生产人员对研究与开发人员的工作绩效，如新产品的性能、工艺、市场化程度等进行考评。

事实上，不同的考评主体各有优缺点，如表8.2 所示。实际人员考评中，要取长补短、合理组合。现在有很多企业采用360°绩效考评。360°绩效考评又称全方位绩效考评，即由考评对象的上级、同事、相关客户、下级及本人对其进行匿名评价，然后由专业人员向考评对象提供反馈意见。其特点是能全方位、多视角地对员工进行评价，考评结果准确可靠，但该方法比较复杂，费时费力。

表 8.2 各类考评主体参与考评的优缺点

考评主体	优 点	缺 点
上级	对考评对象的工作绩效比较了解；对考评内容比较熟悉；可以结合考评对象给出合理的建议和指导	员工的部分表现会超出上级的“监控”范围，可能导致考评结果以偏概全；受上级的个人偏好和心理因素影响
同事	彼此间接触频繁，评价更客观；互相评价其实也是一种沟通	耗时耗力；受团体内人际关系的影响较大
自我	对自身的能力和态度有真实的了解；自我管理体现了对员工的尊重；考评结果更容易被考评对象所接受	夸大成绩回避不足；关注自己忽视他人
下级	是管理民主化的体现；是对下级的尊重，可以强化下级的参与意识；有利于建立有效的管理者约束机制	受下级素质的影响；下级不敢畅所欲言；上级为了讨好下级而疏于管理
相关客户	真实客观；有利于强化服务意识	考评意见难以收集，成本高

四、人员考评的程序

有人形象地把人员考评比喻成考评者拿着“尺子”去测量考评对象，但是考评工作本身也需要一把“尺子”，即其实施必须遵循科学的程序。我们可以把人员考评程序简单地用“4W1H”来表示。

(1) 确定考评者。即明确由谁(Who)来执行人员考评。其中考评者既可以是某些人员，也可以是某些部门。关于各类考评主体的优缺点前文已有提及，因此在真正的考评执行之前，我们需要根据各类主体的时间允许情况、能力和动机等综合条件来确定由哪些主体参与考评。

(2) 确定考评内容。即明确将对人员的哪些方面(What)进行考评才能最全面、真实地反映员工的绩效、态度和能力，如对于高层管理人员，考评重点在其管理能力、领导能力、人才培养绩效和危机处理表现等；对于研究开发人员，考评重点在其创造的价值、创新精神、技术能力、团队精神等。

(3) 确定考评时间。即明确何时(When)对人员进行考评及考评周期是多久。组织应该针对不同的员工规定合理的考评时间和考评周期，如对营销人员的考评一般被安排在每年年末，而对研究与开发人员的考评则安排在每个研发项目结束后。考评时间和考评周期应根据人员的工作性质、考评目的及考评成本等因素加以综合考虑。

(4) 明确并实施考评方案。即由考评者如何(How)根据考评内容，在既定的时间内开展人员考评活动。

(5) 考评后的评估和总结。考评结果出来后，应及时反馈给被考评者。对于突出的或不尽如人意的考评结果，考评主体和考评对象都要进行总结，共同查找原因，即弄清楚为什么(Why)该人员会有傲人的成绩或有明显的不足，同时为今后的工作提出改进方向和方法。

第四节 人员培训

一、人员培训的目的

人员培训是组织为了使人员适应当前或未来的岗位要求而对其进行的教育、培养和训练活动。人员培训正在作为改进人员工作能力的一种手段登上企业活动的中心舞台。国际商务机器公司(IBM)作为全球首屈一指的知名企业，在人员培训上的投入同样令世人瞩目，他们每年用于培训的费用相当于公司总营业额的2%；而麻省理工学院(MIT)的一批研究人员在《美国制造》一书中指出，对雇员进行精心培训是日本企业往往能超过同行业美国企业的一个重要原因。

具体来说，人员培训有不同的目的，主要体现在以下几个方面。

(1) 传递信息。培训，尤其是入企培训的一个重要目的是向员工传递关于企业的整体信息，如使员工了解并接受组织的整体目标和任务，了解组织的经营模式、产品特点、所处的战略环境、未来的发展方向等。通过培训员工可以确定自己在整体目标实现中应该起到什么样的作用、如何使个人目标与企业目标相一致而不是背道而驰。

(2) 改变态度。良好的工作态度是完成工作的有效保证，而培训可以使员工认识乃至认同组织文化和组织的价值观念，并以此作为自己行动的指导准则，从而有利于组织目标的实现。这一点对于新聘员工尤其重要。

(3) 更新知识。我们生活在一个不断变化、不断进步的社会，无论是管理人员还是一般员工，只有通过不断学习、不断提高，才能适应环境。特别是随着科学技术的飞速进步，知识的半衰期越来越短，不及时更新知识往往对工作难以胜任，因此更新知识成为培训的一个重要目的。

(4) 发展能力。更新知识只是让员工拥有岗位要求的基本技能，而发展能力则可以使员工能全方位胜任岗位，或以面向未来为目的，如对一线操作工人也要通过培训加强学习能力、观察能力的培养，或根据未来的工作需要，对员工进行决策能力、领导能力、沟通能力、协调能力、冲突处理能力、危机事故处理能力等方面的培训。

二、人员培训的内容

人员培训的内容主要包括以下几个方面。

(一) 思想政治教育

很多人误以为知识经济时代，组织的人员培训只用培训技能和知识即可，而思想政治教育很落伍。其实不然，政治素质是体现一个员工乃至企业综合素质的基本要素。企业要发展，离不开一支能掌握和理解党和国家的方针政策及遵纪守法、道德高尚，同时有远大理想的员工队伍。因此，任何时候思想政治教育都是人员培训的首要内容。

(二) 专业技能培训

这是最容易为人们所认可的一项培训内容。人员培训应从实际出发，根据岗位责任要求和员工自身现状，有针对性地开展专业技能培训。这是培养和开发员工潜能的关键，也是确保员工能完成本职工作的必要之举。

(三) 科学文化知识

这是为了满足更新和补充知识。有人误以为只要专业技术培训能保证自己完成岗位工作即可，没必要再学习科学文化知识。事实上，我们正处于一个知识快速更新的时代，有研究发现，大学所学到的知识在毕业后 5 年乃至更短时间内将被淘汰，因此企业应及时向员工补充科学文化知识，提高其科学文化素养和业务水平。

(四) 企业文化培训

员工是否认同并接受组织文化，直接关系着他的工作态度和工作潜能的发挥，对组织的生存与发展有重要影响。因此，组织不仅对入职员工进行企业文化培训，还应定期地对全体员工进行组织文化、组织价值观、组织精神等方面的培训。

三、人员培训的类型与方法

(一) 在岗培训

在岗培训也称为在职培训，即员工在保持不脱离现有工作岗位的基础上接受培训。其最大优点在于：可以边学习边工作，不仅节约时间，而且便于学以致用；培训内容与工作的相关性好；可以利用现有的工作条件，而不必另外人为地创造设施和条件。

在岗培训有以下几种方法。

1. 工作指导法

工作指导法也称为学徒培训，它是最古朴的培训方法之一。其主要特点是通过资历较深、业务熟练的员工的指导，使新员工迅速掌握岗位技能。工作指导法在各类企业中都有广泛的运用，特别是在很多制造型企业中。它适用范围广，可以避免新员工的盲目摸索，同时利于新员工快速融入团队，在很多企业中工作指导法的“传帮带”已成为一种良好的风气。工作指导法的最大缺点在于企业需要通过管理制度来保证指导者的动机和热情，很多指导者可能刻意“留一手”以维持自己的领先优势；指导者的水平如何、工作习惯如何将直接影响被指导者，这导致工作指导法对被指导者个人来说有一定的风险，可能造成“一旦站错队，一生都不对”的后果。

2. 工作轮换法

工作轮换法也称为轮岗法，其做法是让员工在多个岗位上变换工作内容，以使他全面了解整个组织中不同的工作内容，不断积累经验并了解工作的连贯性。

该方法可以丰富员工的工作内容，消除员工在单一岗位上的工作倦怠，同时有助于员工从不同角度加深对工作的理解。但是工作轮换可能导致培训对象在任何一个岗位上都缺乏持久的经验和体会，容易使员工产生一种临时感，从而缺乏钻研劲头，而且工作岗位的频繁转换给管理带来麻烦，因此该方法只运用于对管理人员、技术人员和新员工的体验式培训中。

(二) 离岗培训

离岗培训也称为脱产培训，与在岗培训相反，员工在接受培训的同时必须暂时离开现有工作岗位。其最大优点在于：人员在培训中能更专心于培训内容而不必受工作的牵制，学习过程更系统、更专业，尤其是对于科学文化知识的培训更适合用离岗培训方式。同时，脱产培训中学员往往来自不同的单位或部门，可促进组织间或部门间的横向交流，利于人员全面发展。但是脱产培训使培训和工作相脱离，因此可能导致理论和实践相脱节；而且无论是培训组织还是培训对象，都要专门耗费时间和精力。

离岗培训的方法主要有以下几种。

1. 课堂培训法

课堂培训法是一种传统的培训模式，其特点是通过培训师的语言表达和演示，借助幻灯片、影视资料、计算机等手段，系统地向培训对象传递理论、观点和原理。该方法的优点在于培训内容量大，有利于大面积培训人员；培训环境简单，只需基本的教学条件即可；

培训的人均费用低。但是课堂培训的传授方式比较单一，培训对象往往觉得枯燥无趣；单向传授不利于教学互动，不能满足员工的个性需求；对培训者的要求很高。

2. 游戏法

游戏法是员工培训中常用的辅助方法，该方法由多个参与者或参与者团队按照既定规则，相互竞争达到目标。通常，游戏中会设置与实际工作比较类似的竞争环境或变革内容，尽量促使培训对象身临其境地学习和体会如何面对变化和挑战。其优点是一改传统课堂培训中的紧张气氛和单一模式，寓教于乐；其缺点是一项合适的游戏的开发需要耗费较多时间，成本较大。

3. 案例研究法

案例研究法首先由培训师按照培训需求向培训对象展示真实背景，提供背景材料并做出必要的解释后，由培训对象以背景材料为基础发现问题、分析问题，并提出解决问题的各种方案及最佳方案。它与游戏法一样，也是一种通过情景模拟来提高培训对象解决实际问题能力的方法。目前案例研究法广泛应用于培训界。其优点是学员参与性强、教学方式直观生动，并且容易促进培训对象之间的交流。但是，准备一个有代表性的案例是一项耗时的工作，无效的案例只会浪费培训时间。目前世界上最有名的案例设计来自美国哈佛大学。

(三) 其他培训方法

随着培训工作重要性的提高，越来越多的培训方法开发出来，并在各类组织中得到广泛运用。除上述两大类培训方法外，还有其他诸多培训方法。

网络培训是一种富有时代气息的培训方法，它以现代网络技术为手段，一切培训活动通过网络进行而不必受时间和空间的约束，有效地节省了培训师和培训对象的时间和精力。员工自我培训和发展是另一种培训方法，培训对象根据自身情况，在无须培训师指导的情况下自己安排学习进度和内容。该方法的特点是学员的自主性强，经济实用。但是自学的缺点在于内容受到限制，学习中的疑问和难点往往不能得到有效解答。

总之，无论是在岗培训还是脱产培训，也无论是哪种培训方法，都各有利弊。组织可根据培训目的，结合组织和员工的具体情况，如组织的发展阶段、员工的职业生涯阶段、组织的培训环境、财务条件等，选择一种甚至几种人员培训方法。

四、人员培训的程序

人员培训投资巨大，因此应该谨慎地按照一定的科学程序来实施。人员培训程序包括以下 5 个步骤。

(1) 明确培训需求。人员培训是优化人事匹配的手段而不是目的，单纯地为了培训而培训只会浪费企业的人力、物力和财力。因此培训前培训组织者要先发问：该人员或该部门是否需要接受培训？他当前的不良表现或不佳业绩是否可以通过培训来弱化或消除？对该人员进行培训的风险如何？等等。培训是为了解决所发现的问题，而不同企业的具体情况不同，因此培训需求也不同。切忌将培训作为一种时尚，而应该是一种理性行为。

(2) 制订培训计划。企业明确了某些人员或部门的确存在培训需求，则需要制订详尽的培训计划。该计划是对未来人员培训活动的各项内容的预先安排，如培训对象、培训内容、培训方法、预期的培训目标、培训费用、培训的时间安排等。培训计划为今后的培训实施提供指导，也为培训效果的检验提供了标准。

(3) 准备培训条件。作为一个过渡环节，准确培训条件的主要任务是以培训计划为依据，为接下来实质性地开展培训活动筹备条件，主要包括落实培训材料、培训设备和培训师资等。准备条件做得好有利于培训活动的顺利开展，而不至于延缓培训进程或影响培训效果。

(4) 实施人员培训。按照既定计划对人员进行实质性培训，这是人员培训的核心环节和关键环节。

(5) 评价培训效果。培训活动结束后，对培训效果进行总结性的考核、分析和评价是人员培训中不可忽视的一个环节。其目的是发现培训对象的收获和提高并找出本次培训活动的不足。

上述人员培训步骤是相互联系、相互作用的。不仅如此，人员培训还是一个循环过程，本轮培训活动的结束意味着下一轮培训活动的开始。对培训效果进行评价后，可以本次培训的结果为依据，再次明确新的人员培训需求，重新调整人员培训计划。人员培训就这样周而复始，最终达到提高员工素质和能力的目的。

一个完整的人员培训过程可以用图 8.2 来表示。

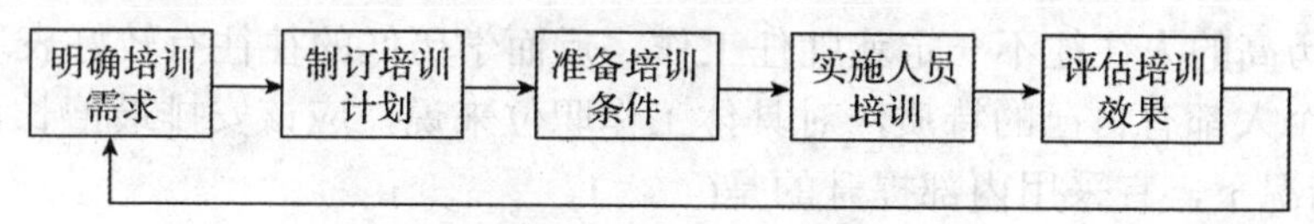

图 8.2　人员培训程序模型

本章小结

人员配备是用合格的人才去填充组织设计中的各类职位和岗位。它是组织设计的逻辑延续。人员配备的任务就是根据任职要求，为组织中各个岗位提供最合适的人员，实现人与事的最佳匹配。

人员选聘是根据人员配备的要求，从众多应聘者中选拔合适的人员并把他们安排到相应岗位上去的活动。人员选聘是组织获取各类人才的重要途径。人员选聘按照人才来源可以简单地分为外部招聘和内部招聘两类，它们各有利弊。

人员培训是通过对员工进行教育、培养和训练，使人员能更好地完成岗位工作。人员培训形式多样、内容丰富，它可以提高员工素质和岗位胜任力，从而更好地完成组织赋予的任务。

人员考评可以使组织了解人员履行职责的情况，从而为人事决策和奖惩及培训提供参考依据。选择合适的人员考评主体、采用合理的人员考评方法，并保持公平、公正、客观、科学的人员考评理念，是提高人员考评效率的关键。

练习与思考

一、单项选择题

1. 某企业组织设有一个管理岗位，连续选任了几位干部，结果都是难以胜任岗位要求而被中途免职的。从管理角度来看，出现这一情况的根本原因最有可能是(　　)。

A. 组织设计上没有考虑命令统一的原则

B. 组织设计上对管理幅度与管理层次考虑不周

C. 组织设计忽略了对于干部的特点与能力要求

D. 组织设计上没有考虑责权对等的原则

2. 内部招聘的最主要的缺点是(　　)。

A. 引起同事不满

B. 有历史包袱，不利于迅速展开工作

C. 要花很长时间重新了解企业状况

D. 知识水平可能不够高

3. “尺有所短，寸有所长”说明在人员配备时(　　)。

A. 不能对员工的工作要求过于苛刻，宽松的环境有利于员工能力发挥

B. 应该允许员工犯错误，特别是高层管理人员

C. 学历高的人往往不一定就胜任工作，反而学历低的往往有较好表现

D. 每个人都有自己的特质，对具体工作职位来说，应该安排最擅长该项工作的人

4. 下列情况下，宜采用内部提升的是(　　)。

A. 高层次管理人员的选拔

B. 外部环境剧烈变化时

C. 处于成熟期的企业

D. 处于初创期的企业

5. 外部招聘与内部招聘比较，其招聘成本(　　)。

A. 低　　B. 高　　C. 大致持平　　D. 没有可比性

二、多项选择题

1. 人员配备的原则有(　　)。

A. 目标导向原则　　B. 公平原则　　C. 客观原则

D. 扬长避短原则　　E. 动态平衡原则

2. 以考评主体为标准，人员考评可以划分为(　　)。

A. 上级考评　　B. 同事考评　　C. 自我考评

D. 下级考评　　E. 相关客户考评

3. 人员配备的任务包括(　　)。

A. 明确人力资源需求　　B. 工会选举　　C. 人员选聘

D. 人员培训　　E. 人员考评

4. 下面属于离岗培训法的是(　　)。

A. 课堂培训法　　B. 游戏法　　C. 案例研究法

D. 工作指导法　　E. 工作轮换法

5. 管理人员选聘时需要作为主要的考虑标准包括(　　)。

A. 管理的欲望　　B. 冒险的精神　　C. 强健的体魄

D. 沟通的技能　　E. 高学历教育背景

三、判断题

1. 员工招聘是指企业到外部寻找、吸引那些有能力、又有兴趣到本单位任职的人，并从中选出适宜人员予以录用的过程。(　　)

2. 内部招聘或提升可激励员工努力进取，因为他们对组织的政策和期望都能明确了解。(　　)

3. 为提高技术人员的积极性，在适当的时候应将优秀的技术人员晋升为管理人员。(　　)

4. 外部招聘比内部招聘的选择范围更大，所以总能够找到更优秀的人才。(　　)

5. 多年来，我国国有企业领导人多由上级主管部门委派，这种做法容易引起任人唯亲的后果，弊端很多，而采取考试制最为合适。(　　)

四、问答题

1. 人员配备的任务和原则是什么？

2. 如何进行人员选聘工作？

3. 如何开展人员考评工作？

4. 人员培训的方式方法有哪些？

案例点击

R&D 人员是否应该接受绩效考核？

2007 年，《中国企业家》杂志在其第 3/4 期转载了由日本索尼公司前常务董事天外伺郎撰写的、原载于日本《文艺春秋》的文章《绩效主义毁了索尼》。文章指出：日本知名企业索尼公司因为对 R&D(Research&Development，研究与开发)人员实行不恰当的绩效考核，结果导致职工失去工作热情和创新力，公司内的“激情集团”不再，于是索尼公司开始走下坡路，这一现象被业界称为“索尼现象”。该文一经刊出，立即引起广大研究者和 R&D 人员的热烈讨论。于是是否应该对 R&D 人员进行绩效考核、如何考核再次成为学术界和企业界关注的话题。

事实上，关于是否应该对 R&D 人员考核的问题一直存在争议。在大多数学者看来，绩效考核作为绩效管理的一个关键环节，是“防止员工绩效不佳和提高工作绩效的有力工具”，因此对 R&D 人员进行绩效考核是顺理成章的。但是事情并没有这么简单，部分学者认为，对于 R&D 人员来说绩效考核可能并不能起到提高绩效的作用，甚至有时在企业内根本就无法开展。

首先，R&D 人员的工作特征和绩效特征使绩效考核工作不可行。主要来说，R&D 人员工作成果难以测量、成果的价值体现具有时滞性、个人绩效和团队绩效不可分离等，这都使 R&D 人员绩效考核难度太大。例如，国外学者 Ruch 指出，对 R&D 人员进行绩效考核的第一大障碍就是很难界定其输入和输出；其工作输出可能若干年才能看到，而结果的成败又包含了诸多人的贡献。我国学者许庆瑞则指出，知识型工作的度量缺少客观量化标准，其过程不可重现，难以采用生产管理中的统计方法和控制手段，有不同于生产和营销的高度不确定性、非营利性和创造性，其中，基础的、长期的探索性研究尤其如此。

其次，R&D 人员的人格特征使绩效考核工作不可行。学者们普遍认为，R&D 人员在个人素质、价值观念、心理需求、行为自主性等方面都与非知识员工有很大的差别。因此，对于行为具有高度自主性和强烈内在激励性的 R&D 人员，管理者没必要对他们进行绩效考核。就像索尼公司创办人之一、索尼公司名誉会长井深大先生所说："工作的报酬就是工作。"R&D 员工达到激情状态，一个重要的条件就是从工作中找到快乐，从而获得"基于自发的动机"。而绩效考核只片面地增强了 R&D 员工的外在动机，内在动机被削弱。不仅如此，R&D 人员本身很介意像蓝领工人一样接受考核，甚至认为这是对他们的侮辱。强行考核甚至会带来负面作用，很多 R&D 员工在紧迫的考核面前不惜弄虚作假，当前各种学术不端行为往往就是过分考核的结果。

与上述观点相反，主张考核者认为不能简单地凭借其创造性和新颖性特点就给 R&D 人员搞"特殊化"。虽然 R&D 工作具有创造性，但整个 R&D 活动也无非是一个成本输入(Input)、通过人员加工处理(Process)然后形成输出(Output)的一般过程，这与一般商品的生产过程无异，只是 R&D 活动的产品是知识罢了。因此与其他工作者一样，R&D 人员也应该接受绩效考核。

实践也多次表明绩效考核的积极作用。微软公司(Microsoft)每年对其 R&D 人员进行两次严格而明确的绩效考核，并以两次考核结果分别作为 R&D 人员晋升和年度奖金及股票期权分配的依据，不可否认，微软是世界上最为高效的企业之一；美国贝尔实验室成立八十多年来，仅诺贝尔物理学奖获得者就达 11 人，共获得 2.7 万项专利，而这个高效的 R&D 组织同样拥有近乎苛刻的绩效考核制度；通用公司旗下的休斯电子公司(Hughes Electronics Corporation)甚至指出，R&D 部门同公司其他部门一样，需要通过绩效考核来证明自己的"价值"。

正因为如此，美国 Square D 公司 R&D 实验室副总裁 Phillip Francis 宣言：这样的一个时代已经来临，我们要抛开所有关于不进行 R&D 绩效考核的借口，无论如何要把绩效考核进行下去。

(资料来源：根据李红玲"R&D 人员绩效考核模式研究"一文改编，原文载自《科学学与科学技术管理》，2008 年第 4 期)

问题：

(1) 你认为是否应该对 R&D 人员进行绩效考核？

(2) 你认为应该如何对 R&D 人员进行绩效考核？

点石成金

(1) 随着市场竞争的日趋激烈，现代企业对研发活动越来越重视。对研发人员实施科学、合理、公正的考核，已成为绩效考核工作的一个重点。但是由于研发人员的工作与一般的生产工人、操作人员相比具有复杂性、创造性，因而在考核实施上存在一定的难度，使对研发人员的绩效评估、考核成为困扰企业人力资源部的一大难题。

(2) 对于研发人员的绩效考核应遵循以下原则：①结果考核与行为考核相结合，以结果考核为主。对于研发人员来说，在考核中如果过于强调对行为的考核，会带来一系列的错误导向。②外评与内评相结合，以外评为主。内部评价，包括进度、预算等评估是必要的，但过分强调内部评价是很危险的，因为内部评价很可能不太关心研发对企业的实际价值。③价值评估与产出评估相结合，以价值评估为主。只对研发产出进行评估是不够的，必须对研发为企业带来的价值进行评估，即研发效果的评价。④评价系统要尽量客观。在评价研发业绩时，数量是非常客观的指标，但是，质量和成本数据往往是非常主观的。尽管不可能用非常客观的方式测评质量，但在设计评价过程时可以尽量减少主观性。

第九章

组 织 文 化

案例导入

一个校办企业的困惑

N 药业有限责任公司(以下简称“N 药业公司”)是在原 N 大学制药厂、生化厂的基础上，由 N 大学、M 股份有限公司等合资成立的制药企业。公司运作至今，还未走出校办企业的圈子，尤其在人力资源管理方面的问题总是层出不穷，让人感受到校办企业种种独有的困惑。

困惑之一：公司高层领导的选聘。公司成立时，公司的总经理理所当然地由 N 大学委派，三位副总则由前三大股东各委派一人。而问题恰好出在两位股东方面委派的副总身上。由于这两位副总一位是汽车运输公司出身，对医药行业太陌生；另一位虽说是熟手，却以搞垮过若干企业而闻名。由于他们被委以重任，分别主管生产和销售等命脉部门，其拙劣表现及总经理对此的漠视使公司遭受到重创，损失巨大。

困惑之二：人员编制问题。校办企业一般在开办时基本为校方人员，随着企业的发展壮大，必须从校外引进一定的外来人才，由此员工的“成分”也复杂起来。N 药业公司成立后，公司就存在着员工工作相同而身份、待遇各异的情况。原 N 大学制药厂、生化厂的大部分人员为 N 大学编制，且有事业编制和企业编制之分，他们在分房、子女入托、医疗等方面待遇不一，而划分的标准又十分牵强。虽然 N 大学编制的这部分员工与非 N 大学编制的药业公司企业编制员工相比，在医疗、福利等方面享受学校的相关待遇，但在养老保险、公积金等方面却由于学校方面的原因没有理顺，他们基本上未缴纳保险及公积金，造成的后果不言而喻。其中有人因为考研、调动等离开公司和学校，却由于上述原因闹纠纷并申诉至市人事、劳动部门仲裁，许多问题至今未决。

困惑之三：薪酬制度严重不合理。国企加校办性质的 N 药业公司，从经理到一般员工，实行的是岗位工资制，奖金则根据企业当月的效益核发。岗位工资制中存在着岗位级差中的平均主义，造成了同等岗位的员工毫无竞争意识，更谈不上任何激励作用。正常情况下，总经理月收入不足 2000 元，可以推算出员工(营销人员除外)的工资水平，至于福利、保险等都处于较低水平。不合理的薪酬容易使员工产生不满情绪，造成工作不负责任，甚至贪赃枉法。

困惑之四：人事安排和岗位培训问题。从学历上看，公司整体水平极高，不负“省、

市高新技术企业”之名。但由于众多原因，公司存在着较普遍的人事安排不当的情况。从1998年以来，公司先后经历过两次所谓的“定岗定编”，由于没有很好的内部环境和规范的专业实施计划，“定岗定编”成了部分领导调整个人势力范围和“整编嫡系部队”的手段，根据亲疏好恶安排人事，总经理也不得不承认“定岗定编”是失败的。而岗位培训也暴露出许多不足，由于经过“定岗定编”后，许多岗位上并不是相对合适的人，各层次的培训十分必要。实际情况则是公司对各部门人员的培训毫无计划和系统性，许多在岗员工得不到培训和提高，存在人浮于事、不求进取等不良的组织文化倾向。

N药业公司的绝对控股股东是N大学，员工大部分来自原校办企业，N大学的人事制度及其变革直接影响公司的人事管理。随着高校改革的深入，学校后勤、产业方面的变革前所未有，遇到的问题将会日益尖锐和复杂，企业的出路只有一条：理顺关系，创造有利于充分发挥每位员工潜能的软环境。

(资料来源：根据https://wenku.baidu.com/view/83bbb21ac5da50e2524d7ff7.html所载网文改编)

试问：

1. 该校办企业问题的根本原因在哪里？
2. 如何解决这些问题？

学习目标

通过本章的学习，要求重点掌握组织文化这一重要概念，以及组织文化的主要内容；重点掌握组织文化的结构和类型；明确组织文化的特征与功能；熟悉和了解组织文化建设的原则、步骤和主要策略。

关键概念

文化(Culture) 组织文化(Organizational Culture) 组织精神(Organizational Mental) 经营哲学(Management Philosophy)

自从1979年安德列夫·佩蒂格鲁(Andrew W. Pettigrew)在《管理科学季刊》发表《组织文化研究》一文，以及美国学者潘迪和米特罗夫发表《跨越组织的开放系统模式》一文后，在组织管理界诞生了文化模式的研究概念，组织文化成为组织管理的重点。1980年，美国《商业周刊》杂志以突出篇幅报道“组织文化”问题，接着美国很多杂志都先后醒目报道并讨论“组织文化”。从此，组织文化成为组织领域研究的重点及热点问题。

组织文化的兴起，具有一定的社会历史性。克莱尔·克朋(Claire Capon)认为，组织文化的兴起反映了三种危机：首先是竞争危机，美国人因为战后日本经济的迅速崛起而感到了巨大的威胁，所以他们需要找到新的工具来提高竞争优势。其次是组织理论危机，传统的理论过于简化，关注的仅仅是组织结构、任务设计、职业类型、动机方案，因而需要找到一个更加复杂的、考虑到各种仪式、符号处理以及体系的复杂属性的模型。最后是社会危机，就是我们现在广为流传的“后现代社会综合征”，即历史和社会导向的深层危机。同时，美国的管理学界还认识到，当时的管理思想存在着三大缺陷：一是忽视了社会科学的研究成果；二是忽视了人与人的感情因素；三是过分强调定量分析。这使美国的学者迅速将重心转移到研究本国企业的文化上来，形成了追求卓越、重塑美国的意识，从而掀起了研究组织文化的热潮。

第一节　组织文化概述

一、组织文化的概念

“文化”是中国语言系统中古已有之的词汇。“文”的本义，指各色交错的纹理。《易·系辞下》记载：“物相杂，故曰文。”“文”有三种含义，首先，包括了语言文字内的各种象征符号，即原来的象形文字，进而变为礼乐制度、文物典籍；其次，有彩画、装饰、人为修养之义，这是由伦理之说而来，与“实”“质”相对应；最后，在前面两层含义的基础上，衍生出善良、品行之义。“化”，最初是指改变、变化，如《庄子·逍遥游》中所说“化而为鸟，其名为鹏”，后来指事物形态或性质的改变，同时又延伸为教行迁善之义。因而文化即“以文教化”。

广义来说，文化是人类在社会历史发展中创造的物质与精神财富的总和，是一种社会现象。同时文化又是一种历史现象，是社会历史的积淀物。与此相对的，是狭义的文化。它排除人类社会以及历史生活中关于物质创造活动及其财富部分，专注于精神创造活动及其财富。

1871 年，英国文化学家爱德华·伯内特·泰勒(Edward Burnett Tylor)在《原始文化》一书中提出了狭义文化的第一个定义，即文化是包括知识、信仰、艺术、道德、法律、习俗和任何人作为社会一分子而得到的才能和习惯在内的复杂整体，是人类为使自己适应环境和改善其生活方式的努力的总成绩。这是狭义文化早期的经典解说。

后来的美国社会学家戴维·波普诺(David Popenoe)则将文化定义为：一个群体或社会就共同具有的价值观和意义体系，它包括这些价值观和意义在物质形态上的具体化，人们通过观察和接受其他成员的教育转而学到其所在社会的文化。这是从抽象的角度而言的。

美国传统辞典则将“文化”一词进行了规范的解释：广泛传承的行为规范、信仰、制度和所有其他人类劳动及思想产品的总和。作为一种历史现象，其有历史继承性；作为社会意识形态，其反映着一定社会政治经济的水准。

每个组织都有自己特定的历史传统和环境条件，形成了自己独特的信仰、制度、价值观以及行为方式，从而拥有独特的组织文化。

对组织文化的定义众说纷纭，比较有代表性的有以下几种观点。

(1) 20 世纪 80 年代初，美国哈佛大学教育研究院的教授泰伦斯·迪尔(Terrence Deere)和麦肯锡咨询公司顾问艾伦·肯尼迪(Allen Kennedy)在《企业文化——企业生存的习俗和礼仪》一书中指出，杰出而成功的企业都有强有力的企业文化，即那些往往是自然约定俗成的而非书面的，但是却为全体员工共同遵守的行为规范；并有一系列用来宣传、强化这些价值观念的仪式和习俗。正是企业文化这一非经济、非技术的因素，导致了大至决策的产生、企业中的人事任免，小至员工们的衣着爱好、行为举止、生活习惯。在两个其他条

件都不相上下的企业中，组织文化的强弱会对企业的发展产生完全不同的后果。

(2) 詹姆斯·赫斯克特(James Heskett)和约翰·科特(John Kotter)认为，组织文化是指一个企业中各个部门，至少是企业高层管理者们所共同拥有的那些经营实践和价值观念，是企业中各个职能部门或处于不同地理环境的部门所拥有的共同的文化现象。

(3) 威廉·大内认为，组织文化是进取、守势、灵活性——即确定活动、意见和行为模式的价值观。

综合以上的观点，我们可以说，组织文化是指组织全体成员共同接受的价值观念、团队意识、行为准则、工作作风、心理预期、思维方式和团体归属感等群体意识的总称。

二、影响组织文化的因素

在建立组织文化的过程中，影响组织文化演变的因素主要有以下四种。

(一) 外来文化因素

外来文化包括其他国家、地区和民族以及其他行业和组织带来的文化。这些外来文化因素错综复杂，在引进初期影响较小。外来文化为组织带来先进的管理思想，如竞争观念、效率观念和创新观念；同时，也会带来如拜金主义等糟粕，破坏组织已有的优秀文化。所以组织在引进外来文化时，应有选择地吸收融合其中的精华，注意防范其中的不利因素。

(二) 个人文化因素

由于组织成员的思想素质、知识水平和社会背景等文化因素必然会影响组织文化的水平，所以组织文化是组织成员在长期发展过程中共同培育并遵守的最高目标、价值准则和行为规范。更重要的是，组织文化甚至会因组织领导者的价值观念、能力经验、工作作风等性格特征而受到直接影响和制约。可以说组织文化反映了组织历届领导者和现在领导者的个人价值观。因此，领导者的个人文化因素对组织文化影响很大，组织文化的稳定性也受到领导者更替的影响。

(三) 组织传统因素

组织的历史和传统是组织文化形成的重要因素。最初的组织文化也可以说是源于组织创建者的经营理念，在组织的发展过程中不断提炼和沉淀，最终得到拥有独特精华的文化。因此，每个组织都应从自身的目标宗旨和发展战略中总结出本组织的优良历史传统和特色，形成自己的价值观念体系，这也是创建具有个性的组织文化的必经之路。

(四) 民族文化因素

作为组织文化主体的组织成员，生长于一定的民族文化背景下，且即使身处组织中其“社会人”的性质也不会改变，依然接受着社会民族文化的熏陶。因为组织文化的价值观念、行为准则和道德规范等都打上了深刻的民族文化烙印，所以组织文化带有强烈的民族文化色彩。民族文化是组织宏观环境的重要因素，组织文化不但应根植于其中，而且应努力去适应民族文化环境，迎合一定民族文化环境下形成的社会心理状态，以期顺利地生存和发展。当然，组织文化作为民族文化的微观个体，也随着社会的发展而发展，并对推动民族文化的发展起着积极的作用。

三、组织文化的内容

组织文化的内容十分广泛，总结起来主要包括以下几点。

(一) 组织精神

组织精神是指一个组织或者企业基于自身特定的性质、任务、宗旨、时代要求和发展方向，经过精心培养而形成的成员群体的精神风貌。它是企业文化的核心，在整个企业文化中起着支配的地位。组织精神以价值观念为基础，以价值目标为动力，对企业经营哲学、管理制度、道德风尚、团体意识和企业形象起着决定性的作用。可以说，组织精神是企业的“灵魂”。

组织精神要通过企业全体职工有意识的实践活动体现出来。所以，它又是企业职工观念意识和进取心理的外化。组织精神通常用一些既富于哲理又简洁明快的语言予以表达，便于职工铭记在心，时刻用以激励自己；也便于对外宣传，容易在人们脑海里形成印象，从而在社会上形成个性鲜明的企业形象。

(二) 经营哲学

这是一个组织特有的从事生产经营和管理活动的方法论原则，它是指导组织行为的基础。一个企业在激烈的市场竞争环境中，面临各种矛盾和多种选择时，要求企业有一个科学的方法论来指导，有一套逻辑思维的程序来决定自己的行为，这就是经营哲学。

(三) 组织道德

组织道德是指调整本组织与其他组织之间、组织与人之间关系的行为规范的总和。它是从伦理关系的角度，以善与恶、公与私、荣与辱、诚实与虚伪等道德范畴为标准来评价和规范企业。

组织道德与法律规范和制度规范不同，不具有强制性和约束力，但具有积极的示范效应和强烈的感染力，当被人们认可和接受后具有自我约束的力量。因此，它具有更广泛的适应性，是约束企业和职工行为的重要手段。

(四) 团体意识

团体即组织，团体意识是指组织成员的集体观念，它是企业内部凝聚力形成的重要心理因素。组织团体意识的形成使企业的每个职工把自己的工作和行为都看成是实现企业目标的一个组成部分，使他们对自己作为企业的成员而感到自豪，对企业的成就产生荣誉感，从而把企业看成是自己利益的共同体和归属。因此，他们就会为实现企业的目标而努力奋斗，自觉地克服与实现企业目标不一致的行为。

(五) 价值观念

人生就是为了价值的追求，价值观念决定着人生的追求行为。所谓价值观念，是人们

基于某种功利性或道义性的追求而对个人和组织本身的存在、行为和行为结果进行评价的基本观点。价值观不是人们在一时一事上的体现，而是在长期实践活动中形成的关于价值的观念体系。组织的价值观，是指企业职工对企业存在的意义、经营目的、经营宗旨的价值评价和为之追求的整体化、个异化的群体意识，是企业全体职工共同的价值准则。只有在共同的价值准则基础上才能产生企业正确的价值目标，有了正确的价值目标才会有奋力追求价值目标的行为，企业才有希望。因此，企业价值观决定着职工行为的取向，关系企业的生死存亡。只顾企业自身经济效益的价值观，就会偏离社会主义方向，不仅会损害国家和人民的利益，还会影响企业形象；只顾眼前利益的价值观，就会急功近利，搞短期行为，使企业失去后劲，导致灭亡。

(六) 组织制度

组织制度是在生产经营实践活动中形成的，对人的行为具有强制性，并能保障一定权利的各种规定。从组织文化的层次结构看，组织制度属中间层次，它是精神文化的表现形式，是物质文化实现的保证。组织制度作为组织成员行为规范的模式，使个人的活动得以合理进行，内外人际关系得以协调，共同利益受到保护，从而使组织有序地组织起来为实现组织目标而努力。

(七) 组织形象

组织形象是企业通过外部特征和经营实力表现出来的，被消费者和公众所认同的企业总体印象。由外部特征表现出来的企业的形象称表层形象，如招牌、门面、徽标、广告、商标、服饰、营业环境等，这些都给人以直观的感觉，容易形成印象；通过经营实力表现出来的形象称深层形象，它是组织内部要素的集中体现，如人员素质、生产经营能力、管理水平、资本实力、产品质量等。表层形象以深层形象为基础，没有深层形象这个基础，表层形象不能长久地保持。流通企业由于主要是经营商品和提供服务，与顾客接触较多，所以表层形象显得格外重要，但这绝不是说深层形象可以放在次要的位置。

(八) 组织性格

经济学同管理学的一个重要区别，是经济学更多地采取了准自然科学的方式，尤其是数学方式，而自然科学是没有性格的。所以，经济学基本上采用模式化的研究方法，即不涉及人的性格。以劳动价值论为例，无论是早期的劳动同质说，还是在人力资源理论兴起后的劳动异质说，只是对劳动价值差别的表述不同，而在把从事劳动的“人”抽象化上是相同的。在经济学里，你看到的是抽象的人，如笼而统之的“经理”或“股东”，而不是具体的张三李四。管理学则不然，管理面对的是活生生的人，每个人都有自己的鲜明个性。试图把人性加以科学化处理，只会使管理学向经济学甚至数学靠拢，无益于管理学自身的发展。真正的管理学，必须从人本身出发。而离开了性格因素，人就不称其为人。有经验的企业老总，总是首先考虑面对的具体人员。正是在这一意义上，管理大师孔茨才强调，不要试图把管理中的“人”平均化、抽象化。

人的性格具有遗传因素，但更多的是后天养成。如果先不考虑遗传问题，那么，文化在人的性格形成中就具有至关重要的作用。企业的性格没有遗传因素，可以说，组织文化形成了组织性格。

第二节　组织文化的结构、层次和类型

一、组织文化的结构

组织文化有着丰富的内涵，是一个完整的体系，其中包括许多相互关联和制约的因素。彼得斯和沃特曼认为组织文化至少有七个因素，这七个因素分别为：组织结构、经营战略、工作程序、管理风格、技术能力、工作人员和共同价值观，被称为“麦肯锡7S”结构，如图9.1所示。

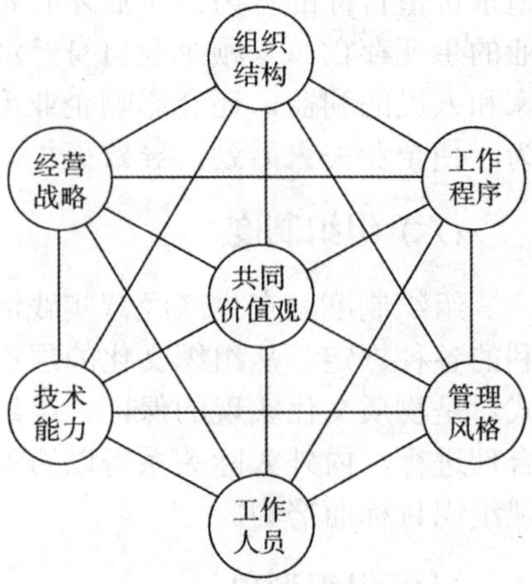

图9.1　“麦肯锡7S”结构

组织文化结构是指组织文化系统内各要素之间的关联和顺序、主次地位与结合方式，组织文化结构就是组织文化的层次、构成、类型、形式、内容等的位置关系。它将各要素连接在一起，形成组织文化的整体模式。

二、组织文化的层次

无论从管理角度，还是从文化角度，组织文化的各个结构之间都有一定的相互关系，都有不同的层次之分。一般来说下列两种划分法比较有代表性。

(一) 四层次说

这种理论把组织文化划分为四个层次，即物质层、行为层、制度层和精神层，如图9.2所示。

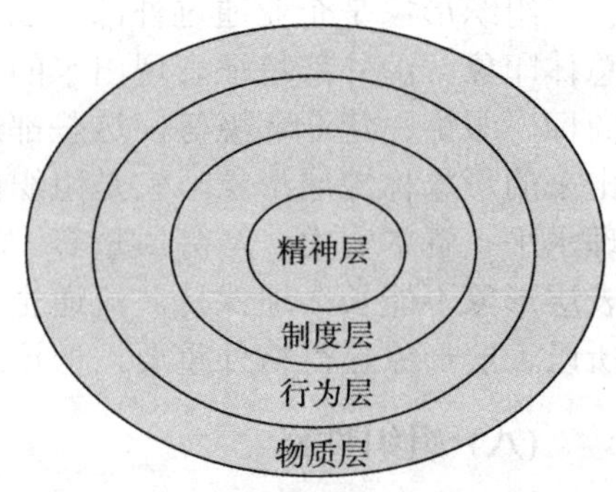

图9.2　组织文化的结构

1. 物质层

物质层是组织文化的外显部分，它是组织创造的表层物质文化，也是精神层的表现形式。其主要研究对象是物质形态，是形成组织文化其他层次的条件。以企业为例，它指企业组织中的厂房、装备、设施、机器、厂容厂貌、服务、商标等物质形态的、外显的东西。当我们看到一个组织的生产环境、生活设施，以及服务的质量、产品的开发等，就可以想象该组织的文化精髓。所以很多企业都很重视物质层的建设，从而激发员工的自觉性，实现组织目标。

2. 行为层

行为层即组织行为文化，它是企业员工在生产经营、学习娱乐中产生的活动文化，包括组织经营活动、人际关系活动、公共关系活动、体育娱乐活动中产生的文化现象。组织行为文化是企业经营作风、精神风貌、人际关系的动态体现，也是企业精神、核心价值观的折射。

3. 制度层

制度层是组织文化的中间层次，它主要是指对组织和成员的行为产生规范性、约束性影响的部分，是具有组织特色的各种规章制度、道德规范和员工行为准则的总和。它将组织精神文化和组织物质文化有机地结合在一起，形成一个整体，体现了组织文化的物质层和精神层对成员和组织行为的要求。制度层规定了企业成员在共同的生产经营活动中应当遵守的行为准则，主要包括组织领导体制、组织机构和组织管理制度三个方面，也就是企业的规章制度、纪律公约等制度形态的东西。

4. 精神层

精神层即组织精神文化，指组织的价值观念、信念、理想等精神形态的东西。它主要是指组织的领导和成员共同信守的基本信念、价值标准、职业道德和精神风貌，它的形成受到经济、政治、文化、社会以及组织的实际情况的影响，是企业在长期实践中所形成的员工价值取向以及群体心理定式，体现和高度概括了企业的道德观、价值观，反映全体员工的共同追求和认知。精神层是组织文化的核心和“灵魂”，是组织优良传统的结晶，是维系组织生存发展的精神支柱。

这四个层次总合起来，便是组织文化。它们的关系是：精神文化决定制度文化，制度文化又决定行为文化以及物质文化。

(二) 两元说

这种理论认为组织文化是由组织中的物质文化与精神文化两方面因素总合而成的。

1. 物质文化

物质文化又称显性文化、硬文化或表层文化，是可见于行、闻于声的文化形象。即以精神的物化产品和精神行为为表现形式的、人们通过直观的视听器官能感受到的符合组织文化实质的内容。它包括组织的标志、工作环境、规章制度和经营管理行为几部分。

(1) 组织标志。即以标志性的外化形态来表示本组织的文化特色，并且和其他组织明显地区别开来的内容，包括厂牌、厂服、厂徽、厂旗、厂歌、商标、组织的标志性建筑等。

(2) 工作环境。即职工在组织中办公、生产、休息的场所，包括办公楼、厂房、俱乐部、图书馆等。

(3) 规章制度。并非所有的规章制度都是组织文化的内容，只有以激发职工积极性和自觉性的规章制度，才是组织文化的内容，其中最主要的就是民主管理制度。

(4) 经营管理行为。再好的组织哲学或价值观念，如果不能有效地付诸实施，就无法被职工所接受，也就无法成为组织文化。组织在生产中以“质量第一”为核心的生产活动、在销售中以“顾客至上”为宗旨的推销活动、组织内部以“建立良好的人际关系”为目标的公共关系活动等，都是组织哲学、价值观念、道德规范具体实施的行为，是它们的直接体现，也是精神活动取得成果的桥梁。

2. 精神文化

精神文化又称为隐性文化或深层文化、软文化等，指的是沉淀于组织及其员工心灵中的意识形态。精神文化是组织文化的根本，也是组织文化最重要的部分，包括组织哲学、价值观念、道德规范、组织精神几个方面。

(1) 组织哲学。即一个组织全体职工所共有的对世界事物的一般看法。组织哲学是组织最高层次的文化，它主导并制约着组织文化其他内容的发展方向。从组织管理史角度看，组织哲学已经经历了“以物为中心”到“以人为中心”的转变。

(2) 价值观念。是人们对客观事物和个人进行评价活动在头脑中的反映，是对客观事物和人是否具有价值以及价值大小的总的看法和根本观点，包括组织存在的意义和目的，组织各项规章制度的价值和作用，组织人的各种行为和组织利益的关系等。

(3) 道德规范。组织的道德规范是组织在长期的生产经营活动中形成的、人们自觉遵守的道德风气和习俗，包括是非的界限、善恶的标准和荣辱的观念等。

(4) 组织精神。即组织群体的共同心理定式和价值取向。它是组织的组织哲学、价值观念、道德观念的综合体现和高度概括，反映了全体成员的共同追求和共同认识。组织精神是组织成员在长期的生产经营活动中，在组织哲学、价值观念和道德规范的影响下形成的。

隐性文化决定显性文化的内核所在，而显性文化的状况如何也会反作用于组织的隐性文化，影响组织的凝聚力。

三、组织文化的类型

组织文化由于受到各种基本假设的影响，从而表露出不同的内涵。理论界目前对组织文化类型的划分也尚未达成统一共识，下面我们就几种常见的划分方式进行归纳。

(一) 按照组织文化的内在特征分类

埃默里大学的杰弗里·桑南菲尔德(Jeffrey Sonnenfied)按照组织文化的内在特征，提出的一套标签理论有助于我们认识组织文化之间的差异，认识到个体与文化的合理匹配的重要性。通过对组织文化的研究，他确认了以下四种文化类型。

1. 学院型组织文化

学院型组织是为那些想全面掌握每一种新工作的人而准备的地方，在这里他们能不断地成长、进步。这种组织喜欢雇用年轻的大学毕业生，并为他们提供大量的专门培训，然后指导他们在特定的职能领域内从事各种专业化工作。桑南菲尔德认为，学院型组织的例子有 IBM 公司、可口可乐公司、宝洁公司等。

2. 俱乐部型组织文化

俱乐部型公司非常重视适应、忠诚感和承诺。在这种组织文化中，资历是其中最关键的一个因素，相应的年龄和经验都至关重要。俱乐部型组织文化中培养的是综合型人才，也就是通才，即他可以同时胜任多个环节的工作。俱乐部型组织的例子有联合包裹服务公司、德尔塔航空公司、贝尔公司、政府机构和军队等。

3. 棒球队型组织文化

棒球队型组织鼓励员工冒险和革新。一般从各种年龄和经验层次的人中寻求有才能的人进行招聘，薪酬按照员工绩效水平来确定。由于这种组织对工作出色的员工给予巨额奖

酬并给予较大的自由度，所以员工一般都会很卖力地工作。最常见的是在会计、法律、投资银行、咨询公司、广告机构、软件开发、生物研究等领域。

4. 堡垒型组织文化

如果说棒球队型公司重视创造发明，那么堡垒型公司则着眼于公司的生存。这类公司以前多数是学院型、俱乐部型或棒球队型的，但在发展过程中逐渐衰落了，从而现在需要尽力地来保证企业的生存。虽然这类公司工作安全保障不足，但对于喜欢流动性、挑战性的人来说，具有一定的吸引力。堡垒型组织包括大型零售店、林业产品公司、天然气探测公司等。

(二) 按照权力的集中或分散分类

卡特赖特(Cartwright)和科伯(Cooper)于 1992 年提出四种文化类型。这四种组织文化的区别在于权力是集中的还是分散的，以及政治过程是以关键人物还是以要完成的职能或人物为中心的。

1. 权力型组织文化

权力型组织文化也叫独裁文化，是指由一个人或一个很小的群体领导这个组织。这种组织通常以企业家为中心，不太看重组织中的正式结构和工作程序。但是随着组织规模的逐渐扩大，这种权力文化会越来越难适应，最终分崩离析。

2. 作用型组织文化

作用型组织文化也叫角色型组织文化。在这种组织里，你是谁不重要，你有多大能力也不重要，重要的是你在什么位置，你和什么人的位置比较近，做每件事情都有固定的程序和规矩，人们喜欢的是稳重、长期和忠诚，有的甚至是效忠。这种文化看起来安全和稳定，但是当组织需要变革的时候，这种文化则会受到较大的冲击。我们可以看出，这种组织文化在现代各个行业是比较常见的。

3. 使命型组织文化

使命型组织文化也叫任务文化。在这种文化中，团队的目标就是要完成设定的任务，各个成员之间的地位是平等的，这里没有绝对的领导者，人们只要服从任务或者使命本身。有人认为这是最理想的组织模型之一，但这种文化要求公平竞争，而且当不同群体争夺重要的资源或特别有利的项目时，很容易产生恶性的政治紊乱。

4. 个性型组织文化

这是一种既以人为导向，又强调平等的文化。这种文化富于创造性，孕育着新的观点，允许每个人按照自己的兴趣工作，同时又保持着相互有利的关系。但是在这样的组织里，组织服从个人的意愿，从而很容易被个人左右。

(三) 按照组织实践和价值分类

弗恩斯 · 特朗皮纳斯根据组织文化的纬度将组织文化分为四种类型：家族型组织文化、保育器型组织文化、导弹型组织文化、埃菲尔铁塔型组织文化。

1. 家族型组织文化

家族型组织文化有可能是最古老的一种文化，也是一种与人密切相关的文化，但不是以任务为导向的。在这种文化中，组织的领导者就好比是组织的“父亲”，有着较高的权威和权力，相比于理性学习组织，它更倾向于直觉的学习，重视组织成员的发展胜于更好地利用员工。由此我们可以看出，这种组织很难调动其他成员的积极性并带给其成员归属感，所以在组织出现危机时，大家也不会明确指出来，使问题得不到尽快的解决。这种组织内部温暖、亲密和友好，但是由于这种内部一体化是以较差的外部适应性为代价的，容易使他们在浑然不觉中走上破产的道路。

2. 保育器型组织文化

保育器型组织文化是一种既以人为导向又强调平等的文化。这种文化通常富于创造性，不断孕育出新的观点。基于强调平等的观点，也使这种文化结构最为精简，等级最少。这种文化环境可以使组织成员共同承担责任并一起寻求解决办法。

3. 导弹型组织文化

导弹型组织文化是一种平等的、以任务为导向的文化。在这种文化中，通常都是由临时性的小组或者项目团队完成任务的，随着任务的完成，小组也会随之解散。而且成员们所做的工作也都不是预先设定好的，当有任务时，便必须去完成。

4. 埃菲尔铁塔型组织文化

埃菲尔铁塔型组织文化之所以有此叫法，是因为具有这种类型文化的组织结构看起来很像埃菲尔铁塔，等级较多，且底层员工较多，随着层数递增人数减少。严格上层负责下一层的原则，不能越级，所以组织员工都是谨言慎行的。如果要向高层管理者反映意见，则要通过一定的章程和实情调查。在这种文化的组织中，要求组织成员都要有一定的技能才能在工作中以不变应万变，适应不断发展变化的企业组织。

(四) 按照组织文化所涵盖的范围分类

从系统的角度来说，组织文化又可以分为以下两类。

1. 主文化

主文化体现的是一种核心价值观，它被组织大多数成员所认可。当我们说组织文化时，通常指的就是组织的主文化。由于这种文化从宏观角度出发，从而使组织呈现出独特的个性。

2. 亚文化

亚文化是某一社会主流文化中一个较小的组成部分。虽然在组织中，主文化被大多数成员所接受，但是，这并不代表它能把组织中所有的文化都包含在内。因为组织是一个系统，所以其中又有各种小的整体，在不背离组织主文化的前提下，它们也会形成自己独特的亚文化。亚文化可以是对组织文化更丰富的补充，为主文化服务，也可能是与主文化有区别的，但总体来说是与主文化相辅相成的，你中有我，我中有你，甚至在一定条件下又有可能替代组织的主文化。

(五) 按照组织的有效性分类

通过对 39 个所有可能出现的组织效率的指标的整合，最后将指标划分为四组。图 9.3 阐述了它们之间的关系。这些指标反映了人们对组织效率的评价。

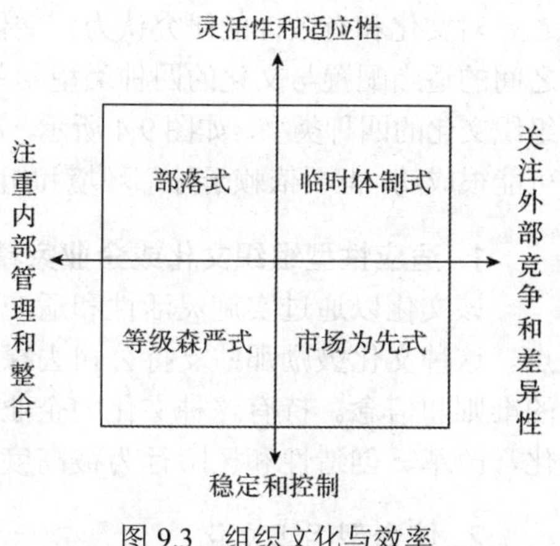

图 9.3 组织文化与效率

从图 9.3 我们可以看出四个象限最明显的特点就是它们代表了完全对立或者具有竞争关系的假设，每一个坐标的两端都代表着一个极端。这是一个对角线完全对立的四象限。部落式组织表示其重视内部管理和灵活而又有生机，在这样的组织内，人们互相共享，可以把组织简单地看成一个友善的工作场所。临时体制式组织表示组织既重视外部竞争同时又希望能有机管理，它的特点就是动态的、创业式的并且充满创意的工作场所。等级森严式组织重视内部管理以及所有的控制权，它代表一个高度制度化和机构化的工作场所。市场为先式组织则比较关注外部事物和喜欢控制一切，这种组织的核心价值观就是竞争力和生产力，是一个以业绩为重点的文化。对它们而言，超越对手和成为市场主宰是最重要的指标。

(六) 按照流程标准分类

以流程为标准将组织文化分为以下四种类型。

1. 功能型组织文化

在过去的一百多年直到二十几年前，组织的结构基本上属于单一的功能型结构。其核心是制度化，强调稳定性和可靠性。许多传统的产业，如钢铁企业、汽车制造业都具有较强的功能型组织文化特征。

2. 流程型组织文化

近年来，许多大中型企业，为了消除部门间的壁垒，能以最快的速度为客户提供优质服务和产品，开始强调部门间的合作和团队合作，于是就出现了以客户为导向的强调团队精神的流程型文化。它的最大特点是使客户满意最大化，强调客户满意和稳定的回报。

3. 基于时间型组织文化

20 世纪 90 年代以来，出现了一批基于时间型文化的企业，它们不只是满足于产品质量和客户满意，还想办法以最快的速度将新产品和服务推向市场。因此，对于组织来讲，速度是第一位的，其次才是产品和服务。其主要特点是强调高增长和新市场进入。

4. 网络型组织文化

这种类型的组织内部没有严格的层级关系，它承认个人特殊性贡献，强调以合伙方式为共同目标服务。其主要特点是以合伙人方式分配权力，核心是敢冒风险，捕捉机会，关注市场的开拓与渗透。

(七) 按照文化、战略与环境的配置分类

对文化和有效性的研究认为，文化、战略和环境之间的适当配置与文化的四种类型相关联，从而形成组织文化的四种类型，如图9.4所示。这四种文化都有可能很成功，但要依赖于外部环境和组织战略的需要。

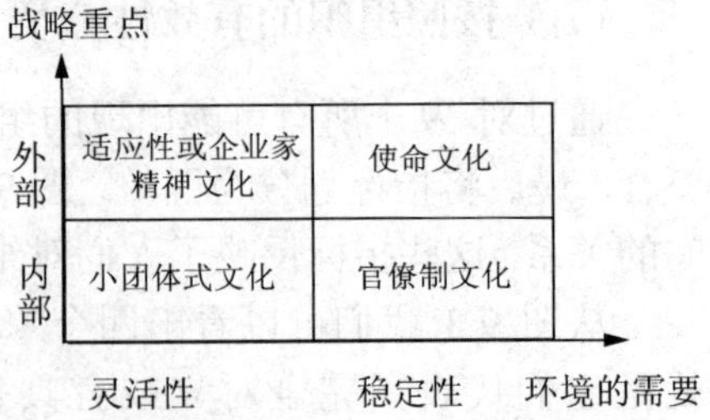

战略重点	灵活性	稳定性
外部	适应性或企业家精神文化	使命文化
内部	小团体式文化	官僚制文化

环境的需要

图9.4　组织文化、战略和环境的配置

1. 适应性型组织文化或企业家精神型组织文化

该文化以通过实施灵活性和适应顾客需要的变革，把战略重点集中在外部环境上为特点。这种文化鼓励那些支持公司去探寻、解释和把环境中的信息转化成新的反应性为能力的准则和信念。持有这种文化的企业不仅能快速地对环境做出反应，而且能积极地创造文化，改革、创造性和风险行为被高度评价并得到激励。

2. 使命型组织文化

对于关注于外部环境中的特定顾客而不需要迅速改变的组织，适合采用使命型文化。使命型文化的特征在于管理者建立一种共同愿景，使成员都朝着一个目标努力。

3. 小团体式型组织文化

该文化主要强调组织成员的参与、共享，还有对外部环境的快速变化的期望。这种文化类型强调企业实现优异绩效对员工的依赖性。

4. 官僚制型组织文化

官僚制组织把规章制度、上下级隶属关系以及职责权限的界定放在了核心地位，以期利用规范和明确的法规来保证管理的程序化，将服从命令和指挥视为组织成员必须遵守的首要职业行为准则。但随着现代社会的发展，这种组织由于过于刻板和僵化，越来越显现出其不适用的一面。

另外，在官僚制组织中，森严的等级秩序容易对组织成员个体产生压制，使组织成员渐渐失去独立的道德判断能力，容易沦为官僚制组织单纯的执行工具。官僚制组织文化也容易使组织领导个人产生专断与腐化倾向，容易使组织成员采取明哲保身的处事原则，导致每个人对自己的责任进行规避，对组织和他人的不当行为保持沉默，逐渐形成服从权威或墨守成规的氛围。

第三节　组织文化的特征和功能

一、组织文化的特征

(一) 组织文化的意识性

组织文化是组织内部的一种资源，是抽象的意识范畴，应属于组织的无形资产。它是组织内部的一种群体意识现象，是一种共同的意念性的行为规范和精神价值。

(二) 组织文化的系统性

组织文化系统由共同价值观、团队精神、行为取向等一系列内容构成，各要素之间相互联系、相互依存。因此，组织文化具有系统性。而组织文化的发展与外部社会的联系也是相当紧密的，它以一定的社会环境为基础，是社会文化渗透的结果，随社会文化的发展而调整。因此，组织的系统性也包含了组织的外部环境。

(三) 组织文化是人本文化

组织文化的中心是以人为本。人是组织活动的中心，是宝贵的资源财富，组织的最终目标是依靠人才得以实现的，因此，只有贯彻尊重人、理解人、关心人、信任人的原则，重视对人的激励、培训、考核、任用和晋升，充分调动人员积极性，才可以不断增强组织的内在活力，实现组织的目标。

(四) 组织文化塑造共同价值观

一个组织会将自己认为最有价值的目标形成组织成员统一的行为和价值取向标准。这种统一的行为和价值取向对人们的行为会产生持久和深远的影响，它是一个企业的信念和信仰，向人们展示某种信仰与态度，影响人们的思维方式。组织文化不仅重视个人，更重视集体影响。组织的价值观制约着组织的信念信仰、行为规范和最终目的。

(五) 组织文化的可塑性

组织文化并不是先天就有的，它是在组织生存和发展过程中逐渐总结、培育和积累而成的，可以通过人为的后天努力加以培育和塑造。当然，组织文化不是静止的。已形成的组织文化也是可以随组织内外环境的变化而调整的。

(六) 组织文化的长期性

组织文化的塑造和重塑是一个极其复杂的长期性过程，这是因为组织的共同价值观、精神取向和群体意识不可能在短期形成。组织的意识形态的产生发展以及成熟需要长时间与外部调节和内部磨合而达成共识，它不是一蹴而就的。

二、组织文化的功能

组织文化的功能是指组织文化发生作用的能力，也就是在组织文化导向下进行生产、经营、管理所发挥的作用。但所有事物都存在两面性，组织文化也不例外，它对组织的功能可分为正功能和负功能两种。提高组织承诺、影响组织成员、有利于提高组织效能是组织文化的正功能所在。同时，不能忽视潜在的负效应，它对于组织是有负面影响的，即组织文化的负功能。

(一) 组织文化的正功能

1. 导向功能

组织文化的导向功能，是指组织文化能对组织整体和组织中每个成员的价值取向及行为取向起引导作用，引导其符合组织确定的标准。组织文化只是一种通过组织的共同价值观不断地向个人价值观渗透和内化的软性理智约束，使组织自动生成一套自我调控机制，以一种适应性文化引导着组织的行为和活动。组织文化的导向功能主要表现在组织价值观念对组织主体行为，即对组织领导人和广大员工行为的引导。由于组织价值观是组织多数人的“共识”，因此，这种导向功能对多数人来讲是建立在自觉的基础上的。他们能够自觉地把自己的一言一行经常对照组织的要求进行检查，纠正偏差，发扬优点，改正缺点，使自己的行为基本符合组织价值观的要求。对少数未取得“共识”的人来讲，这种导向功能就带有某种强制性质。组织的目标、规章制度、传统等迫使他们按照组织整体价值取向行事。

(1) 经营哲学和价值观念的指导。经营哲学决定了企业经营的思维方式和处理问题的法则，这些方式和法则指导经营者进行正确的决策，指导员工采用科学的方法从事生产经营活动。企业共同的价值观念规定了企业的价值取向，使员工对事物的评判形成共识，有着共同的价值目标，组织的领导和员工为着他们所认定的价值目标去行动。

(2) 组织目标的指引。组织目标代表着组织发展的方向，没有正确的目标就等于迷失了方向。完美的组织文化会从实际出发，以科学的态度去制定组织的发展目标，这种目标一定具有可行性和科学性。企业员工就是在这一目标的指导下从事生产经营活动的。

2. 约束功能

组织文化的约束功能，是指组织文化对每个组织员工的思想、心理和行为具有约束和规范的作用。组织文化的约束不是制度式的硬约束，而是一种软约束，这种软约束等于组织中弥漫的组织文化氛围、群体行为准则和道德规范。组织文化的约束功能主要是通过完善管理制度和道德规范来实现的。

组织文化能从根本上改变员工的原有价值观念，建立起新的价值观念，使之适应组织正常实践活动的需要。一旦组织文化所提倡的价值观念和行为规范被成员接受和认同，就会在不知不觉中做出符合组织要求的行为；倘若组织成员违反了组织规范，就会感到内疚、不安或者自责，这时他就会主动修正自己的行为。从这个意义上说，组织文化具有某种程度的强制性和改造性。

(1) 有效规章制度的约束。组织制度是组织文化的内容之一。组织制度是组织内部的法规，组织的领导者和员工必须遵守和执行，从而形成约束力。

(2) 道德规范的约束。道德规范是从伦理关系的角度来约束组织领导者和员工的行为。如果人们违背了道德规范的要求，就会受到舆论的谴责，心理上会感到内疚。

3. 提高素质功能

组织文化的提高素质功能主要表现在组织文化能够为组织营造一种追求卓越、成效和创新的氛围，这种氛围对提高员工素质极为有利。人的素质是组织素质的核心，人的素质能否提高，很大程度上取决于他所处的环境和条件。具有优秀文化的组织肌体是一所“学校”，为人们积极进取创造了一种良好的学习、实践环境和条件，具有提高员工素质的功能。

组织在不断的发展过程中所形成的文化积淀，通过无数次的辐射、反馈和强化，会不断地随着实践的发展而更新和优化，推动组织文化从一个高度向另一个高度迈进。也就是说，随着组织文化的不断深化和完善，一旦形成良性循环，就会持续地推动组织本身的发展。

4. 塑造形象功能

组织文化的塑造形象功能主要体现在优秀的组织文化通过组织与外界的接触，起到向社会大众展示本组织成功的管理风格、积极的精神风貌等方面的作用，从而为塑造良好的组织形象服务。组织文化比较集中地概括了组织的基本宗旨、经营哲学和行为准则。优秀的组织文化通过组织与外界的每一次接触，如业务洽谈、经济往来、新闻发布、参加各种活动、员工在社会上的每一次言行，向社会大众展示本组织成功的管理风格、良好的经营状态和积极的精神风貌，从而为组织塑造良好的整体形象，树立信誉，扩大影响。组织文化是组织一笔巨大的无形资产，可以为组织带来高美誉度和高市场占有率。

组织文化的形成是一个复杂的过程，往往会受到社会的、人文的和自然环境等因素的影响。因此，它的形成和塑造不是一朝一夕就能实现的，必须经过长期的耐心倡导和精心培育，以及不断地实践、总结、提炼、修改、充实、提高和升华。同时，组织文化也与其他文化一样具有历史继承性，一旦形成，也会有自己的历史延续性并不断持久地发挥应有的作用，也不会因组织领导层的人事变动而立即消失。

5. 凝聚功能

组织文化的凝聚功能，是指当一种价值观被该组织员工共同认可之后，就会成为一种黏合剂，从各个方面把其成员团结起来，从而产生一种巨大的向心力和凝聚力。而这正是组织获得成功的主要原因，“人心齐，泰山移”，凝聚在一起的员工有共同的目标和愿景，推动组织不断前进和发展。

组织文化的凝聚功能表现在组织文化所体现的“群体意识”上，它能把员工个人的追求和组织的追求紧紧联系在一起。组织文化以人为本，尊重人的情感，可以在组织中形成一种团结友爱、相互信任的和睦氛围，强化了团体意识，使组织员工之间形成强大的凝聚力和向心力。也正是组织文化体现的这种强烈的“群体意识”，可以改变原来那种从个人角度建立价值观的“散沙”状态。

组织文化通过培育组织成员的认同感和归属感，建立成员与组织之间的相互依存关系，使个人的行为、思想、感情、信念、习惯与整个组织有机地统一起来，形成相对稳固的文化氛围，凝聚成一种无形的合力与整体趋向，以此激发组织成员的主观能动性，朝着组织的共同目标而努力。

共同的价值观念形成了共同的目标和理想，员工把组织看成是一个命运共同体，组织把员工看成是实现共同目标的重要组成部分，整个组织步调一致，形成统一的整体。这时，“厂兴我荣，厂衰我耻”成为员工发自内心的真挚感情，“爱厂如家”就会变成他们的实际行动。因此，组织文化比组织外在的硬性管理方法本能地具有一种内在凝聚力和感召力，使每个员工产生浓厚的归属感、荣誉感及目标服从感。

6. 激励功能

组织文化的激励功能，是指组织文化具有使组织成员从内心产生一种高昂情绪和发奋进取精神的效应，它能够最大限度地激发员工的积极性和首创精神。组织文化强调以人为中心的管理方法。它对人的激励不是一种外在推动而是一种内在引导，它不是被动、消极地满足人们对实现自身价值的心理需求，而是通过组织文化的塑造，使每个员工形成从内心深处为组织拼搏的献身精神。

组织文化的激励功能主要表现在组织文化强调信任、尊重、理解每一个人，能够最大限度地激发员工的积极性和首创精神。积极的组织文化强调尊重每一个人，相信每一个人，凡事都以员工的共同价值观念为尺度，而非单纯地以领导者个人的意见为尺度，员工在组织中受到重视，参与愿望能够得到充分满足。同时，共同的价值观念使每个员工都感到自己的存在和行为价值，自我价值的实现是人的最高精神需求的一种满足，这种满足必将形成强大的激励。在以人为本的组织文化氛围中，领导与员工、员工与员工之间互相关心，互相支持。特别是领导对员工的关心，员工会感到受人尊重，自然会振奋精神，努力工作。另外，组织精神和组织形象对组织员工有着极大的鼓舞作用，特别是组织文化建设取得成功，在社会上产生影响时，组织员工会产生强烈的荣誉感和自豪感，他们会加倍努力，用自己的实际行动去维护组织的荣誉和形象。因此，组织文化能够最大限度地激发员工的积极性和首创精神，使他们以主人翁的姿态，关心组织的发展，贡献自己的聪明才智。

7. 调适功能

组织文化的调适功能，是指组织文化可以帮助新员工尽快适应组织，使自己的价值观和组织相匹配。在组织变革的时候，组织文化也可以帮助组织成员尽快适应变革后的局面，减少因变革带来的压力和不适应。

调适就是调整和适应。企业各部门之间、员工之间，由于各种原因难免会产生一些矛盾，解决这些矛盾需要各自进行自我调节；组织与环境、顾客、企业、国家、社会之间都会存在不协调、不适应之处，这也需要进行调整和适应。组织哲学和组织道德规范使经营者和普通员工能科学地处理这些矛盾，自觉地约束自己。完美的组织形象就是进行这些调节的结果。调适功能实际也是组织能动作用的一种表现。

组织文化作为团体共同价值观，并不对组织成员具有强制性要求，而只是一种软性的理智约束。它通过组织的共同价值观不断地向个人价值观渗透和内化，使组织自动地生成一套自我调控机制，以“看不见的手”操纵着组织的管理行为和实务活动。这种以尊重个人思想、感情为基础的无形的非正式控制，会使组织目标自动地转化为个体成员的自觉行动，达到个人目标与组织目标在较高层次上的统一。组织文化的这种软性约束和自我协调的控制机制，往往比硬性的规定有更强的控制力和持久力。

8. 辐射功能

组织文化的辐射功能，是指组织文化一旦形成较为固定的模式，不仅会在组织内发挥作用，对本组织员工产生影响，而且也会通过各种渠道对社会产生影响。组织文化向社会辐射是多渠道的，但主要可分为各种宣传手段和个人交往两大类。一方面，组织文化的传播对组织树立在公众中的形象很有帮助；另一方面，组织文化对社会文化的发展有很大的影响。组织文化不只在本组织起作用，它也能通过各种渠道对社会产生影响。组织文化辐射的渠道很多，主要包括传播媒体、公共关系活动等。

(二) 组织文化的负功能

尽管组织文化存在上述种种正功能，但是它也对组织具有不可忽视的潜在负功能。

1. 变革的障碍

如果组织的共同价值观与进一步提高组织效率的要求不相符时，它就成了组织的束缚，这是在组织环境处于动态变化的情况下最有可能出现的情况。当组织环境正在经历迅速变革时，根深蒂固的组织文化可能就不合时宜了。因此，当组织面对稳定的环境时，行为的一致性对组织而言很有价值。但组织文化作为一种与制度相对的软约束，更加深入人心，极易形成思维定式，这样，组织有可能难以应付变幻莫测的环境。当问题积累到一定程度时，这种障碍可能会变成对组织致命的打击。

2. 多样化的障碍

由于种族、性别、道德观等差异的存在，新聘员工与组织中大多数成员不一样，这就产生了矛盾。管理人员希望新成员能够接受组织的核心价值观，否则，这些新成员就难以适应或被组织接受。但是组织决策需要成员思维和方案的多样化，一个强势文化的组织，要求成员和组织的价值观一致，必然会导致决策的单调性，抹杀了多样化带来的优势，在这个方面它会成为组织多样化、成员发散性思维的障碍。

3. 兼并和收购的障碍

以前，管理人员在进行兼并或收购决策时，所考虑的关键因素是融资优势或产品协同性。近几年，除考虑这两个因素外，更多的是考虑文化方面的兼容性。如果两个组织无法成功地整合，那么组织将出现大量的冲突、矛盾乃至对抗。所以，在决定兼并和收购时，很多经理人往往会分析双方文化的相容性，如果差异极大，为了降低风险则宁可放弃兼并和收购行动。

第四节 组织文化的建设

一、组织文化建设的原则

(一) 创新原则

文化不是一成不变的，它是随时代的发展而发展的，组织文化也必须随之做出相应的调整与创新，以适应生存环境。创新是一个组织进步的“灵魂”，是推动事业发展的不竭动力。组织文化建设必须在继承优秀的传统文化和吸收外部先进文化的基础上，依据组织的特点及内外部环境的变化而不断创新。这样的组织文化才具有生命力，也才真正是活着的组织文化。在进行组织文化创新时要注意以下两点：一是要把中国的传统文化中的精华融入组织的经营活动中，以使组织的管理理念富有中国特色和风格，使组织文化的内容得到不断丰富；二是要学习借鉴国外先进经验，在组织文化实践中消化吸收，为我所用。

(二) 以人为中心原则

人是整个组织中最宝贵的资源和财富，是组织活动的中心和主旋律，人是文化的创造者，组织文化应以人为载体，人是文化生成与承载的第一要素。组织文化要靠人去传播、执行，去丰富和发展。没有人的组织，文化是不复存在的，从某种意义上讲，组织文化是

“人”的文化。组织文化中的人不仅是指管理者，还应该包括组织的全体职工。组织文化建设中要充分重视人的价值，最大限度地尊重人、关心人、依靠人、理解人和信任人。只有这样，组织才会形成共同的价值观和一致的奋斗目标，才能形成向心力，成为一个具有战斗力的整体。组织文化建设要注意推进民主管理，培养员工参与组织管理意识。让员工参与管理，可以调动员工的积极性，激励积极进取的精神，树立主人翁的责任感，促进组织文化建设的整体开展。

(三) 普遍性与特殊性相结合原则

一个组织区别于另一个组织的关键在于特色。特色是一个组织存在的前提。国内外的优秀组织，都是具有鲜明的文化特色的组织。文化本来就是组织在本身发展的历史过程中形成的。由于组织的类型、形成和发展的历史、组织所处的地理位置和心理气候、组织的规模和技术特点，以及组织的人员构成和素质等的不同，因而组织的特色也不一样。组织文化建设要充分利用这一点，建设具有自己特色的文化。

(四) 形式与内容相结合原则

组织文化属意识形态的范畴，但它又要通过组织成员的行为和外部形态表现出来，这就容易形成表里不一的现象。建设组织文化必须首先从组织成员的思想观念入手，树立正确的价值观，在此基础上形成组织精神和组织形象，防止搞形式主义，言行不一。形式主义不仅不能建设好组织文化，而且是对组织文化概念的歪曲。

(五) 领导率先垂范原则

组织文化的建设重在领导。美国管理学家劳伦斯·米勒在《美国企业精神》一书中指出：“没有一家公司在缺乏强有力的高级主管的领导下，能成功地改变其文化。”领导是组织文化的发动者、推动者、建设者和传播者，组织领导者是组织文化的“龙头”，组织领导者的模范行为是一种无声的号召，对员工起着重要的示范作用。特别是一个刚创办的组织，文化深深地打上了领导者的烙印，因此，要塑造和维护组织的共同价值观。首先，领导者要注重对组织文化的总结塑造、宣传倡导。其次，要身体力行，率先垂范，在每一项具体工作中都身先士卒，时时体现组织的价值观。

(六) 重在执行原则

组织文化的建设关键在于执行。再先进的文化，如果没有执行，不是付诸东流，就是束之高阁。组织文化也不是少数人冥思苦想出来的，而是一种集体智慧。为此，组织文化必须得到强有力的执行，要把组织文化(价值观、信条、口号、作风、习俗、礼仪等文化要素)传播给每一个员工，使之生根、发芽、开花、结果。然而组织文化不是一蹴而就的，靠短期突击不能奏效，它是一个长期的过程，要付出艰苦的代价，要时刻注意消除与组织文化不相符的音符。

(七) 效率原则

组织效率问题是组织所有管理活动的出发点与归宿。利用组织文化以提升组织的竞争力与效率是现代组织生存与发展的基本思路。组织文化建设从提高组织效率着眼，需要在

建构组织文化上有所创新，也就是说，需要通过文化的创新与整合来改变在传统范式下所形成的不利于效率提高的习惯与传统。组织文化对组织效率的影响是无形的，但“润物细无声”，组织文化影响着员工的思维方式、工作态度。

二、组织文化建设的步骤

(一) 培育共同的价值观念

价值观念是组织文化的核心。价值观念的培养是组织文化建设的一项基础工作。各类组织中的每个成员都有自己的价值观念，但由于他们的资历不同、生活环境不一样、受教育的程度也不相同等原因，使得他们的价值观念千差万别。组织价值观念的培育是通过教育、倡导和模范人物的宣传感召等方式，使组织成员摒弃传统落后的价值观念，树立正确的、有利于组织生存发展的价值观念，并形成共识，成为全体职工思想和行为的准则。组织价值观念的培育是一个由服从，经过认同，最后达到内化的过程。服从是在培育的初期，通过某种外部作用(如人生观教育)使组织中的成员被动地接受某种价值观念，并以此来约束自己的思想和行为；认同是受外界影响(如模范人物的感召)而自觉地接受某种价值观念，但对这一观念未能真正地理解和接受；内化不仅是自愿地接受某种价值观念，而且对它的正确性有真正的理解，并按照这一价值观念自觉地约束自己的思想和行为。

组织价值观念的培育是一个长期的过程。在这个过程中，组织中个体成员价值观念的转变还可能由于环境因素的影响而出现反复，这更增加了价值观念培育的复杂性。价值观念的培育，需要企业领导进行深入细致的思想工作，善于把高度抽象的思维逻辑变成员工可以接受的基本观点。这其中，思想政治工作十分重要，它能唤起职工对自己生活和工作意义的深思以及对自己事业的信念和追求。

由于组织价值观念是由多个要素构成的价值体系，因此在培育中要注意多元要素的组合。如企业组织既要考虑国家、企业价值目标的实现，又要照顾职工需求的满足。但首先考虑的还应是国家和民族的利益。日本松下公司的七条价值观念中，第一条就是“工业报国”；我国著名爱国实业家卢作孚(民生公司创始人)倡导的“民生精神”，就是基于“服务社会，便利人群，开发产业，富裕国家”这一为国为民的价值观念。

(二) 塑造企业精神

企业精神塑造是在企业领导者的倡导下，根据企业的特点、任务和发展走向，使建立在企业价值观念基础上的内在的信念和追求，通过企业群体行为和外部表象而外化，形成企业的精神状态。

企业精神与企业价值观是既有区别又密切相关的两个概念，价值观是企业精神的前提，企业精神是价值观的集中体现。价值观具有分散性和内隐性，如存在的价值、工作价值、质量价值等，它是人们的信念和追求。但企业精神则不同，它比较外露，容易被人们所感觉。企业价值观和企业精神共同构成了企业文化的核心。

塑造企业精神，一是要根据企业所处行业特点，确定和强化企业的个性与经营优势，通过这种确定和强化唤起职工的认同感，增强职工奋发向上的信心和决心，形成企业的向心力、凝聚力和发展动力；二是以业务活动为中心，引导和培养企业职工创名牌、争一流的上进意识和顾客第一、服务至上的经营理念，使企业在市场竞争中立于不败之地；三是大力提倡团结协作精神，使企业形成一个精诚合作的群体，建立和谐的人际关系；四是发扬民主，贯彻以人为本，造就尊重人、关心人、理解人的文化氛围，激励职工参与意识，使他们把自己与企业视为一体，积极为企业的发展献计献策；五是提炼升华，将企业精神归纳为简练明确、富有感召力的文字表达，便于职工理解和铭记在心，对外形成特色加强印象。企业精神的形成由于具有人为性，这就需要企业的领导者根据企业的状况、任务、发展走向有意识地倡导，亲手培育而成。在塑造企业精神的过程中，特别应将个别的、分散的好人好事从整体上进行概括、提炼、推广和培育，使之形成具有代表性的企业精神。北京王府井百货大楼的“一团火”精神就是以普通售货员张秉贵的事迹为代表概括提炼而成。

(三) 确立正确的经营哲学

作为企业经营管理方法论原则的企业经营哲学，是企业一切行为的逻辑起点。因此，确立正确的经营哲学，是企业文化建设的一项重要任务。不同企业由于人、财、物的情况不同、所处的环境不同，每个企业选择具有本企业特色的经营哲学是必要的，也是可能的。确立企业哲学，需要经营者对本企业的经营状况和特点进行全面的调查，运用某些哲学观念分析研究企业的发展目标和实现途径，在此基础上形成自己的经营理念，并将其渗透到员工的思想深处，变成员工处理经营问题的共同思维方式。企业经营哲学通常应在代表企业精神的文字中体现，这不但有利于内部渗透，而且也便于顾客识别。

经营哲学的确立，关键是要有创新意识，创建有个异性的经营思想和方法。英国盈利能力最强的零售集团——马狮百货公司的经营哲学，就是创立了“没有工厂的制造商”，按自己的要求让别人生产产品，并打上自己的“圣米高”牌商标，取得了成功。武商集团的创新策略是，把商品经营、资产经营和资本经营融为一体，跳出传统经营方式的束缚，在全国零售行业中创造了利润总额四连冠的佳绩。

(四) 企业形象设计

以商业服务企业为例，企业形象设计首先是提供货真价实的商品，在品种、档次、价格、款式、包装等方面应有自己的特色；其次是提供优质服务，要通过营业人员的营销行为文化给顾客留下深刻的印象；再次是设计优美舒适的购物环境，这有利于优质服务水平充分发挥，重要的是刺激顾客的购买欲望和产生强烈的好感；最后是店铺门面设计，店面装饰应体现行业特点，招牌应做到新颖、醒目、反映经营特色，有利于引客进店和给顾客留下深刻印象，橱窗设计应与店铺建筑物协调，形成店面的整体美。企业形象设计一般经过形象调查、形象定位和形象传播三个阶段。形象调查是了解公众对本企业的认识、态度与印象等方面的情况，为企业形象设计提供信息。形象定位是在形象调查的基础上，根据企业的实际情况，用知名度和美誉度的高低程度对企业形象进行定位。形象传播是以广告或公关方式，将企业形象的有关信息向社会传播，让更多的顾客认识和接受，从而提高企业形象。

三、组织文化建设的策略

(一) 树立以人为本的理念

优秀的组织文化，应该以人为本，以服务对象为中心，摒弃“以物为中心”的传统人事管理观念，赋予员工更多的职责，尊重每一位员工，平衡相关者的利益，提倡团队精神，并鼓励创新，充分发挥人的积极性，创造出最大的人生价值。

(二) 利用现代管理心理学理论

薛恩在 1965 年提出“复杂人的假说”，他认为：“不仅人们的需要与潜在欲望是多种多样的，而且这些需要的模式也是随着年龄与发展阶段的变迁、所扮演的角色的变化，以及所处境遇和人际关系的演变而不断变化的。”组织在进行文化建设时必须遵循文化形成的心理规律，充分考虑人的需要的复杂性及其变化性。如人有自尊感满足的需要，有成就的需要，有归属的需要等，而这些需要又随着环境的变化而变化，要根据人的心理变化规律去实施才有实效。

(三) 实行科学的人力资源管理

(1) 文化盘点。即分析企业目前现存的文化，找出企业的文化差异。企业的文化差异包括三个层次：最深层的是具有民族特色的社会文化背景差异；中间层的是具有企业特色的企业文化差异；表层的是具有个性特色的个体、文化素养的差异。

(2) 组织文化设计。在摸清现实存在的组织文化后，立即进行文化设计。即根据组织发展战略和历史传统、行业特点、服务对象等设计出文化建设的目标，包括观念层、制度层、形象层的完整的组织文化体系。

(3) 文化建设实施。这是关键的环节。制造舆论，重视沟通，并进行相应的环境改造，让员工明白变革的必要性和必然性；进行制度改革创新，确立组织的规章制度和员工的行为规范；树立组织文化的典型模范人物，实现组织精神人格化，让员工学习模仿；加强员工培训，开展丰富多彩的活动，让员工在培训活动中接受新观念，形成热爱学习、不断创新、尊重知识、尊重人才的新风气；最后，加强督促检查，建立文化建设评价制度，并把考评结果与年终考核、奖金的发放、职务的升迁结合起来。

(四) 实施品牌战略

实施品牌战略是组织适应残酷竞争的手段。通过文化塑造组织的核心价值观，将组织精神和价值观目标化为领导班子和员工所认同的行为来凝聚组织的精神，打造品牌。“品牌的背后是文化”“文化是明天的经济”，不同的品牌附着不同的、特定的文化，例如，斯莱斯定位“皇家贵族间的坐骑”；金利来代表着“充满魅力的男人”；索尼永不步人后尘，成为世界闻名的“创新先锋”。

(五) 创造核心竞争力

核心竞争力是指相对于竞争对手领先的有效整合企业独特而先进的实物资产、人才、技术、知识等经营要素的能力。核心竞争力必须以独特而领先的经营要素为基础，更重要的是使经营要素发挥作用的整合能力——管理和运作能力。

综上所述，文化是组织持续发展的源动力。组织发展到一定阶段，要保持其旺盛的生命力和竞争力，单靠制度管理是难以保证管理效率发挥的，需要采用文化管理手段。21 世纪是文化管理的世纪，是文化制胜的世纪，每一个组织的管理者都必须亲近文化管理，把握文化管理，学习文化管理和实践文化管理的策略，才能立于不败之地。

本 章 小 结

组织文化是指组织全体成员共同接受的价值观念、团队意识、行为准则、工作作风、心理预期、思维方式和团体归属感等群体意识的总称。

组织文化的内容十分广泛，主要包括组织精神、经营哲学、组织道德、团体意识、价值观念、组织制度、组织形象、组织性格和以人为本等，形成一个多层次的结构体系。

组织文化对企业具有正反两方面的功能，其正功能有价值导向功能、约束功能、提高素质功能、塑造形象功能、凝聚功能、激励功能、调适功能和辐射功能等，其负功能主要是可能会成为企业变革的障碍、多样化的障碍，以及企业兼并和收购的障碍等。

组织文化的建设应当遵循立足民族传统文化，注重吸收外来先进文化、全员参与和专家参与相结合、普遍性和特殊性相结合、形式和内容相结合，以及不能忽视经济性等基本原则，并通过培育共同价值的观念、塑造企业精神、确立正确的经营哲学，以及企业形象设计等步骤来构建组织文化。组织文化建设的策略主要包括树立以人为本的理念、利用现代管理心理学理论、实行科学的人力资源管理、实施品牌战略，以及创造核心竞争力等方面。

练习与思考

一、单项选择题

1. 下列关于组织文化，正确的说法是(　　)。

A. 变化较慢，一旦形成便日趋加强

B. 变化较快，随时补充新的内容

C. 变化较慢，但每年都会抛弃一些过时的内容

D. 变化较快，特别是企业管理人员变更时

2. 以无形的、非正式的、非强制性的各种规范和人际伦理关系为准则，对组织成员的思想和行为起到一定的限制作用，这体现了组织文化的(　　)。

A. 导向功能　　B. 凝聚功能　　C. 激励功能　　D. 约束功能

3. 下面关于组织精神的表述，不正确的是(　　)。

A. 一般是在组织的发展历程中自发形成的

B. 其内容表述必须详细具体，保证每个人都能充分理解

C. 折射出一个组织的整体素质和精神风格

D. 是组织文化的核心

4. 最有可能产生高道德标准的组织文化是(　　)。

A. 具有高风险和冲突承受能力的组织文化

B. 高度崇尚自由精神的文化

C. 具有高度统一性的组织文化

D. 具有高度灵活性，易于适应社会观念的组织文化

5. 关于组织文化的功能，下列说法正确的是(　　)。

A. 组织文化对组织成员具有明文规定的具体硬性要求

B. 组织领导层的变动，会使组织文化立刻受到很大影响

C. 组织文化无法从根本上改变组织成员旧的价值观念

D. 组织文化不仅有正功能也有负功能，有时会成为变革的障碍

二、多项选择题

1. 影响组织文化的因素包括(　　)。

A. 外来文化因素　　B. 民族文化因素　　C. 个人文化因素

D. 组织结构因素　　E. 组织传统因素

2. 按照组织文化的“四层次说”，组织文化包括(　　)四个层次。

A. 物质层　　B. 精神层　　C. 制度层

D. 舆论层　　E. 行为层

3. 组织文化的制度层主要包括(　　)。

A. 组织领导体制　　B. 组织机构　　C. 组织管理制度

D. 组织价值观　　E. 组织信仰

4. 精神文化又称隐性文化，它主要包括(　　)。

A. 组织战略　　B. 组织哲学　　C. 价值观念

D. 道德规范　　E. 组织精神

5. 物质文化又称显性文化、硬文化，它主要包括(　　)。

A. 组织标志　　B. 工作环境　　C. 与政府的关系

D. 经营管理　　E. 组织结构

三、判断题

1. “仁者见仁，智者见智”，良好的组织文化应该使组织内的成员对某些伦理问题产生多角度的认识。(　　)

2. 一般的文化都是在非自觉的状态下形成的，而组织文化是在组织的自觉努力下形成的。(　　)

3. 组织的领导班子换届往往会造成组织文化的变更。(　　)

4. 组织文化的内容和力量会对组织员工的伦理行为产生影响。(　　)

5. 组织文化具有强制渗透作用，因而会成为管理人员管理活动的限制因素。(　　)

四、问答题

1. 如何理解组织文化的含义和特征？

2. 组织文化包括哪些内容？

3. 组织文化有什么功能？

4. 如何进行组织文化的建设？请从基本原则、步骤和策略等方面予以具体分析。

案 例 点 击

沃尔玛公司的组织文化

当今世界，人们需要经常去一些零售的连锁店去购买日常生活用品，而你进入的任何一家沃尔玛连锁店都会给你相同的感觉，这种感觉是其他零售连锁店不能给你的。这便是沃尔玛公司从创业至今所形成的一种组织文化，同时它也是沃尔玛精神——勤恳、节俭、活跃、创新。正是因为这种文化，沃尔玛公司的每一位员工都深深地热爱着沃尔玛，并且默默地为顾客服务。从开始创业到现在，这个公司的组织文化使得它的每一位员工都紧紧地团结在一起，使得他们在工作中更加努力。沃尔玛的创始人山姆•沃尔顿曾经说过，“因为员工们的工作如此辛苦，在工作过程中，都希望有轻松愉快的时候，使他们不用总是愁眉苦脸。这是‘工作中吹口哨’的哲学，他们不仅会拥有轻松的心情，而且会因此将工作做得更好。”

一直以来，沃尔玛公司都很重视组织文化在公司运营过程中所起的作用，沃尔玛公司利用良好的企业管理机制来改造并优化传统商业，注重充分发挥组织文化对形成企业良好机制的促进和保障作用，以增强企业的凝聚力和战斗力。该公司的创始人山姆•沃尔顿为公司制定了三条座右铭：“顾客是上帝”“尊重每一个员工”“每天追求卓越”，这些都成为沃尔玛组织文化的精髓。同时，他还总结了“事业成功的十大法则”，并常常与员工们共勉。十大法则是：①忠诚你的事业；②与员工建立合伙关系；③激励你的员工；④凡事与员工沟通；⑤感激员工对公司的贡献；⑥成功要大力庆祝，失败亦保持乐观；⑦倾听员工的意见；⑧超越顾客的期望；⑨控制成本低于竞争对手；⑩逆流而上，放弃传统观念。

细心的人会发现，在上述的十大法则中讲员工关系的就有七条，由此可见沃尔玛把员工关系放在相当重要的位置。而在沃尔玛的整体规划中，建立公司与员工的合伙关系被视为最重要的部分，沃尔玛处理员工关系常用“分享信息”和分担责任，它使人产生责任感和参与感。尊重个人是沃尔玛的组织文化，在沃尔玛，“我们的员工与众不同”不仅是一句口号，更是沃尔玛成功的原因。它的含义是每个员工都很重要，无论他在什么岗位都能表现出众。在沃尔玛公司里，员工是最大的财富，他们有一套特殊的对待员工的政策，不称员工为雇员，而称为合作者、同事，一线员工可以直接与主管以至总裁对话，而不必担心报复。沃尔玛注重与员工的沟通，倾听员工的意见。同仁所提出的想法，始终都能受到高度的重视。沃尔玛推行的是开放式管理，任何员工都有权走进管理人员的办公室讲述任何话题，发表任何意见，较少有等级森严的气氛。

公司重视对员工的精神鼓励，总部和各个商店的橱窗中都悬挂着先进员工的照片。公司还对优秀的管理售货员授予“山姆•沃尔顿企业家”的称号。公司商店经理的收入同该店的销售业绩直接挂钩，区域经理以上管理人员的收入同整个公司的业绩挂钩，工作特别出色的还有奖金和股权奖励。这种收入分配机制，有利于调动各个层次员工的积极性。

沃尔玛不只强调尊重顾客，提供一流的服务，而且还强调尊重公司的每一个人。在沃尔玛内部，虽然各级职员分工明确，但少有歧视现象。该公司一位前副董事长曾经说，“员工

们是由具有奉献精神、辛勤工作的普通人组成的群体，来到一起为的是实现杰出的目标。员工们虽然有不同的背景、肤色、信仰，但坚信每一个人都应受到尊重和尊严的待遇”。

在连锁经营中，老板不可能事事亲力亲为，沃尔顿这位零售业巨子总是把事业的成功归功于公司的同仁，他把员工看作是公司成功的最重要因素。他说：“要和同仁分享利润，视同仁为伙伴，你们一起工作的成绩将超乎你所能想象的，你的行为要像是一位为合伙人服务的领导者。”要想让员工好好地招呼顾客，就先得好好地招呼他们。

沃尔玛还注重对员工的培训，培训不仅是员工提升的途径，也是让他们了解公司的一种方法。沃尔玛公司设立了培训图书馆，让员工有机会了解公司资料和其他部门的情况。所有员工进入沃尔玛公司后，经过岗位培训，员工对公司的背景、福利制度以及规章制度等都会有更多的了解和体会。沃尔顿这位出色的领导者始终坚信员工是推动企业发展的原动力，并把这个道理传授给沃尔玛现在和未来的经营者，推广至世界各地的沃尔玛。

沃尔顿把这些原则融入他所热爱的事业中，把创新、热情的工作精神注入沃尔玛连锁店，激发每一位员工的热情和创造力，使沃尔玛的事业在激烈的竞争中一路领先。

曾有一位经济学家评论说：“沃尔玛成功的第一步是通过价格低廉的商品和优质的服务去征服消费者，从而不断扩大规模，并强化自身的规模优势。而其能够成为世界第一大零售商的最关键一步，则是完成对整个连锁网络的整合，通过富有生命力的组织文化和现代化的技术设备，抵消了因规模过大则可能出现的两大问题，即管理成本过高或管理漏洞百出，使沃尔玛总部能够高效地控制整个网络。”

(资料来源：根据沃尔玛企业文化，MBA 智库百科. 2010-05-23；用组织行为学解读沃尔玛的企业精髓，现代企业文化，2008(2):41-42 资料整理)

问题：

(1) 沃尔玛企业文化的突出特点是什么？

(2) 沃尔玛组织文化对中国企业有什么启示？

点石成金

(1) 沃尔玛企业文化的突出特点实际上就体现在该公司的创始人山姆·沃尔顿为公司制定的三条座右铭上，即“顾客是上帝”“尊重每一个员工”“每天追求卓越”，这些已成为沃尔玛组织文化的精髓，也是沃尔玛不断取得事业成功的最根本的保证。

(2) 沃尔玛的成功发展实践再次证明，企业文化是企业生存和发展的精神支柱。可以断言，不管企业的力量是强还是弱，文化的运用在整个企业中都有着深刻的影响，实际上是影响企业中的每一件事，决定企业的成败。众所周知，我国零售企业与沃尔玛的差距十分明显，除了规模不大、竞争力不强、技术上的落后、员工整体素质不高等原因之外，企业文化建设的落后甚至缺乏恐怕是一个不可忽视的瓶颈。总结沃尔玛公司的成功经验，为进一步促进我国企业的发展提供了有益的启示，具体说来就是：①“以人为本”，建立健全的企业文化制度；②争取顾客，必须依靠良好的服务；③高举“诚信”大旗，重视长远收益；④将献身精神和团队精神融入企业文化；⑤不断提升全员素质，塑造学习型企业。

第十章

领　导

案例导入

应管与不应管

某学校的李校长，兼任教育学会的理事长、区政协委员。他因为经常要参加应酬而不能每天都到学校，但学校的工作却井然有序。在学校时，他经常与教师和学生接触，对他们反映的许多具体要求他总是让各分管的副校长、教务长、总务主任解决。

一次教职工大会上，李校长念了一张一位教师递给他的纸条："你是校长，为什么遇到问题不表态，是权力不在手上，还是处理不了？"念完纸条，李校长感谢这位老师的关心，然后明确表示："我是有职、有权、有责的，学校重大决定都是我主持做出的，这就是权力！至于执行过程中的具体问题的处理，领导成员各有分工。因此我不能随意表态。"

对于李校长的解释，一些教职工仍不赞同。他们认为，领导成员多，应是校长说了算，否则，校长不成"无为而治"了么？由于有这样一些议论，李校长不在学校时，个别领导成员把一些能处理的事也搁置了下来。

面对这些情况，李校长除了在领导班子内统一认识外，又在教职工中通过各种方式阐明了他的看法：校长负责人不是按校长个人的意志办事，特别是有关改革的事，更不能由校长一个人所决定。如果学校中的所有事都由校长决定，这不是有职权，而是个人专权。这不但不能调动每个人的积极主动性，还会养成一些教职工的依赖性。李校长的看法得到绝大多数领导班子成员的赞同和教师的理解。但是仍然有不少教职工对此表示质疑。

(资料来源：根据https://wenku.baidu.com/view/615f4f36cc17552707220 8d6.html.所载网文改编)

试问：

1. 李校长的说法与做法对吗？
2. 试用领导权变理论解释李校长的领导风格。

学习目标

通过本章的学习，要求重点掌握领导这一重要概念及其含义，以及领导与管理的区别；重点掌握相关领导理论，明确领导权力的构成及权威的树立，以及领导的主要类型；熟悉和了解如何理论联系实际，把握管理中的领导艺术。

关键概念

领导职能(Leadership Functions) 领导者(Leader) 领导理论(The Theory of Leading) 领导艺术(Leadership Skills)

第一节 领导职能与领导者

一、领导职能的界定

“领导”有两种词性含义：一是名词属性的“领导”，即领导者。斯蒂芬·P. 罗宾斯将领导者定义为“那些能够影响他人并拥有管理权力的人”；二是动词属性的“领导”，指的是一项管理工作、管理职能，通过该项职能的行使，领导者能促成被领导者努力地实现既定的组织目标。这就是本章介绍的管理者的领导职能。

W. P. 纽曼和小 C. E. 萨默认为：“领导是指管理人员个人积极地与部属共同进行工作，以指导和激励部属的行为，使其能符合既定的计划和职务；了解部属的感情以及部属在按计划行动时所面临的各种问题。”①孔茨认为：“领导是一种影响力，它是影响人们心甘情愿地和满怀热情地为实现群体目标努力的艺术或过程。”人群关系和行为科学理论认为，领导是一个动态行为过程，领导者通过其领导艺术对被领导者产生影响力，从而引导组织成员提高行为效率，共同实现组织目标。

我们认为，从管理学意义上来讲，领导的定义可概括为：领导是指领导者依靠影响力，指挥、带领、引导和鼓励被领导者或追随者，实现组织目标的活动和艺术。其基本含义包括以下几个方面。

(1) 领导包含领导者和被领导者两个方面。领导者是指能够影响他人并拥有管理的制度权力、承担领导职责、实施领导过程的人。领导是领导者与被领导者的一种关系，如果没有被领导者，领导者将变成“光杆司令”，其领导关系也就不复存在。在领导过程中，被领导者都甘愿或屈从于领导者而接受领导者的指导。

(2) 领导是一种活动，是引导人们的行为过程，是领导者带领、引导和鼓舞被领导者去完成工作、实现目标的过程。

(3) 领导的基础是领导者的影响力。领导者拥有影响被领导者的能力或力量，它们既包括由组织赋予的职位权力，也包括领导者个人所具有的影响力。一个领导者如果一味地行使职权而忽视社会和情绪因素的作用力，就会使被领导者产生逃避和反抗行为。当一个领导者的职位权威不足以说服下属从事适当的活动时，领导是无效的。

(4) 领导的目的是实现组织的目标。不能为了领导而领导，也不能为了体现领导的权威而领导。领导的根本目的在于影响下属为实现组织的目标而努力。

① W. P. 纽曼，小 C. E. 萨默. 管理过程：概念、行为和实践[M]. 北京：中国社会科学出版社，1995.

二、领导和管理

人们通常把领导与管理、领导者与管理者混为一谈，但事实上两者之间有明显的区别。综合许多学者关于领导与管理的差异研究，领导与管理的区别可归纳为表 10.1 所示的几方面。

表 10.1　领导与管理的区别

项　目	领　导	管　理
对象	人	人、财、物、信息等
所处理的问题	变化、变革的问题	复杂、日常的问题
职能	导航、指导、激励、沟通	计划、组织、领导、控制
影响力	职位权力影响力和个人影响力	职位权力影响力
思维特点	直觉、冒险、创造	理性、规范、合作、安全、程序
目标	确定方向、实现变革	稳定秩序、维持高效运转

领导者与管理者也是有区别的。领导者不一定是管理者，管理者也不一定是领导者。两者分离的原因在于，领导者的本质是被领导者的追随和服从，它完全取决于追随者的意愿，而不完全取决于领导者的职位与合法权利。领导者可以是任命的，也可以是从一个群体中自发产生出来的，他可以不运用正式权利来影响他人的活动。而管理者的本质是依赖被上级任命而拥有某种职位所赋予的合法权利而进行管理，其影响力来自职位所赋予的正式权力，管理者存在于正式组织中。现实组织中，有些拥有正式职权的管理者由于不具有影响下属人员的能力，并不算真正的领导者；而有些没有正式职权的人却能以个人影响力与魅力去影响他人，他们便是领导者。为了使组织更有效，应该选择领导者来从事管理工作，也应该把每个管理者培养成好的领导者。

三、领导的权力

领导的核心是权力，权力是领导影响力形成与运用的基础。从广义上讲，如果某人能够提供或剥夺别人想要却又无法从其他途径获得之物，此人就拥有高于别人的权力。领导者通过手中的权力来奖优罚劣，使整个组织或群体都明白奖罚的原因，从而建立起领导者所期望的行为模式。事实上，权力本身的主要作用在于引而不发，而不是它的实际使用。在一个组织内部，权力可以按其来源不同而分为职位权力和非职位权力两大类。

(一) 职位权力

职位权力，又称为制度权力，是指由于领导者在组织结构中所处的位置，上级或组织制度所赋予的权力，具有很强的职位特性。这种权力与领导者的职位相对应，领导者退位后相应的权力便会消失，这种权力与特定的个人没有必然的联系，它只同职务相联系。职位权力是管理者实施领导行为的基本条件，没有这种权力，管理者就难以有效地影响下属，实施真正的领导。职位权力包括法定权、奖赏权和惩罚权，它由组织正式授予领导者，并受组织规章制度的保护。

1. 法定权

法定权是组织中等级制度所规定的正式权力，被组织、法律、传统习惯甚至常识所认可，它通常与合法的职位紧密联系在一起。法定权力是领导者职权大小的标志，是领导者的地位或在权力阶层中的角色所赋予的，是其他各种权力运用的基础。

2. 奖赏权

奖赏权是指控制着下属所重视的资源而对其施加影响的权力。例如，领导在其职权范围内可以决定或影响下属的薪水、奖金、晋升、提拔、表扬，或分配有利可图的任务、职位，给予下属希望得到的其他物质资源或精神上的安抚、亲近、信任、友谊等，从而有效地影响他人的态度和行为。奖赏权是否有效，关键在于领导者要确切了解下属的真实需要。人们的需要是多方面的，也可能各不相同，所以必须采用有的放矢的奖赏才能取得良好的领导效果。

3. 惩罚权

惩罚权是指通过强制性的处罚或剥夺而影响他人的权利。例如，批评、罚款、降职降薪、撤职、除名、辞退、开除、起诉等，或者调离到偏远、劳苦、无权的岗位上。它实际上是利用人们对惩罚和失去既得利益的恐慌心理而影响和改变人们的态度和行为。这种权力对认识到不服从命令就会受到惩罚或承担其他不良后果的下属的影响力是最大的。应该注意，惩罚权在使用时往往会引起怨恨、不满，甚至报复行为，必须谨慎对待。

(二) 非职位权力

非职位权力是指由于领导者的个人经历、背景、品质、魅力和才能等产生的影响力，它可以使下属心甘情愿地、自觉地跟随领导者。这种权力对下属的影响比职位权力更具有持久性。非职位权力不是外界附加的，它产生于个人的自身因素，与职位没有关系。主要包括专长权和感召权。

1. 专长权

专长权是指由于具有某种专门知识、技能而获得的权力。这种权力源于信息和专业特长，是以下属的敬佩和理性崇拜为基础的。专长权与职位没有直接的联系，许多专家、学者，虽然没有什么行政职位，但是在组织和群体中具有很大的影响力，其基础就是专长权。领导者如果学识渊博，精通本行业务，或具有某一领域的高级专门知识与技能，即获得一定的专长权，必然会使被领导者对其产生信服和钦佩。领导者掌握的知识、信息越多，拥有的专长权就越大。

2. 感召权

感召权是指因领导者的特殊品格、个性、作风或个人魅力而形成的权力。这种权力建立在下属对领导者的尊重、信赖和感性认同的基础上。领导者公正无私、胆略过人、勇于创新、知人善任，富于同情心，具有感召力，善于巧妙运用领导艺术，则易获得下属的尊重和追随。感召权的大小与职位高低无关，只取决于个人的行为，它通常与具有超凡魅力或名声卓著的领导者相联系。因为赢得了被领导者发自内心的信任、支持和尊重，所以对被领导者的影响和激励作用不仅很大，而且持续的时间也较长。

由品格、才干、知识、感情因素构成的非职位权力的影响力，是由领导者自身的素质与行为造就的。在领导者从事管理工作时，它能增强领导者的影响力；在不担任管理职务时，这些因素仍对人们产生较大的影响。由于这种影响力来源于下属服从的意愿，有时会比职位权力显得更有力量。

(三) 领导者权威的树立

所有的领导者都希望自己在下级中享有崇高的权威，说话有人听，最好是一呼百应、令行禁止。那么领导者怎样才能树立威信呢？

1. 领导者应该正确认识自己身上的任务和责任

一般来说，领导者的任务有两项：一是完成组织目标，即完成上级和组织布置的任务；二是尽可能满足组织成员的需要，这种需要既有物质的，也有精神的。领导者的两项任务，决定了领导者的双重立场：一方面要代表上级和组织，代表组织的长远和整体利益；另一方面又应当代表组织成员的利益。一个高明的、有威信的领导者的重要标志，首先是善于将这两者巧妙地协调起来，只有存在矛盾而又无法协调时，才按局部服从整体、个人服从集体的原则处理，并对群众进行教育。

2. 领导者应该树立正确的权威观

首先，领导者要破除对职位权力的迷信。不要以为自己有了职位，有了权力，就一定会有威信。靠行政权力导致的服从往往是表面的，甚至是虚假的，一旦失去权力，往往是“树倒猢狲散”，甚至“墙倒众人推”。领导者若想避免这样不光彩的下场，唯一的出路是在个人影响力上下功夫，使自己的专长更突出，个人的品德更高尚，从而吸引下级真心地信任和跟随自己。

其次，领导者要正确地认识权力的来源。领导者手中的权力是谁给的？“当然是上级给的，所以我要向上级负责。”这种回答很常见，但存在着片面性。孔子说过：“君者，舟也；庶人者，水也，水则载舟，水则覆舟”。这就是著名的“载舟覆舟论”，它告诫所有的领导者：你有没有权威，甚至你的生死存亡，完全取决于你的下级。美国著名的管理学家巴纳德则提出了“权威接受论”，他认为，领导者的权威不是来自上级的授予，而是来自下级的认可。这两个理论可以说有异曲同工之妙。领导者应该清楚地认识到：上级只能授予你权力，但无法授予你威信。而且上级授予你的权力，只有当你的下级愿意接受它时，它才是有效的。从这个意义上讲，你手中的权力，归根结底是由下级给予的。因此，你在向上级负责的同时，必须全力争取下级的理解、认同和拥护。

然后，领导者要正确地使用权力。一要勤政，即要有高度的责任感和良好的敬业精神，要全身心地投入工作，干实事，见实效；二要廉政，绝不能以权谋私，要办事公道，清正廉明；三要看到影响力是双向的，领导既要对下级施加影响，又要虚心地听取下级的意见和建议。

四、领导者的类型

(一) 按制度权力的集中与分散程度划分

1. 集权式领导者

所谓集权式领导者，就是指把管理的制度权力相对牢固地进行控制的领导者。由于管

理的制度权力是由多种权力的细则构成的，如各级领导的法定权、奖赏权、惩罚权等，都有正式的规章制度和严格的明文规定。这就意味着对被领导者或下属而言，受控制的力度较大。在整个组织内部，资源的流动及其效率主要取决于集权式领导者对管理制度的理解和运用。同时，个人专长权和感召权是他行使上述制度权力成功与否的重要基础。这种领导者把权力的获取和利用看成是自我的人生价值。其优势在于，通过完全的行政命令，管理的组织成本在其他条件不变的情况下，要低于在组织边界以外的交易成本，可能获得较高的管理效率和良好的绩效。这对于组织在发展初期或组织面临复杂突变的环境时，是有益处的。但是，长期将下属视为某种可控制的工具则不利于他们职业生涯的良性发展。

2. 民主式领导者

与集权式领导者形成鲜明对比的是民主式领导者。这种领导者的特征是向被领导者授权，鼓励下属的参与，并且主要依赖于其个人专长权和感召权影响下属。从管理学角度看，意味着这样的领导者通过对管理制度权力的分解，进一步通过激励下属的需要，去实现组织的目标。不过，由于这种权力的分散性使得组织内部资源的流动速度减缓，因为权力的分散性一般会导致决策速度降低，进而增大组织内部的资源配置成本。但是，这种领导者为组织带来的好处也十分明显。通过激励下属的需要，发展所需的知识，尤其是意会性或隐性知识，能够充分地积累和进化组织的能力，员工的能力结构也会得到长足提高。因此，相对于集权式领导者，这种领导者更能为组织培育21世纪越来越需要的智力资本。

(二) 按领导工作的侧重点不同划分

1. 事务型领导者

事务型领导者通过明确角色和任务要求而指导或激励下属向着既定的目标活动，并且尽量考虑和满足下属的社会需要，通过协作活动提高下属的生产率水平。他们对组织的管理职能和程序推崇备至，勤奋、谦和而且公正，并以把事情理顺、工作有条不紊地进行引以为豪。这种领导者重视非人格的绩效内容，如计划、日程和预算，对组织有使命感，并且严格遵守组织的规范和价值观。

2. 变革型领导者

变革型领导者鼓励下属为了组织的利益而超越自身利益，并能对下属产生深远而不同寻常的影响。他们关怀每一个下属的日常生活和发展需要，帮助下属用新观念分析老问题，进而改变下属对问题的看法，能够激励、唤醒和鼓舞下属为达到群体目标而付出加倍的努力。

3. 战略型领导者

战略型领导者的特征是用战略思维进行决策。战略型领导者是将领导的权力与全面调动组织的内外资源相结合，实现组织的长远目标，把组织的价值活动进行动态调整，在市场竞争中站稳脚跟的同时，积极抢占未来商机领域的制高点。战略型领导者认为组织的资源由有形资源、无形资源和有目的地整合资源的能力构成。管理人力资本的能力是战略型领导者最重要的技能。战略型领导者行为的有效性，取决于他们是否愿意进行坦荡、鼓舞人心但却是务实的决策。他们强调同行、上级和员工对决策价值的反馈信息，讲究面对面的沟通方式。战略型领导者一般是指组织的高层管理人员，尤其是首席行政长官(CEO)。其他战略型领导者还包括企业的董事会成员、高层管理团队和各事业部门的总经理。

4. 领袖魅力型领导者

领袖魅力型领导者都具有一种远远超出一般的尊重、影响、钦佩和信任的，对追随者的情感具有震撼力的力量和气质。他们对下属的影响力可能来自：①为下属建立一个令人憧憬的目标；②形成组织某种价值观体系；③信任下属从而赢得下属的尊重。他们总是创造一种变革的环境，努力为追随者建立起富于竞争、成功与信任并传递高度期望值的氛围。他们都是善于雄辩的演讲者，显示出高超的语言技巧，而这种技巧能够帮助他们激励和鼓舞下属。如沃特·迪士尼能用讲故事的方式迷倒人们，他具有巨大的创造才能，并把高品位、甘冒风险和创新所具有的重要价值观逐渐灌输到组织中去。拥有这些品质的领导者能激发起其追随者的信任、信心，使他们拥有更高的工作绩效。

第二节 管理学关于领导的理论

在管理学领域中，现有的领导理论大致可归纳为三种比较典型的理论，即特性理论、行为理论和权变理论。

一、领导特性理论

领导特性理论也称为伟人理论，是通过研究领导者的各种特性，来分析具有怎样特性的人才能成为有效的领导者。这些研究关注领导者的个人特性并试图确定伟大的领导者所共有的特性。早期的特性理论假定特性的存在，并且假定领导者的特性是天生的，而不是后天形成的。例如，认为丘吉尔、甘地、毛泽东、斯大林等都天生具有一些共同的特性才使他们成为伟大的领导者，并且都有自己独特的领导风格。20 世纪 90 年代，领导特性理论出现了一些新的观点，认为领导者确实具有某些共同的特性，但是领导者的特性并不是先天具有的，而是后天形成的。他们都是经过非常勤奋的努力学习和在实践中长期艰苦锻炼，才逐渐成为有效领导者的。

有效的领导者具有 6 个共同特性区别于非领导者，即进取心、强烈的领导欲望、正直与诚实、自信、才智和工作相关知识。

(1) 进取心。领导者表现出高度的工作积极性，拥有较高的成就渴望。他们不断地努力提高，进取心强，精力充沛，对自己所从事的活动坚持不懈，并有高度的主动精神。

(2) 强烈的领导欲望。他们有强烈的权力欲望，喜欢领导别人，而不是被别人所领导。强烈的权力欲望驱使他们试图去影响和领导别人，并且勇于承担责任。

(3) 正直与诚实。领导者言行一致，诚实可信。据此与下属之间建立起相互信任的关系。

(4) 自信。领导者必须展现出充分的自信以使下属对目标和决策的正确性确信不疑。

(5) 才智。领导者必须有足够的才智来收集、整理和解释大量的信息，并能够创造美

好的愿景、解决问题和做出正确决策。

(6) 工作相关知识。有效的领导者必须对公司、行业和技术问题有高水平的了解，渊博的知识能够使领导者做出信息充分的决策并理解这些决策的内涵。

领导特性理论系统地分析了领导者所应具有的能力、品德和为人处世的方式，向领导者提出了要求和希望，这对组织选择、培养和考核领导者是有帮助的。但是，仅仅以特性为基础的解释忽视了领导者与群体成员的互动以及情境因素。具备恰当的特性，只能使个人更有可能成为有效的领导者。因此，从20世纪40年代末期至60年代中期，有关领导的研究开始转向了对领导者偏好的行为风格的研究。

二、领导行为理论

行为理论主要研究领导者的行为及其对下属的影响，以期寻求最佳的领导行为。也就是要回答一个领导人是怎样领导他的群体的。例如，领导者倾向于更为民主还是更为专制？是更关心工作绩效，还是更关心群体关系？许多管理学家进行了领导方式或风格的研究，并形成了若干有价值的理论。

(一) 三种极端领导风格

美国爱荷华大学的研究者、著名心理学家库尔特·勒温(Kurt Lewin)和他的同事从20世纪30年代起就进行了关于领导风格的研究。他们发现，领导者们并不是以同样的方式表现他们的领导角色，而是通常使用不同的领导风格，这些不同的领导风格对组织成员的工作绩效和工作满意度有着不同的影响。勒温认为，领导者的基本领导风格有三种，即专制独裁式、民主式和放任式。

(1) 专制独裁式。这种风格的领导者从不考虑别人的意见，所有决策都由自己做出；很少参加群体的社会活动，与下级保持一定的心理距离；他主要依靠行政命令、纪律约束，罚多而奖少；下级没有权力，没有参与决策的机会，只能服从。

(2) 民主式。这种风格的领导者鼓励下属参与决策，下属个人有相当大的工作自由和灵活性；在领导工作中主要应用个人权力和威信，而不是靠职位权力和命令使人服从；在分配工作时尽量照顾到个人的能力、兴趣和爱好；积极参加团体活动，与下级没有任何心理上的距离。

(3) 放任式。这种领导者把权力完全给予组织成员或群体，自己对于工作尽量不参与，也不主动干涉，毫无规章制度。工作的进行几乎全靠组织成员自负其责。

勒温根据研究认为，不同领导风格对群体行为产生不同的影响：放任式领导风格下的工作效率最低；专制领导风格下，虽然通过严格管理达到了工作目标，但组织成员没有责任感、情绪消极、士气低落；民主式领导风格下的工作效率最高。领导者应根据自身素质、能力以及客观环境、工作性质、被领导者等条件，确定以某种领导方式为主，并辅之其他方式。实际管理情境中，大多数领导者所采取的领导风格是一种混合型风格。

(二) 领导行为连续统一体理论

美国学者坦南鲍姆(R. Tannenbaum)与施密特(W. H. Schmidt)于1958年在《哈佛商业评

论》上发表了《如何选择领导模式》一文。他们认为，领导方式多种多样，按领导者授予下属自主权的程度划分，从专制型到民主型之间存在多种过渡形式。基于这种认知，他们提出了“领导行为连续统一体理论”，如图 10.1 所示。

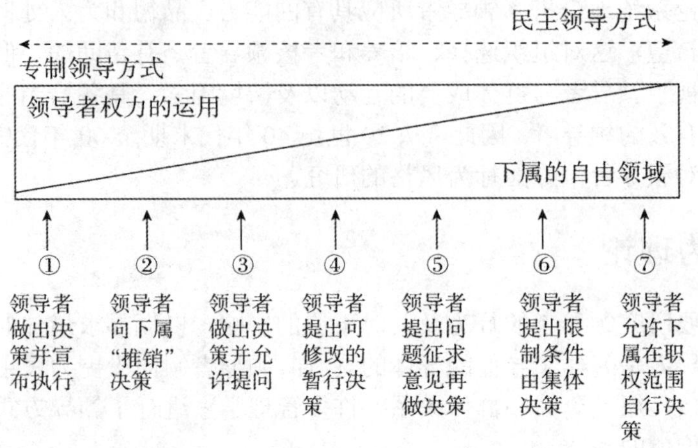

图 10.1 “领导行为连续统一体理论”模型

领导行为连续统一体从左到右，领导者权力的运用逐渐减少，下属的自由度逐渐增大，从以工作为重逐渐变为以关系为重。从图 10.1 可以看出，依据领导者授予下属的权力的程度不同，决策的方式不同，形成了一系列领导方式。因此，这种理论不是要在专制和民主两种领导方式中做出选择，而是提出了一系列领导方式，何种领导方式合适，取决于领导者、被领导者和组织所处的情境。两位研究者建议领导者从长期来看应该更多地转向采用以员工为中心的领导风格，因为这种行为可以提高员工积极性、决策质量、团队合作、士气和发展。

领导行为的双重性质——专注于所做的工作和专注于员工，也是俄亥俄州立大学和密歇根大学研究的重要特征。

(三) 俄亥俄州立大学的研究

1945 年，美国俄亥俄州立大学商业研究所发起了对领导行为进行研究的热潮。一开始，研究人员列出了一千多种刻画领导行为的因素，通过逐步概括和归类，最后将领导行为的内容归纳为两类，称为定规维度和关怀维度。

定规指领导者规定他与工作群体的关系，建立明确的组织模式、意见交流渠道和工作程序的行为。它包括设计组织机构，明确职责权力、相互关系和沟通办法，确定工作目标与要求，制定工作程序、工作方法与制度。

关怀指领导者建立与被领导者之间的友谊、尊重、信任关系方面的行为。它包括尊重下属的意见，给下属较多的工作主动权，体贴他们的思想感情，注意满足下属的需要，平易近人、平等待人、关心下属、作风民主等。

研究者认为，上述这两类因素不是互相排斥的，应该把它们结合起来。一个领导者必须在组织的要求和员工的个人需要、工作与体谅之间加以调节，找出最恰当的结合方式。他们首创用两根轴线的图示法来表示领导行为，画出了表示关怀维度和定规维度多种结合

情况的四分图，如图 10.2 所示。哪种领导行为效果好结论是不肯定的。一般说来，低关怀高定规会带来更多的旷工、怨言和辞职，高关怀高定规更能使下属达到高绩效和高满意度。但也有足够的特例表明这一理论还需要加入情境因素。

关怀 ↑ / 定规 →		
	高关怀 低定规	高关怀 高定规
	低关怀 低定规	低关怀 高定规

图 10.2 领导行为四分图

(四) 密歇根大学的研究

密歇根大学调查研究中心在俄亥俄州立大学开展研究的同时也进行了目标相同的领导研究，即确定与工作绩效有关的领导者行为特点。密歇根大学的研究小组也得出了领导行为的两个维度，他们称为员工导向和生产导向。员工导向的领导者重视人际关系，他们总会考虑下属的需要，并承认人与人之间的差别。相反，生产导向的领导者倾向于强调工作的技术或任务方面，主要关心的是群体任务的完成情况，并把群体成员视为达到目标的工具。

密歇根大学研究的结论十分支持员工导向的领导者。员工导向的领导者能带来群体的高生产率和高工作满意度，而生产导向的领导者则与低群体生产率和低工作满意度联系在一起。

(五) 管理方格理论

俄亥俄州立大学和密歇根大学的研究结果发表以后，人们普遍认为一个理想的领导者应既为员工导向又为绩效导向，对这种理想的领导行为加以综合的重要成果，是美国得克萨斯大学的布莱克(Robert R. Blake)和莫顿(Jame S. Mouton)在 1964 年提出的管理方格理论。他们用横坐标表示领导者对生产的关心程度，用纵坐标表示对人的关心程度，将代表两类行为的坐标各划分为 9 等分，形成了 81 个方格，每个方格代表一种对“生产”和“人”关心的不同程度的组合形成的领导行为，如图 10.3 所示。

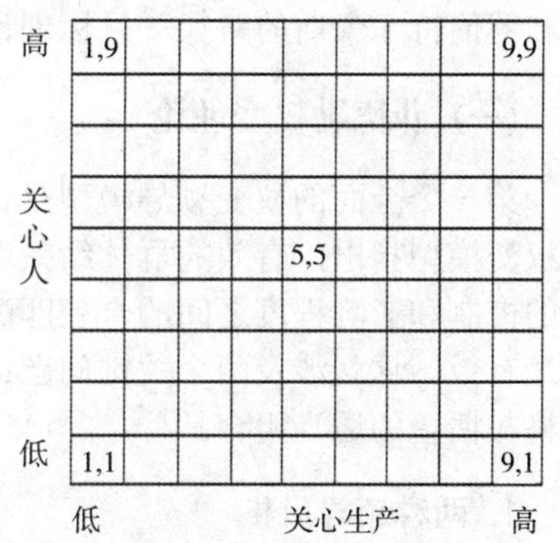

图 10.3 管理方格图

布莱克和莫顿主要阐述了管理方格中列出的五种典型的领导风格。

(1) (1,1)为贫乏型领导。领导者既不关心生产，也不关心人。这种很难维持组织成员的关系，也很难有良好的工作绩效。

(2) (9,1)为任务型领导。领导者对任务关注多，对人关心少，作风专制。强调有效控制下属，努力完成各项工作。

(3) (1,9)为乡村俱乐部型领导。领导者对人极为关心，重视同下属的关系，有利于轻松愉快的组织气氛和工作节奏，但很少考虑如何协同努力去达到企业的目标，生产管理松弛。

(4) (5,5)为中庸之道型领导。领导者保持对生产和员工一定程度的关心，维持一定的生产率和员工士气，缺乏强烈的进取心，乐意维持现状。

(5) (9,9)为团队型领导。领导者对工作和人都极为关心，既重视组织的各项工作，又能通过沟通与激励，使部下自觉自愿齐心协力，形成高效的工作团队精神。

布莱克和莫顿认为，(9,9)型领导风格表现最佳，是领导者努力的方向。但是，这种领导行为是很难做到的。为此，他们提出要对管理者进行培训，并制订了相应的培训计划，以推动他们向(9,9)型领导发展。遗憾的是，管理方格理论并未对如何成为有效的领导者提供答案，只是为领导风格的概念化提供了框架。另外，也没有足够的证据支持在所有情况下，(9,9)型风格最为有效这一结论。实际上，哪种领导形态最佳要看实际工作效果，最有效的领导形态不是一成不变的，要依情况而定。

随着领导行为研究的不断深入，人们越来越关心领导行为风格和被领导者的特征、管理情境等特征的关系，研究者们提出了若干领导行为权变理论。

三、领导权变理论

权变理论认为，领导是在一定环境条件下通过与被领导者的交叉作用去实现某一特定目标的一种动态过程。领导的有效行为应随着自身条件、被领导者的特点和环境的变化而变化，权变理论因此也叫情境理论。这个观点可用公式表示如下：

$$领导=f(领导者、被领导者、环境)$$

因此，没有一种领导方式对所有的情况都是有效的，没有一成不变的、普遍适用的“最好的”管理理论和方法，领导者做什么、怎样做完全取决于当时的既定情况。一切要以实践、地点、条件为转移，这便是领导的权变理论的实质。

比较有代表性的领导权变理论有菲德勒权变理论、赫塞和布兰查德的领导生命周期理论和罗伯特·豪斯的路径—目标理论。

(一) 菲德勒权变理论

第一个全面的权变领导模型是由弗雷德·菲德勒(Fred Fiedler)于 1967 年提出的。菲德勒权变模型指出，有效的群体绩效取决于与下属相互作用的领导者风格，以及情境对领导者的控制和影响程度之间的合理匹配。这个模型的假设前提是，某种领导风格在某种情景中最有效。这就涉及两个关键问题：①定义不同的领导风格和不同的情境；②识别出领导风格与情境的适当组合。

1. 两种领导风格

菲德勒相信个人的基本领导风格(或者是任务导向或者是关系导向)是领导成功的一个重要因素。他设计了最难共事者问卷[Least-Preferred Co-worker(LPC)Questionnaire]来测定领导者的基本风格。该问卷的主要内容是询问领导者对最难与之共事的同事的评价。如果领导者对这种同事的评价大多用敌意的词语，则表明他主要感兴趣的是生产，是任务型的领导风格(低 LPC 型)；如果评价大多用善意的词语，则表明他对人宽容体谅，提倡好的人际关系，是关系型的领导风格(高 LPC 型)。菲德勒认为一个人的领导风格是与生俱来的，个人不可能改变自己的风格去适应变化的情境。

2. 三种情境因素

菲德勒认为决定领导有效性的情境因素或权变维度有三个，即上下级关系、任务结构

和职位权力。

(1) 上下级关系。即下属乐于追随的程度。如果下级对上级越尊重，并且乐于追随，则上下级关系越好，领导环境也越好；反之，则越差。

(2) 任务结构。即任务的明确程度和部下对这些任务的负责程度。如果任务越明确，而且下属责任心越强，则领导环境越好；反之，则越差。

(3) 职位权力。即领导者所处的职位具有的权利的大小，或者说领导的法定权、奖励权、惩罚权的大小。权力越大，群体成员遵从指导的程度越高，领导的环境也就越好；反之，则越差。

菲德勒模型根据这三项权变变量来评估领导的环境。上下级关系或好或差，任务结构或明确或不明确，职位权力或强或弱。这样就组成了 8 种明显不同的领导情境(见图 10.4 上半部分)。其中情境 1、2、3 是对领导者非常有利的环境，情境 4、5、6 是对领导者适度有利，情境 7、8 对领导者非常不利。

3. 领导者与情境的匹配

了解了个体的领导风格并评估了三项权变因素之后，菲德勒模型指出，两者相互匹配时，会达到最佳的领导效果。菲德勒研究了 1200 多个工作群体，对 8 种情境类型的每一种，均对比了关系导向和任务导向两种领导风格，他得出结论：在情境有利和不利的情况下，采用任务导向的领导风格比较有效(见图 10.4 下半部分，纵轴是工作绩效，横轴是情境)，在情境适中的情况下，采用关系导向的领导风格比较有效。

由于菲德勒认为个人的领导风格是固定不变的。因此，只有两种途径可以提高领导的有效性：一是可以更换领导者以适应情境；二是改变情境以适应领导者，可以通过任务重构、加强或削弱领导者对加薪、晋升和惩罚等方面的控制力来实现，或者通过改善领导者与成员的关系来实现。

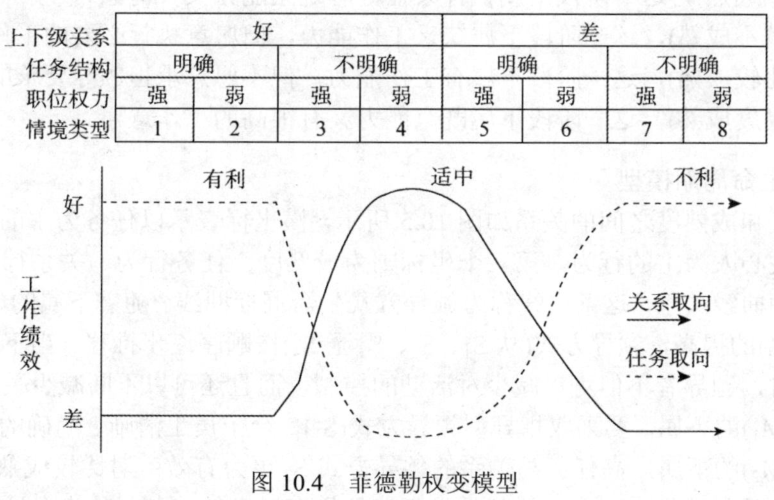

上下级关系	好				差			
任务结构	明确		不明确		明确		不明确	
职位权力	强	弱	强	弱	强	弱	强	弱
情境类型	1	2	3	4	5	6	7	8

图 10.4 菲德勒权变模型

(二) 领导生命周期理论

领导生命周期理论是由美国学者科曼于 1966 年首先提出，后由美国学者保罗·赫塞

(Paul Hersey)和肯尼斯·布兰查德(Kenneth Blanchard)进一步发展。这一理论在分析领导行为时除了应用任务行为和关系行为两个维度外，还加入了第三个分析因素——下属的成熟度。该理论把下属的成熟度作为关键的情境因素，认为依据下属的成熟度水平选择正确的领导方式，决定着领导者的成功。所以又称为情景领导理论。

1. 四种领导风格

领导生命周期理论使用的两个领导维度与菲德勒的划分相同：任务行为和关系行为。但是，赫塞和布兰查德将该理论进行了发展，他们认为每一维度有低有高，从而组成了以下四种具体的领导方式。

(1) S_1指导型领导(高任务—低关系)。领导者定义角色，告诉下属应该做什么、怎么做，以及何时、何地去做。

(2) S_2推销型领导(高任务—高关系)。领导者同时提供指导性的行为与支持性的行为。

(3) S_3参与型领导(低任务—高关系)。领导者与下属共同决策，领导者的主要角色是提供便利条件与沟通。

(4) S_4授权型领导(低任务—低关系)。领导者提供极少的指导或支持。

2. 下属成熟度的四个阶段

赫塞和布兰查德把成熟度定义为：个体对自己的直接行为负责任的能力和意愿，包括工作成熟度和心理成熟度。工作成熟度是与工作相关的知识和技能水平。工作成熟度高的个体拥有足够的知识、能力和经验来完成工作任务而不需要他人的指导。心理成熟度是指做事的意愿和动机。心理成熟度高的个体不需要太多的外部激励，他们靠内部动机激励，往往有很强的自信心和自尊心。每个人都要经历从不成熟到逐步成熟的发展过程。因此，下属的成熟度水平也要经历以下四个阶段。

(1) M_1(低成熟)，这一阶段下属执行某任务时既无能力又不情愿。

(2) M_2(较不成熟)，这一阶段下属缺乏工作能力，但愿意执行必要的工作任务。

(3) M_3(比较成熟)，这一阶段下属有工作能力，但不愿意承担领导要求的工作。

(4) M_4(高度成熟)，这一阶段下属既有能力又有很高的工作意愿。

3. 领导生命周期模型

领导方式和成熟度之间的关系如图 10.5 所示，横坐标表示以任务为主的工作行为，纵坐标代表以关心人为主的行为，第三个坐标则为成熟度。任务行为、关系行为和下属成熟度之间有一种曲线关系，这条曲线称为领导方式生命周期曲线。随着下属的成熟度(从 M_1、M_2、M_3 到 M_4)的提高，领导方式(从 S_1、S_2、S_3 至 S_4)按顺序逐步推移。当下属的成熟度水平不断提高时，领导者不但可以减少对活动的控制，而且还可以不断减少关系行为。如对于低成熟度(M_1)的下属，要采取指导型领导方式(S_1)，给予员工清晰、明确的具体指示；对于较不成熟(M_2)的下属，高任务高关系的领导方式 S_2 更为有效；对比较成熟(M_3)的下属，由于他们已能胜任工作，因此不希望领导者对他们有过多的控制与约束。这时，高关系低工作的参与型领导方式(S_3)是恰当的；授权型领导方式(S_4)则适用于高成熟度(M_4)的下属。由于下属已具备了独立工作的能力，也愿意并具有充分的自信来主动完成任务和承担责任，因此，领导者应充分授权，放手让下属“自行其是”。

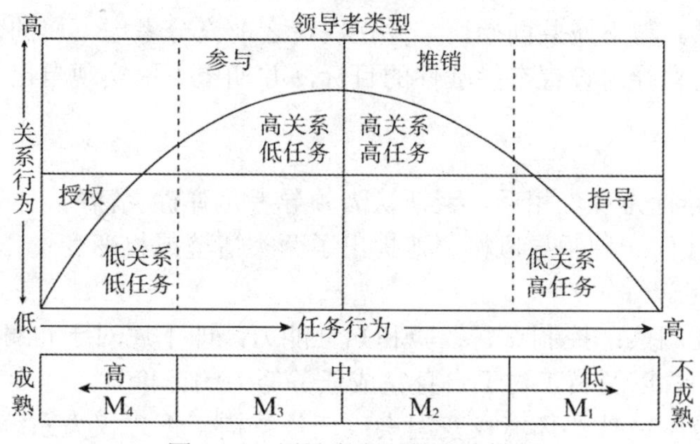

图 10.5 领导生命周期理论模型

(三) 路径—目标理论

路径—目标领导理论(Path－goal Theory)是加拿大多伦多大学的组织行为学教授罗伯特·豪斯和米切尔等人提出的一种领导权变模型。该理论的核心在于，领导者的工作是帮助下属达到他们的目标，并提供必要的指导和支持以确保他们各自的目标与群体或组织的总体目标相一致。“路径—目标”的概念便来自这种信念，即有效的领导者通过明确指明实现工作目标的途径来帮助下属，并为下属清理路程中的各种路障和危险从而使下属的这一“旅行”更为顺利。该理论模型如图 10.6 所示。

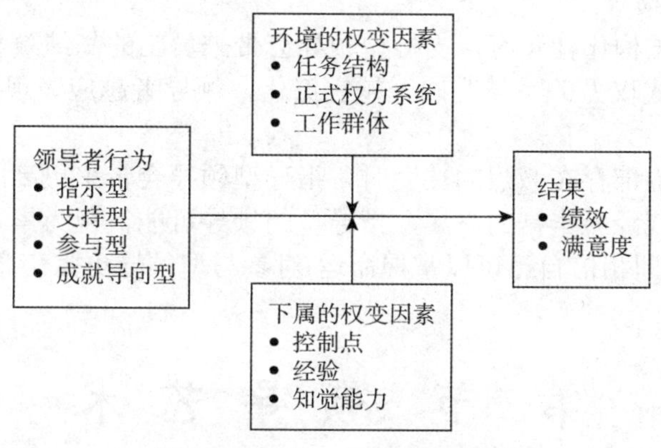

图 10.6 路径—目标理论模型

1. 领导行为

按照路径—目标理论，领导者的行为被下属接受的程度取决于下属将这种行为视为获得满足的即时源泉还是作为未来获得满足的手段。领导者行为的激励作用在于：①它使下属的需要满足与有效的工作绩效联系在一起；②它提供了有效的工作绩效所必需的辅导、指导、支持和奖励。为了考察这些方面，豪斯确定了以下四种领导行为。

(1) 指导型领导。让下属知道期望他们的是什么，以及完成工作的时间安排，并对如何完成任务给予具体指导。

(2) 支持型领导。十分友善，并表现出对下属需求的关怀。

(3) 参与型领导。与下属共同磋商，并在决策之前充分考虑下属的建议。

(4) 成就导向型领导。设置有挑战性的目标，并期望下属实现自己的最佳水平。

2. 情境因素

与菲德勒的领导行为观点相反，豪斯认为领导者是弹性灵活的，同一领导者可以根据不同的情境表现出任何一种领导风格。他提出了两类情境或权变变量作为领导行为与结果之间关系的中间变量。

(1) 下属的权变因素：控制点、经验和知觉能力。即下属对于自身行为结果的原因的解释(内因或者外因)，以及员工对于自身完成任务努力的评价。

(2) 下属控制范围之外的环境权变因素：任务结构、正式权力系统以及工作群体。环境因素中更关键的是环境权变因素，这些环境形成领导者所面临的不确定性，从而影响了员工的工作动机。

3. 结论与假设

路径—目标理论指出，当环境因素与领导者行为相比重复或领导者行为与下属特点不一致时，效果均不佳。由此该理论引申出以下一些假设范例。

(1) 与具有高度结构化和安排完好的任务相比，当任务不明或压力过大时，指导型领导会带来更高的满意度。

(2) 当任务结构不清时，成就导向型领导将会提高下属的期待水平，使他们坚信努力必会带来成功的工作绩效。

(3) 当下属执行结构化任务时，支持型领导会带来员工的高绩效和高满意度。

(4) 组织中的正式权力关系越明确、越官僚化，领导者越应表现出支持型行为，降低指导型行为。

(5) 当工作群体内部存在激烈的冲突时，指导型领导会带来更高的员工满意度。

(6) 对于能力强或经验丰富的下属，指导型的领导可能被视为累赘多余。

(7) 内控型下属(即相信自己可以掌握命运)对参与型领导更为满意，外控型下属对指导型领导更为满意。

第三节 领导艺术

领导不仅是科学，还是艺术。所谓领导艺术，是指领导者在一定知识、经验和辩证思维的基础上，在领导的方式方法上表现出的创造性和有效性。可以说，领导艺术是领导者的一种特殊才能，这种才能表现为创造性地灵活运用已经掌握的科学知识和领导方法，是领导者的智慧、学识、胆略、经验、作风、品格、方法、能力的综合体现。

一、领导艺术的特点

(一) 创造性

领导艺术的创造性从广义上讲，有思维创新、方法创新、提出新方案和决策、创建新

理论、形成新观念等。从狭义上讲，往往表现在组织发展处于十字路口时，领导者做出重大选择等。领导艺术是领导者智慧的结晶，是领导者创造性的工作。它不因循守旧、墨守成规，而是以新颖的构思和独特的方法，给人以耳目一新的感觉。领导艺术是领导者个人素质的综合反映，是因人而异的。黑格尔说过："世界上没有完全相同的两片叶子。"同样也没有完全相同的两个人，没有完全相同的领导者和领导模式。

（二）非模式化

非模式化的领导艺术，包括直觉性、随机性、情感性、模糊性等含义，具有随机、非模式化的特征。领导模式就是领导方法，哪位领导者在错综复杂的矛盾中抓住了主要矛盾，他就能把领导艺术演绎得出神入化。例如，牵牛要牵牛鼻子；十指弹钢琴，统筹兼顾，全面安排，这些就是所谓的模式化。领导艺术没有固定的模式，它既不是按照规范化程序办事，也不是运用数学方法去解决问题，而是依据不同的时间、地点和条件，凭直觉判断事物，随机地处理问题。

（三）有效性

领导行为成为一种艺术，必须是用于有效指导实践工作的，领导艺术与实践密切联系，单靠书本永远培养不出有用人才，实践是领导艺术的基础。领导艺术的主要内容是解决领导工作中的各种复杂矛盾。

二、领导艺术的分类

（一）领导者履行职能的艺术

领导者履行职能的艺术包括领导者维护权威的艺术、领导者运用权力的艺术、领导者拍板决策的艺术、领导者激励下属的艺术、领导者指挥命令的艺术、领导者分派任务的艺术、领导者沟通的艺术、领导者检查指导工作的艺术、领导者搞好领导团队建设的艺术、领导者用人的艺术、领导者执行纪律的艺术等。

（二）领导者提高工作有效性的艺术

领导者提高工作有效性的艺术包括领导者识人选人的艺术、领导者凝聚人心的艺术、领导者表扬批评的艺术、领导者提高工作效率的艺术、领导者提高语言能力的艺术、领导者召开会议的艺术、领导者进行谈判的艺术、领导者处理突发事件的艺术等。

（三）领导者协调人际关系的艺术

领导者协调人际关系的艺术包括领导者处理与各方面关系的艺术、领导者调解纠纷与矛盾的艺术等。

三、主要领导艺术

(一) 用人的艺术

知人善任是一个领导者是否成熟的标志，也是用人艺术的精华。古人云："治国之道，唯在用人。"领导之道亦是如此。领导工作的核心是领导人，是最大限度地调动人的积极性和创造性。

1. 建立客观的用人标准

视野开阔的领导者能吸纳五湖四海的人才，而心胸狭隘的领导者只会用身边熟悉的人，凭自己的喜好来用人。在选拔人才方面应遵循以下标准。

(1) 德才兼备。德才兼备中，德是第一位的。当然，德与才在不同的社会有不同标准。就是在同一社会，不同的职业，对德与才的具体要求也不一样。德：是指道德素质。这种素质决定于世界观、人生观和价值观，在现实生活中通常表现为事业心、责任心、原则性、廉洁性、为人民服务的意识、团结合作的作风，以及勇于克服困难、完成工作任务的精神等。"德"的要求是具备良好的道德素质，要拥护党的路线、方针、政策。对才的具体要求是：有相应的文化知识水平，有较强的业务能力，熟悉工作规律，能独立地、富有创造性地完成工作任务。

(2) 不拘一格，破除条条框框。不拘一格指的是选拔人才不能局限于某一规格，重文凭而不唯文凭，重资历而不唯资历。要着重看德才，看成绩，看实效，不图虚名，不能道听途说，不搞论资排辈。"金无足赤，人无完人"。人才常常锋芒毕露，弱点也易外露。一味条件苛刻，求全责备，任人唯全，按图索骥，必将一无所获。

(3) 公正廉明，不分亲疏。领导者也有自己的喜怒偏好，但这些不应影响领导者的用人原则，领导者不应以个人的标准去要求别人，要破除用人上的定式，要分清工作关系与生活关系，不应将个人的情感掺杂进工作中。

2. 合理地使用人才

管理的多样性和人才的多样性要求领导者必须艺术地整合人与事，合理配置人力资源，做到量才录用、按才定岗，扬长避短、用人不疑。

(1) 量才录用。要根据组织的性质和任务合理录用人员，按照职能相称的原则，把相应的各类人才安排到相应的岗位上。不要大材小用，小材大用，用错人才，这样都会增加组织的管理成本，降低组织的运作效率并导致人力资源的浪费。

(2) 按才定岗。在工作分配和安排岗位时，应根据人才的特点、性格和要求将各类人才分配到最能发挥其能力水平的岗位上，让人尽其才。如让性格外向的人才从事公关、宣传、营销类工作。

(3) 扬长避短。彼得·德鲁克在《有效的领导者》一书中写道："倘要所用的人没有短处，其结果至少只是一个平平庸庸的组织。"高水平的领导要善于识别下属的优点，同时也善于将下属的短处化成长处。如让谨小慎微的人管安全生产，让斤斤计较的人管财管物，让爱吹毛求疵的人当质检员。

(4) 用人不疑。领导一旦任用某一下属，就要寄予充分信任，明确其职责权限，放手

加以使用，激励他大胆地、独立地、富有创造性地开展工作，最大限度地发挥人才潜能，提高领导成效。当然放手使用并不意味着对其放任自流，领导要加强监督、协调、控制的职能，并经常深入工作一线，主动检查，及时指导。

(二) 运用权力的艺术

运用权力是实施领导的基本条件，善于运用权力是领导者的一项重要的领导艺术。

1. 运用权力的技巧

权力的行使不是单一的行动，它受制于诸多因素。为提高运用权力的效能，领导要注意以下几点。

(1) 严格遵守法定权限。领导者要严格遵守法定的权限，不能向上越权，向下侵权，不属于自己职责范围内的事不要随意表态做主，以免引起领导者之间相互猜疑，关系紧张。领导者，特别是主要领导者，要处理好个人权力与集体权力的关系，既要突出决策的地位，又要尊重领导集体中的其他成员，实行集体领导。切忌目空一切独断专行，否则会脱离群众，失去帮手。

(2) 运用权力要合法、合情、合理。领导者在运用权力的时候要做到有法可依，有法必依，照章办事，恪守职权；要讲道理，坚持以理服人；要重视感情因素，坚持以情动人。只有正之以法，晓之以理，动之以情，做到合法、合情、合理，才能使下属接受领导，听从指挥。

(3) 通过组织用权。领导者要健全组织机构，强化部门职能，完善规章制度，通过组织行使职权。事无巨细，一览无余是做不到的；一竿子插到底只会陷入事务性工作而不能自拔，结果会“捡了芝麻丢了西瓜”，因小失大。

(4) 以威望取胜。领导者应不断提高自身素质，加强各方面修养。在运用权力时，要公正廉洁，赏罚分明，恰当灵活，取信于民，以形成崇高威望。这样在运用权力时就能做到令行禁止，左右逢源。

2. 授权的技巧

授权就是领导者将其掌握的部分权力授予下属，使下属在一定的监督之下，有相当的自主权和行动权，从而为下属完成任务提供必要的客观条件。授权是领导者智慧和能力的扩展和延伸。领导者在授权时应遵循的原则有以下几种。

(1) 授权留责。领导者将权力授予下级后，如果下级在工作中出了问题，下级负责任，领导者也应负领导责任，士卒犯罪，过及主帅。

(2) 视能力授权。领导者向下级授权，授什么权，授多少权，应根据下级能力的高低而定。下级能力强，不妨让其多负责任、多取点权力；下级能力弱，则授权范围相对缩小，待能力提高后再逐步增加权力。

(3) 明确责权。领导者向被授权者授权时，应明确所授工作任务的目标、责任和权力，不能含混不清、模棱两可。

(4) 适度授权。领导者授权时应分清哪些权力可以下授，哪些权力应该保留。如果过度授权，等于领导者放弃权力，使管理失控；如果授权不充分，则会使领导忙于应付，下级也因未得到充分的权力而造成工作被动，影响工作效率。

(5) 逐级授权。领导者只能对自己的直接下级授权，不能越级授权。否则会造成组织系统的混乱，影响中层管理人员的积极性。

(6) 监督控制。领导者授权后，对下属的工作要进行合理的、适度的监督控制，要防止放任自流或过细的工作检查两种极端现象。

(三) 决策的艺术

决策艺术是领导艺术的重要组成部分，领导者决策是否合理、及时、有艺术，不仅关系全局的方向、方针和整个部署，也关系领导水平的高低。

1. 运筹帷幄的艺术

领导决策时要做到统筹兼顾，把握关键。要用战略眼光和全局观念对当时当地的形势做出正确的估计和判断，善于敏锐地看清未来的发展趋势；要处理好组织与社会大系统之间的关系，处理好组织内各子系统之间的关系。在此基础上，做出部署，科学地调动人力、物力和财力，以保证有效地实现组织目标。切忌只顾眼前不顾长远，只顾部分不顾整体的行为。领导者还应将主要精力放在抓大事和关键的事上，如重大决策、战略规划、重大人事任免、重大投资、重要外交、突发事件、瓶颈问题等。要抓准抓好这些大事，一抓到底，抓出成效。

2. 多谋善断的艺术

领导决策艺术表现在谋和断这两个过程中，多谋善断是领导决策艺术的基本要素，是领导智慧和责任感的产物。

多谋就是指处理事情、解决问题的主意多、点子多、办法多。要多谋就要掌握充分而可靠的信息资料，只有掌握了丰富、及时、准确、适用的信息，才有可能做出成功的决策。

善断就是指能够从多种主意中选择出最好的主意，能够从多种办法中选择出最佳办法，并且能够当机立断，坚决果断地实行它。它要求领导者要保持超常的态度、适度的动机、果决的意志和迥异的风格。没有超常的态度，就没有超常的决策，也就没有领导特色；保持适度的决策动机，才会产生必要的决策内在动力，产生满意的决策效果；果决的意志品质使领导者不仅要善于当机立断，还要善于等待时机；决策风格表现了领导的素质和心理特征，是决策艺术的突出反映。领导应善于根据不同的决策环境、不同的决策对象，自觉地、不断地组合和调整自身各种不同的心理品质和性格素质特点，充分发挥出善变的、多变的决策风格，以适应客观决策的需要。

(四) 协调人际关系的艺术

领导是通过人与人之间的交往来实现的，因而在领导过程中，必然存在着纵横交错的人际关系。融洽的人际关系，有利于减少摩擦，消除分歧，降低内耗，提高效率，使大家齐心协力，步调一致，以最佳的力量组合，争取最佳的工作绩效。人际关系不和谐，会使人心涣散，纪律松弛，矛盾重重，影响工作，它常常是造成领导成效不高的原因之一。因而，如何协调人际关系，是领导者认真研究的一个问题，也是体现组织领导艺术的一个重要方面。

1. 处理好与各方面的关系

处理好与各方面的关系是领导者协调人际关系的主要组成部分，主要包括如下方面。

(1) 对上请示沟通。处理好与上级之间的关系，赢得上级的理解和信任，得到上级的支持与帮助，是领导者顺利开展工作、圆满完成任务一个必要条件。作为下级，对工作的安排部署要主动请示；对工作的进展情况，对工作中存在的困难和问题，要主动汇报；对工作中的设想和创见，要积极建议。要干好本职工作，服从命令。不得采用“上有政策，下有对策”的办法对付上级。当然，服从不等于盲从，当命令错误、命令不符合客观实际或者对命令存有疑虑时，可以研究、请示，也可以边执行边请示。在下属面前还要尽力维护上级的威望。不能自视高明，傲视上级。

(2) 对下沟通协调。当下属在一些涉及个人利益的问题上对领导有意见时，领导者应通过谈心、交心等方式来消除彼此间的误解。对能解决的问题一定要尽快解决，一时解决不了的问题，也要说明原因，千万不能以“打哈哈”的方式去对待人或糊弄人。多交流，多沟通，多结友，少树敌，以加强同广大员工的思想感情联系。

(3) 团结领导班子成员。判断一个领导班子是否坚强有力，重要的一点就是看其内部成员之间关系是否融洽，相处是否和谐；是团结一心，肝胆相照，还是各自为政，一盘散沙。如果其成员之间相互扯皮，那么其领导效能肯定会大打折扣。处理好与领导班子内部成员关系，要做到识大体，顾大局；互通情报，加强联系；发扬无私风格，做到矛盾不交，困难不让，责任不推，利益不争。

(4) 对外争让有度。领导者在与外面平级单位的协调中，其领导艺术就往往体现在争让之间。大事要争，小事要让，不能遇事必争，也不能遇事皆让。该争不争，就会丧失原则；该让不让，就会影响全局。

2. 调解纠纷和矛盾的技巧

在组织内人和人相处，会产生认识上的分歧、利益上的冲突、工作上的矛盾以及其他方面的纠纷。这些问题处理得好，会化干戈为玉帛，变消极因素为积极因素，有利于工作、学习和生活。这些问题解决不好，会激化矛盾，影响团结，产生不良后果。所以领导者在工作实践中一定要摸索出一套行之有效的方法，来调解纠纷和矛盾。一些常见的方法如下。

(1) 即评即判，纠正错误。对于是非问题和原则性问题，领导者要态度明确，立场坚定。可以马上查清原因，即刻做出评判。对正确的一方，或表扬或认同，视具体情况而定；对错误的一方，或批评或处分，要视其情节轻重而定，以促其承认错误，改正缺点，回到正确的方向。

(2) 求同存异，和平共处。通过耐心细致的思想工作，使矛盾双方都做出让步，接受调停，达成谅解，求大同存小异，实现和平共处。

(3) 模糊处理，消化矛盾。在某些特定条件下，对于个别非原则性的矛盾和纠纷，可以含糊其辞，不做明确表态，不做认真处理，以淡化之而有利于工作。事实上，有些矛盾会不调自解。如果将小事情上升到一定高度或抱着严肃认真的态度去处理，只会加剧矛盾，扩大纠纷，给工作带来不良影响。

(五) 语言的艺术

语言艺术的最高境界就是它对目标实现完美的服务。领导者的语言表达也就需要具有更为有效的技巧。理可服人，情亦可动人，技巧的把握是语言沟通艺术的重要体现。对领导者语言的基本要求有以下几个方面。

(1) 言之有时。指领导讲话要有时间观念，不能信口开河，不知所止。

(2) 言之有物。指领导讲话要有丰富的内容，不能空话连篇，套话成堆，要尽量做到实话实说，能让大家从讲话中获取一些新的信息、新的见解和新的启发。总结工作要有数字统计，要有横向和纵向的比较。思想政治工作要入情、入理、入脑，要打动人心。古希腊的柏拉图曾说："聪明的人有话要说才说话，愚蠢的人则为了必须说话才说话。"

(3) 言之有序。指领导讲话要讲究先后顺序，先讲什么，后讲什么，怎样开头，怎样结局，要能说出个子丑寅卯、一二三四，讲话要有逻辑顺序。

(4) 言之有理，言之有味。言之有理，就是说话要有道理，站在理上，才有分量。言之有味，就是说话要有品味，这是讲话的最高层次，领导者讲话要有自己的风格，有自己的特点。

(六) 激励的艺术

管理重在人本管理，人本管理的核心就是重激励。领导者要调动大家的积极性，就要学会如何去激励下属。

(1) 要注意适时进行。美国前总统里根曾说过这样一句话："对下属给予适时的表扬和激励，会帮助他们成为一个特殊的人。"一个聪明的领导者要善于经常适时、适度地表扬下属。这种"零成本"激励，往往会"夸"出很多为你效劳的好下属。

(2) 要注意因人而异。领导者在激励下属时，一定要区别对待。最好在激励下属之前，清楚被激励者最喜欢什么？最讨厌什么？最忌讳什么？尽可能"投其所好"，否则就有可能好心办坏事。

(3) 要注意多管齐下。领导者在进行激励时，要以精神激励为主，以物质激励为辅。只有形成这样的激励机制，才是一种有效的激励机制和长效的激励机制。

四、提高领导艺术的基本途径

领导艺术不是天生的，也不是在踏上领导岗位之前就具备的。现代领导者必须不断学习，增长知识，培养能力，并大胆地对组织进行必要的改革，才能真正提高领导艺术适应时代变化和发展的需要。

(一) 通过学习，不断建构和完善领导艺术

学习，这里指广义的学习，包括学习各种知识，培养业务能力，锻炼身体，锻炼心理素质等各方面。通过学习，领导者努力创造主观方面的条件，为领导艺术的充分发挥打下坚实的基础。在复杂的学习内容中，最重要的有以下几方面。

1. 相关的业务知识

领导者应具备相关的业务知识，如政府部门的领导者应学习行政管理、政治学、行政法学、政治经济学、西方经济学、时事政治、公共关系学等内容；企业经理应学习组织行为学、政治经济学、西方经济学、市场学、公共关系学、管理心理学、经济数学、经济法学等内容。每个领导岗位都有相应的必备知识。

2. 管理心理学

现代领导者应重视非权力因素在领导过程中的作用，掌握相应的管理心理学知识，真正做到关心下属，统御下属。

3. 通用的办公技能

领导者应具有通用的办公技能，如电脑操作、公文写作、主持会议和谈话的技巧。不能把这些事情统统留给秘书去做。

4. 最新思维方式和信息

并不是要求领导者必须接受这些最新的思维方式和信息，而是要做到对它们有所了解，从而在领导活动中占据主导地位。

5. 情商

情商(Emotional Quotient，EQ)是指个体了解自身和他人的情绪、善于管理自己的情绪、善于自我激励、善于处理人际关系的一种能力。简单地说，就是善于控制自己的情绪和感情的能力。

6. 语言

这里不是强调词汇量，而是强调语言艺术的重要性。领导工作者有大半时间都花在说话上，包括工作报告、演讲、谈话、辩论、礼仪接待和访问等。繁多的说话情景足以证明语言艺术对领导工作的重要性。一言不慎，就很有可能前功尽弃。

7. 法律知识

法律是领导工作最可靠的保证；反过来，领导者的活动或组织活动违法，就必然遭到法律的制裁。在现实生活中，由于对法律不够重视而导致领导活动和组织行为失败的事例不胜枚举。依法领导是现代社会领导者事业成功的首要前提。

(二) 通过组织改革，营造领导艺术发挥的良好环境

改革是创造客观条件的主要途径。为适应时代变化和发展的需要，领导者应有强烈的改革意识。通过改革，使组织充满活力，适应新的环境，克服旧有的弊端，从而更有效地实现组织目标，满足组织利益。在当前现实生活中尤其要注重以下几个方面。

(1) 优化办公设施。如计算机管理系统、电信系统、新技术生产线等。

(2) 强化员工教育与培训。消除不愿学习和盲目学习的现象，减轻员工学费、学习的压力。

(3) 塑造具有激励特征的、优良的组织文化，调动员工的积极性、主动性和创造性。

通过自我学习和积极改革，领导者可以创造有利的条件，提高领导艺术，使自己的领导活动更加富有创造性，更加卓有成效。

本 章 小 结

领导是领导者依靠影响力，指挥、带领、引导和鼓励被领导者或追随者，实现组织目标的活动和艺术。领导是管理的一个方面，属于管理活动的范畴，领导者不一定是管理者，管理者也不一定是领导者。领导的权力来源于 5 个方面：法定权、奖赏权、惩罚权、专长权和感召权。领导者要树立正确的权威观。

领导理论大致归纳为三种：特性理论、行为理论和权变理论。领导特性理论研究领导者应具备哪些基本特质，以便选拔和培养领导者；领导行为理论着重于研究和分析领导者在工作过程中的行为表现及其对下属行为和绩效的影响，以确定最佳的领导行为，包括三种极端领导风格、连续统一体理论、领导四分图和管理方格理论；领导权变理论认为，领导是在一定环境条件下通过与被领导者的交叉作用去实现某一特定目标的一种动态过程，领导的有效行为应随着自身条件、被领导者的特点和环境的变化而变化。领导权变理论包括菲德勒权变理论、领导生命周期理论、路径—目标理论。

领导艺术是领导者在一定知识、经验和辩证思维的基础上，在领导的方式方法上表现出的创造性和有效性。领导艺术具有创造性、非模式化和有效性的特点，主要的领导艺术包括用人的艺术、决策的艺术、运用权力的艺术、协调人际关系的艺术、语言的艺术、激励的艺术等。

练习与思考

一、单项选择题

1. 某公司的销售部经理被批评为“控制得太多，而领导得太少”，据此你认为该经理在工作中存在的主要问题可能是什么？(　　)

　　A. 对下属销售人员的疾苦没有给予足够的关心

　　B. 对销售任务的完成没有给予充分的关注

　　C. 事无巨细，过分亲力亲为，没有做好授权工作

　　D. 没有为下属销售人员制定明确的奋斗目标

2. 根据权变理论，领导方式的有效性主要是要与环境相适应。以下哪一个因素对领导方式的有效性没有影响？(　　)

　　A. 职位权力　　B. 保健因素

　　C. 任务结构　　D. 领导者与被领导者的关系

3. 下面哪个理论关注下属的成熟度？(　　)

　　A. 领导权变理论　　B. 路径—目标理论

　　C. 领导生命周期理论　　D. 领导四分图理论

4. 某企业多年来任务完成得都比较好，职工经济收入也很高，但领导和职工的关系很差。该领导很可能是管理方格理论中所说的(　　)。

　　A. 贫乏型　　B. 任务型　　C. 俱乐部型　　D. 中庸型

5. 南方某厂订立有严格的上下班制度并一直遵照执行。一天深夜突降大雪，给交通带来极大不便，次日早晨便有许多职工上班迟到了，厂长决定对此日的迟到者免于惩罚。对此，企业内部职工议论纷纷。在下列议论中，你认为哪种说法最有道理？(　　)

　　A. 厂长滥用职权

B. 厂长执行管理制度应征询大部分职工的意见
C. 治厂制度又不是厂长一人订的，厂长无权随便更动
D. 规章制度应有一定的灵活性，特殊情况可以特殊处理

二、多项选择题

1. 以下属于领导行为理论的是(　　)。
A. 管理系统理论　　B. 领导生命周期理论
C. 路径—目标理论　　D. 管理方格理论
E. 领导四分图理论

2. 领导者不同于非领导者的特性主要体现在(　　)。
A. 与工作相关的知识　　B. 自信　　C. 智慧
D. 进取心　　E. 领导欲望

3. 下列哪些属于领导的职位权力？(　　)
A. 强制权　　B. 奖赏权　　C. 专家权
D. 法定权　　E. 感召权

4. 管理方格理论所概括的几种典型的领导类型包括(　　)。
A. 任务型　　B. 乡村俱乐部型　　C. 团队型
D. 中庸之道型　　E. 贫乏型

5. 下列说法正确的是(　　)。
A. 在信息时代，由于环境的进步和被领导者的成熟，不再需要领导者了
B. 没有最好的领导者，只有符合领导情境和被领导者要求的领导者
C. 没有所谓的领导者特质，特性理论没有什么意义
D. 领导者要注意工作和组织的需要，也要注意下属的情感和社会需要
E. 个人权力所产生的影响力有时会大于职务权力所产生的影响力

三、判断题

1. 根据管理方格理论，1,1 型领导者对生产和人都很少关心。　　(　　)

2. 领导行为连续统一体理论认为，有效的领导应根据下属的成熟程度以及情境需要采取不同的领导风格。　　(　　)

3. 根据菲德勒权变理论，在中间状态环境中任务导向型领导方式较有效。　　(　　)

4. 分权式的领导比独裁式的领导更有效。　　(　　)

5. 奖赏权能够满足下级追求的欲望，可以增加领导对下级的吸引力，能引起满意并提高工作效率，因此这种权力的行使多多益善。　　(　　)

6. 根据领导生命周期理论，低工作、低关系的领导风格不一定是无效的。　　(　　)

四、问答题

1. 什么是领导？试分析领导与管理的区别。
2. 领导的影响力基础是什么？如何树立领导的权威？
3. 如何正确理解领导特性理论？
4. 什么是管理方格理论？

5. 试分析菲德勒权变理论、领导生命周期理论、路径—目标理论。

6. 试阐述领导艺术的主要内容。

案例点击

余健的领导风格

蓝天技术开发公司由于一开始就瞄准成长的国际市场，在国内率先开发出某高技术含量的产品，其销售额得到了超常规的增长，公司的发展速度十分惊人。然而，在国内外强手如云的激烈竞争环境下，公司经济上很快出现了困境，于是公司董事会聘请了一位新的常务经理余健负责公司的全面工作，而原来的那个自由派风格的董事长仍然留任。余健来自一家办事古板的老牌企业，他照章办事，十分古板，与蓝天技术开发公司的风格相去甚远。公司管理人员对他的态度是：看看这家伙能待多久！看来，一场潜在的“危机”迟早会爆发。

第一次“危机”发生在常务经理余健首次召开的高层管理会议上。会议定于上午9点开始，可有一个人姗姗来迟，直到9点半才进来。余健厉声道：“我再重申一次，本公司所有的日常例会要准时开始，谁做不到，我就请他走人。从现在开始一切事情由我负责。你们应该忘掉老一套，从今以后，就是我和你们一起干了。”到下午4点，竟然有两名高层主管提出辞职。

此后蓝天公司发生了一系列重大变化。由于公司各部门没有明确的工作职责、目标和工作程序，余健首先颁布了几项指令性规定，使已有的工作有章可循。他还三番五次地告诫公司副经理徐钢，公司一切重大事务向下传达之前必须先由他审批，他抱怨下面的研究、设计、生产和销售等部门之间互相扯皮，踢皮球，结果使蓝天公司一直没能形成统一的战略。

余健在详细审查了公司人员工资制度后，决定将全体高层主管的工资削减10%，这引起公司一些高层主管向他辞职，引起各种非议。

研究部主任这样认为：“我不喜欢这里的一切，但我不想马上走，因为这里的工作对我来说太有挑战性了。”

生产部经理也是个不满余健做法的人，可他的一番话颇令人惊讶：“我不能说我很喜欢余健，不过至少他给我那个部门设立的目标我能够达到。当我们圆满完成任务时，余健是第一个感谢我们干得棒的人。”

采购部经理满腹牢骚。他说：“余健要我把原料成本削减20%，他一方面拿着一根胡萝卜来引诱我，说假如我能做到的话就给我丰厚的奖励。另一方面则威胁说如果我做不到，他将另请高明。但干这个活简直就不可能，余健这种大棒加胡萝卜的做法是没有市场的。从现在起，我另谋出路。”

余健对被人称为“爱哭的孩子”销售部胡经理的态度则让人刮目相看。以前，销售部胡经理每天都到余健的办公室去抱怨和指责其他部门。余健对付他很有一套，让他在门外静等半小时，见了他对其抱怨也充耳不闻，而是一针见血地谈公司在销售上存在的问题。没过多久，大家惊奇地发现胡经理开始更多地跑基层而不是余健的办公室了。

随着时间的流逝，蓝天公司在余健的领导下恢复了元气。余健也渐渐地放松控制，开始让设计和研究部门更放手地去干事。然而，对生产和采购部门，他仍然勒紧缰绳。蓝天公司内再也听不到关于余健去留的流言蜚语了。大家这样评价他："余健不是对这里情况很了解的人，但他对各项业务的决策无懈可击，而且确实使我们走出了低谷，公司也开始走向辉煌。"

(资料来源：余敬，刁凤琴. 管理学案例精析[M]. 武汉：中国地质大学出版社，2006.)

问题：

(1) 余健进入蓝天公司时采取了何种领导方式？这种领导方式与留任的董事长的领导方式有何不同？他对研究部门和生产部门各自采取了何种领导方式？当蓝天公司各方面的工作走向正轨后，为适应新的形势，余健的领导方式做了怎样的改变？为什么？

(2) 有人认为，对下属人员采取敬而远之的态度对一个经理来说是最好的行为方式，所谓的"亲密无间"会松懈纪律。你如何看待这种观点？你认为余健属于这种领导吗？

点石成金

(1) 余健进入蓝天公司时采取了专制式的领导方式，而留任的董事长的领导方式是属于放任式的。两者的不同在于：前者指领导者个人决定一切，布置下属执行。这种领导者要求下属绝对服从，并认为决策是领导者个人的事情；后者指领导者撒手不管，下属愿意怎样做就怎样做，完全自由。这种领导者的职责仅仅是为下属提供信息，并与外部联系，以利于下属工作。余健对研究部门和生产部门各自采取了关系型和任务型的领导方式。当蓝天公司各方面的工作走向正轨后，为适应新的形势，余健的领导方式变为以关系型为主，在某些场合也不放弃使用任务型的领导方式。

根据菲德勒的领导权变理论，领导者究竟应该采取什么样的领导方式，取决于领导者的特征、被领导者的特征和领导环境等因素。领导环境又取决于职位权力、任务结构、上下级关系这三大因素。菲德勒通过研究分析得出这样的结论，即当领导环境较好或差时，应采用任务型的领导方式，而当领导环境中等时，应采用关系型的领导方式。因此，余健在不同的领导环境下所采取的上述领导方式是有其理论根据的。

(2) 有人认为，对下属人员采取敬而远之的态度对一个经理来说是最好的行为方式，所谓的"亲密无间"会松懈纪律。持这种观点的人通常会采用任务型的领导方式，所谓的"亲密无间"会松懈纪律的说法实际上是将"员工导向型"和"工作导向型"对立起来了，"亲密无间"与纪律松懈并无直接的因果关系。余健在蓝天公司走上正轨后，所采取的是以关系型为主，同时在某些场合也不放弃使用任务型的领导方式就是最好的例证。

另外，领导的权变理论揭示，同样一种领导行为方式在某种环境下是最好的，但在另一环境下则可能效果不佳。故并不存在所谓"放之四海而皆准"的最好的领导方式。如在同一时期，余健对生产部门采取的是任务型的领导方式，而对研究部门采取的却是关系型的领导方式。当蓝天公司各方面的工作走向正轨后，为适应新的形势，余健的领导方式又变为以关系型为主，在某些场合也不放弃使用任务型的领导方式。可见余健的领导方式是复合型的。

第十一章

激　励

案例导入

如何留住升职已达顶点的骨干员工

辉阳是一家小型民营医药公司，原公司业务部经理王先生深受公司总裁的器重，多次在公开场合受到总裁的称赞，王先生为公司做出了巨大的贡献。

王先生也的确通过自己出色的工作能力为公司开拓了业务，使公司的业绩蒸蒸日上。当然，公司也给了他相应的回报，他很快由一名业务员升至公司中层经理，在各平级部门中也因为受到总裁的器重而颇有地位，但是由于公司的高层职位是有限的，王先生高升的空间已经快到尽头了。

就在这个时候，总裁发现了自己办公桌上的一封辞职信——王先生要离开公司。王先生在辞职信上说，很感激公司的栽培，但是，我希望追求自己的事业发展，所以决定离开公司。

据知情人说，王先生已经注册了自己的公司，利用自己在辉阳公司建立的客户关系和社会关系网络，经营与原公司相似的业务。

王先生的离去让辉阳公司的总裁感到无比恼怒，但既然公司已经不能为其提供更大的事业发展机会，员工离去能过分苛求吗？然而，更为严重的是，由于王先生在公司是“独当一面”，许多客户和重要信息都由他一手掌握，其离开后，公司其他人既不熟悉这些宝贵的信息，又暂时无法担当其业务经理的职责，原来的客户也纷纷转向与王先生的新公司进行合作。辉阳公司面临艰难的困境！然而，最为困惑的是，对王先生这类顶尖级的骨干员工，除晋升与加薪外，还有没有其他更好的激励办法？

(资料来源：根据https://wenku.baidu.com/view/94ceded1fe4733687f21aa6a.html同名网文改编)

试问：

1. 随着企业的发展，仅仅加薪、晋升的激励不一定能留住骨干员工。企业还应根据员工的特点，采用多样的激励方法。请用马斯洛理论分析王先生的需求是什么？能用什么样的激励方法来留住他呢？

2. 针对该案例，你觉得晋升是保健因素还是激励因素？为什么？

学习目标

通过本章的学习，要求重点掌握激励的概念和含义，理解和掌握激励的基本理论；明确激励的过程和作用；熟悉与了解激励的原则与方法，及其在管理中的具体运用。

关键概念

激励(Motivation) 激励的理论(Theory of Motivation) 激励方法(Method of Motivation)

激励是管理上一个非常重要的问题。作为领导者、管理者都会面临这样一个问题，他们对某项任务的完成负有责任，但个人无法把一切工作都承担下来并将其做好，他必须依靠其下属人员，借助别人的努力来完成任务。因此，就需要激励全体成员，以充分调动他们的积极性和创造性。激励被认为是贯穿于管理过程的始终，是管理过程不可或缺的要素，同时也被认为是一个世界性的难题。

第一节 激励概述

一、激励的概念

激励一词作为心理学术语，指的是持续激发人的动机的心理过程。动机是指为满足某种需要而产生并维持行动，以达到目的的内部驱动力。所以，激励是指影响人们的内在需求或动机，从而加强、引导和维持行为的活动或过程。将“激励”这一概念用于管理，就是通常所说的调动人的积极性的问题。

领导者激励下属，就是使下属的动机和欲望得到满足，从而使下属产生领导者希望和要求的行为。激励作为一种内在的心理活动过程或状态，不具有可以直接观察的外部形态，一般是通过行为的表现及效果对激励的程度加以推断和测定。

根据激励的定义，激励是针对人的行为动机而进行的工作。因此，激励的对象主要是人，或者准确地说，是组织范围中的员工或领导对象。正确认识激励的对象，有助于体现领导的本质。这要求组织中的领导者从行为科学和心理学的角度出发，认识和分析员工的组织贡献行为，即认识到员工行为是由动机决定的，而动机则是由需要引起的。由此说明，需要是人类行为的基础，不同的需要在不同的条件下会诱发出不同的行为。

二、激励的过程

根据心理学所揭示的规律，人的一切行动都是由某种动机引起的，动机是人类的一种精神状态，它对人的行动起到激发、推动、加强的作用。动机又产生于人的需要，需要是人对某种目标的渴求和欲望，是产生行为的原动力。当人有某种需要而未得到满足时，心理上就会产生不安与紧张的状态，成为一种内在的驱动力，即动机；有了动机就要寻找、选择目标，即目标导向；当目标找到后，就进行满足需要的活动，即目标行动；当行为告成，需要得到满足，人的心理紧张得以消除；然后又有新的需要发生，再引起新的动机与行为。这样，周而复始、往复循环，使人不断向新的目标前进。这就是人的动机与行为的一般规律，如图 11.1 所示。

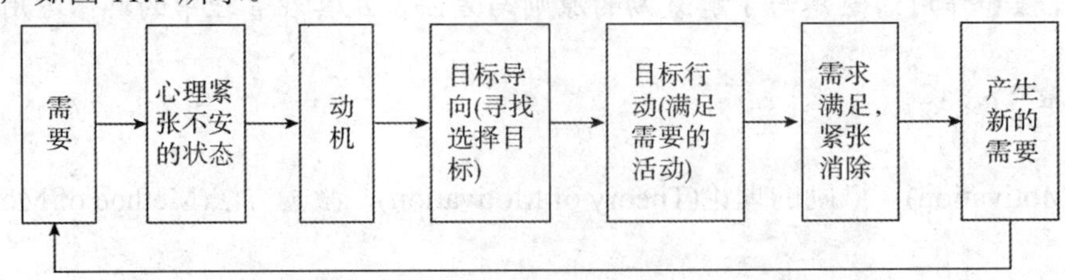

图 11.1　人的动机与行为的一般规律示意图

例如，一个人肚子饿了，首先引起了填腹充饥的需要；在进食之前，感觉饥饿难受，驱使他产生觅食的动机；于是他要寻找和选择食物；如果他选定吃米饭，当一口口吃的时候就进入了目标行动了。吃完米饭，需求得到满足，因饥饿而产生的紧张状态遂告解除；然后新的需要产生，如休息、娱乐等。

所以，从组织行为学的角度来看，激励是组织中人的行为的动力，而行为是人实现个体目标与组织目标相一致的过程。无激励的行为，是盲目而无意识的行为，有激励而无效果的行为，说明激励的机理出现了问题。通过激励的过程图(见图 11.2)可看到，人类有目的的行为都出于对某种需要的追求。未得到满足的需要是产生激励的起点，进而导致某种行为。行为的结果，可能是实现了目标，需要得到满足，之后再产生对新需要的追求；也可能是遭受挫折，追求的需要未得到满足，由此而产生消极的或积极的行为。积极的态度是强化或改进其行为，为满足尚未满足的需求而继续努力；消极的态度则是放弃努力。激励作用的程度取决于某一行动的效价和期望值，效价和期望值越大，则激发人产生某种行为的激励越大。效价是指个人对达到某种预期成果的偏爱程度，或某种预期成果可能给行为者带来的满足程度；期望值则是某一具体行动可带来某种预期成果的概率。

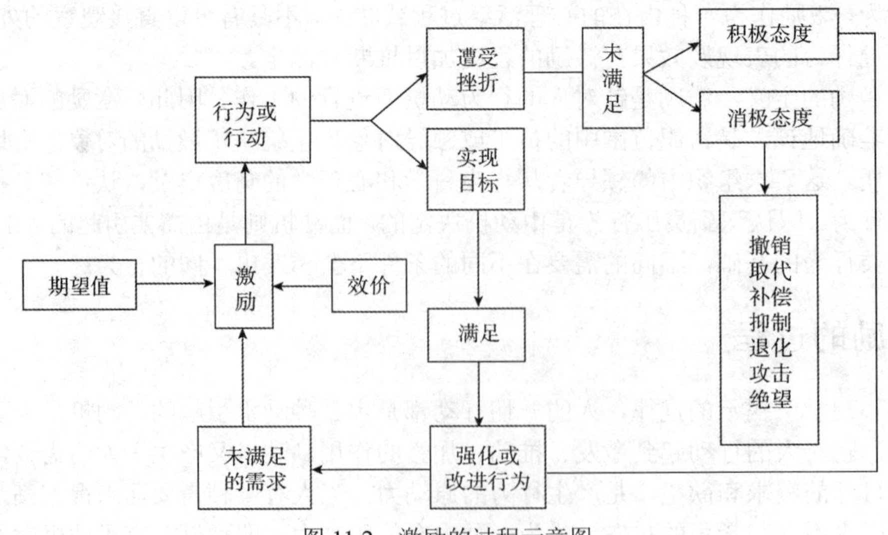

图 11.2　激励的过程示意图

三、激励的作用

美国哈佛大学教授威廉·詹姆士(William James)通过研究发现，在按时计酬的制度下，一个人如果没有受到激励，仅能发挥其能力的20%～30%，如果受到正确而充分的激励，就能发挥其能力的80%～90%，甚至更高。激励的作用可见一斑。激励是一种心理状态，它具有加强和激发动机并引导行为的作用。人的行为表现很大程度上取决于所受到的激励程度或水平。激励水平越高，行为表现得越积极，行为效果也就越显著。具体来说，激励主要有以下几个作用。

(一) 有助于激发和调动员工的工作积极性和创造性

积极性是员工在完成工作任务时一种能动的、自觉的心理和行为状态，这种状态可以促进员工智力和体力能量的充分释放，并导致一系列积极的行为后果。正确、完善的激励机制可以使人变消极为积极，最大限度地发挥自身的聪明才智，使个人的潜能转变成效率，保持工作的有效性和高效率。任何人都需要激励，如果没有激励，人的积极性就会因为得不到必要的补偿而被削弱直至完全丧失。

(二) 有助于将员工的个人目标导向组织目标

个人目标及个人利益是员工行动的基本动力。它们与组织目标和总体利益之间既有一致性，又存在诸多差异。当两者发生背离时，个人目标往往会干扰组织目标的实现。激励的功能就在于以个人利益和需要的满足为基本作用力，诱导员工把个人目标统一于组织的整体目标，推动员工为完成工作任务做出贡献，从而促进个人目标与组织目标的共同实现。美国杜邦公司前董事长渥鲁德曾经说过：“发展的秘诀只有一个，就是使公司的发展与从业人员的幸福融为一体。因而要不断地给予员工最大的激励”。

(三) 有助于增强组织的凝聚力和向心力

组织是由若干员工个体、工作群体及各种非正式群体组成的有机结构。为保证组织整体像一部机器一样协调运转，除用严密的组织结构和严格的规章制度加以规范外，还需要运用激励的方法，满足员工在尊重、社交等多方面的心理需要，鼓舞员工士气，协调人际关系，进而增强组织的凝聚力和向心力，促进各部门、群体、人员之间的密切协作。

第二节 管理学关于激励的理论

从 20 世纪二三十年代以来，国外许多管理学家、心理学家和社会学家结合现代管理的实践，提出了许多激励理论。这些理论按照形成时间及其所研究的侧面不同，可归纳为3种类型：内容型激励理论、过程型激励理论和行为矫正型激励理论。

一、内容型激励理论

内容型激励理论是研究“需要”作为激励基础的理论。它针对激励的原因和起激励作用的因素的具体内容进行研究，这种理论着眼于满足人们需要的内容，即人们需要什么就满足什么，从而激起人们的动机，主要包括马斯洛的“需要层次理论”、赫茨伯格的“双因素理论”和麦克莱兰的“成就需要激励理论”等。

(一) 需要层次理论

关于人类需要的讨论至今众说纷纭，其中最为广泛引用和讨论的激励理论当属美国心理学家马斯洛(Abraham Maslow)的需要层次理论。

马斯洛认为，人类有 5 种基本需要，即生理需要、安全需要、社交需要、尊重需要和自我实现需要。这 5 种需要按照先后次序由低到高排列的层次如图 11.3 所示。

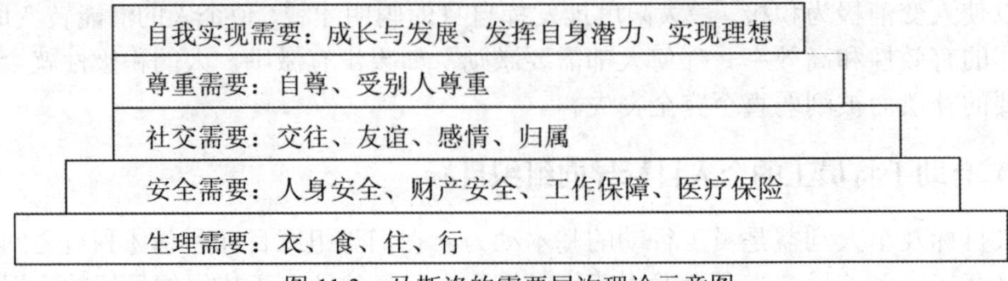

图 11.3 马斯洛的需要层次理论示意图

马斯洛认为一般情况下，人们按照上述层次逐级追求自身需要的满足，并从中受到激励。但已经得到满足的需要不再具有激励行为的作用。同时，占主导地位的优势需要会随人们经济状况的变化而改变。马斯洛的需要层次理论的要点归纳起来有以下几方面。

(1) 肯定了人是有需要的。

(2) 把人的基本生理需要置于需要层次结构的最底层，生理需要的满足是其他需要发展的基础。

(3) 不同的需要可以按顺序分为不同的层次，在不同时期各种需要对行为的支配力量不同。当最重要的需要得到满足后，这个需要便不再是激励因素，失去了对行为的刺激作用，人们会转而追求其下一个更重要的需要。

(4) 高层次需要的具体表现形式更丰富，与他人和社会的关系更密切。

需要层次理论的应用价值在于领导者可以根据 5 种基本需要对下属的多种需要加以归类和确认；然后针对未满足的，或正在追求的需求提供诱因，进行激励；同时更加注重高层次需要的激励作用。

(二) 双因素理论

美国心理学家弗雷德里克·赫茨伯格(Frederick Herzberg)于 1959 年在《工作的激励因素》一书中提出了双因素理论，这一理论的研究重点是组织中个人与工作的关系问题。赫茨伯格试图证明，个人对工作的态度在很大程度上决定了任务的成功或失败。为此，他在

匹兹堡地区的 11 个工商业机构中，向近 2000 名白领工作者进行了调查。在调查中，他用所设计的诸多有关个人与工作关系的问题，要求受访者在具体情景下详细描述他们认为工作中特别满意或特别不满意的方面。最后，通过对调查结果的综合分析，赫茨伯格发现，引起人们不满意的因素往往是一些工作的外在因素，大多同他们的工作条件和环境有关，能给人们带来满意的因素，通常都是工作内在的，是由工作本身所决定的。

由此，赫茨伯格提出，影响人们行为的因素主要有两类：保健因素和激励因素。保健因素是与人们的不满情绪有关的因素，如公司的政策、管理和监督、人际关系、工作条件等。保健因素处理不好，会引发对工作不满情绪的产生，处理得好，可以预防或消除这种不满。但这类因素并不能对员工起到激励的作用，只能起到保持人的积极性、维持工作现状的作用，所以保健因素又称为“维持因素”。激励因素是指与人们的满意情绪有关的因素。与激励因素有关的工作处理得好，能够使人们产生满意情绪，如果处理不当，其不利效果顶多只是没有满意情绪，而不会导致不满。他认为，激励因素主要包括的内容有工作表现机会和工作带来的愉快，工作上的成就感，由于良好的工作成绩而得到的奖励，对未来发展的期望，职务上的责任感。这两类因素与员工对工作的满意程度之间的关系如图 11.4 所示。

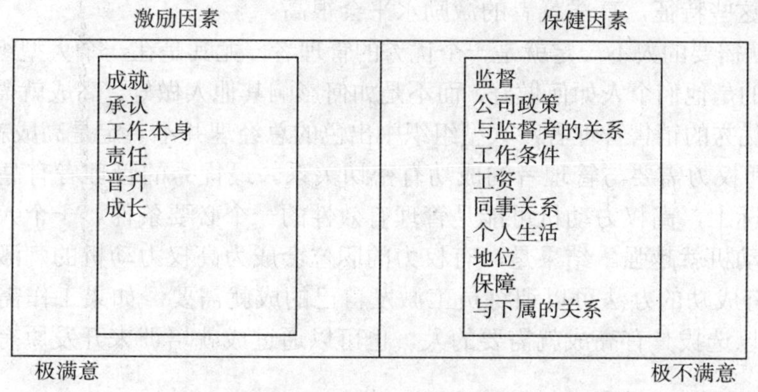

图 11.4　赫茨伯格的双因素理论示意图

赫茨伯格双因素激励理论的重要意义在于，它把传统的“满意—不满意”的观点进行了拆解：满意的对立面是没有满意，而不是不满意；同样，不满意的对立面是没有不满意，而不是满意。这种理论对企业管理的基本启示是：要调动和维持员工的积极性，首先要注意保健因素，以防止不满情绪的产生。但更重要的是要利用激励因素去激发员工的工作热情，努力工作，创造奋发向上的局面，因为只有激励因素才会增加员工的工作满意感。

(三) 成就需要理论

美国心理学家戴维·麦克莱兰(David McClelland)等在观察和分析了人们在工作中的表现后，提出了一项与管理工作联系更加紧密的成就需要理论。该理论认为在生存需要基本得到满足的前提下，人们在工作中有以下 3 种主要的需要。

(1) 成就需要。即渴望完成困难的事情、获得某种高的成功标准、掌握复杂的工作及超过别人。有高度成就需要的人，具有极强的事业心，他们总是寻求能够独立处理问题的工作机会，并且希望及时地了解自己工作的成效。他们具有获得成功的强烈动机。高成就者不喜欢靠运气获得成功，喜欢接受困难的挑战，能够承担成功或失败的个人责任，这意味着他们喜欢具有中等难度的任务。

(2) 权力需要。即渴望影响或控制他人、为他人负责及拥有高于他人的职权的权威。研究者们发现，具有高度权力需要的人，往往会追求组织中的高层职位，他们大多能言善辩、性格刚强、头脑冷静，总是希望他人服从自己的意志并证明自己是正确的。他们喜欢承担责任，努力影响其他人，喜欢处于竞争性和重视地位的环境。与有效的绩效相比，他们更关心威望和获得对其他人的影响力。

(3) 依附的需要。即渴望结成紧密的个人关系、回避冲突及建立亲切的友谊。具有高依附需要的人往往热心肠，乐于帮助别人，努力寻求友爱，喜欢合作性而非竞争性的环境，渴望有高度相互理解的关系。研究者对这种需要的关注最少。

怎样才能判断一个人是不是高成就需要者？通过大量广泛的研究，可以在成就需要和工作绩效的关系基础上得出一些有相当可信度的言论。尽管对权力需要和依附需要的研究较少，但也得出了以下一些一致性的发现。

(1) 具有高成就需要的人更喜欢具有个人责任、能够获得工作反馈和适度冒险性的环境。当具备了这些特征，高成就者的激励水平会很高。

(2) 高成就需要的人不一定就是一个优秀的管理者，尤其是在一个大型组织中。高成就需要者感兴趣的是他们个人如何做好，而不是如何影响其他人做好。高成就需要的销售人员不一定必然是优秀的销售管理者，大型组织中出色的总经理并不一定是高成就需要的人。

(3) 依附和权力需要与管理者的成功有密切关系。最优秀的管理者有高权力需要和低依附需要。实际上，高权力动机可能是管理有效性的一个必要条件。一个人在组织中的位置越高，权力动机就越强。结果是，有权力的职位会成为高权力动机的刺激因素。

(4) 已经有成功的办法可以训练员工激发自己的成就需要。如果工作需要高成就需要者，管理者可以选拔具有高成就需要的人，也可以通过成就培训来开发原有的下属。

(四) X 理论和 Y 理论

美国心理学家、行为科学家道格拉斯·麦格雷戈(Douglas McGregor)在 1960 年出版的《企业的人性方面》一书中归纳了两种人性假设：一种基本上是消极的，称为 X 理论；另一种基本上是积极的，称为 Y 理论。通过观察管理者对待员工的方式，麦格雷戈得出结论：管理者关于人性的观点是建立在一些假设基础上的，管理者正是根据这些假设来塑造激励下属的行为方式。

1. X 理论

(1) 员工天性好逸恶劳，只要可能，就会躲避工作。

(2) 以自我为中心，漠视组织要求。

(3) 员工只要有可能就会逃避责任，安于现状，缺乏创造性。

(4) 不喜欢工作，需要对他们采取强制措施或惩罚办法，迫使他们实现组织目标。

2. Y 理论

(1) 员工并非好逸恶劳，而是自觉勤奋，喜欢工作。

(2) 员工有很强的自我控制能力，在工作中执行并完成任务的承诺。

(3) 一般而言，每个人不仅能够承担责任，而且还主动寻求承担责任。

(4) 绝大多数人都具备做出正确决策的能力。

麦格雷戈认为，Y 理论的假设比传统的 X 理论更实际有效，因此，他建议让员工参与决策，为员工提供富有挑战性和责任感的工作，建立良好的群体关系，这样有助于调动员工的工作积极性。

二、过程型激励理论

过程型激励理论着重研究从动机的产生到采取行动的心理过程，即在管理中如何为员工设定合理的外在目标来激励员工，着重对行为目标的选择。该理论主要包括以下几个。

(一) 期望理论

该理论立足于提高员工实现行为目标的动机水平。认为在较高的动机水平下，员工能够自动产生高强度的行为动力，进而形成强大的激励力。而提高动机水平的主要途径在于提高适宜的目标诱因，使员工能够选择更符合自身需要并更具有成功可能性的目标，以便为实现该目标采取相应的行动。这一模式的理论基础源于美国心理学家维克托·弗鲁姆(Victor Vroom)提出的期望理论。

期望理论认为：激励是评价选择的过程，人们采取某项行动的动力或激励取决于他对行动结果的价值评价和预期实现目标可能性的估计。换而言之，激励力的大小取决于效价与期望值的乘积。用公式表述即：

$$M = V \cdot E$$

式中：M 表示激励力，V 表示效价，E 表示期望值。

所谓效价(V)，是指一个人对某项工作及其结果(可实现的目标)能够给自己带来满足程度的评价，即对工作目标有用性(价值)的评价，效价反映个人对某一成果或奖酬的重视与渴望程度。在现实生活中，对同一个目标，由于各人感受到的需要不同，所处的环境有异，从而对其有用性的评价也往往不一样。例如，有人希望通过努力工作得到职务晋升的机会，其升迁欲望高，于是晋升的可能性就会对他具有很高的效价；如果一个人对职务晋升毫不关心，没有升迁的要求，那么“担任更高的职务”对他没有任何吸引力，晋升的效价很低，甚至为零；相反，另一些人可能不仅不希望职务提升，甚至害怕提升，担心因此而担负更多的工作和责任，失去更多家庭生活的时间，因而晋升的效价甚至是负值。

所谓期望值(E)，是指人们对自己能够顺利完成这项工作可能性的估计，即对工作目标能够实现概率的估计，也称期望概率。在日常生活中，人们往往根据过去的经验来判断一定行为能够导致某种结果或满足某种需要的概率。如果行为主体估计目标实现的可能性极大，这时期望概率接近于 1；反之，如果考虑到主观能力的制约和客观竞争程度的激烈，估计目标实现的可能性极小，则期望概率趋近于零。

激励力(M)则是直接推动或使人们采取某一行动的内驱力。

效价和期望值的不同结合，会产生不同的激发力量，一般存在以下几种情况：

$$E\text{高} \times V\text{高} = M\text{高}$$
$$E\text{中} \times V\text{中} = M\text{中}$$
$$E\text{低} \times V\text{低} = M\text{低}$$
$$E\text{高} \times V\text{低} = M\text{低}$$
$$E\text{低} \times V\text{高} = M\text{低}$$

上述分析表明，要收到预期的激励效果，不仅要使激励手段的效价(能使激励对象带来的满足)足够高，而且要使激励对象有足够的信心去获得这种满足。只要效价和期望概率中有一项值较低，就难以使激励对象在工作中表现出足够的积极性。

期望理论可用如图 11.5 所示的模型来表示。

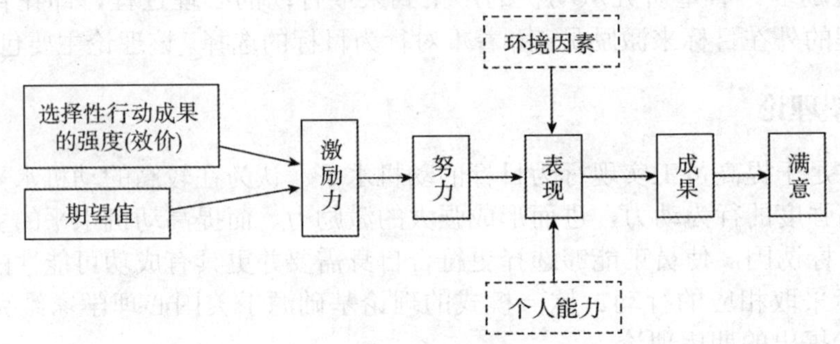

图 11.5 期望理论模型

从上面模型可以看出：效价和期望值两者结合才产生激励力；如果其中之一为零，激励力就等于零。所以，某些目标即使非常有吸引力，但如果没有实现的可能就无人问津。同样，目标虽然容易实现，但个人如果对实现目标后所得报酬兴趣不大，则这类目标对个人仍不能形成真正的激励。激励力驱使行为主体产生行动，为目标的实现做出努力；而其努力在环境和个人能力影响下就会决定他在工作中的真正行为表现；不同的行为表现就导致各种不同的成果；不同的成果带来不同方面的满足和不同的满足程度。因此，为了能真正达到激励员工的目的，管理者不但要提高行动成果的效价，而且要带动员工提高实现目标的期望值，只有这样，才能真正起到激励作用。

这个模型实际指出了在进行激励时要处理好以下 3 个方面的关系，这些也是调动人们工作积极性的 3 个条件。

(1) 努力与绩效的关系。人总是希望通过一定的努力能够达到预期的目标，如果个人主观认为通过自己的努力达到预期目标的概率较高，就会有信心，就可能激发出很强的工作力量。但是如果他认为目标太高，通过努力也不会有很好的绩效时，就失去了内在的动力，导致工作消极。

(2) 绩效与奖励的关系。人们总是希望取得成绩后能够得到奖励。如果他认为取得绩效后能够获得合理的奖励，就有可能产生工作热情，否则就可能没有积极性。

(3) 奖励与满足个人需要的关系。人们总是希望自己所获得的奖励能满足自己某方面的需要。然而由于人们在年龄、性别、资历、社会地位和经济条件等方面都存在差异，他们的满足感是不同的。因而对于不同的人，采用同一种办法给予奖励能满足的需要程度不同，能激发出来的工作动力也就不同。

(二) 公平理论

公平理论又称社会比较理论，是美国行为科学家亚当斯(J. S. Adams)在《工人关于工资不公平的内心冲突同其生产率的关系》(1962，与罗森合著)、《工资不公平对工作质量的影响》(1964，与雅各布森合著)、《社会交换中的不公平》(1965)等著作中提出来的一种激励理论。该理论侧重于研究工资报酬分配的合理性、公平性及其对员工生产积极性的影响。公平理论的基本观点是：当一个人做出成绩并取得报酬后，会把他的付出(包括所做的努力、用于工作的时间和精力、教育程度、经验、资历、地位)和获得(薪水、福利、赞美、肯定、升迁、被提升的地位等)与相应的参照对象进行比较，从而判断自己所获报酬的公平性，并进一步做出相应的反应。该理论把工作情景的公平性比较过程描述为以下方式(见表 11.1)。

表 11.1 工作情景的公平性比较

觉察到的比较结果	评价结果
$O_a/I_a < O_b/I_b$	不公平(报酬偏低)
$O_a/I_a = O_b/I_b$	公平
$O_a/I_a > O_b/I_b$	不公平(报酬偏高)

表 11.1 中，O(Outcomes)代表所获得的报酬，或叫作产出，一般包括工资、奖金、职位、提升、赞赏或对工作的兴趣等；I(Inputs)代表个人投入(代价或付出的努力)，通常指个人拥有的特征、能力、经验、学历、工作能力及所做的贡献等。a 代表本人，b 代表参照对象。在公平理论中，参照对象 b 是个重要的变量，一般将其划分为 3 种类型："他人""自我"和"规则"。"他人"包括同事、朋友、邻居、同行等，人们大多选择与自己年龄、能力、受教育水平相近的人来比较。"自我"是指自己过去的情况，也就是将自己目前的收入与付出同过去的收入及工作相比较。"规则"是指组织中的付酬制度及虽未明文规定，却在实际中执行的利益分配惯例，人们会分析规则本身的公平性并将自己的状况与之比较。

人们是通过将自己所获得的收入与相应付出的比率同相关参照对象进行比较来做出判断的。当两者相等时，则为公平状态；如果两者的比率不同，就会产生不公平感。当他们认为自己的收入偏低或偏高时，便会调整自己的行为来保持公平感。

如果比较的结果是 $O_a/I_a > O_b/I_b$，员工会感到自己的付出有高于一般比率的回报，多半会更加努力工作，珍惜自己的岗位。但其积极性不一定会持久，他可能会因重新过高估计自己的投入而获得公平感，对高报酬心安理得，于是其产出又会恢复到原先的水平。

如果比较的结果是 $O_a/I_a<O_b/I_b$，员工会感到不公平，从而要求增加报酬，或者自动地减少投入以便达到心理上的平衡，对工作采取消极态度乃至去寻找其他的就业机会。

公平理论对企业管理的启示是非常重要的，它告诉管理人员，工作任务及公司的管理制度都有可能产生某种关于公平性的影响作用。而这种作用对仅仅起维持组织稳定性的管理人员来说，是不容易觉察到的。员工对工资提出增加的要求，说明组织对他至少还有一定的吸引力，但当员工的离职率普遍上升时，说明企业组织已经使员工产生了强烈的不公平感，这需要引起管理人员的高度重视，因为它意味着除组织的激励措施不当外，更重要的是，企业的现行管理制度有缺陷。

公平理论的不足之处在于，员工本身对公平的判断是极其主观的，这种行为对管理者施加了比较大的压力。因为人们总是倾向于过高估计自己的付出，而过低估计自己的所得，而对他人的估计则刚好相反。因此管理者在应用该理论时，应当注意实际工作绩效与报酬之间的合理性，并注意对组织的知识吸收和积累有特别贡献的个别员工的心理平衡。

(三) 波特—劳勒综合激励模式

美国管理学家波特(Lyman W. Porter)和劳勒(Edward E. Lawler)建立了他们的激励模式，其特点是将激励看成是一个循环的完整过程，从内容看实际上是前述多种激励理论研究成果的综合，如图 11.6 所示。

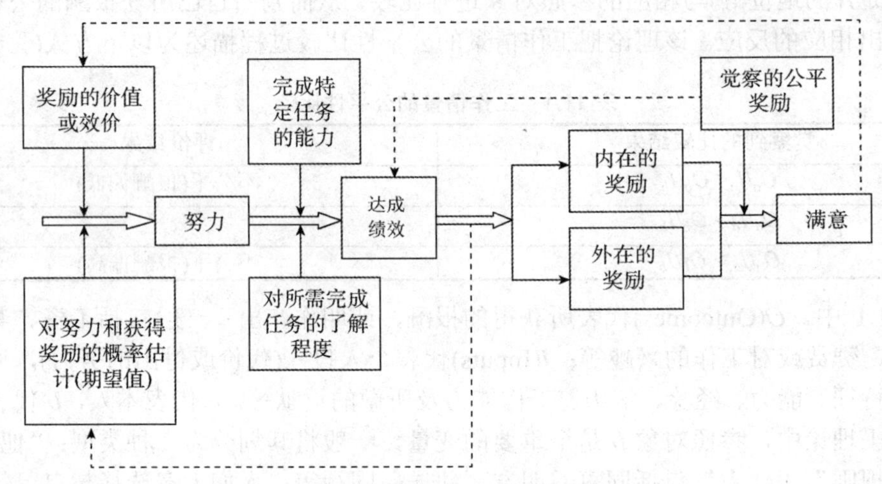

图 11.6 波特—劳勒综合激励模式

该激励模式认为：

(1) 个人是否努力及努力的程度不仅取决于奖励的价值，而且还受到个人觉察出来的努力(指认为需要或应付出的努力)和受到奖励期望值(指其对于付出努力之后得到奖励的可能性的期望值)的认知的影响。很显然，过去的经验、实际绩效及奖励的价值将对此产生影响。如果个人有较确切的把握完成任务或曾经完成过并获得相当价值的奖励，那么他将乐意付出相当的或更高程度的努力。

(2) 个人实际能达到的绩效不仅取决于其努力的程度，还受到个人能力的大小及对任务了解和理解程度深浅的影响。特别是对于比较复杂的任务，如高难度技术工作或管理工作，个人能力及对此项任务的理解比其实际付出的努力所能达到绩效的影响更大。

(3) 个人所得到的奖励应当以其实际达到的工作绩效为价值标准，尽量剔除主观评估因素。要使个人看到：只有当完成了组织的任务或达到目标时，才会受到精神和物质上的奖励。不应先有奖励，后有努力和成果，而应当先有努力的结果，再给予相应的奖励。这样，奖励才能成为激励个人努力达到组织目标的有效刺激物。

(4) 个人对于所受到的奖励是否满意及满意度，取决于受激励者对所获报酬公平性的感觉。如果受激励者感到不公平，则会导致不满意。

(5) 个人是否满意及满意度将会反馈到其完成下一个任务的努力过程中。满意会使人进一步地努力，而不满意则会导致努力程度的降低甚至离开工作岗位。

综上所述，波特和劳勒的激励模式是对激励系统比较全面和恰当的描述，它告诉我们，激励和绩效之间并不是简单的因果关系。要使激励能产生预期的效果，就必须考虑奖励内容、奖励制度、组织分工、目标设置、公平考核等一系列的综合性因素，并注意个人满意度在努力中的反馈。

三、行为矫正型激励理论

行为矫正型激励理论是着重研究激励目的的理论，激励的目的是改造并转化人的行为，使其朝向组织所希望的方向发展，又称为结果反馈型激励理论。这类理论包括强化理论和挫折理论等。

(一) 强化理论

强化理论是由美国行为科学家斯金纳(B. F. Skinner)提出来的。该理论认为人的行为是对其所获刺激的函数。如果这种刺激对他有利，则这种行为就会重复出现；若对他不利，则这种行为就会减弱直至消失。因此管理者要善于采取各种强化方式，以使人们的行为符合组织目标。根据强化的性质和目的，强化可以分为正强化、负强化和消退三大类型。

1. 正强化

正强化就是奖励符合组织目标或为达到组织目标做出贡献的行为，以便使这些行为得到进一步加强。正强化的刺激物不仅包含奖金等物质奖励，还包含表扬、提升、改善工作关系等精神奖励。为使强化能达到预期的效果，还必须注意实施不同的强化方式。有的正强化的方式是连续、固定的，如对每一次符合组织目标的行为都给予强化，或每隔一段固定的时间给予一定数量的强化。尽管这种强化有及时刺激、立竿见影的效果，但久而久之，人们就会对这种正强化有越来越高的期望，或者认为这种正强化是理所应当的。管理者要不断加强这种正强化，否则其作用会减弱甚至不再起到刺激行为的作用。还有的正强化的方式是间断的，时间和数量都是不固定的，即管理者根据组织的需要和个人行为在工作中的反映，不定期、不定量实施强化，使每一次强化都能起到较大的效果。实践证明，后一种正强化更有利于组织目标的实现。

2. 负强化

负强化就是惩罚不符合组织目标的行为，以使这些行为削弱直至消失，从而保证组织目标的实现不受干扰。负强化包括减少奖酬或罚款、批评、降级等。实施负强化的方式与正强化有所差异，应以连续负强化为主，即对每一次不符合组织的行为都应及时予以负强化，消除人们的侥幸心理，减少直至完全避免这种行为重复出现的可能性。实际上，不进行正强化也是一种负强化。

3. 消退

消退即指对行为不施以任何刺激，任其反应频率逐渐降低，以致自然消退。消退也是一种强化方式。时间证明，某种行为长期得不到肯定或否定的反应，行为者就会轻视该行为的意义，以致丧失继续行为的兴趣。

(二) 挫折理论

心理学上将挫折解释为个人从事某项活动时遇到障碍或干扰，使其动机不能获得满足的情绪状态。挫折的结果有利也有弊，从有利的方面来讲，它引导个人的认识产生创造性的变迁，提升解决问题的能力。但挫折过大，则可能使人们心理痛苦，产生行为偏差。挫折的产生，源于外在和内在两个方面的因素。不同的人有不同的挫折容忍力，面对挫折时可能会采取积极态度，也可能会采取消极态度甚至是对抗态度，由此产生的行为方式也各不相同(如表 11.2 所示)。

表 11.2　面对挫折时的行为反应

面对挫折时的行为表现	防卫性适应方式	自我解脱
		逃避现实
		压抑欲望
		转移替代
		反向行为
	不良适应方式	攻击
		固执
		冷漠
		退化

为了避免挫折可能导致的严重后果，在管理工作中，一方面应尽量消除引起挫折的环境，避免使员工受到不应有的挫折；另一方面，当员工受到挫折时，应尽量减少挫折所引起的不良影响，提高员工对挫折的耐受力，引导其行为向积极的方向发展。

第三节　管理的激励方法

一、激励的原则

激励是一门学问，科学地运用激励理论，可以有效地激发员工的潜力，使组织目标和个人目标在实现中达到统一，进而提高组织的经营效率。正确的激励应遵循以下原则。

(一) 组织目标与个人目标相结合的原则

在激励中设置目标是一个关键环节。目标设置必须以体现组织目标为要求，否则激励将偏离组织目标的实现方向。目标设置还必须能满足员工个人的需要，否则无法提高员工的目标效价，达不到满意的激励强度。只有将组织目标与个人目标结合好，才能收到良好的激励效果。

(二) 物质激励与精神激励相结合的原则

员工存在物质需要和精神需要，相应地激励方式也应该是物质激励与精神激励相结

合。随着生产力水平和人员素质的提高，应该把重心转移到满足较高层次需要即社交、自尊、自我实现需要的精神激励上去，但也要兼顾好物质激励。物质激励是基础，精神激励是根本，在两者结合的基础上，逐步过渡到以精神激励为主。

(三) 外在激励与内在激励相结合的原则

满足员工对工资、福利、安全环境、人际关系等方面需要的激励，叫作外在激励；满足员工自尊、成就、晋升等方面需要的激励，叫作内在激励。实践中，往往是内在激励使员工从工作本身取得了很大的满足感，如：工作中充满了兴趣、挑战性、新鲜感；工作本身具有重大意义；工作中发挥了个人潜力、实现了个人价值；等等，对员工的激励最大。所以要注意内在激励具有的重要意义。

(四) 正强化与负强化相结合的原则

在管理中，正强化与负强化都是必要而有效的，通过树立正面的榜样和反面的典型，扶正祛邪，形成一种良好的风气，产生无形的压力，使整个群体和组织行为更积极、更富有生气。但鉴于负强化具有一定的消极作用，容易产生挫折心理和挫折行为，因此，管理人员在激励时应把正强化和负强化巧妙地结合起来，以正强化为主，负强化为辅。

(五) 按需激励的原则

激励的起点是满足员工的需要，但员工的需要存在个体的差异性和动态性，因人而异，因时而异，并且只有满足最迫切需要的措施，其效价才高，激励强度才大。因此，对员工进行激励时不能过分依赖经验及惯例。激励不存在一劳永逸的解决方法，必须用“动态”的眼光看问题，深入调查研究，不断了解员工变化的需要，有针对性地采取激励措施。

(六) 客观公正的原则

在激励中，如果出现奖不当奖、罚不当罚的现象，就不可能收到真正意义上的激励效果，反而还会产生消极作用，造成不良后果。因此，在进行激励时，一定要认真、客观、科学地对员工进行业绩考核，做到奖罚分明，不论亲疏，一视同仁，使受奖者心安理得，受罚者心服口服。

(七) 时效性的原则

很多事情都需要时机，激励也是如此。抓住最佳时机，及时进行激励就会取得好的效果，否则错过时机激励作用便会大大减小甚至毫无作用。因为激励是对人的一种刺激，而人的思想情绪在不同时机是不同的。只有适合的环境及人的心态的最佳时期，这种刺激才能达到最佳效果。行为刚发生时人们的精神比较兴奋，情绪激动，这时激励效果最佳，所以激励要尽量及时，“雪中送炭”和“雨后送伞”的效果是不一样的。激励越及时，越有利于将人们的激情推向高潮，使其创造力连续有效地发挥出来。而过期的激励不仅削弱了激励的作用，而且会使人对激励产生淡漠心理。

二、激励的方法

在激励理论的指导下，领导者需要选择有效的激励方法，提高员工接受和执行目标的自觉程度，激发其实现组织目标的热情，最终达到提高员工行为效率的目的。激励的方法多种多样，国内外的先进组织在这方面积累了丰富的经验，大体上有如下行之有效的方法。

(一) 物质利益激励法

物质利益激励法就是以物质利益(如工资、奖金、福利、晋级和各种实物等)为诱因对员工进行激励的方法。最常见的物质利益激励有奖励激励和惩罚激励两种方法。奖励激励，是指组织以奖励作为诱因，驱使员工采取最有效、最合理的行为。物质奖励激励通常是从正面对员工引导。组织首先根据组织工作的需要，规定员工的行为，如果符合一定的行为规范，员工可以获得一定的奖励。员工对奖励追求的欲望，促使他的行为必须符合行为规范，同时给企业带来有益的活动成果。惩罚激励，是指组织利用惩罚手段，诱导员工采取符合组织需要的行动的一种激励。在惩罚激励中，组织要制定一系列的员工行为规范，并规定逾越了行为规范的不同的惩罚标准。物质惩罚手段包括扣发工资、奖金、罚款、赔偿等。人们避免惩罚的需求和愿望促使其行为符合特定的规范。

实施物质激励要注意保持组织成员的公平感，充分体现“多劳多得，少劳少得”的分配原则。虽然这种激励是直接满足组织成员的低级需要的，但也能间接地满足组织成员的高级需要，因为物质利益可以看作是自己受到尊重，或自己的成就为组织所赏识的标志。

(二) 目标激励法

管理中常说的目标管理，不仅是一种管理活动，也是一种有效的目标激励方法。所谓目标激励方法就是给员工确定一定的目标，以目标为诱因驱使员工去努力工作，以实现自己的目标。任何组织的发展都需要有自己的目标，任何个人在自己需要的驱使下也会有个人目标。目标激励必须以组织的目标为基础，要求把组织的目标与员工的个人目标结合起来，使组织目标和员工目标相一致。

目标管理通过广泛的参与来制定组织目标，并将其系统地分解为每一个人的具体目标，然后用这些目标来引导和评价每个人的工作。在目标管理中目标是最重要的，组织目标是组织前进的目的地，个人目标则是个人奋斗所实现的愿望。目标管理的特点之一是把组织的目标分解为各个行动者的目标，而分解过程又充分吸收了行动者参与。按照这一特点，只要使个人的目标及奖酬与个人的需要一致起来，就提高了目标的效价。而实现目标信心的增加也就是实现目标的期望值的提高。目标管理充分发挥每个人的最大能力，实行自我控制，更容易发挥每个人的潜能和创造力，增加激励力量。

(三) 内在激励法

日本著名企业家稻山嘉宽在回答“工作的报酬是什么”时指出：“工作的报酬就是工作本身！”这句话深刻地指出了内在激励的重要性。尤其在今天，当企业解决了员工基本的温饱问题之后，员工就更加关注工作本身是否具有乐趣和吸引力；在工作中是否会感

受到生活的意义；工作是否具有挑战性和创新性；工作内容是否丰富多彩，引人入胜；在工作中能否取得成就，获得自尊，实现价值；等等。要满足员工的这些深层次需要，就必须加强内在激励。

(四) 榜样激励法

榜样激励法是指通过组织树立的榜样使组织的目标形象化，号召组织内成员向榜样学习，从而提高激励力量和绩效的方法。运用榜样激励法，首先要树立榜样，榜样不能人为地拔高培养，要自然形成，但不排除必要的引导。选择榜样时要注意榜样的行为确实是组织中的佼佼者，这样才能使人信服。其次要对榜样的事迹广为宣传，使组织成员都能知晓，这就是使组织成员知道有什么样的行为才能荣登榜样的地位，使学习的目标明确。还有非常重要的一环就是给榜样以明显的使人羡慕的奖酬，这些奖酬中当然包括物质奖励，但更重要的是无形的受人尊敬的奖励和待遇，这样才能提高榜样的效价，使组织成员学习榜样的动力增加。

(五) 形象与荣誉激励法

一个人通过视觉感受到的信息，占全部信息量的 80%，因此，充分利用视觉形象的作用，激发员工的荣誉感、成就感、自豪感，也是一种行之有效的激励方法。常用的方法是照片、资料张榜公布，借以表彰企业的标兵、模范。有条件的企业，还可以通过闭路电视系统传播企业的经营信息，宣传企业内部涌现的新人、新事、优秀员工、劳动模范、技术能手、爱厂标兵、模范家庭等。这样可以达到内容丰富、形式多样、喜闻乐见的效果。

(六) 信任关怀激励法

信任关怀激励法是指组织的管理者充分信任员工的能力和忠诚，放手、放权，并在下属遇到困难时，给予帮助、关怀的一种激励方法。这种激励方法没有什么固定的程序，总的思路是为下属创造一个宽松的工作环境，给员工以充分的信任，使其充分发挥自己的聪明才智；时时关心员工疾苦，了解员工的具体困难，并帮助其解决，使其产生很强的归属感。这种激励法是通过在工作中满足组织成员的信任感、责任感等需要达到激励作用的。

(七) 兴趣激励法

兴趣对人的工作态度、钻研程度、创新精神的影响是巨大的，往往与求知、求美、自我实现密切联系。在管理中只要能重视员工的兴趣因素，就能实现预期的精神激励效果。国内外都有一些企业允许甚至鼓励员工在企业内部双向选择，合理流动，包括员工找到自己最感兴趣的工作。兴趣可以导致专注，甚至入迷，而这正是员工获得突出成就的重要动力。业余文化活动是员工兴趣得以施展的另一个舞台。许多企业组织形成了摄影、戏曲、舞蹈、书画、体育等兴趣小组，使员工的业余爱好得到满足，增进了员工之间的感情交流，感受到企业的温暖和生活的丰富多彩，大大增强了员工的归属感，满足了社交的需要，有效地提高了企业的凝聚力。

(八) 员工持股激励法

员工持股激励法是在市场经济条件下，对员工激励的最根本的方法之一。这在某些西方国家已经相当普遍，其出发点是实行产权多元化，鼓励员工在组织持股，利润共享。员工持股增加了他们对组织的认同感，使他们迸发出巨大的工作热情和责任感，促使组织效益的提高。

(九) 危机激励法

危机激励的实质是树立全体员工的忧患意识，做到居安思危，无论是在组织顺利还是困难的情况下，都永不松懈，永不满足，永不放松对竞争对手的警惕。日本学者小山秋义把这种激励方法称为“怀抱炸弹经营”“置之死地而后生”，唤醒全体员工的危机意识，确保组织立于不败之地。

(十) 组织文化激励法

推行组织文化有助于建立员工共同的价值观和组织精神，树立团队意识。美国、日本等国有许多组织全面推行组织文化，取得了非常成功的经验，不但增加了员工对组织的凝聚力和自豪感，而且提高了组织素质和整体实力。优良的组织文化也是组织必不可少的激励手段。

本章小结

激励是指影响人们的内在需求或动机，从而加强、引导和维持行为的活动或过程。

有关激励理论主要可归纳为3种类型：内容型激励理论、过程型激励理论和行为矫正型激励理论。内容型激励理论着眼于满足人们需要的内容的研究，主要包括需要层次理论、双因素理论和成就需要激励理论等。过程型激励理论着重研究动机的形成和行为目标的选择，其中最有影响的是期望理论和公平理论。行为矫正型激励理论着重研究如何改造并转化人的行为，包括强化理论、挫折理论等。

有效的激励应遵循以下原则：组织目标与个人目标相结合的原则、物质激励与精神激励相结合的原则、外在激励与内在激励相结合的原则、正强化与负强化相结合的原则、按需激励的原则、客观公正的原则、时效性的原则。激励的方法主要有：物质利益激励、目标激励、内在激励、榜样激励、形象与荣誉激励、信任关怀激励、兴趣激励、员工持股激励、危机激励、组织文化激励等。

练习与思考

一、单项选择题

1. 根据期望理论，在(　　)的情况下激励力量为0。

A. 效价等于0　　　　B. 效价等于1.0

C. 期望值等于 1.0　　D. 期望值等于 0.5

2. 曹雪芹在食不果腹的生活情境下，仍然坚持《红楼梦》的创作，是出于其(　　)。

A. 自尊需要　　B. 自我实现的需要

C. 安全需要　　D. 以上都不是

3. 商鞅在秦国推行改革，在城门口立了一根木杠，声称能将木杠从南门移到北门者，奖励五百金，但没有人去尝试。根据期望理论，这是由于(　　)。

A. 五百金的效价太低　　B. 居民对得到报酬的期望很低

C. 居民对完成要求的期望很低　　D. 枪打出头鸟，大家都不敢尝试

4. 企业中，常常见到员工之间在贡献和报酬上会相互参照攀比，你认为员工最可能将哪一类人作为自己的攀比对象？(　　)

A. 企业的高层管理人员　　B. 员工们的顶头上司

C. 企业中其他部门的领导　　D. 与自己处于相近层次的人

5. 如果职工甲认为，与职工乙相比，自己报酬偏低，根据公平理论，职工甲会采取的行为是(　　)。

A. 努力增加自己的投入　　B. 减少自己的投入

C. 努力增加乙的报酬　　D. 使乙减少投入

二、多项选择题

1. 期望理论认为，激励水平取决于(　　)的乘积。

A. 动机　　B. 行为　　C. 期望值　　D. 效价　　E. 目标

2. 最近某大学分房排队，年轻的骨干教师想法颇多，认为工资太低，分房无望且不公平，教学没有积极性，结果有的在外兼职，有的干脆辞职。你认为这一现象用以下哪个理论可以合理解释？(　　)

A. 强化理论　　B. 赫茨伯格的双因素理论

C. 弗鲁姆的期望理论　　D. 公平理论　　E. Y 理论

3. 研究挫折产生的表现、原因和影响因素，最终目的还在于找出对待受挫人的有效方式方法。一般采用(　　)。

A. 宽容的态度　　B. 提高认知，分清是非　　C. 改变环境

D. 精神发泄法　　E. 心理咨询

4. 人们最常见的减少明显不公平的方法有(　　)。

A. 发牢骚　　B. 改变投入　　C. 改变产出

D. 心理调节　　E. 离职

5. 下面(　　)因素属于保健因素。

A. 薪水　　B. 工作环境　　C. 工作条件

D. 地位　　E. 行政管理、技术监督系统

三、判断题

1. 根据期望理论，对工作的激励可以表示为：激励=工作绩效×期望值。　(　　)

2. 对大多数人来说，安全需要可以通过工作之外的家庭和团体关系，以及工作中的友

好关系来加以满足。 （　　）

3. 双因素理论认为，消除了人们工作中的不满意因素，就会使工作结果令人满意。 （　　）

4. 在实际激励过程中，管理人员应坚持正面的鼓励，用奖励和表扬来提高组织成员的士气。 （　　）

5. 马斯洛的需要层次理论认为，人的最高层需要是被尊重的需要。 （　　）

四、问答题

1. 简述需要层次理论的基本内容。

2. 简述双因素理论的基本思想。

3. 根据期望理论，企业应如何对员工进行激励？

4. 公平理论的主要观点是什么？如何运用该理论来指导具体的管理实践活动？

5. 解释强化理论的主要观点及对实际工作的启发。

6. 如何在企业中激励毕业不久的新进员工？

案例点击

某高校专聘岗位制风波

湖北某高校是全国著名的重点大学，该校于1997年正式通过“211工程”立项，成为国家“十五”期间重点建设的大学之一。学校共有正副教授三百多名，教员七八百名。长期以来，学校施行教学与科研相结合的道路，教员既是教学骨干，又是科研人员，大家虽然累一点，但都安居乐业。

1998年10月的某天，王校长突然一连收到了几封来自学生的匿名信。信中抱怨授课教师水平差，又不负责任，讲课时眼睛红肿，无精打采，一个学期下来，几乎听不到一些有名的教师授课。看完信，王校长马上打通了主管教学的刘副校长的电话，询问有关教学工作情况，并将学生匿名信的事告诉了他。刘副校长明显感到了校长对他的工作很不满意。他来不及仔细思索，通过电话责成教务处长两天内将教师不愿上课的原因及学生的反映调查清楚，并向他汇报。

调查的结果是，从1995年开始，由于学校工资水平较低，正副教授中有的下海，有的一心扑在科研上，对教学和青年教师的培养过问较少，而部分青年教师对教学缺乏热情，有的到外面兼职，有的讲课是应付差事，学生对此反应强烈。于是刘副校长和王校长一起探讨可能解决问题的办法，决定施行教师专聘制。学校认为，为了体现“优劳优得，按劳分配”的分配原则，设置上岗教师岗位，岗位设置数约为全校教师总数的三分之一。这一决定受到学校各单位的一致好评，但就岗位设置数量问题各二级单位反应不一，有的认为可行，有的认为三分之一的数量太少，特别是那些较年轻的院系，如管理学院和外语系。但学校只是在细节问题上做了修改，三分之一的专聘制仍决定执行。顿时整个校园沸腾了，大家对此表示了极大的关注，各院系在具体实施过程中遇到了前所未有的阻力。

(资料来源：余敬，刁凤琴. 管理学案例精析[M]. 武汉：中国地质大学出版社，2006.)

问题：

(1) 案例中的专聘岗位制能否起到调动教师教学和科研积极性的作用？在激励员工方面有哪些优缺点？

(2) 试运用激励理论谈谈三分之一的专聘岗位设置数合理吗？

(3) 如果由你来起草专聘岗位方案，你将从哪些方面入手？

点石成金

(1) 本案例中的“专聘岗位制”做法对不对，不好一概而论。从总体上来讲，其思路与出发点是好的，如果做得到位，能充分体现绩与效的挂钩，体现“优劳优得，按劳分配”的科学分配原则，起到调动老师的教学与科研积极性的目的。但在具体运作过程中，能否起到预期的激励目的，取决于两个方面：一是专聘岗位制的本质是部分人的工资会有一定额度的增加，那么“工资”对员工来讲是不是激励因素；二是这一定的额度对三分之一的员工而言是否起到激励作用，与其所要付出的劳动相比，这一定的额度标准定得是否恰当。

(2) 专聘岗位比设置为“三分之一”是否合适？从现实情况来看，身边的不少组织都在实行定编定岗制度，但不同的单位采用的具体标准不同，就该案例中的高校而言，三分之一的标准意味着全校只有约三百人进岗，七百多人将被“编外”。这对学校的教学、科研及各项工作的开展是否有利？同时还要考虑的是，许多日常工作具有连贯性和相互配合的特点，个体无法完成全部工作，这就会牵涉到岗内岗外的配合问题。

最后要考虑的是各项工作的目的性，学校采取相关措施的目的非常明确：希望广大教员，尤其是年轻的教员，回到教学和科研工作中来，全心全意投入教学与科研工作中，但三分之一的岗位恰恰将这部分年轻教员排斥在外，因为无论从资历还是学术水平，年轻教员短期内无法与老教员相比。

(3) 虽然专聘岗位的指导思想是对的，但具体的做法不尽如人意。原因首先是在制定岗位数之前，没有把握员工的需要，没有深入了解教员尤其是年轻教员最迫切需要的是什么，也没有充分认识到激励措施的激励力到底有多大。因此，在进行有关激励政策的制定之前，首先应该了解员工的需要，以便有的放矢。其次要意识到政策的落实能否产生激励力，能产生多大的激励力，是否有利于组织目标的实现。

第十二章 管理沟通

案例导入

迪特公司的员工意见沟通制度

迪特公司是一家拥有 12 000 余名员工的大公司，早在 20 年前该公司就认识到员工意见沟通的重要性，并且不断地加以实践。现在，公司员工的意见沟通系统已经相当成熟和完善。特别是在 20 世纪 80 年代面临全球性的经济不景气时，这一系统对提高公司劳动生产率发挥了巨大的作用。

公司的员工意见沟通系统是建立在这样一个基本原则之上的：个人或机构一旦购买了迪特公司的股票，就有权知道公司的完整财务资料和一些更详尽的管理资料。迪特公司的员工意见沟通系统主要分为两个部分：一是每月举行的员工协调会议；二是每年举办的主管汇报和员工大会。

1. 员工协调会议

早在20 年前，迪特公司就开始试行员工协调会议，即每月举行一次的公开讨论会。在会议上，管理人员和普通员工共聚一堂，商讨彼此关心的问题。在公司的总部、各部门及各基层组织都要举行协调会议。这种会议是标准的双向意见沟通系统。

在开会之前，员工可事先将建议或怨言反映给参加会议的员工代表，代表们将在协调会议上把意见转达给管理人员，管理人员也可以利用这个机会，同时将公司政策和计划讲解给代表们听，互相之间进行广泛的讨论。

公司内共有90 多个类似组织。如果有问题在基层协调会议上不能解决，将逐级反映上去，直到得到满意的答复为止。事关公司的总政策，一定要在首席代表会议上才能决定。总部高级管理人员认为意见可行，就立即采取行动，认为意见不可行，也要把理由向大家解释。员工协调会议的开会时间没有硬性规定，一般都是一周前在布告上通知。为保证员工意见能迅速逐级反映上去，应先进行基层员工协调会议。

同时，迪特公司也鼓励员工参与另一种形式的意见沟通。公司安装了许多意见箱，员工可以随时将自己的意见或问题投到意见箱里。为了配合这一计划实施，公司还特别制定了一项奖励规定，凡是员工意见被采纳后产生显著效果的，公司将给予优厚的奖励。如果员工对这些间接的意见沟通方式不满意，还可以用更直接的方式，即面对面和管理人员交换意见。

2. 主管汇报

对员工来说，迪特公司主管汇报和员工大会的性质与每年的股东大会相类似。公司员工每人都可以接到一份详细的公司年终报告。

这份主管汇报有20多页，包括公司发展情况、财务报表分析、员工福利改善情况、公司面临的挑战，以及对员工协调会议所提的主要问题的解答等。公司各部门接到主管汇报后，就开始召开员工大会。

3. 员工大会

员工大会都是利用上班时间召开的，每次人数不超过250人，时间大约3小时，大多在规模比较大的部门中召开，由总公司委派代表主持会议，各部门负责人参加。会议先由主席报告公司的财务状况和员工的薪金、福利、分红等与员工有切身关系的问题，然后开始问答式的讨论。

在员工大会上禁止提出有关个人问题。员工大会不同于员工协调会议，提出来的问题一定要具有一般性和客观性，只要不是个人问题，总公司代表一律尽可能予以迅速解答。员工大会比较欢迎预先提出问题这种方式，因为这样可以事先充分准备，不过大会也接受临时性的提议。

(资料来源：根据 http://doc.mbalib.com/view/38f7c0b89ffc1215c8e84ec614fe8707.html 所载网文改编)

试问：

1. 迪特公司是怎样具体实施员工沟通制度的？
2. 试分析迪特公司在沟通方面的总体指导原则是什么？依据是什么？

学习目标

通过本章的学习，要求重点掌握管理沟通这一重要概念，明确沟通在管理中的重要地位和作用；重点了解管理沟通的主要类别及其具体含义；了解组织中影响有效沟通的障碍，明确实现组织有效沟通的具体途径；熟悉企业组织的冲突管理。

关键概念

管理沟通(Managerial Communication) 管理者沟通能力(CCEM) 人际沟通能力(ICC) 管理沟通能力(MCC)

沟通是管理活动和管理行为中最重要的组成部分，是一切管理者最为重要的能力之一。管理者与被管理者之间有效沟通是任何管理艺术的精髓。在管理的领导职能中，如何使领导者和组织成员同心协力实现组织目标，并不是简单地贯彻领导方式和激励的基本内容。事实上，管理的领导职能，除在行为的作用方向上呈领导者和被领导者两方面外，要真正发挥这种管理职能，还取决于作为组织成员的各方对组织目标及其实施方式的理解，并在多大的程度上达成一致，这关系到管理的绩效。沟通和管理绩效的密切相关引出组织的沟通问题；从根本上说，沟通是关于如何使领导方式和激励行为保持一致的问题。

组织目标的实现与否取决于组织中的管理沟通是否畅通，有效的管理沟通有利于信息在组织内部的充分流动和共享，可以提高组织的工作效率，增强组织决策的科学性、合理性。要使组织目标顺利实现，必须建立起一定的行之有效的机制，以便解决沟通不足而引发的管理冲突。从企业文化来看，企业文化是企业员工所共有的企业核心价值观，属意识范畴。企业文化的形成有赖于组织成员之间的良好沟通以达成最后价值观的认同。所以说，管理沟通是一切企业管理行为的“灵魂”。

第一节　沟通的原理

一、沟通及其过程

(一) 沟通及其重要性

沟通是指可理解的信息或思想在两个或两个以上人群中的传递或交换的过程，目的是激励或影响人的行为。从组织管理角度出发，可以把沟通定义为：沟通是信息凭借一定符号载体，在个人或群体间从发送者到接收者的传递，并获取理解的过程。

对于沟通的理解，应注意以下几点。

(1) 沟通是涉及两个人以上的行为或活动。

(2) 人与人之间的沟通不同于其他沟通过程的特殊性，就在于人与人之间是通过语言和其他的媒介形式进行信息传递和思想交流。

(3) 沟通必须有内容，而其内容必定是双方的接触、联系并产生相互影响。

(4) 沟通的目的是促进人们之间的了解与合作，但是，由于沟通会出现特殊障碍，这种障碍不仅是由于信息渠道的失真或错误，而且是人特有的心理障碍。

进入20世纪90年代以后，随着信息手段的现代化和经济活动的全球化，企业已经不太可能采取一般性的纵向整合方式扩大企业的边界了，企业的盈利区间开始向企业之间的关系领域转移，即企业间的关系及其基础上的网络形式正在与企业纯粹的市场交易关系共存。这样一来，虽然可能增加企业与别的组织之间的协调成本，但同时因信息的传递和共享，又会降低企业的交易成本或因市场组织复杂化而产生的信息搜寻成本。

一般来说，沟通在管理中具有以下几方面的重要意义：首先，沟通是协调各个体、各要素，使企业成为一个整体的凝聚剂；其次，沟通是领导者激励下属、实现领导职能的基本途径；第三，沟通是企业与外部环境之间建立联系的桥梁。企业客观的社会存在使得企业不得不和外部环境进行有效的沟通。

(二) 沟通的过程

从表面上看，沟通就是传递信息的过程，但是实际上，管理学意义上的沟通是一个复杂的过程。这种复杂过程可以用图12.1简要反映出来。

在这个过程中，至少存在着一个发送者和一个接收者，即信息发出方和信息接收方。其中沟通的载体成为沟通渠道，编码和解码分别是沟通双方对信息进行的信号加工形式。信息在两者之间的传递是通过下述几个方面进行的。

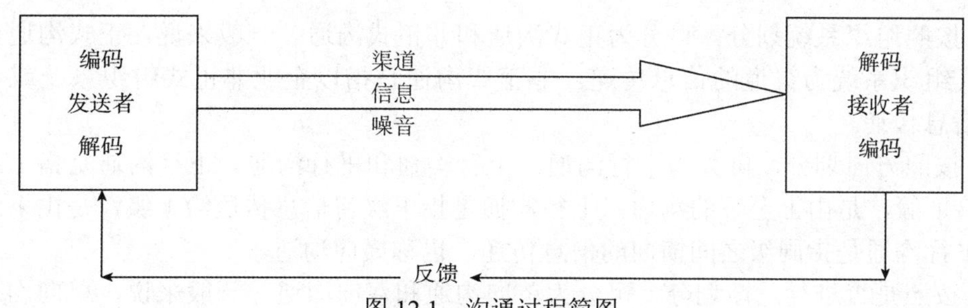

图 12.1　沟通过程简图

(1) 发送者需要向接收者传送信息或者需要接收者提供信息。这里所说的信息很广，如想法、观点、资料等。

(2) 发送者将这些信息译成接收者能够理解的一系列符号。为了有效地进行沟通，这些符号必须能够符合适当的媒体。例如，如果媒体是书面报告，符号的形式应选择文字、图表或照片。

(3) 将上述符号传递给接收者。由于选择的符号种类不同，传递的方式也不同。传递的方式可以是书面的，也可以是口头的，甚至还可以通过形体动作来表示。

(4) 接收者接收这些符号。接收者根据这些符号传递的方式，选择相对应的接收方式。

(5) 接收者将这些符号译为具有特定含义的信息。由于发送者翻译和传递能力的差异，以及接收者接受和翻译水平的不同，信息的内容和含义经常被误解。

(6) 接收者理解信息的内容。

(7) 发送者通过反馈来了解他想传递的信息是否被对方准确无误地接收。图 12.1 中的反馈构成了信息的双向沟通。

(三) 沟通的类别

沟通的类别依划分的标准不同而不同。

(1) 按照功能划分，可以分为工具式沟通和感情式沟通。工具式沟通是指发送者将信息、知识、想法、要求传达给接收者，目的是影响和改变接收者的行为。感情式沟通是指沟通双方表达情感，获得对方精神上的同情和谅解，最终改善相互之间的人际关系。

(2) 按照方法划分，可分为口头沟通、书面沟通、非语言沟通和电子媒介沟通等。这些沟通方式的比较如表 12.1 所示。

表 12.1　各种沟通方式比较

沟通方式	举　例	优　点	缺　点
口头	交谈、讲座、讨论会、电话	快速传递、快速反馈、信息量大	传递中途经过层次越多信息失真越严重，核实越困难
书面	报告、备忘录、信件、文件、内部期刊、布告	持久、有形，可以核实	效率低，缺乏反馈
非语言	声、光信号、体态、语调	信息意义十分明确，内涵丰富，含义隐含、灵活	传递距离有限，界限模糊，只能意会，不能言传
电子媒介	传真、闭路电视、计算机网络、电子邮件(E-mail)	快速传递、信息容量大、一份信息可同时传递给多人、廉价	单向传递，电子邮件可以交流，但看不见表情

(3) 按照组织系统划分，可分为正式沟通和非正式沟通。一般来说，正式沟通是指以企业正式组织系统为渠道的信息传递。非正式沟通是指以企业非正式组织系统或个人为渠道的信息传递。

(4) 按照方向划分，可分为下行沟通、上行沟通和平行沟通。下行沟通是指上级将信息传达给下级，是由上至下的沟通。上行沟通是指下级将信息传达给上级，是由下至上的沟通。平行沟通是指同级之间横向的信息传递，也称横向沟通。

(5) 按照是否进行反馈划分，可分为单向沟通和双向沟通。一般来说，单向沟通是指没有反馈的信息传递。双向沟通是指有反馈的信息传递，是发送者和接收者相互之间进行信息交流的沟通。表 12.2 比较了这两种沟通的优缺点。

表 12.2　单向沟通和双向沟通优缺点的比较

因　素	结　果
时间	双向沟通比单向沟通需要更多的时间
信息和理解的准确程度	在双向沟通中，接收者理解信息和发送信息者意图的准确程度大大提高
接收者和发送者置信程度	在双向沟通中，接收者和发送者都比较相信自己对信息的理解
满意	在双向沟通中，接收者和发送者都比较满意单向沟通
噪声	由于与问题无关的信息较易进入沟通过程，双向沟通的噪声比单向沟通要大得多

二、组织内沟通

(一) 人际沟通

在组织中，人际沟通构成组织沟通最普遍的形式。在一般意义上，组织中的人际沟通是指组织中的个体成员如何将个体目标和组织目标相联系的过程。每个企业都由数人、数十人、数百人甚至成千上万人组成，企业每天的活动也由许多具体的工作所构成。由于个体的地位、利益和能力的不同，他们对企业目标的理解、所感受的信息也不同，这就使各个体的目标有可能偏离企业总的目标，甚至完全背道而驰。如何保证上下一心，不折不扣地完成企业的总目标呢？这就需要相互交流意见，统一思想认知，自觉地协调各个体的工作活动，以保证组织目标的实现。因而，人际沟通在组织中是最基本的协调工作，认识不到这一点，就不可能完全实现企业的目标。

另外，人际沟通也是由人的自利行为的客观性和多样性决定的。管理学中的人性理论及各种类别的激励理论，都是以协调人在组织中的行为为出发点的。

人际沟通对组织的重要意义，还在于组织中对人的管理。20 世纪 90 年代以后，随着企业经营外部环境的巨大改变，已经由传统的把人当作成本中心的观念向当作资源中心的观念转变。由员工的成本观到资源观，表明了企业的经营和发展是产业结构调整的结果，但更主要的是表明企业正在由传统的经营实体向以资源为基础的、以知识获取和管理为中心的新型企业组织发展。企业员工日益成为企业经营流程中专有知识的载体，成为产生企业竞争力的核心源。

(二) 团队沟通

团队沟通是指组织中以工作团队为基础单位对象进行的信息交流和传递的方式。工作团队随着组织内外部环境的变化而变化，在企业管理，尤其是西方企业管理中，其重要性越来越明显。团队是两个或两个以上相互作用和协作以便完成组织预定的某项特定目标的单位。团队的概念包含 3 个要素：①需要两个或两个以上的人员，团队的规模可大可小，但一般规模都低于 15 人；②团队人员有规律地相互接触，彼此间不打交道的人不能组成一个团队；③团队人员共享绩效目标。团队有时在组织中又称“群体”，“团队”和“群体”这两个词汇经常相互替换。团队概念意味着一种崇高的使命感和竞争感。

重视组织中的团队工作，是指重视团队沟通的需要。团队成员工作在一起，以便完成任务，团队的沟通结构既影响团队绩效又影响员工的满意度。对团队沟通的研究集中在两个方面：团队沟通集权的程度和团队任务的性质。这两个方面又是由企业组织中沟通网络的复杂性决定的。在集权的网络中，团队成员必须通过一个人解决问题和做决策来进行沟通。在分权网络中，个人可以随意和其他团队成员进行沟通，团队成员要平和地处理信息直至达成一致。

团队沟通对组织的意义在于，在高度竞争的全球环境中，组织要用群体或团队解决复杂问题。当团队活动复杂而且难度大时，所有成员都应该在一种分权的结构中共享信息，以便解决问题。团队需要在各个方向上自由沟通，应该鼓励团队成员彼此间讨论问题，员工的大量时间应该投放于信息加工上。但是，执行常规任务的团队沟通可以是集权式的，在处理信息上的时间不宜太多。

三、组织间沟通

组织间沟通简单地说就是组织之间如何加强有利于实现各自组织目标的信息交流和传递的过程。组织间沟通的目的是通过协调共同的资源投入活动，实现有利于合作各方的共同利益。与一般的组织中的人际沟通和工作团队沟通不同的是，组织间沟通日益成为管理学中沟通的重要一环，这主要是企业战略管理中战略和企业边界扩张范式分别转型的结果。

组织间沟通的重要基础，一般不是建立市场交易关系基础上的契约关系，而是建立相互信任的互惠关系。如果沟通的主要目标是有关践约和履约的问题，那么组织间的关系就会走向纯粹的市场交易关系，进而失去组织间沟通的本来意义。在经济活动全球化和技术进步日益加快的背景中，组织间沟通对企业尤其对互联网领域的企业正起着越来越重要的作用。

四、沟通的网络模式

沟通网络和评价标准如表 12.3 所示。

表 12.3 沟通网络和评价标准

沟通网络标准	链 式	Y 式	轮 式	环 式	全通道式
速度	中	中	快	慢	快
准确性	高	高	高	低	中
领导者的涌现	中	中	高	无	无
士气	中	中	低	高	高

(1) 链式沟通：一个平行网络，其中居于沟通两端的人只能与内侧的一个成员联系，居中的人则可分别与两人沟通信息。

(2) 环式沟通：链式形态的一个封闭式控制结构。

(3) Y式沟通：一个纵向沟通网络，其中只有一个成员位于沟通内的中心，成为沟通的媒介。

(4) 轮式沟通：属于控制型网络，其中只有一个成员是各种信息汇集点与传递中心。

(5) 全通道式沟通：一个开放式的网络系统，其中每个成员之间都有一定的联系，彼此了解。

第二节　管理组织沟通

一、有效沟通的障碍

在沟通过程中，由于存在外界干扰及其他各种原因，信息往往会丢失或被曲解，使信息的传递不能发挥正常的作用，因此组织的沟通存在有效沟通的问题。所谓有效沟通，简单地说就是传递和交流信息的可靠性和准确性高，它表明了组织对内外噪音的抵抗能力。一般来说，影响组织有效沟通的障碍主要包括下列因素。

(一) 个人因素

个人因素主要包括两类，一是有选择地接受，二是沟通技巧的差异。所谓有选择地接受，是指人们拒绝或片面地接受与他们的期望不一致的信息。研究表明，人们往往听或看他们感情上能够接纳的东西，或他们想听或想看的东西，甚至只愿意接受中听的，拒绝不中听的。

除人们接受能力有所差异外，许多人运用沟通的技巧也大不相同，有的人擅长口头表达，有的人擅长文字描述，所有这些问题都妨碍有效的沟通。

(二) 人际因素

人际因素主要包括沟通双方的相互信任、信息来源的可靠度和发送者与接收者之间的相似程度。

沟通是发送者与接收者之间“给”与“收”的过程。信息传递不是单方面，而是双方面的事情，因此，沟通双方的诚意和相互信任至关重要。上下级间的猜疑只会增加抵触情绪，减少坦率交谈的机会，也就不可能进行有效的沟通。

信息来源的可靠性由4个因素所决定：诚实、能力、热情、客观。有时，信息来源可能并不同时具有这4个因素，但只要信息接收者认为具有即可。可以说信息来源的可靠性实际上是由接收者主观决定的。就个人而言，员工对上级是否满意很大程度上取决于他对上级可靠性的评价。就团体而言，可靠性较大的工作单位或部门比较能公开、准确和经常地进行沟通，它们的工作成就也相应地较为出色。

沟通的准确性与沟通双方间的相似性有着直接的关系。沟通双方特征的相似性影响了沟通的难易程度和坦率性。沟通一方如果认为对方与自己很接近，那么他就比较容易接受对方的意见，并且达成共识。相反，如果沟通一方视对方为异己，那么信息的传递就很难进行下去。

(三) 结构因素

结构因素包括地位差别、信息传递链、团体规模和空间约束 4 个方面。

研究表明，地位的高低对沟通的方向和频率有很大的影响。地位悬殊越大，信息趋向于从地位高的流向地位低的。事实表明，地位是沟通中的一个重要障碍。

一般来说，信息通过的等级越多，到达目的地的时间也越长，信息失真的风险则越大。这种信息连续地从一个等级到另一个等级时所发生的变化，称为信息链传递现象。

当工作团体规模较大时，人与人之间的沟通也相应变得较为困难。这部分是由于沟通渠道的增长大大超过人数的增长。

企业中的工作常常要求员工只能在某一特定地点进行操作。这种空间约束的影响往往在员工单独在某位置工作或在数台机器之间往返运动时尤为突出。空间约束不利于员工之间的交流，限制了他们的沟通。一般来说，两人之间的距离越短，交往的频率也越高。

(四) 技术因素

技术因素主要包括语言、非语言暗示、媒介的有效性和信息过量。

大多数沟通的准确性依赖于沟通者赋予字和词的含义。由于语言只是个符号系统，本没有任何意思，它仅仅是我们描述和表达个人观点的符号或标签。每个人表述的内容常常是由他独特的经历、个人需要、社会背景等决定的。因此，语言和文字极少对发送者和接收者双方都具有相同的含义。语言的不准确性不仅表现在对符号的不同理解，还表现在它能激发各种各样的感情，这些感情可能又会进一步歪曲信息的含义。同样的字词对不同的团体来说，会导致完全不同的感情和含义。

管理人员非常关心各种沟通工具的效率。一般来说，书面和口头沟通各有所长。书面沟通常常用于传递篇幅较长、内容详细的信息，其优点是：为读者提供以适合自己的速度、用自己的方式阅读材料的机会，易于远距离传递，易于储存并在做决策时可提取信息，因为经过多人审阅所以比较准确。口头沟通适合于需要翻译或精心编制才能使拥有不同观念和语言才能的人理解信息，其优点是：快速传递信息，并且希望立即得到反馈；可传递敏感的或秘密的信息；可传递不适用书面媒介的信息；适合于传递感情和非语言暗示的信息。

总之，选择何种沟通工具，在很大程度上取决于信息的种类和目的，还与外界环境和沟通双方有关。

我们生活在一个信息“爆炸”的年代，企业主管人员面临着“信息过量”的问题。例如，管理人员只能利用他们所获得信息的 1/100 到 1/1000 进行决策。信息过量不仅使主管人员没有时间去处理，而且也使他们难以向同事提供有效的、必要的信息，沟通也随之变得困难重重。

二、影响组织管理沟通的因素

信源、管理信息编码、管理沟通通道、管理信息译码、信宿、管理沟通噪音、管理信息反馈、管理沟通背景是组织沟通过程的八大要素，其中的每一个要素势必都会对组织沟通产生不同程度的影响，而本身比较复杂且对组织沟通有较大影响的有以下几种。

（一）管理信息编码与译码

管理信息编码也是管理信息发送者将其信息与意义符号化，编成一定的文字等语言形式或其他形式的符号。译码则恰恰与之相反，是接收者在接到信息后，将信息符号还原为信息与意义，并理解其信息内容与含义的过程。在现代跨国企业中，由于来自不同国家的职员所用的语言和文化背景不一致，该企业管理沟通中的人际沟通、团队沟通、部门沟通等，就容易出现不畅或误解的问题。

（二）管理沟通背景

管理沟通总是在一定的历史、地理、政治、经济、文化背景中发生的。任何形式的管理沟通，都会受到各种环境因素的有力影响。管理沟通的背景基本与一般沟通的背景要考虑的因素相同。它们分别是心理背景、物理背景、社会背景和文化背景等。在现代信息经济时代，多文化、多元化的集团企业，跨国公司的跨地区、跨国家的团队沟通，这些管理沟通问题越来越受到专家的重视。

（三）管理沟通渠道

沟通渠道通过两个方面影响管理沟通的有效性：①随着组织的发展和成长，沟通渠道的覆盖范围越来越广。例如，在一个具有众多分支机构的大型零售商场进行有效沟通通常比在一个小商店中进行沟通困难得多。②沟通渠道影响信息在组织的各个层次间的流动。例如，流水线工人经常同直接监工进行沟通而不是工厂经理，这样也许会避免经理们陷入信息的汪洋，但同时也可能会使经理们得不到他们本应该得到的信息。不管怎样，沟通渠道都实实在在地影响着管理沟通的有效性。若要实现沟通的有效性，随着企业的发展，从理论上讲，管理沟通渠道应该使管理沟通比以前有更快的速度、更大的信息容量、更宽的覆盖面积、更高的准确性和成功率。

（四）管理沟通反馈

完整无缺的沟通过程必定包括信息的成功传送与反馈两个大的过程。对于管理沟通来讲，反馈更是不能在沟通中缺席。因为反馈是指接收者把收到并理解了的信息返回给发送者，以便发送者对接收者是否正确理解了信息进行核实。管理沟通因为事关管理的经济或政治效益，所以需在有限的时间内确认信息接收者是否及时、正确理解了所传送的信息，如产品定位或定价的指令或意见，这对于企业经营的成败具有决定性意义。另外，由于管理的行为就是确保各项活动如计划设想、没有偏离正常运行轨道的工作，因此，管理沟通中必须有反馈。在没有得到反馈以前，人们无法确认自己所发送的管理信息是否已经得到

有效的编码、译码、理解和执行。只要反馈出现，无论它是正反馈还是负反馈，都有助于人们实现管理；如果没有反馈，管理就会存在失控的可能性。在一般沟通中，反馈也许是可有可无的，但在管理沟通中，反馈必须发生，不可或缺。

三、有效沟通的一般准则

1. 明了沟通的重要性，正确对待沟通

管理人员十分重视计划、组织、领导和控制，但对沟通常有疏忽，认为信息的上传下达有了组织系统就可以了，对非正式沟通中的"小道消息"常常采取压制的态度，这表明企业管理层没有从根本上对沟通给予足够的重视。

2. 培养"听"的艺术

对管理人员来说，"听"不是件容易的事。要较好地"听"，就是要积极倾听。一些积极倾听的要点如表 12.4 所示。

表 12.4 积极倾听的要点

要	不 要
表现出兴趣	争辩
全神贯注	打断
该沉默时必须沉默	从事与谈话无关的活动
选择安静的地方	过快地或提前做出判断
留适当的时间用于辩论	草率地给出结论
注意非语言暗示	让别人的情绪直接影响你
当你没有听清楚时，请以疑问的方式重复一遍	
当你发觉遗漏时，直截了当地问	

3. 创造一个相互信任、有利于沟通的小环境

企业经理不仅要获得下属的信任，而且要得到上级和同僚们的信任。他们必须明白，信任不是人为的或从天上掉下来的，而是诚心诚意争取来的。

4. 缩短信息传递链，拓宽沟通渠道，保证信息的畅通无阻和完整性

可通过如减少组织机构重叠，在利用正式沟通的同时，开辟高层管理人员至基层管理人员的非正式沟通渠道，以便于信息的传递。

5. 建立特别委员会，定期加强上下级的沟通

特别委员会由管理人员和第一线的工人组成，定期相互讨论各种问题。

6. 非管理工作组

当企业发生重大问题、引起上下关注时，管理人员可以授命组成非管理工作组。该工作组由一部分管理人员和一部分职工自愿参加，利用一定的时间，调查企业的问题，并向最高主管部门汇报。最高管理层也要定期公布他们的报告，就某些重大问题或"热点"问题在全企业范围内进行沟通。

7. 加强平行沟通，促进横向交流

通常，企业内部的沟通以与命令链相符的垂直沟通居多，部门之间、车间之间、工作小组之间的横向交流较少，而平行沟通却能加强横向的合作。这一方式对组织之间沟通尤为奏效。

四、实现有效管理沟通的具体途径

目前，国内许多企业在组织沟通方面确实存在许多问题。一些企业的内部沟通渠道单一或不完善，缺乏灵活性，进而企业内部的信息传递进程缓慢，严重影响了企业的运作进程和决策效率。而另一些企业沟通渠道虽较为完善，但信息沟通反馈机制不健全，企业内部的沟通发起者根本无法了解信息的传递进程和决策的执行程度。更有一些企业组织沟通存在的问题是由于它们组织内的沟通者缺乏一定的沟通技能造成的。针对这些实际情况，要有效改善组织沟通可以考虑从以下几个方面入手。

(一) 企业应重视沟通者自身沟通技能的提高

提高管理沟通者自身的沟通技能是改善管理沟通的根本途径。因为沟通者自身就是组织沟通的行为主体，他们的文化知识水平、专业背景、语言表达能力和组织角色认识等因素直接影响(制约)沟通的进行。

1. 人际沟通方面

(1) 调整沟通心态。随着现代社会信息网络和通信技术的高速发展，人与人之间的沟通方式变得多样而丰富。即使相隔千山万水人们之间的交流沟通也会相当容易。表面上来看，人们之间的沟通联络的确是越来越频繁了。实际上，大多数的沟通已成为一种社会物质利益所驱使的表层化的行为，其效果是可想而知的。“开诚布公”“推心置腹”“设身处地”这些悠久的中华文化所积淀的闪光词汇，或许正是大多数现代企业沟通者所缺乏的一种沟通心态。所以，现代企业的组织沟通者不仅要做好企业运作的程序化信息沟通，同时也应重视组织成员之间的心灵沟通。

(2) 学会倾听。威廉姆·R.特蕾茜(William.R.Tracey)曾在《关键技能》一书中建议人力资源经理花65%的时间倾听，25%的时间发言，余下的10%的时间用于阅读和写作。可见，倾听对于沟通的重要性。可是，在人们长期的传统思维中，“沟通”是一种富有“动作性”的动感过程。自然而然，“倾听”这一“静态”过程就被许多沟通者忽视了。但倾听恰恰是沟通行为中的核心过程。因为，倾听能激发对方的谈话欲，促发更深层次的沟通。另外，只有善于倾听，深入探测到对方的心理及其语言逻辑思维，才能更好地与之交流，从而达到沟通的目的。所以，一位善于沟通的组织者必定是一位善于倾听的行动者。

(3) 注重非言语信息。据有关资料表明，在面对面的沟通过程中，来自语言文字的社交意义不会超过35%，换而言之，有65%是以非语言信息传达的。非言语信息包括沟通者的面部表情、语音语调、目光手势等身体语言和副语言信息。非言语信息往往比言语信息更能打动人。因此，如果你是组织沟通的信息发送者，就必须确保你发出的非言语信息有

强化语言的作用。如果你是组织沟通的信息接收者，同样要密切关注对方的非语言提示，从而全面理解对方的思想、情感。

2. 组织沟通方面

(1) 充满自信地演讲。大多数人把交谈视做正常的活动，而会上发言时却手足无措。很多人一想起要做正式演讲就变得紧张和害怕。正式演讲建立在人们平时交流时所表现出来的正常交谈能力基础之上。在正式演讲时演讲者必须适应特定的场合，语速要放慢，音量要够大，确保房间里的每个人都能听到。因为演讲者是注意的中心所在，所以必须要协调好自己的语言、形象和姿势以有助于人们对观点的理解。另外，任何演讲者还必须正确地面对紧张情绪，最重要的是，还必须意识到自己感受到的紧张并不一定为观众所能察觉。

(2) 组织有效的会议。会议作为正式沟通的一种方式，在管理沟通中不可或缺。因此，对于管理者来说，组织有效的会议对于改善管理沟通，将会产生显著效果。如何使会议变得有效，是非常复杂的，而把握以下要素将非常有益：什么情况下需要开会，什么情况下不需要开会，开会的人选如何确定，开会的议程怎么去准备，会前怎么准备，会议怎么开始，会议中如何去遵守时间，如何主持及控制会议，会议的总结及会议记录。即制定会议计划，明确会议目的，界定参会人员，准备会议议程，把握会议节奏，做好会议总结。

(3) 规范实用的写作。组织沟通中的许多沟通是通过书面来进行的。写作是个体行为过程，反映了个体驾驭语言的能力。为使沟通有效，管理沟通中的写作还应遵循以下指导方针：首先应该明确写作的目的、读者的需求和其他的需求。在打草稿阶段，撰写必须使用短段落和简单的句子，尽量少使用术语。除写作使用的语言外，撰写者还应该注意文件的编排及视觉效果，这些都会影响读者对文件的理解。其中，最重要的是，撰写者应把写作阶段和编辑过程区分开来，撰写者必须从读者的角度审视文件，也可请同事对文件做出评论。在编辑文件时遵循明确的编辑计划有助于撰写者从读者的角度审视文件，以使文件更容易被理解。

(二) 企业应根据自身发展需求有目的地健全组织的沟通渠道

管理沟通渠道应具有丰富性和多样性。作为一个组织，要充分考虑组织的行业特点和人员心理结构，结合正式沟通渠道和非正式沟通渠道的优缺点，设计一套正式沟通和非正式沟通相结合的沟通通道，以使组织内各种需求的沟通都能够准确及时而有效地实现。健全沟通渠道应从以下几个方面进行。

1. 丰富正式沟通渠道

目前，大多数企业的正式沟通渠道还是停留在指示、汇报和会议这些传统的沟通方式上。它们不能顺应社会经济的发展、组织成员的心理结构及需求层次的变化，去采用因人制宜、因时制宜的有效沟通方式，从而使组织成员的精神需求(如自我价值的实现，对组织的归属感、集体荣誉感和参与感的满足)不能得到充分满足。

定期的领导见面和不定期的群众座谈会就是一种很好的正式沟通渠道，它也能切实地解决上述存在的问题。领导见面会是让有思想有建议的员工有机会直接与主管领导沟通，也可解决由于员工的意见经过多次正常途径的沟通仍未得到有效回复的问题。群众座谈会则是在管理者觉得有必要获得第一手关于员工真实思想、情感等资料时，而又担心通过中间渠道会使信息失真而采取的一种领导与员工直接沟通的方法。与领导见面会相比，群众座谈会是由上而下发起的，上级领导是沟通的主动方，而领导见面会则是应下层的要求而进行的沟通。当然还有许多其他的沟通渠道可以采用，总之要根据组织的实际情况来决定。例如，美国兰泰奇公司是一家年销售额过5000万美元的包装机械制造商，它把"群体领导"报告作为一种正式的沟通渠道。每份报告均由公司六位高层领导中的一位来准备，通过提供一份关于公司士气、氛围及沟通整体信息的报告来促成有效的组织沟通。

2. 合理利用非正式沟通渠道

在管理沟通中，一些管理者认为非正式沟通对于改善管理沟通毫无益处，而且有害；还有一些管理者过分地依赖于非正式沟通，使管理沟通失控，企业的管理活动混乱。其实，非正式沟通渠道作为沟通渠道的一种，只要合理地加以利用，对改善管理沟通是非常有益的。非正式沟通存在于正式沟通渠道以外，与组织等级的权力没有任何关系。在现代企业中经常使用的两种形式为巡回管理和藤状网络式沟通。

(1) 巡回管理式沟通。其对所有层级的管理人员都有效，管理人员走出办公室与员工在一起工作，有效地进行沟通，从他们那里直接了解各部门或组织的状况。例如，百事公司的安迪•皮尔森(Andy Pearson)总是会直接与一位高级品牌副经理见面并询问：目前公司如何？而ARCO公司的主席形成了拜访地区经理办公室的习惯，他对与某地区总裁见面之类的事情不屑一顾，而是宁愿与该地区总裁手下最底层的员工进行交谈，而且总是充当"不速之客"。在任何组织中，向上向下的组织沟通都因巡回管理而得到了加强，经理有机会得以向员工描述公司的重要想法和价值观念的同时，也从员工那里了解到他们的问题。

(2) 藤状网络式沟通。其是一种非正式的面对面的员工沟通网。它的重要性体现在信息的准确性及与组织的相关性上。大约有80%的藤状网络式沟通从属于与企业相关的话题而非私人的恶意的流言。更重要的是，通过藤状网络式沟通传递的信息当中70%～90%的细节是准确的。许多经理希望藤状网络式沟通被破坏，因为他们认为这些小道消息是不真实的、恶意的、对个人有害的，但事实并非如此。最近的一项对各种行业近22 000名上班人员的调查表明，有55%的人认为他们得到的信息大部分是通过藤状网络式沟通传递的。但在所有的情况中，特别是危险时刻，高层管理者应该有效地控制沟通方式，使藤状网络式沟通不是信息的唯一来源，以消除它的不利影响。

3. 关注电子沟通

随着社会科学技术的进步，电子网络技术也已被引入组织的沟通领域，这正是组织沟通领域的变革和飞跃。电子网络因其快速、准确的特点，极大地提高了组织沟通的效率。另外，有效沟通方式因为网络的出现而增加了很多的可选择空间。公司内部人员既可以选择在局域网的BBS上发布信息、讨论专业问题，也可以越级向上司发送电子邮件以征询意见，更可以通过企业的OICQ、MSN等聊天工具与同事进行随时随地的交流(只要有足够的自觉性，这样的交流对于维护同事之间的合作友谊是无与伦比的)，甚至文件的传送也无须离开座位，音频及视频的多媒体支持也使不同地点的同僚们可以成功地创设学习型组织的议事模式……

但要注意，沟通渠道的创设不是用于员工娱乐的，而是用于可实现组织目标的。如何灵活运用，使沟通渠道既不成为窒息创意的官僚形式，又不能过于开放而流俗，还能与非

正式舆论有机结合，这便不是统一模块能解决的，至少，沟通机制要与组织设计结合，与人力资源结合，有相关的岗位设置，赋予职能，专人操作，也需要企业强制力的实施。大家会问戴尔：“你怎么让你的员工愿意用电子邮件？”戴尔回答：“很简单，你只要问他们有没有收到你用电子邮件传过去的通知就行了。”没有人希望自己漏掉信息，对不对？同时，企业还应注重组织沟通反馈机制的建立。没有反馈的沟通不是一个完整的沟通，完整的沟通必然具备完善的反馈机制。否则，沟通的效果会大大降低。目前很多组织没有意识到沟通反馈的作用，这应该引起组织沟通者的重视。

第三节　组织冲突与谈判

一、冲突的原因

沟通是为了减少组织的管理成本，进而降低组织之间的交易成本。但是，由于组织之间及组织中员工之间本质的区别，沟通并不会达到尽善尽美的效果，所以组织摩擦和人员摩擦不可避免地发生，这会带来额外的管理组织成本。这种摩擦程度越大，组织的协调成本越高。这就是冲突的由来。因此，冲突是由于某种差异而引起的抵触、争执或争斗的对立状态。人与人之间在利益、观点、掌握的信息或对事件的理解上都可能存在差异，有差异就可能引起冲突。不管这种冲突是否真实存在，只要一方感觉到有差异就会发生冲突。显然，沟通不足或没有沟通，都可以导致冲突。所以，要了解冲突，前提是了解出现差异的原因及其表现形式。

这些原因大体上可以归纳为以下 3 类。

(一) 沟通差异

由于文化和历史背景不同、语义困难、误解及沟通过程中噪声的干扰，都可能造成人们之间的意见不一致。沟通不良是产生这种冲突的重要原因，但不是主要的。

(二) 结构差异

观察管理中经常发生的冲突，绝大多数是由组织结构的差异引起的。由于分工造成组织结构中垂直方向和水平方向各系统、各层次、各部门、各单位、各不同岗位的分化，组织越庞大、越复杂，组织分化越细密，组织整合就越困难。

由于信息不对称和利益不一致，人们在计划目标、实施方法、绩效评估、资源分配、劳动报酬、奖惩等许多问题上都会产生不同看法，这种差异是由组织结构本身造成的。为了本单位的利益和荣誉，许多人都会理直气壮地与其他单位甚至上级组织发生冲突。不少管理者甚至把挑起这种冲突看作是自己的职责，或作为建立自己威望的手段。几乎每位管理者都会经常面临着与同事或下属之间的冲突。

(三) 个体差异

每个人的社会背景、教育程度、阅历、修养，塑造了每个人各不相同的性格、价值观和作风。人们之间这种个体差异造成的合作和沟通的困难往往也容易导致某些冲突的发生。

这说明，由于沟通差异、结构差异和个体差异的客观存在，冲突也就不可避免地存在于一切组织中。从而，管理冲突的必要性就突显出来了。

二、冲突的管理

(一) 关于组织冲突的主要观点

多年来，对组织冲突的看法，一般有以下 3 种观点。

第一种观点存在于 19 世纪末到 20 世纪 40 年代，认为组织应该避免冲突，冲突本身表明组织内部的机能失调。换句话说，这种观点的中心是认为冲突对组织是有害无益的。这种观点一般被称为冲突的传统观点。

第二种观点认为冲突是任何组织不可避免的产物，但它同时指出，冲突并不一定会导致对组织的危害，甚至可能有利于组织中的积极动力。显然，这一观点因为冲突的客观存在，主张接纳冲突，使冲突的存在合理化，并希望将冲突转化为有利于组织的程序。自 20 世纪 40 年代到 70 年代中期，这一观点在冲突理论中占主导地位。因为强调冲突的必然性，有时这种观点又被称为冲突的人际关系观点。

第三种观点是当今的冲突管理观点，明确认为冲突不仅可以成为组织中的积极动力，而且其中有些冲突对于组织或组织单元的有效运作是必要的。换言之，冲突是组织保持活力的一种有效手段。因而，这种观点鼓励管理者维持一种冲突的最低水平，以使组织保持创新的激发状态。由于突出冲突有利于组织的运行效率，这种观点又被称为冲突的相互作用观点。

组织如果保持适度的冲突，养成批评与自我批评、不断创新、努力进取的风气，就会出现人心汇聚、奋发向上的局面，组织就有旺盛的生命力。20 世纪 90 年代中期以来，全世界企业管理界掀起建立学习型组织(Learning Organization)的浪潮，在很大程度上是由于如何转化企业环境而激发了越来越多的冲突引发的。这种组织行为观点的中心，实际上是要求组织以开放的心态提高内外沟通效率，达到提高组织在市场中的盈利水平的目的，并进一步提高组织的竞争力。

因此，冲突管理实际上包括两个方面。一是管理者要设法消除冲突产生的负面效应，这是因为，有些冲突阻碍了组织实现目标，属于功能失调的冲突，它们对组织具有破坏性作用。二是要求管理者激发冲突，利用和扩大冲突对组织产生的正面效应，因为这些冲突支持组织的目标，属于建设性的、功能正常的冲突。因而，冲突管理实际上是一种艺术。

(二) 冲突管理的过程及思路

1. 冲突管理的过程

首先，对冲突问题进行判断和分析，包括发生冲突的原因、冲突的大小和复杂程度、问题的紧要程度，必要时评估该问题在企业组织中的普遍程度；其次，对整个情景及其变化做出分析，主要包括以下几个方面。

(1) 对冲突各方的正确性与合理性进行判断。

(2) 对双方之间关系的判断，尤其是考虑对方的级别：上级、同级还是下级，以及是

中方还是外方，双方个人关系及对于关系的影响。

(3) 对冲突解决结果做出预期，如解决方案是否合理，结果是否对发展有利，决策将引起对方的行为反应等。

(4) 对方采取的策略是否会改变自己的策略等。

2. 冲突管理的思路

相关研究表明，管理人员在选择冲突解决策略时主要遵循了以下几种思路。

(1) 问题解决思路。集中于冲突问题本身，如人事决策情景中被撤职者所犯错误的性质及要重新提拔的能力条件。

(2) 关系思路。关心冲突解决对双方关系的影响，如认为不会因为工作中的某些事情而影响个人之间的关系。

(3) 权力思路。从双方(或自己所处的)权力地位入手思考，认为应该服从上级，服从是下级的责任；又如，合资双方谁占有更多的份额，谁更有权做出决定。

(4) 结果思路。从结果的利弊角度思考，更多地从冲突问题的直接后果对于组织绩效或个人利益的影响来考虑问题，这反映了对结果的预期会影响个人策略的选择。

(5) 规则思路。从寻求判断双方的正误角度思考，往往理性地对双方观点或做法做出权衡，如果对方更正确，就会采用顺从策略；如果认为自己更有理，就会导致竞争或控制的策略。

(6) 程序思路。从妥善解决的角度思考，往往要把冲突问题先弄清楚，同时注意考虑各方观点，认真协商做出选择，一般都具有多种目标或动机，而且不容易单纯采用控制策略。

(三) 处理冲突的对策

处理冲突有以下几种对策。

(1) 回避。虽然对某些不太严重的冲突，回避方法是合适的，但在处理严重冲突时，往往还得采取较主动的态度。

(2) 建立联络小组。在两个群体间架起一座桥梁。领导者所面临的是挑选能胜任这种边界扩展工作和充当群体代表的人选。

(3) 树立超级目标。这些目标必须对存在冲突的双方具有紧迫感和吸引力，耐用而且通过相互协作才能达到。

(4) 采取强制办法。管理人员可通过发出强制性的命令，在职权范围内解决冲突。

(5) 解决问题。辨明是非，找出分歧的原因，提出办法，以及最终选择一个双方都满意的解决方案。

三、有效谈判的实现

为了管理冲突，管理者必须和组织内外的人员打交道。在组织内部，冲突管理时常可以有效地通过行政手段进行。但对于组织之间的冲突，像企业之间在新的经济形式下开展的旨在拓展未来商机的战略联盟，通常出现联盟各方在协调上的困难，就不能简单地用行政干预的手段去降低管理成本，实现组织目标。相反，联盟各方必须从包括协议、信任和互惠等多方面的视角，寻求解决组织间冲突的途径。谈判作为一种实现目标的手段，必然是冲突管理的重要内容。

谈判是双方或多方为实现某种目标就有关条件达成协议的过程。这种目标可能是为了实现某种商品或服务的交易，也可能是为了实现某种战略或策略的合作；可能是为了争取某种待遇或地位，也可能是为了减税或贷款；可能是为了弥合相互的分歧而走向联合，也可能是为了明确各自的权益而走向独立。市场经济本身就是一种契约经济，一切有目的的经济活动、有意义的经济关系都要通过谈判来建立。

谈判有两种基本方法：零和谈判和双赢谈判。零和谈判就是有输有赢的谈判，一方所得就是另一方所失。零和谈判能够成功，在于双方的目标都有弹性并有重叠区存在，重叠区就是双方和解达成协议的基础。双赢谈判就是谈判结果找到一种双方都赢的方案。这种谈判要求双方对另一方的需求十分敏感，各自都比较开放和灵活，双方都对另一方有足够的了解和信任。在此基础上通过开诚布公的谈判，就可能找到双赢的方案，从而建立起牢固的、长期的合作关系。

优秀的管理者实现有效的谈判，一般有如下原则。

(1) 理性分析谈判的事件。抛弃历史和感情上的纠葛，理性地判别信息、依据的真伪，分析事件的是非曲直，分析双方未来的得失。

(2) 理解你的谈判对手。他的制约因素是什么？他的真实意图是什么？他的战略是什么？他的兴奋点和抑制点在哪里？

(3) 适度让步。适度让步是为了表达一种诚意，谋取主动权，以积极的姿态争取对方做相应的让步。让步要选择适当的时机和分寸，力争做到恰到好处。

(4) 求同存异，争取双赢。谈判时既要理性，又要富有人情味，努力寻找共同点、消除分歧，兼顾双方的利益，实现互惠双赢。

本章小结

沟通是指可理解的信息或思想在两个或两个以上人群中的传递或交换的过程，目的是激励或影响人的行为。

沟通的类别依划分的标准不同而不同。按照功能划分，沟通可以分为工具式沟通和感情式沟通；按照方法划分，沟通可分为口头沟通、书面沟通、非语言沟通和电子媒介沟通等；按照是否进行反馈，沟通可分为单向沟通和双向沟通。沟通的网络模式包括链式沟通、环式沟通、Y 式沟通、轮式沟通和全通道式沟通。

有效沟通就是传递和交流信息的可靠性和准确性高，它表明了组织对内外噪声的抵抗能力，因而和组织的职能是连在一起的。沟通的有效性越明显，说明组织职能越高。

管理沟通的运用在于妥善解决各种冲突及开展有效谈判。

练习与思考

一、单项选择题

1. 在沟通中必不可少的是(　　)。

A. 共同的目标　　B. 信息　　C. 计划　　D. 信任

2. 语言沟通更擅长传递的是(   )。

A. 思想　　B. 情感　　C. 思路　　D. 信息

3. 沟通带有强制性，下列比较规范、约束力强的沟通渠道是(   )。

A. 正式沟通渠道　　B. 非正式沟通渠道

C. 语言沟通渠道　　D. 非语言沟通渠道

4. 课堂上有学生不认真听讲，和其他同学在讲话，老师用严厉的目光盯着他以示警告。这属于(   )。

A. 非正式沟通　　B. 非语言沟通　　C. 口头沟通　　D. 面试

5. “忠言逆耳”指的是影响有效沟通的障碍中的(   )。

A. 人际因素　　B. 个人因素　　C. 结构因素　　D. 技术因素

6. 吴总经理出差一个星期回到公司，许多中层干部及办公室人员马上围拢过来。大家站在那里，七嘴八舌形成了一个热烈的自发办公会。有人向吴总汇报今日工作进展情况，另有人向吴总请求下一步工作的指示，还有人向吴总反映公司内外环境中出现的新动态。根据以上情况，下列说法中最恰当地反映了该公司的组织与领导特征的是(   )。

A. 链式沟通、民主式沟通　　B. 轮式沟通、集权式沟通

C. 环式沟通、民主式沟通　　D. 全通道式沟通、集权式沟通

7. 企业规定，职工在休探亲假时必须写一份探亲地的市场调查报告，否则不予报销来回车票。这种通过报告形式而提供信息是一种(   )。

A. 正式沟通　　B. 平行沟通

C. 下行沟通　　D. 上行沟通

二、多项选择题

1. 正式沟通的信息流向包括(   )。

A. 自上而下的沟通　　B. 自下而上的沟通　　C. 自内而外的沟通

D. 自外而内的沟通　　E. 横向沟通

2. 以下属于自下而上的沟通的是(   )。

A. 意见箱　　B. 管理者公开电子邮箱　　C. 上访制度

D. 员工手册　　E. 座谈会

3. 下列关于非正式沟通说法中正确的是(   )。

A. 非正式沟通代表个人

B. 形式繁多且无定型

C. 往往能表露人的真实思想和动机

D. 非正式沟通应该加以根除

E. 不能过于依赖非正式沟通

4. 下列沟通方式中属于非语言沟通的是(   )。

A. 表情　　B. 备忘录　　C. 声调

D. 传真　　E. 动作

5. 著名管理学家巴纳德说过：“高层次管理人员的首要作用就是发展并维持意见沟通系统。”在实践中，进行意见沟通需要一定技巧。通常可采取的技巧有(   )。

A. 该告诉职工的全部告诉
B. 让下级明了他在领导心目中的地位
C. 不要经常称赞下级
D. 要明白上行沟通效率永远不会太高
E. 不该告诉职工的也要告诉

三、判断题

1. 口头沟通最基本的优点在于其准确性。（　）
2. 有效的沟通不一定要达成共识。（　）
3. 当重要细节必须被传递沟通时，非语言沟通是最适宜的方式。（　）
4. 自上而下沟通比自下而上沟通更容易产生信息的扭曲和偏差。（　）
5. 在公司组织内部，非正式沟通渠道与正式沟通渠道平行存在，具有同样的效力。（　）

四、问答题

1. 什么是管理沟通？有哪些主要类别？
2. 有效沟通的障碍有哪些？试进行具体分析。
3. 影响组织管理沟通的因素有哪些？试具体说明。
4. 实现有效的管理沟通有哪些具体途径？试具体分析。
5. 处理冲突有哪些对策？

案例点击

王通的困惑

1999年，拥有大学本科学位的王通从成都传统的国有企业立阳机械厂辞去了中层干部的职务，应聘到深圳一家外资企业做技术管理工作。他发现外资企业与国有企业的明显差异是：在国有企业，他可以经常见到厂级领导，厂级领导很多，因为经常在一起，都很熟，每周都要与他们一起开碰头会一两次，每次都要讨论厂里的许多问题，如怎样扭亏为盈、人事改革的难点等，尽管大家都拿不出令所有人满意的好办法，但气氛是和谐的，厂长总是给大家散烟，书记有时还给大家添茶水。作为中层干部，王通也经常到车间、班组了解情况，工人们见了，也笑眯眯地叫他“老王”，然后一起抽烟、聊天，要是他下到车间，没人理他，他会觉得很没“面子”。

空余时间，他有时和厂领导，有时和工人们一起打麻将、吃饭等，工厂经常开大会，传达上级精神和号召所有职工努力工作，有时要搞竞赛，过年过节要聚餐联欢等，厂里的许多人从父辈开始就长期在一起工作，像朋友一样彼此之间无话不说，相互都知根知底。工厂的许多事情，一说起来，大家都知道，要是有点什么新闻，半天之内，全厂都知道了，沟通起来十分容易。谁家有困难，如因为送小孩上学要请个迟到假，其他人都表示充分的理解，况且谁家会没有点难事呢？互相帮助是应该的。但让王通恼火的是，也是大家平时愤愤不平的，人际关系如此和谐，沟通如此良好的企业，经济效益却总上不去，眼看工厂的亏损越来越大，企业的改革方案却迟迟不出台，工资发放比例越来越低。面临孩子上大学的巨额费用，王通只好放下“企业主人翁”的地位，应聘去深圳外资企业费里斯机器公

司当了“打工仔”，承受资本家的“剥削”。

经过企业文化及一些公司技术规范培训后，王通成为该公司精加工车间技术主管，说是技术主管，其实车间的事全都是王通一个人管。作为企业的中层管理人员，王通在外资公司的感觉是不一样的。尽管外资老板平时也是笑眯眯的，但从来不与他们在一起抽烟。公司半个月开一次中层以上干部会，开会时，老板总是一副一本正经的样子，好像管理企业就与国家安危一样重要。大家平时很难看到老板，更不知道老板在干什么，王通只是每周给老板汇报一次工作进展情况。与老板的联系平时通过电话进行，老板在电话里下达指示，只闻其声，不见其人。王通对下属的管理也是一样，下到车间，为了表示郑重，也是一脸的正经，工人们在干活，从来不抬头看他，当然不可能围在一起聊天。王通对工人的管理是严格的，当然绝不能有迟到、早退现象。王通总是准时巡视车间，一线领班在汇报工作时也是一脸严肃，听完指示后，就忙自己的工作去了，领班毕恭毕敬的样子让王通很有“面子”。王通所做的技术指导和管理，都是有根有据的，让一线领班们很佩服。当然王通明白，管理的效果也直接与自己收入有关。王通的工资比在原单位高三倍，年末还有奖金，这让王通为孩子学费的事大大地松了一口气。公司的业务发展很好，但美国的母公司对公司的要求是扩大在中国市场的占有率，因此花了许多钱打广告，公司并不盈利。

王通怕合同期满后老板另找他人，或不好找工作，重新开始钻研与自己工作有关的技术，上网查一查相关的技术资料，并且开始看一些管理书籍，以解决自己在管理方面的问题。王通工作与学习都有点紧张，或称充实。王通在公司工作了一年，春节放假前，老板拿着一张人事评议表与王通谈了一个小时，王通觉得老板对自己的工作状况还是很了解的，老板说王通对工人的管理很有人情味，但应当注意执行纪律，否则将来会影响工人严肃认真的工作态度，影响企业的竞争力；最后，老板握住王通的手鼓励他好好干。

王通回到家，厂里的朋友聚在一起，喝酒打麻将。工厂还像原来一样，大家在一起先抱怨钱少，讲各种拿不出证据的腐败故事，然后再讲厂里的笑话，王通觉得像回到了从前，感觉很温馨。

春节过完了，王通的脑子里乱哄哄的。返回深圳的外资企业，王通想通过看书让自己安静下来，在看了《管理沟通》方面的书后，王通感到困惑的是：在国有企业，沟通可以说是全方位的，彼此都互相理解，为什么企业却缺乏效率；而外资企业仅有正式的沟通，主要是文字和语言，非正式的沟通很少，为什么企业效率却很高？大家都对公司发展很有信心，但总是担心自己不能达到公司要求，因而十分努力。

(资料来源：根据http://www.doc88.com/p-04168487752.html所载网文改编)

问题：

(1) 指出王通在国有企业和外资企业所观察到的各种组织沟通类型，指出中外企业管理沟通中的差异。

(2) 说明企业沟通与企业效率之间的关系，分析国有企业看起来沟通良好却缺乏效率的原因。

点石成金

(1) 组织沟通中的正式沟通与非正式沟通，人际沟通中的语言与非语言沟通状况。

(2) ①沟通必须与组织目标保持一致，服务于组织目标，才能提高组织效率。②国有企业是一个经济组织，但承担了经济目标领域外的社会稳定和心理安慰目标。③非正式沟通缺乏权威性和创造性，过多的非正式沟通浪费时间，提高成本，使企业无效率。

第十三章

控　制

案例导入

汤姆的目标与控制

汤姆担任A工厂的厂长已经一年多了，刚看完有关工厂今年目标实现情况的统计资料，发现厂里各方面工作的进展很不顺利，他为此很气愤。

汤姆记得自己就任厂长后做的第一件事就是亲自制订了工厂的一系列发展计划。具体地说，他要解决工厂的浪费问题、职工超时间工作问题及废料的运输问题。他规定：在一年内要把购买原材料的费用降低10%～15%；把用于支付工人超时间工作的费用从原来的11万美元减少到6万美元；把废料运输费用降低3%。他把这些具体目标告诉了下面有关方面的负责人。

然而，他刚看过的年终统计资料却令他非常失望。原材料的浪费比去年更为严重；职工超时间工作的费用也只降低到9万美元，远没有达到原定的目标；运输费用也根本没有降低。

他把这些情况告知了负责生产的副厂长，并严肃批评了他。但副厂长争辩说："我曾对员工强调过要注意减少浪费的问题，我原以为工人也会按我的要求去做的。"人事部门负责人也附和着说："我已经为消减超时的费用做了最大努力，只对那些必须支付的款项才支付。"而运输部门的负责人则说："我对未能把运输费用减下来并不感到意外，我已经想尽了一切办法。我预测，明年的运输费用可能还要上升3%～4%"。

在分别和有关方面的负责人交谈后，汤姆又把他们召集起来布置新的要求，他说："生产部门一定要把原材料的费用降低10%；人事部门要把超时间费用降到7万美元；即使是运输费用也要提高，但也决不能超过今年的标准。这就是我们明年的目标。我到明年底再看你们的结果。"

(资料来源：根据 https://wenku.baidu.com/view/52378751482fb4daa58d4bda.html 所载网文改编)

试问：

1. 汤姆就任后制订的计划属于什么计划？
2. 你认为导致汤姆控制失败的原因是什么？
3. 汤姆制定的明年的目标能完成么？为什么？

学习目标

通过本章的学习，要求重点掌握管理控制的基本概念、基本特征及管理控制的基本过程；重点了解管理控制的各种类型和关键控制点的建立；明确影响有效控制的各项因素，学会如何建立有效的企业控制系统；熟悉有效控制的主要措施。

关键概念

控制(Control)　前馈控制(Feedforward Control)　反馈控制(Feedback Control)　直接控制(Direct Control)　间接控制(Indirect Control)　制度控制(System Control)　文化控制(Cultural Control)

第一节　控 制 原 理

一、控制的概念

在广义上，控制与计划相对应，控制是指除计划外的所有保证计划实现的管理行为，包括组织、领导、监督、测量和调节等一系列环节；在狭义上，控制是指继计划、组织、领导职能之后，按照计划标准衡量计划完成情况和纠正偏差，以确保计划目标实现的一系列活动。

理解控制的概念应从以下几个方面认识：①控制本质是一个“活动”或“过程”；②控制的标准和依据是计划；③控制内容包括检查、监督和纠偏；④控制是为了“保证计划目标的实现”。

控制主要体现在计划的执行过程中，是一种不断地对照计划来检查现有的作业状况的活动。控制的目的是要保证实际工作与计划一致，管理活动的控制过程也就是管理人员对下属部门或个人的工作进展、实际结果进行统辖，找出偏差并加以纠正的过程。控制是贯穿于其他各项管理职能之中的，是存在于管理活动的全过程的。

控制往往包括两个方面的内容：对工作的控制(检查和纠正工作中的偏差)和对人员的控制(对下属人员工作表现的考核和评估)。

二、管理控制的基本特征

(一) 目标性

同其他管理工作一样，控制工作也具有明确的目标性特征。管理控制无论是着眼于纠正执行中的偏差还是调整计划以适应环境的变化，都是紧紧地围绕组织的根本目标进行的。换而言之，管理控制并不是管理者主观任意的行为，它总是受到一定的目标指引，服务于达成组织特定目标的需要。控制工作的意义就体现在，它通过发挥“纠偏”和“调适”两方面的功能，促使组织更有效地实现其根本目标。

(二) 整体性

首先，从开展控制工作的主体看，完成计划和实现组织目标是组织全体成员共同的责任，因此管理控制不仅是管理人员的职责，也是组织全体成员的共同职责。让全体成员共同参与管理控制工作，也有利于增进对控制工作的理解，更有效地开展管理控制工作。其次，从控制的对象来看，管理控制覆盖组织活动的各个方面，人、财、物、时间、信息等资源，各层次、各部门、各单位的工作，以及企业生产经营的各个不同阶段等，都是管理控制的对象。最后，管理控制需要把整个组织的活动作为一个整体看待，使各方面的控制协调一致，以达到整体的优化。

(三) 动态性

管理控制不同于一般的机械、物理控制，后者是一种高度程序化的控制，具有稳定性特征。组织则不是静态的，其外部环境和内部条件随时都在发生着变化，从而决定了控制对象、标准和方法不可能固定不变。管理控制应具有动态的特征，这样才能够保证和提高控制工作的灵活性和有效性。

(四) 人性

组织中的管理控制是由具体的人执行的，本质上是对人的行为的一种控制。与物理、机械、生物及其他方面的控制不同，管理控制不可忽视其中的人性因素。管理控制不仅仅是监督，更重要的是通过指导和帮助切实提高员工的工作能力和自控能力。管理者可以制定偏差纠正计划，但这种计划要靠员工去实施，只有当员工认识到纠正偏差的必要性并具备纠正能力时，偏差才会真正被纠正。通过控制工作，管理者可以帮助员工分析偏差产生的原因，端正员工的工作态度，指导他们采取纠正的措施。这样，既能达到控制的目的，又能提高员工的工作能力和自我控制能力。

三、管理控制的作用与功能

恰当地运用内部控制，有利于组织改善经营活动，提高工作效率及经济效益。内部控制是否健全，也是企业经营成败的一个关键，其主要作用和功能有以下几个方面。

(一) 统合与促进

在一个组织中，虽有多个不同的作业单位，但要达到经营目标，必须全面配合，以发挥团队整体作用。内部控制正是基于这种指导思想，利用会计、统计、业务、审计等部门的制度、规定及有关信息、报告等作为基本依据，以实现统合与促进的双重目的。

内部控制既要重视制度设计、控制原则的应用，更要注意授权的运用及文化的培养，了解业务部门的实际工作动态，及时发挥控制的影响力，使之扬长避短，如期实现管理目标。

(二) 制约与激励

内部控制着眼于各项业务的执行是否符合组织既定的规范标准，使各项经营活动做到活而有序。特别是，内部控制能制约管理活动，真实地反映工作实绩，并可以稳定员工的工作情绪，激发他们的工作热情及潜能，从而提高工作效率。

(三) 及时发现、纠正偏差

实际情况的复杂性和未来的不确定性使组织的实际工作难免与计划之间存在偏差。虽然小的偏差和失误不会立即就给组织带来严重的损害，但在组织运行一段时间后，随着小差错的积少成多和累积放大，往往造成实际工作显著偏离计划目标，最终对计划目标的实现造成威胁，酿成灾难性的后果。防微杜渐，及早地发现工作中潜在的错误和问题并进行处理，有助于确保组织按计划的要求开展工作。有效的管理控制系统应当能够及时地获取偏差信息，采取矫正偏差措施，以防止偏差的累积影响组织目标的顺利实现。

(四) 适应环境变化

组织计划的执行和目标的实现往往需要经过一个较长的工作过程。在计划实施过程中，组织内部的条件和外部环境可能会发生一些变化，如组织内部人员和结构的变化、政府可能出台新的政策和法规等，内外部环境条件的变化不仅会妨碍计划的实施进程，甚至可能使原来的计划、标准与变化后的环境不相适应。因此，有效地控制系统不仅能够防止偏差的累积，还应能够帮助管理人员预测和把握内外部环境的变化，并对这些变化带来的机会和威胁做出及时、正确、有力的反应，在必要时，对原有的计划和目标做出调整，甚至重新制订计划和目标，以将组织活动调整到与内外部环境最相适应的状态。

第二节　管理控制过程

一、建立标准

(一) 拟订标准

标准是指一种作为模式或规范而建立起来的测量单位或具体的尺度。控制的第一步是建立一系列切实可行并已被员工接受的绩效标准，以便确定控制的目标和依据，因而拟定标准是进行控制的基础，管理人员可以对照标准判断绩效和成果。

任何一项具体工作的衡量标准都应该从有利于组织目标实现的总要求出发来加以制定，控制标准是从一个完整的计划中遴选出来的、对工作成果的衡量具有重要意义的关键点。从计划中选择关键控制点的能力是一种艺术，有效的控制取决于这种能力。最理想的控制标准是可考核的标准。

标准的类型有很多，它的建立取决于所需衡量的绩效和成果的领域。标准的表现形式很多，大致分为定性标准和定量标准两大类。标准可以是数量上的(如销售额、利润等)，也可以是质量上的(如观众看完广告后的印象)。

(二) 制定标准的方法

制定标准的方法通常有以下几种。

1. 统计计算法

统计性标准，也叫历史性标准，是利用统计方法来确定预期结果，以分析反映企业在各个历史时期经营状况的数据为基础来为未来活动建立的标准。标准所选择的具体统计数字可能是平均数，也可能是高于或低于中点的一个定点。这种方法常用于拟定与企业经济效益有关的标准，能较好地反映过去的平均或一般的水平或状态，为预期未来的行为提供了有益的依据。以历史性标准统计资料为某项工作确定标准具有简便易行的好处，但是当系统波动较大时，这种方法容易忽视新的情况，特别是未来可能出现的变化，因此其准确性就不是很大了。

2. 经验估计法

经验估计法，就是根据经验和判断来估计结果，根据评估建立标准。人们有时缺乏对历史数据的积累，而主管人员的经验，可能在一定程度上弥补了这一不足。它实际上反映了一种价值判断，管理者对目标的期望及其个人价值系统将起决定作用；同时管理者需要对已经发生变化的新情况，尤其是未来的情况要运用主观判断进行评估。与前一种方法相比较，它更重视新的情况，可以发挥管理人员的主观技能，但在应用时要注意利用各方面的管理人员的知识和经验，综合大家的判断，列出一个相对先进合理的标准。

3. 工程(工作)方法

工程(工作)方法标准是通过对工作情况进行客观的分析，并以准确的技术参数和实测的数据为基础来制定的。它既不利用现成的历史数据，也不依靠管理者的经验判断，而是对实际发生的活动进行测量，从而制定出符合实际的可靠标准。这种方法，由于是建立在客观测量基础上的，因此它更客观、更科学。

二、衡量绩效

控制过程的第二个步骤是衡量、对照及测定实际工作的成绩与标准之间的差异，即衡量实际绩效。衡量实际绩效就是依据标准检查工作的实际执行情况，以便与预期的目标相比较。它是控制工作的中间环节，是发现问题的过程。衡量实际绩效的目的是给管理者提供有用的信息，为采取纠正措施提供依据。

这一阶段的具体内容包括：确定衡量的手段和方法；落实进行衡量和检查的人员；通过衡量对比过程获得偏差信息，即确定实际业绩是否满足预定或计划的标准。

按照标准来衡量实际成效的最好办法应当建立在向前看的基础上(即前馈控制)，这样可使差错在其实际发生之前就被发现并采取适当的措施加以避免。富有经验与远见的主管人员常常能预见可能出现的偏差。

但有些工作其成效是很难精确衡量的，甚至其标准也是难以精确确定的。在这种情况下，尽量要拟定一些可考核的标准，用定量的或定性的“有形”标准去取代无形的、笼统的、掺杂着许多主观因素的标准。

衡量实际绩效经常采取的方法有亲自观察、分析报表资料、召开会议、抽样调查等。

三、采取纠正措施

衡量实际绩效之后，应将衡量的结果与标准进行比较，以使各项工作按照计划要求的轨道发展。通过实际业绩与控制标准之间的比较，可以检验两者之间有无偏差。若没有偏差，工作按原计划继续进行；若有偏差则要分析其产生的原因，并采取相应的措施。

纠正偏差是控制的关键，体现了执行控制职能的目的，可具体分为以下 3 个环节。

(一) 找出偏差产生的原因

当偏差产生时，应该对许多可能的原因进行调查以发现造成这种偏差产生的诸多原因、条件，并进行深入分析，找出其中主要原因，这样才能有针对性地采取纠正措施，从根本上纠正偏差。

产生偏差的原因，可能是原先计划和标准制订得不科学或计划脱离实际造成的，也可能是由于环境发生预料不到的变化，或者是原来被认为正确的计划不再适应新形势需要。

(二) 纠偏措施

当实际业绩(产出)与计划(预定)的业绩标准发生重大差异，一旦查出偏差的原因后，必须采取特殊有效的行动去纠正这些情况。

下面是纠偏措施的重要步骤。

1. 经营阶段

要及时调查偏差原因；决定所需纠偏措施；根据决策，对纠正情况及时予以指导；紧密监督纠偏措施，从而确保它是根据指导的要求得以实行的，并确保其有效性。

2. 行政管理阶段

进一步调查重复出现的问题，确定对此负有责任的人为或物质的基本因素；根据情况的要求，采取积极的或消极的惩罚措施；制订创造性计划防止偏差情况的重复出现；认清所处的环境状况，并引入已计划好的措施。

偏差的产生原因不同，因此其纠正方法也不同，这些方法有改进工作方法、改进组织领导工作、调整或修改原来计划或标准等：①对于因工作失误造成的问题，控制工作主要是“纠偏”，即加强管理、监督，确保工作与目标的接近或吻合；②若计划目标不切合实际，控制工作主要是按实际情况修改计划目标；③若组织的运行环境发生重大变化，致使计划失去客观的依据，控制措施是启动备用计划或制订新计划。

(三) 纠正行动的时间性

为了提高纠正行动的效率和降低纠正行动的成本，就必须尽可能早、尽可能快地纠正偏差。

第三节　控制的类型

一、控制的分类

控制的类型是多种多样的，从不同的角度可以对控制做出不同的分类。

(一) 前馈控制、同期控制和反馈控制

管理中的控制活动可以发生在被控制行动开始之前、进行中或结束之后，根据控制信息获取的方式和时点不同可将管理控制划分为前馈控制、同期控制和反馈控制三类。

1. 前馈控制

前馈控制也称事前控制或预先控制，是在工作正式开始前对工作中可能产生的偏差进行预测和估计并采取防范措施，将可能的偏差消除于产生之前的控制方式。例如，在正式生产过程开始前预测生产过程中可能发生的质量问题并采取预防措施，为保证产品质量对进厂原材料进行检验，对员工进行上岗前培训；组织制定一系列规章制度和行为规范让员工遵守，以保证工作的顺利进行；等等，都属于前馈控制。前馈控制是一种防患于未然的控制。

相对于其他控制方式，前馈控制的优点表现在：首先，前馈控制是在工作开始之前进行的，可以防患于未然，避免了偏差发生造成的实际损失；其次，前馈控制是在工作开始之前针对某项计划行动所依赖的条件进行控制，不针对具体人员，因而不易造成直接的冲突，易于被员工接受并付诸实施。

但是，前馈控制的有效实施需要比较严格的条件。例如，管理人员必须掌握关于工作过程的充分、及时和准确的信息，准确了解前馈控制因素对计划开展工作的影响。考虑到未来的不确定性和信息成本，在现实中要做到这些是非常困难的，因此，为保证控制工作达到令人满意的效果，组织必须综合运用其他控制方式。

2. 同期控制

同期控制也称同步控制或现场控制，是与实际工作同步进行的控制。同期控制是基层主管人员的主要控制工作方法，因此也是控制工作的基础。基层主管人员的管理能力和业务水平常常通过同期控制方式表现出来。

同期控制具有监督和指导两个方面的作用。监督是指按照预定的计划和标准检查正在进行的工作，及时纠正偏差以保证计划的正确执行；指导是指管理者亲临现场，针对工作中出现的问题，根据自己的经验指导下属改进工作，或与下属共同商讨，使他们能及时、正确地完成所规定的任务。

同期控制的优点在于具有指导的作用，有助于提高工作人员的工作能力和自我控制能力。但是，同期控制也有很多弊端：首先，同期控制的应用范围较窄。一般来说，对于便于计量的工作较易进行同期控制，如标准化的生产操作，而对于一些难以计量的工作，如研究性工作，则无能为力；其次，同期控制容易使被控制者产生挫折感，在控制者与被控

制者之间形成对立情绪，伤害被控制者的工作积极性；再次，同期控制方式的运用直接受到管理者的时间、精力和业务水平的制约，管理者不可能时时事事都进行现场控制，因而仅限于在关键项目上使用这种控制方式。

3. 反馈控制

反馈控制又称事后控制，是在工作结束或行为发生之后进行的控制活动。反馈控制的重点集中于已完成的工作或行为的结果上，通过对已形成的结果进行测量、比较和分析，发现其与计划标准之间存在的偏差，分析产生偏差的原因，针对性地拟定解决措施，并应用于今后的工作中以避免同样错误的发生。例如，企业发现不合格产品后追究当事人的责任并制定防范再次出现质量事故的新规章；发现产品销路不畅而相应做出减产、转产或加强促销的决定，以及学校对违纪学生进行处罚等，都属于反馈控制。

反馈控制的主要弊端是，在矫正措施实施之前，偏差、损失已经产生，只能“亡羊补牢”。但反馈控制可以避免下一次同类活动发生类似的问题，可以消除偏差对后续活动过程的消极影响(如产品在出厂前进行最终的质量检验，剔除不合格品，可避免这些产品流入市场后对品牌信誉和顾客使用所造成的不利影响)；可以总结经验教训，了解工作失误的原因，为下一轮工作的正确开展提供依据；反馈控制还是对员工进行奖惩的依据。因此，在实际工作中，反馈控制得到了相当广泛的应用。

(二) 间接控制与直接控制

按照控制的原因与结果分类，管理控制可以分为间接控制与直接控制。

1. 间接控制

间接控制是指着眼于发现工作中的偏差，分析产生的原因，并追究其个人责任使之改进未来的工作。间接控制的优点在于它能纠正管理人员由于缺乏知识、经验和判断力所造成的管理上的失误和偏差，并能帮助主管人员总结经验、吸取教训，增加知识、经验，提高判断能力和管理水平。

要保证间接控制方法的有效必须满足一些严格的条件，如：工作成效可以准确地计量；能够明确人们对工作成效的具体责任；出现的偏差能够被及时发现；有关部门或人员将会采取纠正措施。如果以上条件不能完全满足，则间接控制很难有效发挥作用。例如，有许多管理工作的成效是很难计量的，如主管人员的决策能力，预见性和领导水平等；有时主管人员可能不愿意花费时间和费用去调查分析造成偏差的事实的真相；有许多偏离计划的误差并不能预先估计并及时发现，而往往发现过迟以至于难以采取有效的矫正措施；有时即使发现了误差产生的原因，但由于大家相互推卸责任而没有人愿意采取纠正措施；等等。

此外，间接控制对于因未来的不确定性因素造成的工作偏差也是无能为力的。间接控制并不是普遍有效的控制方法，仍存在许多不完善之处。

2. 直接控制

相对于间接控制而言，直接控制是通过提高管理人员的素质来进行控制工作的。直接控制着眼于培养更好的主管人员，使他们能够熟练地应用管理的概念、技术和原理，能以系统的观点来进行和改善他们的管理工作，从而防止出现因管理不善而造成的不良后果。

直接控制的主要优点有：①主管人员管理素质的提高使决策和计划更加科学，管理者对计划和目标的理解更加准确、深刻，为开展有效的控制工作奠定了良好基础；②直接控制可以提高管理人员的控制技能，更加及时、准确地发现偏差，并及时采取矫正措施；③直接控制有助于培养管理人员的自我控制意识，提高自我控制能力，增强控制工作的主动性和自觉性；④有效的直接控制可以减少间接控制发生的费用和导致的损失；⑤直接控制的实施使管理人员的管理水平和业务能力不断提高，有助于培养主管人员在下属中的威望，减小控制工作的阻力。

需要注意的是，直接控制虽然克服了间接控制的许多缺陷，但直接控制的实施也是有条件的，管理人员的素质和工作水平的提高是一个长期的、不断努力的过程，也需要支付很高的成本。此外，与间接控制一样，直接控制的有效实施同样需要一套严密、科学的管理制度作为保证，如对主管人员工作绩效的客观公正的考核、评价等。

(三) 制度控制与文化控制

从领导的角度出发，可将控制的内容分为制度控制和文化控制。

1. 制度控制

通过制度进行控制，主要是要把握好在组织框架内授权的运用。

管理者通过授权给下属，领导员工团队和成千上万的员工个体，做出直接影响他们工作的关键性的业务决策，如进行财务预算、安排工作负荷、管理库存、解决质量问题及各种类似活动。这些工作才被认为是管理工作不可分割的一部分。

事实上，授权与控制的关系具有科学性和艺术性。组织必须在合理授权的过程中建立反馈控制机制。

仅有授权而不实施反馈控制会招致许多麻烦。最可能出现的问题是下属会滥用他所获得的权限。建立控制机制以监督下属的工作进程增加了及早发现重大问题的可能性，并能保证任务按时、按预期的要求完成。

理想情况下，在进行任务分配时就应确立控制机制。首先要对任务完成的具体时间达成协议，而后确定进度日期，在这些时间里下属需要汇报工作进展情况及遇到的主要困难。控制机制还可以通过定期抽查得以补充，以确保下属没有滥用权力，执行了组织政策，符合适当的工作程序等。

当然，物极必反，如果控制过度，则剥夺了下属建立自信的机会，授权所带来的许多激励效果也会丧失。总之，一个设计优良的控制机制会使下属少犯错误，并在重大错误来临之际使他迅速警觉。

2. 文化控制

所谓文化控制就是在组织中建立一种有利于控制职能能够更加高效实施的文化，具体来说，就是要求管理者与员工对控制有共同的认知，通过彼此观念的统一和协调，配合默契，从而使控制达到有效的状态。

20 世纪 90 年代，企业经理们面对的一个主要问题是，如何在一个要求灵活性和创新性的企业中施加足够的控制。面对日趋成熟的消费者和竞争激烈的市场环境，企业必须激发员工的主动精神去寻求机遇，对消费者的需求做出反应。但是对于一些机遇的寻求也会使业务面临极大的风险，或是引发一些可能影响企业道德的行为。

让我们来看看过去几年成为人们关注中心的管理控制失调所引发的灾难：西尔斯公司在承认向消费者推荐不必要的维护服务之后被罚款6000万美元；渣打银行在涉及一次不正当的股票交易之后被永远禁止参与香港股票市场的业务；等等。在每一个事例中，企业员工都是打破了现有的控制机制，使企业的业务陷入危机。而企业因此在声誉、资金、业务、机遇，以及管理精力等方面遭受的损失是不可忽视的。

当接受权力委任的员工们被鼓励着去重新定义自己的工作方式时，企业高级经理们应该如何保护他们的公司，避免出现控制上的失误呢？他们怎样才能确保自己具备企业家素质的下属不会令运营良好的业务遭遇危机？一种方案是回到20世纪50年代和60年代所建立的作为控制基础的机械官僚体制上去。然而，在市场环境变化莫测、竞争日趋激烈的今天，经理们不能将所有的时间和努力用来确保所有的人都听从命令。力图仅仅通过招募优秀的员工、实施恰当的激励机制的简单方法来实现控制也是不切实际的。事实上，经理们必须激励员工以主导过程改进、寻求创新的方式来面对消费者的需求，但是要通过一种可控的方式。

如果说传统的诊断型控制系统允许经理们确保重要的目标得以有效实现的话，在今天的商业环境中，信仰系统、禁区系统和交互式控制系统 3 个控制杠杆系统也是同样重要的。信仰系统将权力委交给员工个人，并鼓励他们寻求新的机遇。它宣传企业的核心价值，并激励所有参与者为企业的目标做出承诺。禁区系统建立游戏的规则，同时明确员工必须避免的行为和危险。交互式控制系统使经理们能够关注于战略决策的未知领域，在竞争条件变化时了解相应的威胁和机遇，并预先做出反应。

二、关键控制点

企业经济活动一般是非常复杂的，在大多数经营活动中，管理者通常不可能注意到每一件事情，因此管理者必须在影响经营成果的众多因素中选择若干关键环节作为重点控制对象，认真监控，以保证整个经营活动按计划进行，即选择关键控制点。

关键控制点是指一些要害问题，是实施控制的关键区域，是被控对象的关键状态的参数。它们是业务活动中的一些限定性不利因素，或是能使计划更好地发挥作用的有利因素。

由于控制工作贯穿于企业各项生产经营活动之中，组织的每一个目标、每一个目的、每一项业务活动、每一项方针政策、每一种程序或每一项预算都可作为管理所依据的标准，这些都可作为控制点。

关于控制点的选择，一般应统筹考虑以下 3 个方面：会影响整个工作运行过程的重要操作与事项、能在重大损失出现之前显示出差异的事项、若干能反映组织主要绩效水平的时间与空间分布均衡的控制点。在实际工作中，控制点一般有以下几种。

(一) 实物标准

实物标准，或称物理标准，是非货币形式的衡量标准，在耗用原材料、耗费劳动力、提

供服务及生产产品的操作层次中通用，这些标准可以反映任务或工作的数量，也可以反映任务或工作的质量。从某种意义上讲，实物标准是计划工作的基石，也是控制的基本标准。

(二) 成本标准

成本标准，或称费用标准，是货币形式的衡量标准，它是以货币价值来衡量因作业造成的消耗，即将经营活动中的成本用货币值来表示。费用标准也适用于基层单位。一般而言，在所有标准中，成本标准是最重要的。在实际工作中，成本标准的水平一般有以下4种。

1. 实际平均水平

实际平均水平是指组织过去时期实际成本数值的平均值，即组织历史上实际已经达到的成本平均水平。由于这种水平是组织过去已经达到过的水平，所以，作为成本的标准依据，组织轻而易举地可以完成，就很难起到促进作用。

2. 历史最好水平

历史最好水平是指组织过去时期实际数值中最先进的数值，即组织历史上实际达到过的成本最先进的水平。这种水平反映了组织在生产经营条件最好时的成果，一般也不能作为成本标准的依据，因为这种水平只有组织少数职工或极少的条件能够达到，不能要求所有职工或所有条件普遍达到，否则，只凭主观愿望，不顾客观条件，也达不到管理的目的。

3. 理想水平

理想水平是指组织不考虑任何不利因素，最充分地利用生产设备，采用最理想的劳动组织方法和经营管理方式，根据最好的物资供应条件所达到的水平。这种水平，组织在过去可能还没有达到过，当然不能作为成本标准的依据，但可以作为组织今后成本标准的努力方向。在今后成本管理工作中，应该积极采取措施，创造条件，争取逐渐接近或达到这种水平。

4. 平均先进水平

平均先进水平是指介于组织过去时期实际平均数值和先进数值之间的一种水平。这种水平是根据过去时期的实际情况，结合各种主客观条件的分析，经过整理计算求得的。它既有群众性(在正常条件下广大职工经过努力可以达到)，又有进取性(考虑了计划期内采取技术组织措施和改进经营管理的因素)。所以，成本标准适合采用这种水平，这样可以发挥职工群众的积极性，促进生产发展，降低成本，使企业的经济效益不断提高。

(三) 资金标准

资金标准，或称资本标准，是费用标准的变种，是用货币来计量实物项目而形成的。由于应用货币值衡量物质项目，因而产生各种不同的资金标准。这些标准同投入企业的资本有关，而同营运资本无关，所以它们主要同资产负债表有关，而同损益表无关。对于新的投资和综合控制而言，最广泛运用的标准是投资回收率。资产负债表通常还披露其他资本标准，如流动比率、资产负债率、固定投资与总投资的比率、速动比率、短期负债或债券与股票的比率，以及存货周转率和存货规模的大小等。

(四) 收益标准

把货币值用于销售量即为收益标准，如人均销售额等。

(五) 计划标准

计划标准，或称程序标准。主管人员可能奉命编制一个可变动预算计划，一个正式实施新产品开发计划或一个提高销售人员素质的计划，在评估这些计划的执行业绩时，虽然有时只能运用一些判断，但也可以运用其他因素来作为客观判断的标准。在一些工作或任务的评价中需要运用主观判断，时间或其他因素通常被作为客观的判断标准。

(六) 无形标准

一些问题要建立清晰的定量和定性标准是极其困难的，如主管人员对下属的人事科长或医务主任的能力的评价。在任何一个组织中，都存在着许多无形标准。在这些情形下，主观判断、反复试验、直觉便成为衡量的依据。

(七) 可考核指标的标准

在现代管理较好的企业中，已在其内部每一层次的管理部门建立起可供考核的定性指标或定量指标的整体网络体系。对于复杂计划中的作业及管理者自身的绩效，现代管理者发现，经过研究和思考有可能确定一些指标用于衡量绩效的目标，不但定量的指标可以成为上述绩效的标准，而且定性的指标也是在标准领域中的一项新发展。

第四节 有效控制系统的建立

一、控制系统的概念

组织中的控制系统主要由以下几个要素构成。

(一) 控制的目标系统

任何控制活动都是有一定的目标取向的，在一个组织中，控制应服从于组织发展的总体目标。组织的总体目标及派生出来的分目标都是控制的依据。控制的目标体系与组织的目标体系是相辅相成的。

(二) 控制的主体

组织中的控制系统的主体是各级管理者及其所属的职能部门。组织内的控制活动是由人来执行、操纵的，它以各层次的管理者为主体，能根据变化的环境和条件有意识地调节自己的活动。控制主体控制水平的高低是控制系统作用发挥程度的决定要素。

管理者所处的地位不同，控制的任务也不同。一般中层和基础管理者主要实施例行的、

程序性的控制；高层管理者主要实施例外的非程序性控制。

(三) 控制的对象

组织控制系统中的控制客体，即控制对象，是整个组织的活动。控制的对象可以从不同的角度进行划分。从横向上看，组织中的人、财、物等资源都是控制对象；从纵向看，组织中的各个层次也都是控制对象；从控制的阶段看，组织内不同的业务阶段及业务内容也是控制对象。因此，组织的活动应当作一个整体来控制，使整体协调一致，以便达到整体优化的结果。

(四) 控制的机构、方法和控制的手段

实施控制必须要有一定的机构及相应的方法和手段。组织的控制机构从纵向上看，可分为各个不同管理层次的控制机构；从横向上看，可分为不同性质的专业控制机构。管理层次不同，专业不同，控制的方法和手段也不同，具体情况具体分析。

二、有效控制的特征

(一) 准确性和客观性

一个控制系统如不能提供准确的信息，就会导致管理者在应该采取行动的时候而没有采取行动，或者在根本没有出现问题的时候而采取行动，导致控制失效。

另外，在管理中难免会有许多主观因素，管理者不能只凭个人的主观经验或直觉进行判断，而应采取科学的方法，要尊重客观事实。

(二) 适应性

适应性是指控制应当与计划和工作特点及主管人员的具体情况相适应，如要有针对性地收集信息、要使主管人员理解信息的内容、使系统便于使用等。

(三) 及时性

及时性是指能够及时发现偏差，纠正偏差。控制不但要准确而且要及时，再好的信息如果过时了，也是毫无用处的。要避免时滞，使控制失去应有的效果，要估计未来可能发生的变化，使纠正措施的安排具有一定的预见性。最理想的控制应该是在偏差未出现之前，能够预计偏差的产生，做到防患于未然。

(四) 灵活性或弹性

灵活性或弹性是指控制工作即使在面临计划发生变动、出现了未能预见到的情况或计划失败的情况下，也能发挥作用。控制系统本身应当具有足够的灵活性以适应各种不同的变化，持续地发挥作用，与计划一同变动；不能把控制工作过于死板地同计划拧在一起，以免在整个计划失策或发生突然变动时控制也跟着失控。或者说，控制必须有弹性，如企业的预算工作、滚动计划、应变计划等都体现了控制的弹性原则。

(五) 经济性

控制系统的运行从经济角度看必须是合理的，任何控制系统产生的效益都要与其成本进行比较。要精心选择控制点，降低控制的各种耗费，改进控制方法和手段，防止在无效控制上花费精力和财力，用尽可能少的成本取得所期望的效果。要重视选择关键性问题和注意对例外出现的偏差进行控制。因此，经济性原则也称关键控制点原则和例外情况原则。

(六) 匹配性

任何控制或技术都必须适合组织气氛才能奏效。例如，在员工自由度较大、对管理的参与程度较深的组织中，严格监视型的控制系统将不受欢迎，也很难成功。

(七) 指示性

有效的控制系统不仅可以指出偏差的产生，而且还必须指出偏差发生在哪一个确切位置，谁应该对偏差负责，并建议如何纠正这种偏差。

(八) 理解性

任何控制系统对所涉及的员工来说都必须是可以理解的。

(九) 标准的合理性与多重性

控制的标准应是富有挑战性、经过努力可以达到的合理标准；标准过高或过低，都不会起到激励作用。另外，控制应采取多重标准，可以防止工作中出现做表面文章的现象。多重标准比单一标准更难把握，但能够更准确地衡量实际工作。

(十) 重点与例外相结合

控制要突出重点，在控制过程中不可能面面俱到，找出最能反映体现成果的关键因素进行控制；有些偏差无关紧要，有些偏差却意义重大；另外，控制工作要着重于计划实施中的例外情况，可使管理者集中精力解决问题，将其工作集中在需要注意和应该注意的问题上；在对例外情况的重视程度上，不仅依大小而定，还要考虑实际情况；同时例外与重点要结合起来，即控制要注意关键点上的例外情况。

三、有效控制的基础、前提和要求

(一) 有效控制的基础和前提

1. 控制要有一个科学的计划(标准)

控制与计划既互相区别，又紧密联系。计划为控制工作提供标准，没有计划，控制也就没有依据。如果只编制计划，而不对其执行情况进行控制，计划目标就很难得到实现。

2. 控制要围绕目标

目标即方向，控制过程应避免出现目标扭曲的问题：在实际工作中，有关人员对手段的关注可能超过对实现组织目标的关注，或者忘记了手段性措施是为实现组织目标服务的，以致出现为遵守规定或完成预算而不顾实际控制效果的刻板、僵硬、扭曲。

3. 要有明确的组织机构，专门从事控制职能；要有专司其职的组织机构

通过建立专职控制职能的组织机构，配备专门的人员并授予其权力，明确其责任，可解决由谁来控制的问题。因此，明确的组织结构的存在是控制工作的又一个前提。同样，组织结构越明确、越完整，控制工作就越有效。

控制应当反映组织结构类型和状况，并用健全的组织结构来保证，这就要求一方面要渠道畅通，能在组织中将反映实际情况和工作状态的信息迅速地上传下达，保证联络渠道的畅通；另一方面要权责分明，使组织结构中的每个部门、每个人都能切实担负起自己的责任。

4. 要有信息反馈，并配备合适人员，给予正确的指导与领导

控制必须依据有效的信息，没有准确、全面和及时的信息，就难以保证控制的有效性。为保证获得有效的信息，在组织中必须建立完善的信息收集传递网络和机制，从而保证信息的畅通。

控制工作应注重培养组织成员的自我控制能力，要有畅通的信息反馈渠道。管理者需要信息来完成他们的工作，不精确、不完整、过多的或延迟的信息将会严重阻碍他们的行动。因此，应该开发一个信息管理系统，使其能在正确的时间、以正确的数量、为正确的人提供正确的数据信息。

（二）有效控制的要求

1. 适时控制

组织活动中产生的偏差只有及时采取措施加以纠正，才能避免偏差的扩大，或防止偏差对组织不利影响的扩散。及时纠偏，要求管理人员要及时掌握能够反映偏差产生的原因及其严重性的信息。

纠正偏差的最理想方法应是在偏差未产生之前，就注意到偏差产生的可能性，从而预先采取必要的防范措施，防止偏差的产生，或者由于企业某种无力抗拒的原因，出现偏差不可避免，那么这种认识也可指导企业预先采取措施，消除或减少这种偏差产生后可能对企业造成的不利后果。

2. 适度控制

适度控制即控制的范围、程度和频度要恰到好处。为此应注意以下几个问题。

(1) 防止控制过多或控制不足。有效的控制应该既能满足对组织活动监督和检查的需要，又要防止与组织成员发生强烈的冲突。适度的控制就能同时体现这两个方面的要求：一方面，控制过多会对组织中的人造成伤害，对组织成员行为的过多限制，会扼杀他们工作的积极性和创造性，从而影响企业的效率；另一方面，控制不足，将不能使组织活动有

序地进行，将不能保证各部门活动的进度和比例的协调，也会造成资源的浪费。

(2) 处理好全面控制与重点控制的关系。任何组织都不可能对每一部门、每一环节的每一个人在每一个时刻的工作情况进行全面的控制。由于存在对控制者进行再控制的问题，这种全面控制可能会造成控制人员远远多于现场作业者的现象，因此，全面控制不仅代价高，而且也是不可能、不必要的。企业在建立控制系统时，应找出影响企业的关键性因素，并据此在相关环节上设立控制点，进行重点控制。

(3) 花费一定的控制费用得到足够的控制效益。任何控制都需要一定的费用，在控制过程中，衡量工作成绩、分析偏差、纠正偏差等都需要支付一定的费用；同时，任何控制，由于纠正了组织活动中存在的偏差，都会给组织带来一定的收益。一项控制，只有当它带来的收益超出其所需成本时，才是值得的。

3. 客观控制

有效的控制必须是客观的，符合组织实际的。客观的控制源于对企业经营活动及其变化的客观了解和评价，为此，控制过程中必须要贯彻“实事求是”的思想，要客观地了解和评价被控制对象的活动状况及其变化，深入实地调查研究，建立客观的标准和准确的检测手段。

4. 弹性控制

企业在生产经营过程中，会遇到各种突发的变化，这些变化可能会导致企业计划与现实严重背离。有效的控制系统应在这样的情况下仍能发挥作用，维持企业正常运行，即应该具有灵活性或弹性。因此，在控制中应建立信息反馈控制系统，通过该系统使被控制对象能够实现自我控制，灵敏适应环境。

四、影响有效控制的因素

(一) 外部环境的变化

计划从构思、制订到执行一般都要经历较长的时间。在这段时间内，组织外部环境必然会发生变化，从而影响已订的计划和目标。为了适应变化的环境，组织必须有一个有效的控制系统，来根据变化的环境采取相应的对策。计划的时间跨度越大，控制就越重要。

(二) 组织内部的变化

受组织内部环境因素的影响，组织成员的思想、组织结构、产品结构和组织业务活动范围都有可能发生变化。计划的变化对计划的执行也会产生影响。

(三) 组织成员的素质

计划要靠人去执行、实现，而组织成员的才能、动机和工作态度是非均质的、不断变化的，人们对计划的理解也不相同。因而，人的素质对计划的执行也会产生影响。控制工作应注重培养组织成员的自我控制能力，这样有助于发挥职工积极性及创造性，减轻管理人员负担，减少企业控制费用的支出，同时有助于提高控制的及时性和准确性。

五、提高控制效率的措施

(一) 完善控制系统

控制实施走入误区，遇到阻力，从很大程度上说明控制系统的设计不完善，需要进一步加以改进。完善控制系统是避免控制走入误区的最根本途径，它的实质是在进行控制系统设计或再设计时就控制实施中可能遇到的阻力予以考虑。

(二) 鼓励员工参与并进行自我控制

员工进行自我控制是提高有效性的根本途径。要鼓励员工参与，因为基层人员对自身的工作最了解，而且还因为当一个人真正地参与了筹划计划和制定标准时，他常常会在心理上觉得介入了该项工作，因而变得愿意承担责任，或至少对该事情获得更充分的了解和理解。这样有助于发挥员工的主动性、积极性和创造性；减轻管理人员负担，减少企业控制费用的支出；提高控制的及时性和准确性。但鼓励和引导员工进行自我控制，并不意味对员工可以放任自流。员工的工作目标必须服从于组织的整体目标，并有助于组织整体目标的实现。

(三) 实行目标管理

避免控制走入误区、减少控制过程中阻力的另外一条途径便是实行目标管理。这种管理方法建立在将组织目标转化为其成员个人目标的管理哲学基础之上，让组织中的管理人员和一线人员亲自参加工作目标的制定，将所制定的目标作为评价个人绩效的标准，成员在工作中实行“自我控制”。

本 章 小 结

控制是指监控组织各方面的活动，使组织实际运行状况与组织计划要求保持动态适应的工作过程。管理控制具有目标性、整体性、动态性和人性化特征。控制既是一个管理工作过程的终结，也是一个新的管理工作过程的开始。组织的控制可以从不同角度分类，如分为前馈控制、同期控制和反馈控制，或直接控制、间接控制等。控制职能是通过纠正工作偏差，以及在必要的情况下调整计划和修订标准以适应环境的变化这两方面功能实现的。

一个完整的控制过程包括制定控制标准、衡量实际工作、采取矫正措施 3 个步骤。在制定控制标准时，必须选择适宜的控制对象和关键控制点，并根据控制对象的具体性质采取针对性的制定控制标准的方法。衡量实际工作阶段要注意选择适当的衡量方式，并通过建立有效的信息反馈系统及时获取偏差信息。在采取矫正措施前，需分析偏差产生的原因，然后具体选择纠偏或调适等方法。

练习与思考

一、单项选择题

1. “治病不如防病，防病不如讲卫生”。根据这一说法，以下几种控制方式中，哪一种最重要？(　　)

A. 直接控制　　B. 反馈控制　　C. 前馈控制　　D. 同期控制

2. 具有监督和指导两方面作用的是(　　)。

A. 前馈控制　　B. 反馈控制　　C. 同期控制　　D. 直接控制

3. 一个有效的控制系统其控制主体应该是(　　)。

A. 各级管理者　　B. 全体员工　　C. 监督机构　　D. 上级机关

4. 一个工人每天或每周必须完成生产一定数目的零件，他必须保持不超过 1%的废品率，且必须在指定的 6 个月内完成预定的工作，在生产特定数目的零件时不能超过所规定的物料消耗。对于控制来讲，这是在(　　)。

A. 衡量实际绩效　　B. 进行差异分析

C. 采取纠偏措施　　D. 明确控制标准

5. 某企业制定劳动定额时，出现了以下 4 种意见，你认为哪一种意见比较正确？(　　)

A. 劳动定额主要是为了考核用的，所以应该选择最先进的标准

B. 定额标准的确定应该结合企业实际，并考虑有助于员工积极性的调动

C. 为使绝大多数员工能超额完成任务，应该选择最低的定额标准

D. 考虑到员工操作水平的差异性，定额标准宜取最先进与最低标准的平均值

6. 小李是一家合资企业的总经理助理，为了提高企业的经济效益，总经理要求他研究提出一套加强企业的管理控制、建立企业有效管理控制系统的可行方案。总经理在提出工作要求时提醒他一定要做到“牵牛要牵牛鼻子”。小李分析了半天也不知道应该如何去牵“牛鼻子”和什么是“牛鼻子”。你认为下面哪一条是总经理所说的“牛鼻子”？(　　)

A. 确定控制对象　　B. 选择关键控制点

C. 制定标准　　D. 采取纠偏措施

二、多项选择题

1. 下面哪些可以成为关键控制点？(　　)

A. 实物标准　　B. 成本标准　　C. 计划标准

D. 收益标准　　E. 无形标准

2. 关于文化控制，以下描述中正确的是(　　)。

A. 在组织中建立一种有利于控制职能能够更加高效实施的文化

B. 基层员工由于文化、科技程度低，导致控制效果低下

C. 要求管理者与员工对控制有共同的认知

D. 要求管理者和员工彼此统一协调观念，配合默契

E. 通过文化进行控制，主要是要把握好在组织框架内授权的运用

3. 组织中的控制系统主要有以下几个要素过程，即(　　)。

A. 控制的目标系统　　B. 控制的主体　　C. 控制的对象

D. 控制的程序　　E. 控制的机构、方法和手段

4. 有效控制的要求是(　　)。

A. 适时控制　　B. 适度控制　　C. 客观控制

D. 主观控制　　E. 弹性控制

5. 下列哪些属于管理控制的基本特征？(　　)

A. 目标性　　B. 整体性　　C. 动态性

D. 技术性　　E. 人性

三、判断题

1. 具有监督和指导两方面作用的是前馈控制。(　　)

2. 与间接控制一样，直接控制的有效实施同样需要一套严密、科学的管理制度作为保证。(　　)

3. 无形标准也可以成为关键控制点控制。(　　)

4. 控制应采取多重标准，这样可以防止工作中出现做表面文章的现象。(　　)

5. 不能把控制工作过于死板地同计划拧在一起，以免在整个计划失策或发生突然变动时控制也跟着失控。(　　)

四、问答题

1. 如何理解管理控制的作用与功能？

2. 前馈控制有什么优点？其有效实施需要什么条件？

3. 关键控制点主要有哪些方面？

4. 有效控制有哪些特征？具体说明。

5. 有效控制有哪些要求？详细说明。

案例点击

石化厂的“禁烟战役”

根据石油化工企业高温高压、易燃易爆的特点，全国所有石油化工生产企业对吸烟都有较严格的限制。四年前各生产厂普遍的做法是，规定在厂内设若干个吸烟室，第一线生产工人及其他人员可以在指定地点吸烟，每次不得超过15分钟；但不得有两个以上的工人同时在吸烟室内停留吸烟，以免造成现场人员过少而影响安全生产，万一有了意外情况应付不了。

此项制度虽已制定多年，但绝大多数单位一直未严格认真遵守，执行情况总是时好时差，并不十分得力，所有单位都没能做到完全杜绝违反吸烟制度的现象。其主要表现是：有些工人在夜班时经常趁领导不在现场，几个人聚在一起吸烟聊天，常超过15分钟；有时还不只两三个人，而是多到四五个人，甚至七八个人，生产现场则只剩下一两个人，空岗现

象严重，以致造成有问题不能及时得到处理而闯出大祸的严重后果。例如，1980 年某化工厂因值班工人集体到吸烟室吸烟时间过长，造成油罐冒烟而未被及时发现，以致大量物料越过罐存警戒线并冲破视镜而酿成大火，给国家财产造成了几十万元的损失。1986 年，某炼油厂又因为同一岗位的四名工人脱岗到吸烟室吸烟聊天，没有及时发现液化气罐泄漏而造成大量可燃气体外溢，其中一位在点燃第二支烟时引起空间爆炸，使其间两位工人重伤，另两位轻伤，一套生产装置因爆炸而遭到严重损坏，半年内不能生产，经济损失巨大。

为杜绝此类事故重复发生，总公司下令，全国所有石油化工企业，厂内一律禁止吸烟。此令如能顺利推行当然是保证安全生产的好事，然而人们多年的习惯要一下克服，其难度之大出乎领导的预料。厂长们纷纷诉说："这规定太难办了，戒烟、禁烟比娘给孩子断奶还难！"但是上级的指令就像军队命令一样，没有考虑的余地。为了贯彻落实上级公司的指令，前进石化公司石化五厂进行了大量的宣传教育，并且制定了一系列检查、奖罚措施，还在厂门设立了纸烟、火柴存放处，进门之前有专人进行检查；厂长还给每个吸烟者发了一盒"戒烟灵"。

开始几天，执行情况还比较好。但厂长发现，中午在食堂就餐的人数突然减少了许多，原来白班职工中的"瘾君子"们为了能吸烟，宁可挤几站公共汽车，或骑半小时自行车，也要赶回家去吃午饭；饭可以囫囵吞枣，可是烟一定要吸个够。后来许多职工对劳资部门规定入厂要进行搜查提了意见，说："进门搜身检查跟资本家没有两样""厂里不相信工人的觉悟"。厂领导也认为这种做法不尽合适，职工意见也有道理，于是改为在门口进行宣传而不再进行检查。没过几天，厂里又出现了另外一种现象，生产岗位操作工人开始以各种借口到厂门外去，为的是借此机会到门外吸几口烟过瘾，还有的工人爬到厂的围墙上吸烟。厂长为此下令在一线倒班工人中实行临时出入证制，上班把出入证交给班长保管，下班发给本人出厂门，上班时间无故一律不准请假外出；班长必须严格要求，随便准假要追究责任，想以此杜绝工人脱岗到厂门口吸烟的现象。

过了两个月，厂长和党委书记带有关科室干部下到车间岗位检查设备升级和劳动纪律情况时，无意之中在电工值班室办公桌抽屉中的一个糖盒内发现了 72 个烟头，在车队值班室的一个茶缸内也找到 110 个烟头。厂长大为恼火，下令此事坚决要按厂里已颁布的奖惩制度执行，每个烟头罚款 20 元。结果电工车间被罚 1440 元，全车间职工当月都没拿到奖金；车队罚款 2200 元，等于全队职工一个半月的奖金，并通报全厂，予以批评。

开始，此事在全厂震动很大，厂里平静了一段时间，连续几天都没有查到吸烟的人。然而事隔不久，安全部门和企管、劳资部门进行岗检时又发现了厂内下水道中、电缆沟内、厂房顶上有不少烟头，有不少厕所内烟味很大。厂长为此尽管火冒三丈，但也无可奈何，于是又和书记一起召开了一线倒班工人座谈会。在会上，工人小张说："后半夜四五点钟是倒班工人最难熬的时候，眼皮打架、腿发软，能吸口烟就可以赶走瞌睡，驱走疲劳；不让吸烟就只得趴桌子上睡一会儿，这会更危险。我们也知道不应该，但难受劲儿是白班职工永远也体会不到的。"工人小李说："这个决定也太机械了，食堂也在厂内，每天三顿饭加上夜班饭，炊事员做四次饭，要点几次火？难道就不怕爆炸吗？天天说我们是主人，其实我们都成了被管制对象！"几个工人同时恳求说："恢复吸烟室吧！不自觉的只是少数，绝大多数还是好的！"厂长对此也犯难了：石化厂有数百项规章制度，还没任何一项制度像禁

烟这样难贯彻的。怎么办？厂长和书记亲自带队到兄弟厂取经。

拜访了邻近的6个兄弟厂后，发现各厂领导都在为此事犯愁。各厂都采取了不少制裁措施，有的对违纪者给予行政处分；有的厂长下令在厂内吸烟者被发现，就罚他再抓10个吸烟者，在此期间按事假处理，工资奖金及一切劳保福利待遇取消，直到抓满10个违纪吸烟者才能回原工作岗位，恢复原有待遇。即使如此“严酷”的制裁也没有完全杜绝厂内吸烟现象。对此几位厂长向上级公司联名写报告，要求恢复吸烟室，以为教育工人到指定地点吸烟，总比他们到处吸烟扔烟头好控制，而且厂里的安全生产会更有保证，也可缓解在此问题上工人对领导的严重对立情绪。但是上级退回了报告，并批评了厂长的“好人主义”，治厂不严，背弃了大庆“三老四严”的作风等；同时下发了前几年因工人脱岗吸烟造成事故的通报复印件。

时至今日，上级总公司关于石化厂内一律严禁吸烟的指令已经下发4年了，各厂都做了大量的宣传教育工作和思想政治工作，采取了各种各样的禁烟措施，但禁烟工作仍然时好时差，所有单位都没有找到一条完全杜绝厂内吸烟的好办法。为此厂长们十分苦恼。至今，上级的指令虽然并没有改变，厂长们的苦恼也没有解除。难道这事就真的“没治”了吗？

(资料来源：根据中华管理学习网 http://www.100guanli.com/HP/20100426/DetailD988623.shtml 所载网文改编)

问题：

1. 石化厂为打胜“禁烟战役”，实行了(　　)。
   A. 预先控制　　B. 现场控制　　C. 事后控制　　D. A+B+C
2. 厂长为杜绝在岗人员吸烟这一不良现象，采取的禁烟措施确切地说，属于(　　)。
   A. 负强化　　B. 惩罚　　C. A+B　　D. 自然消退
3. 石化厂在“禁烟战役”中忽略了管理的(　　)。
   A. 科学性　　B. 艺术性　　C. 严肃性　　D. A+B
4. 案例中员工小张和小李的一席话说明了管理工作要(　　)。
   A. 以厂为本　　B. 以钱为本　　C. 以人为本　　D. B+C
5. 如果你是厂长，你以为以下哪个方案对石化厂禁烟最为有利？(　　)
   A. 无论何人、何时在岗吸烟，一经发现扣当月奖金
   B. 征求员工意见，酌情恢复吸烟室，采取正强化和惩罚两种手段相结合的方式
   C. 既然管理工作强调以人为本，那就对吸烟者听之任之，使其自然消退
   D. 在厂门口安装监测仪，对每位员工进行机械“搜身”

点石成金

1. D　　2. A　　3. C　　4. C　　5. B

参考文献

[1] 周三多，等. 管理学——原理和方法[M]. 5 版. 上海：复旦大学出版社，2009.

[2] 周三多，等. 管理学——原理和方法[M]. 4 版. 上海：复旦大学出版社，2009.

[3] 周三多，等. 管理学[M]. 2 版. 北京：高等教育出版社，2005.

[4] 芮明杰. 管理学：现代的观点[M]. 2 版. 上海：上海人民出版社，2007.

[5] 尤建新，陈守明. 管理学概论[M]. 上海：同济大学出版社，2007.

[6] 谭力文，徐珊，李燕萍. 管理学[M]. 2 版. 武汉：武汉大学出版社，2004.

[7] 崔生祥，等. 管理学[M]. 武汉：武汉理工大学出版社，2005.

[8] 唐云锦，等. 管理学导论[M]. 2 版. 成都：西南交通大学出版社，2006.

[9] 孙班军，陈晔. 管理学[M]. 北京：科学出版社，2005.

[10] 陈传明，周小虎. 管理学[M]. 北京：清华大学出版社，2003.

[11] 张玉利. 管理学[M]. 天津：南开大学出版社，2004.

[12] 刘志坚，徐北妮. 管理学：原理与案例[M]. 广州：华南理工大学出版社，2002.

[13] 王凤彬，李东. 管理学[M]. 北京：中国人民大学出版社，2003.

[14] 马春光. 管理学：全球化视角案例分析[M]. 北京：经济科学出版社，2006.

[15] 王德清. 中外管理思想史[M]. 重庆：重庆大学出版社，2005.

[16] [美]斯蒂芬·P. 罗宾斯. 管理学[M]. 4 版. 黄卫伟，等，译. 北京：中国人民大学出版社，1997.

[17] [美]斯蒂芬·P. 罗宾斯. 管理学[M]. 9 版. 孙健敏，黄卫伟，等，译. 北京：中国人民大学出版社，2008.

[18] [美]海因茨·韦里克，哈罗德·孔茨. 管理学：全球化视角[M]. 马春光，译. 北京：经济科学出版社，2004.

[19] [美]丹·海瑞格尔，苏珊·E. 杰克逊，小约翰·W. 斯洛卡姆. 管理学：基于能力的方法[M]. 杨振凯，李庚，等，译. 北京：清华大学出版社，2009.

[20] [美]阿尔弗雷德·D. 小钱德勒，等. 管理学历史与现状[M]. 郭斌，译. 大连：东北财经大学出版社，2001.

[21] [美]丹尼尔·A. 雷恩. 管理思想的演变[M]. 李柱流，等，译. 北京：中国社会科学出版社，1997.

[22] [美]詹姆斯·柯林斯，杰里·波拉斯. 企业不败[M]. 刘国远，等，译. 北京：新华出版社，1996.

[23] [美]弗雷德·R. 戴维. 战略管理[M]. 6 版. 李克宁，译. 北京：经济科学出版社，1998.

[24] 陈春花，曹洲涛，曾昊. 企业文化[M]. 北京：机械工业出版社，2010.

[25] 张德. 企业文化建设[M]. 北京：清华大学出版社，2008.

[26] 徐大建. 企业伦理学[M]. 北京：北京大学出版社，2009.

[27] 周祖城. 企业伦理学[M]. 2 版. 北京：清华大学出版社，2009.

[28] [美]加里・德斯勒. 人力资源管理[M]. 9 版. 刘昕，吴雯芳，等，译. 北京：中国人民大学出版社，2005.

[29] [美]理查德・L. 达夫特. 组织理论与设计精要[M]. 李维安，等，译. 北京：机械工业出版社，2002.

[30] 余敬，刁凤琴. 管理学案例精析[M]. 北京：中国地质大学出版社，2006.

[31] 徐波. 管理学：案例，题库，课件[M]. 上海：上海人民出版社，2006.